Hans Boldt:

Deutsche Verfassungsgeschichte
Politische Strukturen und ihr Wandel

Band 2
Von 1806 bis zur Gegenwart

Deutscher
Taschenbuch
Verlag

dtv

Außerdem ist erschienen:

Hans Boldt
Deutsche Verfassungsgeschichte
Band 1: Von den Anfängen bis zum Ende des älteren deutschen Reiches 1806 (dtv 4424)

Kaiser und Reich
Klassische Texte zur Verfassungsgeschichte des Heiligen Römischen Reiches Deutscher Nation vom Beginn des 12. Jahrhunderts bis zum Jahre 1806
Herausgegeben, eingeleitet und übertragen von Arno Buschmann (dtv 4384)

Reich und Länder
Texte zur deutschen Verfassungsgeschichte im 19. und 20. Jahrhundert
Herausgegeben und eingeleitet von Hans Boldt (dtv 4443)

Originalausgabe
November 1990

Umschlaggestaltung: Celestino Piatti
Gesamtherstellung: C. H. Beck'sche Buchdruckerei, Nördlingen
Printed in Germany · ISBN 3-423-04425-X

Das Buch

Der zweite Band dieser modernen deutschen Verfassungsgeschichte interpretiert nicht nur die deutschen Verfassungen des 19. und 20. Jahrhunderts, sondern bezieht die sozialen und politischen Kräfte ebenso wie die sie prägenden Machtverhältnisse mit ein. Der Autor zeichnet die tiefgreifenden Veränderungen von Staat und Gesellschaft in Deutschland während der Reformära der Rheinbundzeit bis zum Deutschen Bund von 1815 nach, beschreibt die Verfassungsentwicklung während der Restaurationszeit, die Entstehung und das Scheitern der ersten deutschen Reichsverfassung nach der Revolution von 1848 und schließlich die Verfassung des von Bismarck mit »eiserner Hand« geeinten Deutschen Reiches von 1871, die bis zur Revolution von 1918/19 in Kraft war. Die erste parlamentarisch-demokratische Verfassung gab sich die Republik von Weimar 1919; sie war bis 1945 gültig, denn die Nationalsozialisten hatten sie nie formal außer Kraft gesetzt, aber durch Notverordnungen und das Ermächtigungsgesetz von 1933 innerlich ausgehöhlt und aufgelöst; mit wenigen Federstrichen setzten sich NS-Juristen und Rechtsgelehrte damals über eine jahrhundertealte Verfassungstradition hinweg. Nach dem Zweiten Weltkrieg griffen sowohl die Verfassungsväter des bundesdeutschen Grundgesetzes als auch die der DDR-Verfassung – freilich mit unterschiedlichen Zielsetzungen – auf das Weimarer Vorbild zurück. Dabei erwies sich die Wiederaufnahme der westlichen Verfassungstradition durch das Grundgesetz der sozialistischen Verfassungskonzeption überlegen. Vom Grundgesetz wird deshalb auch die künftige Verfassungsentwicklung in Deutschland bestimmt werden.

Der Autor

Prof. Dr. jur. Hans Boldt, geb. 1930 in Breslau, studierte Jurisprudenz, Geschichte und Politikwissenschaft. Er habilitierte sich für Politische Wissenschaft und Staatsrecht an der Universität Mannheim und lehrt seit 1983 Politikwissenschaft an der Heinrich-Heine-Universität Düsseldorf. Veröffentlichungen, u. a.: ›Rechtsstaat und Ausnahmezustand‹ (1967); ›Deutsche Staatslehre im Vormärz‹ (1975); ›Einführung in die Verfassungsgeschichte‹ (1984).

Vorwort

Das Erscheinen des zweiten Bandes der Deutschen Verfassungsgeschichte hat sich aufgrund meines Wechsels an die Universität Düsseldorf, der mit der Übernahme neuer Pflichten verbunden war, bedauerlicherweise verzögert. Doch hatte die Verzögerung auch ihr Gutes. Statt mit der resignierten Feststellung zu schließen, daß die Deutsche Verfassungsgeschichte nach dem Zweiten Weltkrieg zur Geschichte zweier Staaten geworden ist, kann heute, im Frühjahr 1990, konstatiert werden, daß dieser Zustand nur ein vorübergehender war: Es wird wieder eine Verfassungsgeschichte des einen deutschen Staates geben. Einen befriedigerenden Abschluß konnte die Darstellung nicht haben.

Wie schon im ersten Band – der gleichzeitig mit diesem in 2. Auflage erscheint – wird Verfassungsgeschichte als Struktur- und Entwicklungsgeschichte politischer Systeme aufgefaßt. Da diese Entwicklung in Deutschland seit der frühen Neuzeit bis in die zweite Hälfte des 19. Jahrhunderts hinein vor allem in den deutschen Ländern vor sich ging, stehen diese auch hier zunächst im Vordergrund. Das ändert sich erst mit der Reichsgründung 1871. Von da an wurde auch für die Verfassungsentwicklung die Reichsgeschichte – nunmehr als Geschichte des neuen deutschen Bundesstaats – wieder bedeutungsvoller. Die Unterscheidung beider Ebenen hat zur Folge, daß die Revolution von 1848 zweimal in den Blick genommen wird, einmal im Zuge der Verfassungsgeschichte der deutschen Länder, ein andermal bei der Behandlung des Deutschen Bundes. Auch das geschieht mit Bedacht: Auf diese Weise tritt deutlicher als sonst hervor, daß die Revolution von 1848 durchaus nicht nur – als nationale – gescheitert ist, sondern auf Länderebene einen wichtigen Abschnitt in der Entwicklung des Verfassungsstaats in Deutschland darstellt – trotz aller Rückschläge nach 1849.

Der Vorstellung folgend, daß eine Verfassungsgeschichte die Gegenwart und nicht nur die Vergangenheit erhellen sollte, ist, abweichend von der ursprünglichen Planung, auch die Zeit nach 1945 kurz mitbehandelt worden. Da die Verfassungsgeschichte in der zugrunde liegenden Konzeption zur Gegenwart hin immer »dicker« und nicht »dünner« wird, war im zweiten Band mehr auf Einzelheiten einzugehen als im ersten. Um dennoch den Überblick zu wahren, ist mit Kapitel 7 dem Buch eine allgemeine Entwicklungsskizze zur ersten Orientierung vorangestellt worden.

Ich hoffe, daß auch dieser Band eine so freundliche Aufnahme finden wird wie der erste und danke meinen Mitarbeitern, Frau Ursel Heß, Dr. Werner Reh, Roland Lhotta M. A., Angela Jaenke und Sabine Grabowski für ihre Hilfe, Heinz Hagenlücke M. A. besonders für das Parteienglossar.

Düsseldorf, Sommer 1990 Hans Boldt

Inhalt

Dritter Teil
Deutschland im Zeitalter des Verfassungsstaates: 19. und 20. Jahrhundert

7. Kapitel
Der Verfassungsstaat, seine Struktur und Entwicklung

1. Die Idee des Verfassungsstaates

In der Sozialgeschichtsschreibung wird die Wende zum 19. Jahrhundert als ein tiefer Einschnitt in der Entwicklung Europas, ja der ganzen Welt angesehen. Stichwörter wie Industrialisierung, Säkularisierung und Modernisierung weisen auf grundlegende Veränderungen hin. Sie werden in ihren Ausmaßen zuweilen mit der neolithischen Revolution, der Seßhaftwerdung der Menschen vor Tausenden von Jahren, verglichen. So imponierend ist der Wandel, den die Verfassungsgeschichte zu konstatieren vermag, nicht. Für sie geht es in jener Zeit um den Übergang vom frühmodernen zum hochmodernen Staat, zum Verfassungsstaat.

Auch der Verfassungsstaat ist ein »moderner« Staat, wie wir ihn im ersten Band charakterisiert haben: ein aus der von ihm regulierten Gesellschaft ausdifferenziertes, politisches Institutionengefüge, mit einem bürokratischen Verwaltungsapparat, einem umfangreichen Arsenal von Mitteln zur Steuerung der Gesellschaft, insbesondere durch allgemeine Anordnungen (Gesetze), mit dem Anspruch auf das Monopol legitimer physischer Gewaltanwendung, mit hoher staatsbürgerlicher Loyalität und sozialer Disziplin sowie mit bestimmten Formen der Selbstverwaltung und der politischen Mitbestimmung. Im Gegensatz zum frühmodernen Staat erscheint der Verfassungsstaat stärker ausdifferenziert aus der Gesellschaft und stärker binnendifferenziert zugleich. Er ist leistungsfähiger und nimmt sehr viel mehr Funktionen wahr als sein Vorgänger. Der Part der Mitbestimmung ist von Ständen auf parlamentarische, parteienmäßig organisierte Gremien übergegangen. Das ist eine Folge der grundlegenden Veränderungen des gesellschaftlichen Umfeldes, das nun ebenfalls neu strukturiert wird. Der Verfassungsstaat ist daher nicht einfach eine weiterentwickelte Form des frühmodernen Staates, sondern auch noch etwas anderes. In spezifischer Weise wird er durch seine »Verfassung« charakterisiert, der er seinen Namen verdankt. Darauf ist zunächst einzugehen.

I.

An sich ist die Bezeichnung »Verfassungsstaat« mißverständlich, denn für die Verfassungsgeschichte sind alle Staaten Verfassungsstaaten, sofern ihr politisches Institutionengefüge eine bestimmte Struktur, eben eine Verfassung aufweist. Dem Verfassungsstaat kommt das Merkmal Verfassung indessen in besonderer Weise zu: Er »ist« nicht nur in einer bestimmten Verfassung, sondern er »hat« eine solche auch in Form einer Verfassungsurkunde, die von einer verfassunggebenden Versammlung oder durch einen monarchischen Oktroi gegeben oder durch eine Vereinbarung zwischen Monarch und Volk zustande gekommen sein kann. Mit anderen Worten: Die Verfassungen der Verfassungsstaaten sind nicht einfach »geworden«, sondern »gemacht«, sind »Gesetz«. Als rechtliche Regelungen und als Äußerungen eines bestimmten politischen Ordnungswillens stehen sie einer Wirklichkeit gegenüber, die sie bewahren oder verändern wollen. Damit ist eine grundsätzliche Differenz zwischen »Verfassung« und »Verfassungswirklichkeit« gegeben, zwischen gesollter und tatsächlicher Verfassung: Nicht immer stimmt die Verfassungswirklichkeit mit der Verfassungsnorm überein. Der Verfassungshistoriker hat daher immer beides zu berücksichtigen, wobei die Verfassungswirklichkeit der normativen Regelung nicht nur widersprechen, sondern sie auch ergänzen kann.

Partiell rechtliche Regelungen der Verfassung hat es schon immer gegeben, so z.B. die »Grundgesetze« des Heiligen Römischen Reiches. Demgegenüber geht die Intention des Verfassungstaates dahin, die Prinzipien der Staatsorganisation einheitlich in einem Gesetz zusammenzufassen (»Grundgesetz« im Singular). Diese Grundsätze werden in der Regel in einer Verfassungsurkunde schriftlich fixiert und vielfach auch insofern von anderen (»einfachen«) Gesetzen unterschieden, als ihre Abänderung bestimmten Erschwernissen unterliegt (indem z.B. eine qualifizierte Mehrheit dafür vorausgesetzt wird); auch kommt es vor, daß Teile einer Verfassungsurkunde für unabänderlich gelten. Damit verbindet sich oft die Vorstellung, daß Verfassungsnormen einen Vorrang vor anderem Recht genießen, daß dieses sich nach den Grundsätzen der Verfassung zu richten habe, ihm nicht widersprechen dürfe und »verfassungskonform« ausgelegt werden müsse (Verfassung als »paramount law« – eine Vorstellung, die konsequenterweise zur Einrichtung eines besonderen »Hüters der Verfassung« führt).

Das äußerliche Kennzeichen der erschwerten Abänderbarkeit hat gelegentlich zur Folge, daß in Verfassungen auch Bestimmungen enthalten sind, die keine oder nur eine recht lose Beziehung zu den Grundsätzen der Staatsorganisation aufweisen, denen man aber aus irgendwelchen Gründen ebenfalls eine erhöhte Bestandsgewähr zukommen lassen will. Umgekehrt kann es vorkommen, daß grundlegende Regelungen der Staatsorganisation nicht in das Verfassungsgesetz aufgenommen worden, sondern einfach abänderbares Recht geblieben sind. Die Juristen unterscheiden dementsprechend zwischen Verfassungsrecht im »formellen« und im »materiellen« Sinn. Verfassungsrecht im formellen und im materiellen Sinne stellen also zwei einander überlappende Kreise dar. Für den Verfassungshistoriker bedeutet es, daß er außer dem materiellen Verfassungsrecht der Verfassungsurkunde auch die Verfassungsregelungen berücksichtigen muß, die – wie z. B. Wahlgesetze – staatsorganisatorischen Charakter besitzen, ohne in die Verfassungsurkunde Eingang gefunden zu haben (»organische« Gesetze).

II.

Zur Verfassung im materiellen oder inhaltlichen Sinne zählen wir seit Aristoteles die Staatsorganisation, d. h. die Organisation der politischen Beratung und Beschlußfassung, der Administration und der Rechtsprechung, sowie die grundsätzlichen Beziehungen der Staatsorgane zu den Bürgern. Auch der Verfassungsstaat geht von dieser traditionellen Verfassungsvorstellung aus. Er spezifiziert sie aber in doppelter Hinsicht: durch die Einführung von Grundrechten und die Gewaltenteilung. Das Charakteristische des Verfassungsstaates liegt mithin nicht nur im Formalen, in der gesetzlichen Neuformulierung seiner Verfassung, sondern auch im Inhaltlichen. So erklärt bereits Art. 16 der berühmten ›Déclaration des droits de l'homme et du citoyen‹ von 1789: »Toute société, dans laquelle la garantie des droits n'est pas assurée, ni la séparation des pouvoirs déterminée, n'a point de constitution.«

Unter Grundrechten versteht man grundsätzliche Rechtspositionen von Personen und Personenvereinigungen. Sie gelten nach klassischer Auffassung als der staatlichen Rechtsetzung vorgegebene (»angeborene«) Menschenrechte und werden daher vom Staat nur gewährleistet. Sie können aber auch als vom Staat gewährte Rechte für alle oder speziell für die Staatsangehörigen konzipiert sein (sog. Bürgerrechte). Es handelt sich bei ihnen nicht nur um Freiheitsrechte, wie z.B. die Religionsfreiheit oder die Meinungsfreiheit, und um das Gebot der Gleichbehandlung, die »Gleichheit vor dem Gesetz«, sondern es können auch Rechte zur Sicherung der Existenz (»Soziale Grundrechte« wie z.B. das Recht auf Arbeit) oder politische Mitwirkungsrechte (wie z.B. das Wahlrecht) oder sog. judizielle Grundrechte, die einen besonderen Schutz vor staatlichen Eingriffen gewährleisten (wie z.B. das Recht auf den gesetzlichen Richter oder auf rechtliches Gehör bei Gericht) Grundrechtscharakter haben. Auch verfassungsmäßig garantierte Institutionen wie das Eigentum oder die Ehe können dazugehören (sog. institutionelle Garantien).

Grundrechte werden in der Regel als gegen den Staat gerichtete Rechte verstanden (sog. subjektiv-öffentliche Rechte), manchmal aber auch nur als staatliche Handlungs- und Duldungspflichten, deren Verletzung nicht einklagbar ist. Zuweilen werden sie lediglich als programmatische Äußerungen aufgefaßt, die auf eine ihnen gemäße Gestaltung der Rechtsordnung zielen (Verfassungsauftrag). Grundrechte begrenzen daher nicht nur die staatliche Tätigkeit, sondern bestimmen sie zugleich. So stellt die individuelle Freiheit im Verfassungsstaat z.B. nicht nur eine Schranke für die Staatsgewalt dar, sondern ihre Verwirklichung ist zugleich sein Staatszweck. Der Staat hat sie deshalb nicht nur zu respektieren, sondern durch eine entsprechende Gestaltung seiner Rechtsordnung auch gegenüber »Dritten« und im Verkehr der Bürger untereinander zu gewährleisten und zu schützen.

III.

Auf diese Grundrechte, vor allem auf den Schutz der Freiheitsrechte, ist die Gewaltenteilung bezogen. Bei ihr handelt es sich um eine Separierung der drei klassischen Staatsfunktionen, der aristotelischen *trias politica*: der Gesetzgebung, der administrativen Tätigkeit und der Rechtsprechung. Zwar hat es in der Frühzeit des Verfassungsstaates nicht an Versuchen gemangelt, weitere Staatsfunktionen als eigenständige Gewalten auszugeben wie z.B. die »oberaufsehende« oder »inspektive« Gewalt, also die informative Tätigkeit des Staates, doch setzte sich die klassische Dreiteilung durch, unterstützt durch philosophische Überlegungen, die in ihr eine logische Aufgliederung des staatlichen Handelns erblickten (Condorcet, Kant). Nach dieser »Logik« gewann die Gesetzgebung als Setzung einer allgemeinen Regel eine dominante Stellung, wurde aus der staatlichen Administration eine bloße »Exekutive« der legislativen Bestimmungen und die Rechtsprechung zum Kontrollfaktor, der die Richtigkeit des Schlußverfahrens vom Allgemeinen der Gesetzgebung auf das Besondere ihrer konkreten Anwendung nachzuprüfen hatte.

Der politische Sinn der Gewaltenteilung bestand freilich nicht in der Demonstration einer bestimmten Handlungslogik, sondern in der Verteilung der traditionellen Staatsfunktionen auf verschiedene Träger. Danach gilt die Ausübung der Tätigkeit in einem Bereich mit der in einem anderen für unvereinbar, als inkompatibel (Prinzip der Gewaltentrennung). Niemand soll die gesamte Macht des Staates in einer Hand vereinen. Vielmehr sollen die verschiedenen Träger der Staatsgewalt sich gegenseitig kontrollieren und einen Mißbrauch der Gewaltausübung auf diese Weise verhindern (Gewaltenteilung als System der »checks and balances«). So bindet die Gesetzgebung die Exekutive und Rechtsprechung nach dem Grundsatz der Gesetzmäßigkeit der Verwaltung und dadurch, daß der Richter von der Exekutive unabhängig und nur dem Gesetz unterworfen ist. Die Rechtsprechung kontrolliert die Verwaltung und – eventuell durch besondere Verfassungsgerichte – auch die Gesetzgebung. Oft verfügt der Chef der Exekutive über ein Vetorecht gegenüber dem Gesetzgeber und über einen Bereich gesetzesfreier, i. e. politischer Entscheidungen.

Mindestens ebenso bedeutsam wie dieser Kontrollmechanismus ist jedoch der Umstand, daß im Verfassungsstaat die Legislative aus gewählten Repräsentanten des Volkes besteht. (Im sog. präsidentiellen System wird auch der Chef der Exekutive vom Volk gewählt.) Die Gewaltenteilung gewährleistet auf diese Weise nicht nur eine Freiheitssphäre, sondern auch Mitbestimmung. Verfassungsstaat und Idee der Volkssouveränität sind historisch eng miteinander verbunden.

Vom System strenger Gewaltentrennung sind andere zu unterscheiden, in denen auch der Chef der Exekutive als Staatsoberhaupt direkt an der Gesetzgebung beteiligt ist. So hat in älteren Verfassungsstaaten der Monarch oft seine Stellung als Gesetzgeber und Herr der staatlichen Administration behalten. Die Gewaltenteilung begann mit der parlamentarischen Mitbestimmung bei der Gesetzgebung (Gewaltenteilung als Gewaltenteilhabe). Sie konnte im Laufe der Zeit über die Zustimmung zur Besteuerung und zu den Staatsausgaben mehr und mehr auf den Bereich der Exekutive übergreifen und schließlich – im sog. parlamentarischen Regierungssystem – zur Bestimmung der personellen Zusammensetzung der Regierung führen.

IV.

Systeme dieser Art trifft man im 19. Jahrhundert allenthalben in Europa und in den Vereinigten Staaten von Amerika an. Sie verbreiten sich im 20. Jahrhundert über die ganze Welt. Doch gibt es daneben Staaten, die manchmal ebenfalls über eine geschriebene Verfassung verfügen, den Grundsatz der Gewaltenteilung indessen nicht kennen, so z. B. die sog. sozialistischen Staaten wie die Sowjetunion und die DDR. Von ihnen wird das Prinzip der Gewaltenteilung als Hemmnis für die Durchsetzung eines einheitlichen politischen Willens, sei es einer »Klasse« oder des »Volkes«, abgelehnt. Wegen der Aufhebung der Gewaltenteilung bezeichnet man Staaten dieses Typs als »Diktaturen«. Auch bei ihnen kann es sich um hochmoderne Systeme handeln, was den Ausbau der Staatsinstitutionen und des bürokratischen Machtapparates sowie die gesteigerte Reglementierung des bürgerlichen Lebens, von Wirtschaft und Kultur, anlangt. In ihnen spielen Freiheitsrechte nur eine untergeordnete Rolle. Die staatliche Herrschaft tendiert vielmehr dazu, total zu werden (totalitäre Diktatur).

Festzustellen ist also, daß der Verfassungsstaat im eigentlichen Sinne zwar historisch der erste Typ des hochmodernen Staates gewesen, aber nicht der einzige geblieben ist. Für die deutsche Verfassungsgeschichte ist diese Feststellung nicht unwichtig. Zwar verläuft sie im 19. und 20. Jahrhundert überwiegend in den Bahnen des Verfassungsstaates, doch änderte sich das bekanntlich nach 1933. Man kann sich daher fragen, mit welchem Recht die Epoche des hochmodernen Staates als eine des »Verfassungsstaates« bezeichnet wird; andere Bezeichnungen wie z. B. die des »Parteienstaates« würden sich ebenfalls anbieten. Indessen läßt sich über die weitere Entwicklung moderner Staatlichkeit und heute insbesondere über die Zukunftschancen von Diktaturen zu wenig aussagen, als daß man schon eine abschließende Bezeichnung für eine noch unabgeschlossene historische Epoche finden könnte. Und solange dies so ist, scheint ihre Benennung als Epoche des »Verfassungsstaates«, des Staatstyps, von dem sie bisher am nachhaltigsten geprägt wurde, das Sinnvollste zu sein.

2. Zur Herkunft des Verfassungsstaates

I.

Der Verfassungsstaat ist in Deutschland nicht ohne äußere Einflüsse entstanden, ungeachtet aller Tendenzen, die im Zeitalter des aufgeklärten Absolutismus auch hierzulande in seine Richtung wiesen. Wie in vielen anderen Fällen gilt auch in diesem, daß die deutsche Verfassungsgeschichte nur verständlich wird, wenn man sie im Kontext der europäischen betrachtet. Das, was wir »Verfassungsstaat« nennen, ist ein gesamteuropäisches Phänomen, dessen Wurzeln weit in die europäische Geschichte zurückreichen und das seine erste Ausprägung im westlichen Europa und in den USA gefunden hat.

Fragt man nach der Herkunft des Verfassungsstaates, so wird man meist auf die Amerikanische und Französische Revolution und auf die 1787 in den USA bzw. 1791 in Frankreich entstandenen Verfassungen verwiesen. In der Tat handelt es sich bei ihnen, sieht man einmal von den älteren Konstitutionen der nordamerikanischen Gliedstaaten ab, um die ersten Zeugnisse des neuen Staatstyps. Seine Ursprünge lassen sich indessen weiter zurückverfolgen, in das England des 17. Jahrhunderts. Hier kam es zu ersten verfassungsstaatlichen Ansätzen ebenfalls in einer revolutionären Situation, die infolge der Gefährdung der Mitbestimmungstraditionen und Freiheiten des überkommenen Ständestaats durch den Absolutismus der Stuart-Könige entstanden war. Das führte zu einer betonten Sicherung der individuellen Freiheit in einer damals schon die Grenzen feudaler Wirtschaftsweise sprengenden Gesellschaft. Dabei knüpfte man an die mittelalterlichen Freiheitsverbürgungen, insbesondere der Magna Charta Libertatum von 1215, an. Sie fanden neuformuliert und in ihrem Schutzgehalt erweitert Eingang in die Petition of Rights von 1628 sowie später in die berühmte Habeas Corpus Act von 1679 und die Bill of Rights von 1689.

In der Geistesgeschichte hat man oft darauf hingewiesen, daß in die Freiheitsvorstellungen der Grundrechte auch antikes, christliches und aufklärerisch-naturrechtliches Gedankengut eingeflossen sei. Das ist sicherlich richtig und für das Verständnis späterer Menschenrechtsdeklarationen von Bedeutung. Desungeachtet kommt die verfassungsgeschichtliche Analyse nicht umhin festzustellen, daß die ersten modernen Versuche, »rights and liberties« zu formulieren, aus jenem eben skizzierten Traditionszusammenhang hervorgingen. In ihrem Mittelpunkt stand die Sorge um den Schutz der Person vor monarchischer Willkür, die Sorge, daß jemand inhaftiert werden könne, ohne einem Richter vorgeführt zu werden und ohne einen »due process of law« zu erhalten. Zunächst ging es also um judizielle Grundrechte. Gegen den Souveränitätsanspruch des Königs berief man sich auf die Herrschaft des Rechts, die »rule of law«. Erst danach gewannen die klassischen Freiheitsrechte, wie z. B. die Religionsfreiheit, an Bedeutung und erhielten die reklamierten Rechte eine aus dem angelsächsischen Common Law herausgehobene naturrechtliche Begründung durch John Locke und andere.

Ebenfalls traditionelle Bezüge wie die Berufung auf das Recht hatte auch die Idee, daß die grundsätzlichen Rechtspositionen, »the fundamentals«, schriftlich zu fixieren seien. Das zeigen die mittelalterlichen Freiheitsbriefe. Im Gegensatz zu ihnen ging es jetzt allerdings nicht mehr darum, einzelne ständische Rechte festzuhalten, sondern die allgemeinen Grundsätze der Staatsorganisation, die »lois fondamentales«, wie sie die Monarchomachen im französischen Bürgerkrieg des 16. Jahrhunderts nannten. In diesem Zusammenhang kamen auch die ersten Überlegungen auf, den monarchischen Absolutismus durch eine Gewaltenteilung aufzubrechen, etwa indem man die königliche Macht auf die Administration beschränkte (so der schottische Monarchomach Buchanan schon 1580). Nach der zeitweiligen Aufhebung der Monarchie in England 1649 richtete sich diese Vorstellung gegen die unumschränkt gewordene Machtausübung des Parlaments. Ganz allgemein wurde gefordert, daß Gesetzgebung und Ausführung der Gesetze nicht in einer Hand liegen dürften, da dies zu despotischer Herrschaft führe, und daß niemand Richter in eigener Sache sein solle, sondern daß die Rechtsprechung unabhängigen Gerichten überlassen bleiben müsse.

Die in der Revolutionszeit fixierten Grundsätze sind in England trotz des Versuchs Cromwells, 1653 ein entsprechendes »instrument of government« herzustellen, nicht in einer einheitlichen »written constitution« festgehalten worden. Sie fanden nur bruchstückhaft gesetzlichen Niederschlag in der schon genannten Habeas Corpus Act und in der Bill of Rights, vor allem aber im Act of Settlement von 1701. Die Wiedereinführung der Monarchie und die Glorious Revolution von 1688 hatten eine neue Art der Gewaltenteilung zur Folge, die des »King in Parliament«, der Teilhabe von König und Parlament an der Gesetzgebung. Unter Berufung auf die schon in der Antike vor allem von Polybius propagierte Theorie der gemischten Verfassung, nach der es am besten sei, die Staatsformen der Monarchie, Aristokratie und Demokratie miteinander zu verbinden, wurde nunmehr ein »mixed government« von King, House of Lords und House of Commons in England verwirklicht. Politisch gesehen war das ein Machtkompromiß zwischen Monarchie, Hochadel und der mit dem städtischen Bürgertum verbundenen Gentry. Diese Kombination von Gewaltentrennung und Gewaltenteilhabe hat in der Darstellung, die ihr Montesquieu gab, über die Grenzen Englands hinaus zukunftsweisende Bedeutung erlangt. In Deutschland galt sie lange Zeit als vorbildlich für eine konstitutionelle Monarchie. In England selbst führte die weitere Entwicklung dagegen schon im 18. Jahrhundert zur Herrschaft des Parlaments im parlamentarischen Regierungssystem.

II.

Von den britischen Kolonisten nach Nordamerika verpflanzt, ist die englische Rechtstradition alsbald gegen die absolutistischen Herrschaftsansprüche des Mutterlandes selbst geltend gemacht worden, vor allem das Recht auf Mitsprache bei der Besteuerung (»no taxation without representation«). Im Kampf gegen die Suprematie des englischen Parlamentes wurden die von den Kolonisten reklamierten Rechtspositionen allerdings nicht mehr traditionell, sondern naturrechtlich begründet. Das lag um so näher, als es ja gerade in Nordamerika zu vertraglichen Neugründungen staatlicher Gemeinschaften gekommen war, wie es der Staatsvertragslehre des Naturrechts entsprach. Die Vorstellung solcher Neugründungen war immer noch präsent, als es nach der Unabhängigkeitserklärung 1776 notwendig wurde, die staatliche Ordnung in den Kolonien neu zu fixieren. Das führte zu den ersten modernen Verfassungen, die vom Volk selbst in verfassunggebenden Versammlungen formuliert wurden und Menschenrechtsdeklarationen mit einer gewaltenteilenden Staatsorganisation verbanden (vgl. die Virginia Bill of Rights von 1776 u.a.). Ihren Höhepunkt fand diese Entwicklung in der nordamerikanischen Bundesverfassung von 1787 mit ihren Amendments von 1791. In ihr gewann zum ersten Mal auch die Idee des modernen Bundesstaates konkrete Gestalt. Auch davon ist die Diskussion in Deutschland im 19. Jahrhundert in erheblichem Maße beeinflußt worden.

Nicht unberührt von den amerikanischen Vorgängen blieb die wenig später einsetzende revolutionäre Erneuerung in Frankreich. Das zeigt die sich an die amerikanischen Menschenrechtserklärungen anschließende Déclaration des droits de l'homme et du citoyen von 1789 ebenso wie die erste französische Verfassung von 1791, die gleich der amerikanischen von 1787 dem klassischen Gewaltenteilungsprinzip huldigte, mit einer repräsentativen Versammlung der Nation als Legislative und dem Monarchen als Chef der Exekutive, der, wie der amerikanische Präsident, nur noch ein Vetorecht gegenüber den Beschlüssen der gesetzgebenden Versammlung besaß. Anders als in den USA richtete sich in Frankreich die Revolution aber nicht nur gegen den (monarchischen) Absolutismus, sondern auch gegen die gesellschaftlichen Grundlagen des Ancien régime, den Agrarfeudalismus, mit dem sich die nordamerikanische Gesellschaft nicht mehr hatte auseinandersetzen müssen. (Dort blieb indessen die Sklaverei ein zentrales, die weitere Verfassungsentwicklung bis in die sechziger Jahre des 19. Jahrhunderts belastendes Problem.)

Aufgrund dieser anderen Stoßrichtung stand in Frankreich nicht der Gedanke einer Wahrung alter Rechte im Vordergrund, sondern die Idee der gesellschaftlichen Reform. Das macht das gesteigerte naturrechtliche Pathos der französischen Menschenrechtsdeklaration mit ihrer Trias: »liberté, égalité, fraternité« ebenso verständlich wie die ausschlaggebende Rolle, die man hier der Gesetzgebung als dem Ausdruck des Volkswillens zuschrieb. Anders als in den USA konnte sich daher in Frankreich die Vorstellung von einer das Recht auch dem Gesetzgeber gegenüber wahrenden Verfassungsgerichtsbarkeit nicht durchsetzen. Das für die Französische Revolution charakteristische Reformverständnis ist am deutlichsten in jener Nacht vom 4. zum 5. August 1789 zum Ausdruck gekommen, in der die Nationalversammlung das alte »régime féodale« mit einem Federstrich aufhob. Für den sich darin offenbarenden anti-traditionalistischen Rationalismus waren Staat und Gesellschaft nach Vernunftprinzipien frei gestaltbar – eine Auffassung, die zusammen mit der nach der Revolution unklaren und instabilen Machtlage in der Folgezeit Frankreich zum fortwährenden Verfassungslabor werden ließ.

Wieder anders war die Entwicklung in Deutschland. Im Gegensatz zu Frankreich und den USA konnten sich hier die Ideen der Volkssouveränität und der Gewaltentrennung zunächst nicht durchsetzen. Man folgte weder dem amerikanischen Vorbild von 1787, noch dem französischen von 1791, sondern zu Beginn der verfassungsstaatlichen Ära vorzugsweise dem der französischen Restaurationsmonarchie, der Charte von 1814. Nach deren Präambel blieb die Staatsgewalt in vollem Umfang in der Hand des Königs und die parlamentarische Versammlung besaß nur beschränkte Mitbestimmungsbefugnisse – damit aber immerhin doch eine Art Teilhabe an der staatlichen Willensbildung. Die Verfassungen in den deutschen Territorialstaaten – der Begriff »Staatsverfassung« bürgerte sich seit dem Ende des 18. Jahrhunderts ein – sind demzufolge im Laufe des 19. Jahrhunderts im allgemeinen vom Monarchen einseitig erlassen (oktroyiert) worden. Das besagte allerdings nicht viel, denn auch die früheren Freiheitsbriefe und Vergleiche zwischen Monarch und Ständen waren unbeschadet ihres bindenden Charakters in der Regel ebenfalls einseitig vom Monarchen gewährt worden. Dieser Tradition entsprechend durften auch die neuen Verfassungen vom Monarchen allein nicht mehr verändert oder aufgehoben werden. Außer der Fixierung parlamentarischer Mitbestimmungsrechte enthielten sie Grundrechte (so der offizielle Ausdruck für verfassungsmäßige Rechtsverbürgungen seit der Reichsverfassung von 1849), die meist als Bürgerrechte konzipiert waren und sich – wie in Frankreich – nicht nur gegen die monarchische Staatsgewalt richteten, sondern im Postulat der Gleichheit auch gegen die überkommenen feudalgesellschaftlichen Verhältnisse.

Die Gesellschaft ist in Deutschland jedoch nicht durch einen revolutionären Umsturz reformiert worden, sondern von der staatlichen Bürokratie selbst (»Revolution von oben«). Abgesehen von einzelnen revolutionären Maßnahmen, vor allem 1848, trugen die Reformen in Deutschland in der Regel einen starken obrigkeitsstaatlichen Akzent. Sie wurden durchgeführt von einer Beamtenschaft, in der man oft den »allgemeinen Stand« (Hegel) erblickte, »der über das Wohl des Volkes besser Bescheid wisse, als dieses selbst«. Das ist für das Verständnis seiner Verfassungsentwicklung wichtig.

III.

Der vorstehende Vergleich zeigt, daß Verfassungsstaaten aus recht unterschiedlichen Situationen entstehen konnten. Die Verschiedenheit der Ausgangslage erklärt nicht nur unterschiedliche Ausgestaltungen des Verfassungstaates, sondern auch eine ihm eigentümliche Ambivalenz. Das sei im folgenden kurz verdeutlicht:

1. Es ist immer wieder ein absolutistischer staatlicher Machtanspruch, der im Gegenzug zu Forderungen nach einer gewaltenteilenden Organisation des Staates führt, mit einer Mitsprache des Volkes durch eine Repräsentation und mit Grundrechten, die der Wahrung vorstaatlichen Rechts dienen. Grundsätzlich werden diese Rechte und wird die neue Staatsorganisation in einer Verfassungsurkunde fixiert (außer in England).

2. Im allgemeinen ist es der Machtanspruch der Monarchen, gegen den Front gemacht wird, sind es seine »Machtsprüche«, mit denen er in die Rechtsprechung eingreift, und ist es der paternalistische, das Wohlergehen der Bürger von oben reglementierende »Policeystaat«, gegen den sich die Verfassungsvorstellungen, z.B. des deutschen Liberalismus, richten. Es kann aber auch ein Parlament, das eines kontrollierenden Gegenspielers entbehrt, als absolutistische Gewalt empfunden werden (sog. Parlamentsabsolutismus) und sich die Forderung auf eine verfassungsmäßige Beschränkung der Staatsgewalt auch gegen seine Herrschaft, gegen die unbegrenzte Entfaltung des Mehrheitswillens, richten.

3. Doch ist es nicht nur der absolutistische Staat, gegen den verfassungsstaatliche Forderungen erhoben werden. Es können auch bestimmte gesellschaftliche Verhältnisse sein, gegen die sie sich wenden, wie z.B. gegen die Feudalgesellschaft auf dem europäischen Kontinent. Der Verfassungsstaat stellt dann nicht nur ein Instrument der Rechts- und Freiheitssicherung gegen die Staatsgewalt, vor allem mittels judizieller Grundrechte, dar, sondern er dient zugleich der gesellschaftlichen Reform, die neues Recht und neue Freiheiten schaffen will. Der für den Verfassungsstaat charakteristische Anspruch auf »Freiheit und Gleichheit« wird damit zum Ausdruck eines grundsätzlichen gesellschaftlichen Reformwillens, der zur Religionsfreiheit und zur Meinungsfreiheit ebenso wie zur Gewerbefreiheit und zur Freiheit des Handels führt. Die Idee der Rechtsgestaltung ist ihm in gleicher Weise wie der Gedanke der Rechtswahrung immanent.

4. Aufklärung, Rationalismus und Reform, die die Ausprägung des Verfassungstaates bestimmen, lassen seine traditionellen Bezüge zurücktreten; doch sind auch diese vorhanden, wie z.B. die ursprünglich ständischen Vorstellungen der »libertates«, der ständischen Mitbestimmung und der Fixierung von

Rechten in Freiheitsbriefen zeigen. Indessen überwiegt der Eindruck der nun allgemeinen gesellschaftlichen (staatsbürgerlichen) Freiheit, der neuartigen Form der Mitbestimmung durch eine Repräsentation des ganzen Volkes, der Neuartigkeit des auf individuelle Freiheit zielenden Staatszwecks. Dem entspricht es, daß in der Staatstheorie der Zeit die naturrechtliche Vorstellung vom Zusammenschluß der Individuen im Gesellschaftsvertrag weiterwirkt, selbst dort, wo es sich wie in England und in Deutschland tatsächlich nicht um eine Neukonstituierung der staatlichen Gewalt, sondern lediglich um die verfassungsmäßige Beschränkung der monarchischen handelt.

5. Wie die Intentionen können auch die Träger der verfassungsstaatlichen Reformbewegung unterschiedlich sein. Es muß sich nicht immer um jene bürgerlich-progressiven Kräfte handeln, die in Frankreich den »tiers état« zur gesamten Nation erklärten und in ihrem Namen die Staatsmacht okkupierten, sondern es kann als Reformator auch eine aufklärerisch gesinnte Bürokratie auftreten, die jenen Schichten entstammt, die im 18. Jahrhundert in Debattierclubs und Lesezirkeln eine neue Öffentlichkeit mit neuen Ideen über Staat und Gesellschaft konstituiert haben. Der Übergang zum Verfassungsstaat muß nicht unbedingt »revolutionär« erfolgen, er kann auch von Staats wegen als »Revolution von oben« durchgesetzt werden. Auf ihn können sich viele berufen, Konservative, die das »Recht« gewahrt wissen wollen, wie auch der »vierte Stand«, das Proletariat, das verfassungsstaatliche Forderungen erhebt und den neuen Staat um der ihm innewohnenden Reformchancen willen verteidigt. Eine Klassengebundenheit der verfassungsstaatlichen Institutionen gibt es nicht, wohl aber ihre Ausnützung in einem bestimmten Klasseninteresse. Desungeachtet bleibt die Idee, daß das Recht und nicht ein beliebiger Wille herrschen soll, die für den Verfassungsstaat maßgebliche Richtschnur und zwingt jedermann, seine Wünsche als damit vereinbar zu legitimieren.

3. Entwicklungsaspekte des Verfassungsstaats

Vorbemerkung

Die Wendung des Verfassungsstaats gegen absolutistische Machtkonzentration und gesellschaftliche Herrschaftstraditionen macht es verständlich, daß im 19. Jahrhundert vielfach ein allmählicher Rückgang staatlicher Machtausübung, gar die Aufhebung von Herrschaft überhaupt erwartet wurde. So glaubten die Liberalen, daß die Tätigkeit des Staats auf die Wahrung äußerer Sicherheit und Ordnung reduziert werden könne, auf die Funktion eines »Nachtwächterstaates«, wie Sozialisten gelegentlich spotteten (Lassalle). Weitergehend erhofften sich die Kommunisten, daß der Staat nach der Machtübernahme durch die neue Klasse des Proletariats absterben und an die Stelle der »Herrschaft über Personen« die »Verwaltung von Sachen« treten werden (Engels). Ungeduldiger noch propagierten die Anarchisten seine revolutionäre Abschaffung. Bei allen läßt sich, wie übrigens auch bei den sich an den vergangenen feudalständischen Verhältnissen orientierenden Konservativen, eine ausgesprochenen Aversion gegen die Bürokratie, den immer bedeutsamer werdenden Herrschaftsträger des modernen Staates, feststellen.

Allen Wünschen und Hoffnungen zum Trotz nahm die Tätigkeit des Staates jedoch zu, nicht ab. Das erlaubt es, eine Entwicklungslinie vom frühmodernen Staat zum hochmodernen Verfassungsstaat zu ziehen, wenn man das Wachstum der staatlichen Tätigkeit, den Ausbau des Staatsapparates und die Ausdehnung der Staatsgewalt auf ehedem gesellschaftliche Herrschaftsbereiche betrachtet. Schon zu Beginn des 19. Jahrhunderts hat ein nüchterner Beobachter der französischen Entwicklung, Alexis de Tocqueville, die erstaunliche Kontinuität vom Ancien régime zum nachrevolutionären Staat seiner Gegenwart bemerkt. Trotz verstärkter Penetration der Gesellschaft durch staatliche Eingriffe und Reglementierungen, trotz Steigerung der Extraktionskapazität des Staates, d.h. seiner Fähigkeit, gesellschaftliche Ressourcen zu nutzen, blieben indessen Räume gesellschaftlicher Freiheit und politischer Mitbestimmung, blieb das, was den europäischen Staat in seiner Verfassungsentwicklung schon in der Sichtweise des 18. Jahrhunderts auszeichnete, nämlich keine »asiatische Despotie« zu sein, erhalten. Allerdings unterlagen Staat, Gesellschaft und politische Mitbestimmung im 19. und 20. Jahrhundert einem grundlegenden Wandel. Darauf sei hier in einem auf Deutschland konzentrierten Überblick vorweg eingegangen, bevor wir uns in den folgenden Kapiteln mit den Einzelheiten der historischen Entwicklung beschäftigen.

I.
Die Zunahme der Staatstätigkeit läßt sich leicht an der Gesetzgebung demonstrieren, jener Steuerung der Gesellschaft durch allgemeine Anordnungen, die schon für den frühmodernen Staat charakteristisch gewesen ist: wie schon der frühmoderne Staat um die Sammlung des Rechts und um gesetzliche Neuregelungen der gesellschaftlichen Verhältnisse bemüht war, so nun auch der Verfassungsstaat. Viele neue Gesetzbücher entstanden im 19. Jahrhundert. Sie deckten ganze Rechtsbereiche wie das Strafrecht, das Prozeßrecht oder das Handelsrecht in umfassenden Kodifikationen ab. Allmählich begann sich eine wahre Flut von Gesetzen und Verordnungen über die Bürger zu ergießen, schwollen die Gesetzes- und Verordnungsblätter der Staaten auf Hunderte von Seiten an, blieb der legislatorische Apparat dauernd in Betrieb und wurden immer neue Bereiche gesetzlich geregelt.

Entsprechendes gilt für den Ausbau der Administration. Während beim Übergang zur modernen fachspezifischen Verwaltung zu Beginn des 19. Jahrhunderts noch die fünf klassischen Ressorts des Innern, des Auswärtigen, der Justiz, der Finanzen und das Kriegsministerium genügten, um die Aufgaben des modernen Staates zu erfüllen, wuchs die Zahl der Ministerien bald an. Aus dem Innenministerium wurden neue Ressorts, wie das Kultusministerium und das Handelsministerium, ausgegliedert. Ihnen folgten weitere eigenständige Ressorts, z. B. für Verkehr, Arbeit, Soziales und Gesundheit.

Auch das im Staatsapparat beschäftigte Personal nahm zu. Man schätzt, daß in Deutschland im Vormärz auf tausend Einwohner etwa sieben, an der Schwelle zum Ersten Weltkrieg schon über zwölf Staatsbedienstete gekommen sind. (Heute sind in der Bundesrepublik 3½ Millionen Personen im öffentlichen Dienst beschäftigt.) Während mit der Übernahme des Bildungswesens in staatliche Regie zunächst dieser Sektor expandierte, waren es im 20. Jahrhundert die Sozialverwaltung und die Polizei. Das hatte zur Folge, daß man auf den Einsatz des Militärs zur Bekämpfung innerer Unruhen verzichten konnte.

Parallel zur Expansion der Tätigkeit wuchsen die Ausgaben. Schon in den letzten Jahrzehnten des 19. Jahrhunderts formulierte der Nationalökonom Adolph Wagner das »Gesetz der zunehmenden Staatsausgaben«. Man schätzt, um hierfür nur ein Beispiel zu geben, daß die Staatsquote, d. h. der Staatsanteil am Volkseinkommen, in Preußen vor 1850 noch unter 5 Prozent gelegen habe, im Deutschen Reich zur Zeit seiner Gründung unter 10 Prozent. 1913 war die Staatsquote indessen schon auf über 15 Prozent gestiegen. In der Weimarer Republik bewegte sie sich um die 30 Prozent und stieg im Dritten Reich, nicht zuletzt wegen der hohen Militärausgaben, auf 50 Prozent an. Aber auch in der Bundesrepublik Deutschland bewegt sie sich zwischen 35 und 40 Prozent.

Der Staat erweiterte sein Tätigkeitsfeld nicht nur horizontal um eine Fülle neuer Regelungsbereiche, sondern auch vertikal: Bis zum Beginn des 20. Jahrhunderts wurden die grundherrliche Polizeihoheit und Patrimonialgerichtsbarkeit beseitigt. Damit endete die jahrhundertealte Feudalherrschaft und setzte sich die für den modernen Staat oft als typisch angesehene »Monopolisierung der Anwendung legitimer physischer Gewalt« (Max Weber) durch. Die Städte hatte schon der monarchische Absolutismus des 17. und 18. Jahrhunderts sich unterzuordnen gewußt. Zwar stellte die Gemeindeselbstverwaltung des 19. Jahrhunderts die kommunale Eigenverantwortlichkeit wieder her, doch brachte das den Kommunen die Unabhängigkeit von der staatlichen Administration, wie sie im Mittelalter und in der frühen Neuzeit existierte, nicht wieder. Sie blieben der staatlichen Aufsicht unterworfen und wurden mit der Zeit durch sog. staatliche Auftragsangelegenheiten mehr und mehr in die Pflicht genommen.

Auch auf den Ausbau des militärischen Sektors ist in diesem Zusammenhang hinzuweisen, auf die Entwicklung des stehenden Heeres zum Massenheer mit allgemeiner Wehrpflicht, die den Zugriff des hochmodernen Staates auf seine Angehörigen besonders deutlich macht. Man kann daher für die Zeit des 19. und 20. Jahrhunderts generell von einem Prozeß zunehmender »Verstaatung« der Gesellschaft sprechen.

II.

Die Ursachen für diesen Prozeß wird man in einem steigenden Regelungsbedarf der modernen Gesellschaft und wachsenden Erfordernissen ihrer Steuerung zu suchen haben. Zum Ausbau des Staatsapparates führte offenbar nicht irgendein Herrschaftsinteresse, obwohl solche Interessen nach wie vor eine Rolle spielten, sondern ein trotz des Verlangens nach Freiheit, besser: gerade wegen ihrer Verwirklichung entstehendes allgemeines Ordnungsbedürfnis, das eine Industriegesellschaft, die andauernden technischen Neuerungen und sozialem Wandel ausgesetzt ist, immer wieder neu produziert. Die damit verbundenen grundlegenden Veränderungen des menschlichen Zusammenlebens werden meist unter dem Stichwort der »industriellen Revolution« zusammengefaßt. Zu diesem Wandel gehören mehrere Komponenten.

Da ist zum einen die schon vor der industriellen Revolution einsetzende explosionsartige Bevölkerungszunahme zu nennen. Während im Gebiet des späteren kleindeutschen Kaiserreichs über Jahrhunderte hinweg nur wenige Millionen Menschen lebten und noch im »Normaljahr« 1780 nicht mehr als etwa 20 Millionen, waren es um die Mitte des 19. Jahrhunderts schon über 30 und beim Ausbruch des Ersten Weltkriegs 67 Millionen. (Heute beträgt die Bevölkerung allein in der Bundesrepublik über 60 Millionen.) Als Ursache für diese Bevölkerungsvermehrung wird eine Reihe von medizinisch-technischen, ökonomischen und rechtlich-politischen Gründen angegeben, wie die Verringerung der Säuglingssterblichkeit, das Hinausschieben des Sterbealters und der Wegfall traditioneller Heiratsschranken, z. B. für das ländliche Gesinde und für Handwerkergesellen. Immer mehr Menschen erreichten die Phase der sexuellen Reproduktionsfähigkeit und blieben länger in ihr.

Die Bevölkerungszunahme wurde nicht durch eine entsprechende Auswanderung ausgeglichen. Obwohl in den hundert Jahren bis zum Ersten Weltkrieg schätzungsweise sechs Millionen nach Übersee zogen, verdichtete sich die Bevölkerung in Deutschland von etwa 40 Einwohnern pro Quadratkilometer im Jahre 1780 auf 125 pro Quadratkilometer im Jahre 1914. Heute zählt man in der Bundesrepublik annähernd 250 Einwohner pro Quadratkilometer. Das waren zunächst mehr Menschen, als es Brot und Lohn für sie gab. Mit einer Einwohnerzahl von etwa 20 Millionen war schon 1780 eine Grenze erreicht, jenseits derer unter Beibehaltung der traditionellen Produktionsmethoden ein demographischer Zusammenbruch drohte, wie ihn Deutschland – aus verschiedenen Gründen – schon zweimal, im Spätmittelalter und im Dreißigjährigen Krieg, erlebt hatte. Tatsächlich setzte ab 1780 eine erneute Verelendung ein. Massenarmut, die ihren Höhepunkt zwischen 1830 und 1850 erreichte, machte sich breit (sog. Pauperismus). Sie konnte erst in der zweiten Hälfte des Jahrhunderts durch die seit der Jahrhundertmitte einsetzende Industrialisierung und eine schon vorher eingetretene Verbesserung der Landwirtschaft überwunden werden.

Die industrielle Revolution hat, trotz der von ihr geschaffenen Arbeitsmöglichkeiten und trotz des Wirtschaftswachstums, das sie mit sich brachte, die Situation keineswegs entspannt. Das Bevölkerungswachstum setzte sich auch in der zweiten Hälfte des 19. Jahrhunderts fort und war mit einer sozialen Umschichtung größten Ausmaßes verbunden. Neue Arbeitsteilung und neue Berufe differenzierten die bisherige Gesellschaftsstruktur in einem ungeahnten Maße. Mit dem sog. vierten Stand, der Fabrikarbeiterschaft, kam eine neue soziale Schicht auf, deren Existenz eine Fülle neuartiger Probleme schuf. Das Verhältnis von Stadt und Land änderte sich von Grund auf. Landflucht und bessere Erwerbsmöglichkeiten im industriellen Sektor ließen die weitgehend agrarisch bestimmte Gesellschaft Deutschlands, von der noch 1780 etwa zwei Drittel aller Beschäftigten in der Landwirtschaft tätig waren, zur Industriegesellschaft werden. Schon vor dem Ersten Weltkrieg war der Anteil der Beschäftigten in der Landwirtschaft und Forstwirtschaft auf ein Drittel gesunken, hatte der industrielle Sektor den primären überrundet und der Dienstleistungsbereich kräftig aufgeholt.

Hand in Hand damit ging ein allgemeiner kutureller Wandel, der die Auflösung alter sozialer Bindungen, der Familienstrukturen und der Grundherrschaft, sowie eine allgemeine Verstädterung (»Urbanisierung«) der Lebensweise mit sich brachte und der allmählich zu einer grundlegenden, meist mit dem Stichwort »Säkularisierung« gekennzeichneten Veränderung der Moralvorstellungen, Ansichten und Einstellungen führte. Alles schien sich in dieser Zeit, dem »historischen« 19. Jahrhundert, zu ändern, nichts Bestand zu haben.

III.

Es ist verständlich, daß der hier nur summarisch angedeutete demographische, ökonomische und kulturelle Wandel, der von den Sozialwissenschaften gern mit dem suggestiven, allerdings nicht sehr präzisen Stichwort »Modernisierung« umschrieben wird, das Eingreifen des Staates herausforderte und ihn vor zum Teil völlig neue Aufgaben stellte. Im Gegensatz zur gängigen liberalen Vorstellung lösten sich die von den grundlegenden sozialen Veränderungen aufgeworfenen Fragen des Zusammenlebens nicht von selbst. Die Gesellschaft wurde in ihrem Aufbau und in ihren Ansichten so heterogen, daß sich gemeinsame Überzeugungen und Interessen nicht mehr ohne weiteres ergaben. Auch tauchte eine Fülle neuer internationaler Probleme auf, die aus dem durch die moderne Technik bewirkten Zusammenrücken der Staaten, aus ihrer zunehmenden wirtschaftlichen Verflechtung und Konkurrenz resultierten. Sie führten im sog. Zeitalter des Imperialismus zu einem alles bislang Dagewesene überbietenden Ausbau der militärischen Potentiale.

Schon die Freisetzung der Bevölkerung, ihre Entbindung aus ständischen Herrschaftsstrukturen, hatte im Grunde einen bis dahin unvorstellbaren Eingriff des Staates dargestellt. Der Staat wahrte nicht mehr nur das Recht, beschützte nicht mehr nur seine Untertanen in ihren überkommenen Ordnungen und trug zu ihrem Wohlergehen bei, sondern er formierte jetzt in Deutschland die Gesellschaft neu, überließ dies nicht länger einem unkontrollierten historischen Prozeß. Wenn er in diesem Zusammenhang seine Tätigkeit zu reduzieren schien, wie es der Wandel des Begriffes Polizei von der Bezeichnung für eine allgemeine fürsorgliche Staatstätigkeit, der »policey« im älteren Sprachgebrauch, zur bloßen Abwehr äußerer Gefahren von der Bevölkerung, zur »cura avertendi mala« (Pütter) bereits Ende des 18. Jahrhunderts andeutete, so erforderte doch schon die bloße Aufrechterhaltung der äußeren »Sicherheit und Ordnung« unter obwaltenden Umständen zunehmende Anstrengungen, etwa in der Bekämpfung der Kriminalität oder in der Seuchenprophylaxe, die angesichts der starken Bevölkerungsverdichtung immer dringlicher wurde und aufgrund der Fortschritte in der medizinischen Technik auch erfolgreich betrieben werden konnte.

Aber selbst dort, wo er dem liberalen Prinzip einer freien Marktwirtschaft folgend auf eine Reglementierung von Wirtschaft und Gesellschaft verzichtete, blieb der Staat – und zwar in ebenfalls steigendem Maße – für ihre Funktionsvoraussetzungen verantwortlich, hatte er nach allgemeiner Auffassung für das zu sorgen, was man die »Infrastruktur« nennt. Dazu zählte neben dem in immer größerem Umfang vom Staat übernommenen Bildungswesen vor allem die verkehrsmäßige Erschließung des Landes. Seit dem 18. Jahrhundert wurde der Chausseebau vorangetrieben; im 19. Jahrhundert folgten der Bau der Eisenbahnen, der Ausbau von Post und Telegraphie.

Neben die alten, nun zum Teil neue Dimensionen annehmenden und mit neuen Techniken bewältigten Aufgaben traten andere, die sich aus den Folgen der Industrialisierung ergaben. So die Sorge für die massenhaft auftretenden Unselbständigen, jene

Schicht von »Vermögenslosen« oder Proletariern, die in eine neue gesellschaftliche Abhängigkeit geraten waren, die sich in Notzeiten nicht mehr selbst helfen konnten und für die es auch keine traditionellen Institutionen der Fürsorge mehr gab. Sie fielen nunmehr der staatlichen und kommunalen »Fürsorge« anheim. Die durch den gesellschaftlichen Wandel aufgeworfene »soziale Frage« harrte einer staatlichen Antwort. Darüberhinaus galt es, dem Umstand Rechnung zu tragen, daß durch technische Neuerungen und die immer stärker um sich greifende arbeitsteilige Organisation der Gesellschaft nicht nur die Fabrikarbeiter, das Proletariat, sondern alle Bevölkerungsschichten in einem allgemeinen Sinne »unselbständig« geworden waren. Sie alle bedurften mehr und mehr der staatlichen »Daseinsvorsorge« (Forsthoff). Sie alle wurden abhängig von staatlichen oder kommunalen Leistungen wie der Versorgung mit Gas, Wasser oder Elektrizität oder von der Entsorgung durch die Müllabfuhr. Immer häufiger mußte der Staat überdies angesichts des rasanten technischen und ökonomischen Wandels einspringen, um wirtschaftliche Krisen zu bewältigen, oder um heute die entstandenen Umweltschäden zu beseitigen.

Offensichtlich nahmen im Übergang vom die Freiheit schützenden »Rechtsstaat« zum allgemeine Daseinsvorsorge betreibenden »Sozialstaat« nicht nur Aufgaben und Tätigkeiten des Staates zu, sondern wandelte sich auch deren Charakter. So wurde die herkömmliche »Eingriffsverwaltung«, der es im wesentlichen um die Aufrechterhaltung einer vorausgesetzten Ordnung durch polizeiliche Eingriffe ging, ergänzt durch die »Leistungsverwaltung«. Zur älteren Ordnungsverwaltung trat die Sozialverwaltung mit einer Fülle existenzsichernder und -fördernder Maßnahmen hinzu – eine Administration, die nicht länger nur mit Geboten und Verboten, sondern auch mit Subventionsvergaben und Subventionsentzug arbeitete.

Entsprechend wandelte sich der Stil der Gesetzgebung. Seit dem Ersten Weltkrieg verloren die großen Kodifikationen, die dem gesellschaftlichen Leben eine umfassende und dauerhafte Ordnung geben sollten, ihre vorherrschende Stellung und machten sog. Maßnahmegesetzen Platz, die lediglich bestimmte Situationen regulieren und Störungen beseitigen sollten und die mit der Erfüllung ihres Zweckes hinfällig wurden. Mehr und mehr trat an die Stelle der Aufrechterhaltung alter die Planung neuer Ordnungen, an die Stelle einer statischen eine dynamische Betrachtungsweise. Dabei wurden immer neue, veränderbare Ordnungsziele anvisiert. Die Umgestaltung der Gesellschaft wurde allmählich permanent. Dies weniger, um ein utopisches, seinerseits als dauerhaft gedachtes Gesellschaftsideal zu realisieren, als um die Probleme zu meistern, die eine rasante technische Entwicklung hervorgerufen hatte und immer wieder hervorruft. Der Staat als Reparaturbetrieb einer unkontrolliert ablaufenden technisch-ökonomischen Entwicklung – so hat man ihn nicht zu Unrecht charakterisiert. Allerdings schuf sich der Staat seine Probleme oft genug selbst, und er tut dies heute noch, indem er Veränderungen initiiert, deren unvorhergesehene Folgen sein weiteres Einschreiten veranlassen.

IV.

Der Wandel des Verfassungsstaats vom »Rechtsstaat« zum »Sozialstaat« wäre nicht möglich gewesen ohne eine veränderte Einstellung der Bürger zum Staat. Stand ursprünglich die Sicherung von Recht und Freiheit im Mittelpunkt der Erwartungen an den Verfassungsstaat, so trat allmählich das Interesse an einer Sicherung der individuellen Existenz und an der Förderung und Garantie des ökonomischen Wohlstands in den Vordergrund. Leistungen dieser Art scheinen es zu sein, die staatlichem Handeln heute vor allem seine Legitimation verleihen. Man erhofft sie sich nicht nur vom Staat, sondern beansprucht sie, zusammengeschlossen in Interessengruppen, deren Forderungen sich kumulieren und zum Teil einander widersprechen, was den Legitimationsdruck auf die staatlichen Instanzen erhöht. Angesichts dessen hat man sich gelegentlich gefragt, wie lange Gesellschaften, die ihren politischen Apparat einer derartigen Fülle von Ansprüchen aussetzen, überhaupt noch »regierbar« sein werden.

Was indessen die Fähigkeit des Staates anlangt, auf wachsende Anforderungen zu reagieren, läßt sich feststellen, daß Wissenschaft und Technik genau so, wie sie die industrielle Revolution heraufgeführt und immer weiter vorangetrieben haben, auch dem Staat eine Fülle von Mitteln an die Hand gaben, mit denen er die sich ihm stellenden Probleme meistern konnte. Der hochmoderne Staat erhielt dadurch ganz andere Möglichkeiten, manipulierend auf seine Umwelt einzuwirken, als seine Vorgänger. Seine Ressourcen sind ungleich umfangreicher, ihr Einsatz ist wesentlich effektiver.

Das gilt zum einen von den administrativen Techniken, die kontinuierlich verbessert und z.B. durch die elektronische Datenverarbeitung der Erledigung von Massenvorgängen angepaßt wurden – was sich ebenso vorteilhaft für die moderne Sozialverwaltung wie für polizeiliche Informationsdienste erwies. Es gilt auch von der Regierungstechnik, die im 20. Jahrhundert durch den Aufbau umfangreicher Propagandaapparate an Werbewirksamkeit gewann. Fast noch spektakulärer schritt die Entwicklung der militärischen Technik voran, von der Intensivierung der Feuerkraft der Artillerie zu Zeiten Napoleons über die Erfindung ständig neuer Waffengattungen bis hin zu den Vernichtungsmitteln unserer Gegenwart, die flächendeckend militärische Kombattanten wie Zivilbevölkerung in gleicher Weise treffen und vernichten.

Neue Ausbildungssysteme verbesserten die Fähigkeiten des staatlichen Personals, des militärischen wie des zivilen. Neben die dominant gebliebenen juristischen »Generalisten« trat eine Vielzahl von Fachleuten: Ingenieure, Militärtechniker, Ökonomen, Sozialarbeiter und Mediziner. Die Intensivierung der Geld- und Kreditwirtschaft erschloß dem Staat die finanziellen Mittel, einen immer umfangreicheren und kostspieligeren Verwaltungsapparat zu unterhalten. Spielten noch bis weit in das 19. Jahrhundert hinein die herkömmlichen finanziellen Ressourcen, Einkünfte aus Domänen und Forsten, daneben Einnahmen aus staatlichen Monopolen und Regalien, eine bedeutsame Rolle bei der Finanzierung des zunächst notgedrungen bescheiden bleibenden Staatsbedarfs, so traten in der folgenden Zeit an ihre Stelle fast ausschließlich Steuereinnahmen (eine Zeitlang auch lukrative Einkünfte aus dem Betrieb der Eisenbahnen). Sie wurden jetzt regelmäßig erhoben, nicht mehr – wie in früheren Zeiten – nur ad hoc bewilligt, und erwiesen sich als überaus ergiebige Finanzquelle, zumal sich im Zeitalter des allgemeinen industriell-ökonomischen Aufschwungs die Staatsbürger in einem erstaunlichen Maße belastbar zeigten. Von Nutzen war es dabei für den Staat, daß es ihm durch seine Politik gesellschaftlicher Emanzipation gelang, den auf der Masse der Bevölkerung lastenden Druck konkurrierender, von ständischen Herrschaften auferlegten Abgaben zu beseitigen und die Finanzströme ganz auf sich und seine Gemeinden zu lenken. Generell traten Geldleistungen an die Stelle von Naturalabgaben – mit einer bedeutenden Ausnahme, der allgemeinen Wehrpflicht, deren Einführung dazu diente, den steigenden Bedarf an Soldaten zu decken.

Diese Entwicklung wäre kaum eingetreten, wenn ihr nicht

eine allgemeine Bereitschaft, Neuerungen zu akzeptieren und Pflichten zu übernehmen, entsprochen hätte. Ohne einen derartigen Mentalitätswandel in weiten Schichten der Bevölkerung lassen sich weder der Aufbau des moderen Industriesystems noch die Entfaltung der staatlichen Tätigkeit vorstellen. Zweierlei scheint in diesem Zusammenhang erwähnenswert: Zum einen polte sich die allgemeine Erwartungshaltung gleichsam um. An die Stelle des Glaubens an das »bewährte Alte« trat die Faszination des »Fortschritts«. Die überkommenen Bindungen lockerten sich, die Gesellschaft wurde »offen« zur Zukunft hin, was staatliche Reformpolitik erleichtert, wenn nicht überhaupt erst ermöglicht hat. Besonders deutlich wird die veränderte Haltung im Wandel des Rechtsverständnisses: Mehr und mehr verlor das Recht seinen Charakter einer Schranke für die Politik und wurde es zu einem ihrer Instrumente. Nicht länger der Verweis auf die Tradition legitimierte im Laufe des 19. Jahrhunderts, bald auch nicht mehr die Berufung auf überzeitliche Ideale, sondern es konnte in der heraufkommenden Ära des sog. Rechts- oder Gesetzespositivismus Beliebiges für Recht erklärt werden, wenn es nur im vorgeschriebenen Verfahren als solches »gesetzt« worden war. Die damit erklärte Neutralität gegenüber dem Rechtsinhalt verschaffte staatlichem Handeln eine außerordentliche Flexibilität und Anpassungsfähigkeit an wechselnde Situationen und Interessenkonstellationen.

Aber das alles genügte nicht. Hinzu kam, daß der schon in der Frühmoderne beobachtbare Trend der Sozialdisziplinierung und wachsenden Staatsloyalität anhielt und sich verstärkte, gefördert durch eine entsprechende Sozialisation im staatlichen Schulwesen (und unterstützt durch kirchliche Unterweisungen in der für das 19. Jahrhundert sprichwörtlich gewordenen Verbindung von »Thron und Altar«). Neben der sich nun erst voll entfaltenden Dienstethik des Beamtentums ist es vor allem die nationale Ideologie gewesen, die weite Bevölkerungskreise für den Staat einsatzbereit und opferwillig machte. Unter Zurückdrängung älterer partikulärer Loyalitäten ermöglichte sie die Integration von Millionen Menschen in jenen nationalen Großstaaten, die angesichts der Entwicklung von Wirtschaft und Militärtechnik allein noch zu effektivem politischen Handeln in der Lage zu sein schienen. (Allerdings war nicht zu übersehen, daß das Aufwerfen der sog. »nationalen Frage« auch zum gegenteiligen Effekt, zum Auseinanderbrechen älterer, großer Reiche führen konnte.)

Nicht immer reichten freilich Staatsbewußtsein und ideologische Bindungen aus, die Integration der Bevölkerung in den modernen Staat zu erhalten. Politische Tumulte und Aufstände in der Zeit des sozialen und ökonomischen Umbruchs zeigen das. Auch scheint die in neuester Zeit hervortretende Anspruchshaltung gegenüber dem Staat die Bereitschaft, ihm Leistungen zu erbringen, abzuschwächen. Beides vermag indessen nichts am generellen Urteil über die staunenswerte Entfaltung des staatlichen Leistungs- und Repressionsapparates in den beiden letzten Jahrhunderten zu ändern.

V.

Die beispiellose Zunahme der staatlichen Tätigkeit und die damit Hand in Hand gehende Steigerung der Leistungsfähigkeit des Staatsapparates bei gleichzeitig verstärkter Inpflichtnahme und (ideologischer) Leistungsmotivierung der Bürger haben nicht nur zum Verfassungsstaat, sondern auch zur modernen Diktatur geführt. In ihr wurde – in Fortsetzung früher absolutistischer Tendenzen – der staatliche Dirigismus übermächtig, die bürokratische Administrierung planmäßig auf die Bereiche von Wirtschaft und Kultur ausgedehnt. Auch das war ein Ergebnis der Entfeudalisierung und des damit verbundenen Wegfalls der eigenständigen gesellschaftlichen, sog. »intermediären Gewalten«, ein Ergebnis der Industrialisierung und des damit einhergehenden allgemeinen kulturellen Wandels, der neue Herrschaftschancen bot.

Gegenüber diesen Diktaturen hat der Verfassungsstaat Sphären gesellschaftlicher Freiheit und Selbstverwaltung, sog. staatsfreie Räume, und Möglichkeiten der politischen Mitbestimmung bewußt zu wahren versucht. Wie ihr Ausbau zeigt, handelte es sich dabei nicht um ein bloßes Mitschleppen von Relikten vergangener Zeiten, das die Entfaltung staatlicher Tätigkeit eher gehemmt als gefördert hätte. Zwar hat man in der deutschen Staatslehre des 19. Jahrhunderts oft auf die Schwierigkeiten, Entscheidungen unter Mitbestimmung zu fällen, hingewiesen und demgegenüber die Klarheit, Schnelligkeit und Dauerhaftigkeit monarchischer Beschlüsse gerühmt. Zu bedenken ist jedoch, daß das, was einerseits restriktive Wirkungen zeitigt, andererseits durchaus Vorteile aufweisen kann. Wie sich schon bei der Erörterung älterer Staatstypen feststellen ließ, gibt es Dinge, die für das staatliche Handeln den Charakter einer Restriktion und Ressource zugleich besitzen, so z.B. das

Recht. Es ermächtigt zu bestimmtem Handeln, bestärkt den, der sich »im Recht« weiß, und beschränkt die Handlungsalternativen zugleich. Ähnlich ist es mit Freiheit und Mitbestimmung. Die dabei notwendig werdenden Prozeduren mögen Entscheidungen verzögern und bestimmte Möglichkeiten ausschließen, doch kann auf diese Weise auch die Information über Entscheidungsalternativen wachsen und die Durchsetzungsfähigkeit einmal gefaßter Beschlüsse gesteigert werden, da alle Betroffenen an ihnen beteiligt sind. Das setzt freilich eine Anpassung der Mitbestimmungsstrukturen an den eingetretenen gesellschaftlichen Wandel voraus. In welcher Weise dies im Verfassungsstaat geschehen ist, wird in diesem und in den beiden folgenden Abschnitten erörtert.

Auch wenn die Tradition staatsfreier Bereiche und politischer Mitbestimmung im Verfassungsstaat gewahrt blieb, so geschah das doch in ganz anderer Weise als bisher. Während dem Staat in der Frühmoderne die ständische Gesellschaft mit ihren eigenständigen Herrschaftsstrukturen, differenzierten Privilegien und »Libertäten« gegenübergestanden hatte, trat ihm nach der Abschaffung der Grundherrschaft, nach der Abschaffung der Handwerkszünfte und anderer, das Zusammenleben in bestimmte Formen pressende Korporationen, die »staatsbürgerliche Gesellschaft« der Freien und Gleichen entgegen. Der damals einsetzende Befreiungsprozeß betraf nicht nur Bauern und Gewerbetreibende, sondern zog immer weitere Kreise: Auf die Bauernbefreiung folgte die Judenemanzipation, auf sie die Emanzipation der Frau und die des vierten Standes. »Emanzipation« wurde zum Schlagwort der Epoche und ist für viele Historiker und Sozialwissenschaftler bis heute das Signum der neuen Zeit geblieben.

Bei diesem, die Gesellschaft in der Tat von Grund auf verändernden Vorgang handelte es sich zunächst und in erster Linie um die Abschaffung gesellschaftlicher Herrschaftsbeziehungen, um eine gegen gesellschaftliche Unterordnung geltend gemachte »Freiheit« und »Gleichheit«, die in Deutschland von staatlichen Instanzen gefördert und durchgesetzt wurde. Vom Staat wurde erwartet, daß er mit seinen Gesetzen die Freiheit des einen Bürgers mit der des anderen, dem Gebot der Gleichheit folgend, vermittle. So formulierten Kant und andere Philosophen jener Zeit das Rechtsproblem. Indem der Staat aber auf diese Weise die alten intermediären Gewalten zwischen sich und seinen Untertanen aufhob, wurde er allein zum freiheitsbegrenzenden, Gebote und Verbote erlassenden Herrschaftsträger. Die Freiheitsreklamationen richteten sich fortan gegen ihn. Freiheit wurde so zur »Freiheit vom Staat« und die Grundrechte als gegen den Staat gerichtete Forderungen verstanden. »Staat und Gesellschaft« traten in der das 19. Jahrhundert bestimmenden Dichotomie auseinander. Nach der Beseitigung der ständischen Unterschiede wurde vom Staat nur noch Nicht-Intervention in gesellschaftliche Verhältnisse verlangt, und es konnte als charakteristische Errungenschaft der modernen Gesellschaft gefeiert werden, daß sie die »individuelle«, d.h. die private oder »bürgerliche« Freiheit pflege, im Gegensatz zu den sonst als Vorbild geltenden Griechen, die nur die »politische« Freiheit, d.h. das Recht auf politische Mitbestimmung gekannt hätten.

Nun steckte in der neuen Freiheit jedoch auch die Möglichkeit, sich freiwillig zur Vertretung gemeinsamer Interessen zu vereinigen und neue gesellschaftliche Bindungen hervorzubringen, damit aber auch neue Macht- und Abhängigkeitsverhältnisse. Während die Loi le Chapelier 1791 in Frankreich in einer für die individualistische Einstellung jener Zeit charakteristischen Weise (alte) ständische wie (neue) berufliche Zusammenschlüsse verboten hatte, blühten in der Zeit des frühen Verfassungsstaates bald überall Assoziationen im wirtschaftlichen, kulturellen und politischen Bereich auf. Die Gesellschaft strukturierte sich über das Prinzip der freien Assoziationsbildung neu, was sich in der Staatstheorie in ersten pluralistischen Interpretationen von Staat und Gesellschaft widerspiegelte (so in der Genossenschaftstheorie Otto von Gierkes von 1868).

Die Bildung von Vereinigungen wie größerer sozialer Organisationen überhaupt, z.B. von Großbetrieben und Konzernen in der zweiten Hälfte des 19. Jahrhunderts, bedeutete indessen keineswegs einen neuen repressionsfreien Aufbau der Gesellschaft von unten nach oben, der staatlichen Herrschaft überflüssig gemacht hätte, wie es sich die Anarchisten (Proudhon) erhofften, sondern führte zu einer neuen gesellschaftlichen Verherrschaftung, zu »Fabrikuntertanen« und zur Abhängigkeit von Schutz und Unterstützung suchenden Kleinbürgern in Großverbänden, die sich nach staatlichem Vorbild bürokratisch-hierarchisch organisierten. Neue wirtschaftliche und politische Eliten bildeten sich. Anstatt zur Emanzipation schien der neue Trend eher zu einer allgemeinen »Bürokratisierung« und zur Oligarchisierung zu führen, schien sich ein unaufhaltsamer Übergang in ein »künftiges Gehäuse der Hörigkeit« (Max Weber) anzubahnen. Man sprach vom »Neofeudalismus« der Fabrikherren und Konzerne in einer freilich nicht mehr ständisch, sondern nach rein ökonomischen Kriterien gegliederten Klassengesellschaft, die infolge einer ständigen Abnahme der wirtschaftlich selbständigen Existenzen zur reinen Arbeitnehmergesellschaft von Abhängigen und Funktionären zu werden begann.

Auch das rief wieder die staatliche Intervention auf den Plan – mit Antitrustgesetzen gegen unternehmerische Machtkonzentrationen, mit Arbeitsschutz- sowie Mitbestimmungsgesetzen gegen innerbetriebliche Herrschaft. Suchte man auf diese Weise nicht ganz erfolglos den neuen Verherrschaftungstendenzen entgegenzuwirken, so war dies doch unverkennbar mit einer beträchtlichen Zunahme staatlicher Eingriffe und Reglementierungen verbunden. Die Grundrechtsverbürgungen wurden in ihrer Ausgestaltung nun vollends von der Gesetzgebung abhängig. Insbesondere blieb die Realisierung der jetzt in zunehmendem Maße geforderten »sozialen« Grundrechte, blieben die sozialen Absicherungen der Gesetzgebung überlassen. Dementsprechend schien nicht mehr das Beharren auf der privaten Freiheit vom Staat das Entscheidende zu sein, sondern eine Intensivierung der politischen Freiheit, der politischen und wirtschaftlichen Mitbestimmung. Sie allein schien unter den gewandelten Verhältnissen einer hochindustrialisierten Gesellschaft noch Freiheit zu garantieren.

VI.

Auch die Strukturen der politischen Mitbestimmung, die auf diese Weise eine immer stärkere Bedeutung erhielt, haben sich im Zuge des allgemeinen sozialen Wandels grundlegend verändert – teils abrupt wie in der Französischen Revolution im Übergang von den Generalständen zur Nationalversammlung 1789, teils allmählich wie in England, wo heute noch das Oberhaus in seiner Zusammensetzung an vergangene Zeiten erinnert. In Deutschland hat man noch lange nach der Auflösung der ständischen Gesellschaft versucht, an der ständischen Organisation der Landtage festzuhalten, sei es, daß man bislang nicht repräsentierten Sozialständen wie den Bauern Mitbestimmungsrechte einräumte, sei es, daß man die Einrichtung moderner berufsständischer Vertretungen propagierte. Dafür schien das Argument zu sprechen, daß auf diese Weise das Volk in seiner »natürlichen« Gliederung im Parlament vertreten werde.

Allerdings ließ sich kaum angeben, welche Berufe oder Bevölkerungsgruppen in einer sich rasch verändernden Gesellschaft zu repräsentieren seien und nach welchem Verteilungsschlüssel das zu geschehen habe. Außerdem ließ sich bezweifeln, ob eine solche Repräsentation gruppenspezifischer Interessen auch zur Entscheidung allgemeiner politischer Fragen geeignet war und sie auch in dieser Hinsicht den Willen des Volkes widerspiegelte.

Man hat daher bei der Bildung der neuen Parlamente im allgemeinen das Prinzip der ständischen Bindung durch das System der freien Wahl ersetzt. Das entsprach offensichtlich eher der Vorstellung von einer aus mündigen Individuen zusammengesetzten, frei ihre Vertreter benennenden »staatsbürgerlichen Gesellschaft«. Allmählich wurden die Abgeordneten nicht mehr von bestimmten Gruppen oder Korporationen entsandt, sondern von einer Wählerschaft, die der Idee nach einen einzigen Wahlkörper bildete. Konsequenterweise entfiel das alte imperative Mandat, die Bindung des Abgeordneten an eine bestimmte, von ihm zu repräsentierende Gruppe, und galten die Deputierten jetzt als Vertreter des ganzen Volkes mit freiem Entscheidungsrecht (freies Mandat) – eine Vorstellung, die uns im Verfassungsstaat von Anfang an begegnet.

Dem Prinzip der freien Assoziierung folgend gesellten sich die Abgeordneten in den neuen Parlamenten nach politischen Fragestellungen zueinander und nicht mehr aufgrund ihrer sozialen Zugehörigkeit. An die Stelle der ständischen Gliederung trat auch keine klassenmäßige. Zwar gab es Affinitäten zwischen bestimmten Bevölkerungsschichten und politischen Gruppierungen, wie z.B. zwischen Adel und Konservativen, Bürgertum und Liberalen, Arbeitern und Sozialisten, doch wurde das Wahlverhalten nicht allein durch die soziale Stellung, sondern auch durch andere, z.B. konfessionelle, nationale oder regionale Faktoren bestimmt, denen die Wähler teilweise eine höhere politische Bedeutung zumaßen. Man kann sagen, daß das Prinzip der freien Wahlen die ehedem enge Verbindung von sozio-ökonomischem Status und politischer Option in beträchtlichem Umfang aufgehoben hat.

Dadurch, daß in die neuen Mitbestimmungskörper, abgesehen von den ersten Kammern, den Oberhäusern, grundsätzlich nur noch freigewählte Abgeordnete einzogen – und zwar periodisch gewählte, um eine regelmäßige Revision der Wahlentscheidung zu ermöglichen –, erhielt das Wahlrecht für die politische Willensbildung eine ausschlaggebende Bedeutung. Zunächst beschränkt auf Gruppen, denen man ein eigenständiges politisches Urteil zutraute (wie z.B. den wirtschaftlich Selbständigen oder Haushaltsvorständen), oder auf Gruppen, die in besonderer Weise Lasten des Staates trugen (wie z.B. die Steuerzahler; daher das nach einem Steuerzensus sich richtende »Zensuswahlrecht«), und in indirekter Weise ausgeübt (Wähler wählten Wahlmänner, denen man ein besseres Urteil über die Kandidaten für das Parlament zutraute), wurde das Wahlrecht ab der zweiten Hälfte des vorigen Jahrhunderts überall allgemein, gleich und direkt. Das entsprach der Idee des modernen Repräsentativsystems, in dem Parlamente als »Volksvertretungen« galten, und trug dem Umstand, daß alle männlichen Bürger wehrpflichtig geworden waren, Rechnung. Der allgemeine Emanzipationstrend führte schließlich zu Beginn unseres Jahrhunderts auch zum Wahlrecht für Frauen.

Die Einführung des allgemeinen Wahlrechts hatte nicht nur eine Erweiterung des Wahlkörpers auf eine in die Millionen gehende Wählerschaft zur Folge, sondern auch die Etablierung von Parteien im modernen Sinne, die im Gegensatz zu den älteren Parteien oder Fraktionen nicht mehr nur lose parlamentarische Gruppierungen oder ad hoc gebildete Wählervereinigungen darstellten, sondern dauerhaft organisiert waren und sich als vermittelnde Instanzen zwischen die Wähler einerseits, Parlament und Regierung andererseits schoben. An die Stelle der aus lokalen Honoratioren gebildeten Volksvertretungen traten auf diese Weise Parlamente mit Abgeordneten, die ihre politische Existenz den Parteien verdankten, von diesen den Wählern offeriert wurden und sich nach der Wahl gemäß ihrer Parteizugehörigkeit in Fraktionen sammelten. Die parlamentarischen Abstimmungen wurden wie das parlamentarische Leben überhaupt nun mehr und mehr von den Parteien bzw. ihren Fraktionen bestimmt. Nach ihnen richteten die Abgeordneten ihr politisches Verhalten aus. Vielfach wurde daher auch das auf der Repräsentation von lokalen Einheiten beruhende, Personen (Wahlkreiskandidaten) zur Wahl stellende Mehrheitswahlrecht durch die Verhältniswahl ersetzt, in der es um die parlamentarische Repräsentation von Parteien nach Maßgabe ihres Wahlerfolges geht, den sie mit den von ihnen offerierten Wahllisten erzielt haben (deshalb auch »Listenwahl«). Im Zuge dieser Neuerungen kamen auch Überlegungen auf, den Abgeordneten wiederum nur ein imperatives, jetzt jedoch an Parteientscheidungen gebundenes Mandat zu geben. Generell nahm die Bedeutung der neuen, parteimäßig organisierten Parlamente zu.

VII.

Auch im Hinblick auf die Zuständigkeiten knüpften die modernen Parlamente an die älteren Ständeversammlungen an. Die neuen Parlamente des Verfassungsstaates blieben für die Steuerbewilligung zuständig. Ihr Votum gewann sogar an Bedeutung, da der moderne Staat sich bei der Wahrnehmung seiner Aufgaben fast völlig auf gesellschaftliche Geldleistungen angewiesen sah. Dem stand allerdings der Verlust einer eigenen Finanzverwaltung, wie sie die älteren Stände besessen hatten, gegenüber. Auch waren die Steuern nun dauerhaft und nicht mehr nur ad hoc zu bewilligen, um eine Stetigkeit der staatlichen Verwaltung zu ermöglichen. Das wiederum hatte zur Folge, daß das Steuerverweigerungsrecht praktisch entfiel. Indessen wurde dieser Verlust an politischer Einspruchsmöglichkeit im Laufe der Zeit dadurch kompensiert, daß die Parlamente das Recht errangen, die Haushaltspläne der Regierung zu genehmigen. Sie erhielten auf diese Weise die Gelegenheit, nicht nur die Einnahmen, sondern auch die Ausgaben des Staates zu kontrollieren und damit die Politik der Regierung, soweit sie Kosten verursachte.

Zur eigentlichen Domäne der Parlamente aber wurde die Gesetzgebung. Das entsprach dem Prinzip der Gewaltenteilung, sei es, daß man den Parlamenten im Sinne der Gewaltentrennung die Legislation allein überantwortete oder daß man ihnen wie in Deutschland im Wege der Gewaltenteilhabe einen festen Anteil daran gab. Allerdings betraf diese Gesetzgebungsteilhabe zunächst nur einen bestimmten Kreis allgemeiner staatlicher Anordnungen, nämlich solche, die in »Freiheit und Eigentum« der Untertanen eingriffen. Spezielle Unterordnungsverhältnisse unter den Staat, z. B. der Schüler, der Soldaten oder der Beamten (die sog. besonderen Gewaltverhältnisse), oder staatliche Leistungen wurden davon nicht erfaßt. Erst mit der Zeit gelang es den Volksvertretungen, ihre legislatorische Zuständigkeit auszudehnen. Hierbei spielte die Erringung der Gesetzesinitiative, das Recht, Gesetzesentwürfe selbst einzubringen, eine bedeutsame Rolle. Mit ihrer Hilfe lösten sich die Volksvertretungen aus der Rolle eines bloßen Zustimmungs- oder Vetoorgans und erhielten eigene politische Gestaltungschancen. Parteien und Berufsparlamentarier sorgten zudem dafür, daß auch die

Kontrollfunktionen zunahmen, etwa durch Einführung des sog. Interpellationsrechts, des schriftlichen Auskunftsverlangens, dem die Regierung sich stellen mußte – oder durch die Einführung von Untersuchungsausschüssen. Diese Entwicklung hatte auch in Deutschland zu Beginn des 20. Jahrhunderts im Übergang zum parlamentarischen Regierungssystems ihren Höhepunkt: Regierungen konnten nunmehr durch ein parlamentarisches Mißtrauensvotum gestürzt werden und sie wurden vom Parlament selbst gestellt. Die monarchische Regierung wurde durch eine Regierung der Parteien abgelöst.

4. Der Verfassungsstaat heute

Überblickt man die Entwicklung des Verfassungsstaates, so fällt zweierlei auf: zum einen die exorbitante Zunahme der staatlichen Tätigkeit, der Ausbau der staatlichen Institutionen im Übergang zum sog. Sozialstaat, und zum anderen seine Demokratisierung, die weniger durch die Einführung von Elementen der direkten Demokratie erfolgte, als durch die Etablierung allgemeiner Wahlen und durch die Parlamentarisierung der Regierung. Beides machte den modernen Staat zum »Parteienstaat«. Es liegt deshalb nahe, analog zur »Verstaatung« der Gesellschaft auch von einer »Vergesellschaftung« des Staates zu sprechen – ein Befund, den bereits die anfangs der dreißiger Jahre unseres Jahrhunderts formulierte Theorie des »totalen Staates« (Carl Schmitt) festgehalten hat, in der beide Aspekte – die Durchdringung immer weiterer Bereiche der Gesellschaft durch staatliche Anordnungen und die Okkupierung der staatlichen Beschlußfassung durch gesellschaftliche (parteiliche) Interessen und Forderungen – berücksichtigt wurden. Heute sind es vor allem sog. (Neo-)Pluralismus- und (Neo-)Korporatismustheorien, die diese Zusammenhänge thematisieren und dabei auf die einflußreiche Rolle der Verbände neben den Parteien hinweisen.

Tatsächlich läßt sich die Geschichte des Verfassungsstaates nicht nur als eine Geschichte der zunehmenden Kontrolle der Gesellschaft durch den Staat, sondern auch als eine Geschichte der zunehmenden Kontrolle des Staates durch gesellschaftliche Kräfte beschreiben. Diese Kontrolle nahm ihren Weg nicht nur über die parlamentarische Gesetzgebung, sondern auch über die Rechtsprechung durch die Einsetzung von Laienrichtern, von Schöffen und Geschworenen in den Gerichten im 19. Jahrhundert, und sie wurde begleitet von der Errichtung neuer Freiräume gesellschaftlicher Selbstverwaltung auf lokaler Ebene und im sozialen Bereich, etwa durch die Tarifpartnerschaft im Arbeitsleben. Unter diesem Blickwinkel läßt sich die Einführung der Gewaltenteilung im Verfassungsstaat auch als ein Zangenangriff der »bürgerlichen Gesellschaft« auf den »Staat« deuten: durch zunehmende Bindung seiner Behörden an parlamentarische Vorschriften einerseits, nach dem Grundsatz der Gesetzmäßigkeit der Verwaltung, und durch die Kontrolle ihrer Einhaltung durch Gerichte mit Laienrichtern bzw. seit der zweiten Hälfte des 19. Jahrhunderts durch unabhängige Verwaltungsgerichte andererseits. Die Parlamentarisierung der Regierungsgewalt stellt in dieser Sichtweise weniger eine Verletzung des Gewaltenteilungsprinzips dar als den End- und Höhepunkt eines mit der parlamentarischen Gewaltenteilhabe begonnenen Prozesses gesellschaftlicher Einflußnahme auf den Staat.

Feststellungen dieser Art haben immer wieder zu der Frage Anlaß gegeben, ob man heute überhaupt noch zwischen Staat und Gesellschaft unterscheiden könne, ob die Herausstellung besonderer staatlicher Institutionen auf der einen und sog. staatsfreier Räume auf der anderen Seite oder die Rede von gesellschaftlicher Mitbestimmung bei staatlichen Entscheidungen nicht längst gegenstandslos geworden sei. Ist in den modernen Demokratien die »Mitbestimmung« nicht schon längst der »Selbstbestimmung« gewichen? Hat nicht der Engländer Walter Bagehot schon in den sechziger Jahren des vorigen Jahrhunderts bei seiner Analyse des englischen parlamentarischen Systems mit Recht festgestellt, daß die Gewaltenteilung der Parlaments- bzw. Parteienherrschaft Platz gemacht habe? Wer spricht heute noch vom Staatsinteresse, das es gegenüber den Parteien zu wahren gälte, gar vom Gemeinwohl, wo es doch offenbar nur darum geht, mit Hilfe staatlicher Instrumente bestimmte gesellschaftliche Interessen, Parteien- und Verbandsinteressen, durchzusetzen.

In der Tat stellt der Übergang von der Monarchie zur Republik am Beginn unseres Jahrhunderts mehr als nur einen Wechsel der Staatsform dar. Mit der Monarchie, so kann man sagen, verschwand jene Institution, die für die europäische Staatenbildung von kaum zu überschätzender Bedeutung gewesen ist. Nicht nur, daß sich die modernen Staaten und ihr bürokratischer Apparat um sie herum gebildet haben. Auch der den modernen Staat prägende Amtsgedanke ist zuerst vom Königtum aufgegriffen worden und hat das Königtum wie die von ihm geschaffenen Institutionen erst zu wahrhaft staatlichen gemacht. Mochten auch Privatinteressen sich mit Staatsinteressen und dem Gemeinwohl in zuweilen unentwirrbarer Weise vermischen, so war doch mit dem aus dem kirchlichen Bereich entlehnten Amtsgedanken eine Differenz gesetzt, die staatliche Herrschaft prinzipiell von privater oder bloß gesellschaftlicher unterschied und zugleich eine Unterscheidung von Amtsträgern und Laien, von staatlicher und gesellschaftlicher Sphäre begründete, was gesellschaftliche Mitbestimmung bei staatlichen Entscheidungen überhaupt erst möglich machte. Sollte diese Errungenschaft mit dem Übergang vom »Obrigkeitsstaat« zum »Volksstaat« (Hugo Preuß) dahingegangen sein?

Man hat diesen Übergang 1918 aus politischen und moralischen Gründen begrüßt, brachte er doch die endgültige Befreiung aus dem Untertanenverhältnis, mehr Mitbestimmungschancen und damit auch mehr Selbstverantwortlichkeit und mehr Einsatzbereitschaft für die nun als »eigene« begreifbaren staatlichen Angelegenheiten. Aber bedeutete das schon eine Aufgabe des Staates und seines Unterschiedes zur Gesellschaft? Hing dies von der Existenz bzw. Nicht-Existenz der Monarchie ab? Bedeuteten Republik und Demokratie mit ihrer Berücksichtigung vielfältiger, zum Teil bis dahin unterdrückter Interessen das »Ende aller Staatlichkeit«, die konservative Auguren in den zwanziger Jahren herannahen sahen? Jener Übergang hat den Staat und seine Institutionen, hat die Regierung und die Bürokratie, das Fachbeamtentum und die Gerichte nicht aufgehoben. Zwar sind die staatlichen Institutionen durch die Demokratisierung des Repräsentativsystems gesellschaftlichen Einflüssen weit geöffnet worden, dennoch ist die Rede von der »Vergesellschaftung« des Staates mißverständlich. Demokratisierung heißt ja nicht, daß ein bisher den gesellschaftlichen Einflüssen entzogener Staat nunmehr diesen ausgesetzt wurde, sondern lediglich, daß ein bislang auf enge gesellschaftliche Kreise – im Extrem auf den Monarchen und seine Kamarilla – beschränkter Einfluß erweitert wurde auf das ganze Volk und daß im Vordringen der Parteien ein Wechsel in der politischen Elite stattgefunden hat. Die traditionelle Aristokratie und Monarchie gingen dahin, die gerade in republikanischer Zeit heftig debattierten Probleme der Elite und der Elitebildung sowie des politischen Führertums sind dagegen bis heute bestehengeblieben.

Gewiß, die Interaktion zwischen dem, was wir in diesem Zusammenhang die »Gesellschaft« nennen, zwischen der Gesamtheit aller Staatsbürger und dem Staat selbst, den staatlichen Institutionen und Funktionären, ist intensiver geworden. Es kommen mehr Impulse aus der Gesellschaft. Wichtige politische Entscheidungen mögen schon im sog. vorstaatlichen Raum der Parteiabsprachen vorentschieden werden. Umgekehrt sind die Eingriffe des Staates umfassender geworden und die Gesellschaft immer mehr vom sozialplanenden Staat abhängig, so daß man sich gezwungen sieht, beide in stärkerem Maße als früher »systemtheoretisch« in ihrer Beziehung zueinander zu studieren. Aber gerade das zeigt, daß die Unterscheidung beider Sphären noch möglich, ja notwendig ist; denn sie wird bei allen diesen Untersuchungen vorausgesetzt. Die machtvolle, in ihrer Spitze auch politische Leitungsfunktionen ausübende Bürokratie und die repräsentativen Organe des Staates bilden unumgehbare Institutionen für die Umsetzung gesellschaftlicher Interessen in verbindliche Anordnungen. Auch die moderne Gesellschaft der Gegenwart ist ohne die regulierende Tätigkeit des Staates undenkbar.

Ebensowenig wie die staatlichen, sind die verfassungsstaatlichen Strukturen obsolet geworden. Der moderne Parteienstaat ist verfassungsstaatlich geordnet. Die Parteien sind zur Durchsetzung ihres Willens auf seine Institutionen und Prozeduren angewiesen. Das gilt nicht nur für die Zwänge des Mehrheitsprinzipes und die Unterwerfung unter periodisch wiederkehrende Wahlen, sondern auch für die Gewaltenteilung. Gelegentlich hat man argumentiert, daß in parlamentarischen Systemen die in ihrer politischen Bedeutung in der Tat unkenntlich gewordene verfassungsrechtliche Unterscheidung zwischen Exekutive und Legislative durch eine »politische Gewaltenteilung« ersetzt worden sei, die zwischen konkurrierenden, sich in ihren Machtchancen gegenseitig beschneidenden Parteien bzw. zwischen Regierungsmehrheit und Opposition im Parlament bestehe. Richtig daran ist, daß der Zwang, bei der Regierungsbildung zu koalieren, ebenso wie die Gefahr des Verlustes der Mehrheit bei der nächsten Wahl die Möglichkeit einer Partei, ihre Interessen durchzusetzen, zugunsten anderer Parteien reduziert, daß ein ausgewogenes System der Parteienkonkurrenz Machtmißbrauch verhindern kann. Doch bietet diese politische Gewaltenteilung keinen hinreichenden Schutz gegen eine große und dauerhafte Mehrheit und ihr Machtdurchsetzungsinteresse.

Wenn in einem solchen Fall das Mehrheitsprinzip rigoros angewandt wird – unter Nichtbeachtung des Grundsatzes, daß in staatlichen Positionen getroffene Entscheidungen nie reine Interessenentscheidungen sein dürfen, sondern Entscheidungen in einem anvertrauten Amt sind, was zur Berücksichtigung auch anderer Interessen zwingt –, dann hat die staatliche Gewaltenteilung immer noch eine wichtige Funktion, allerdings nicht mehr als eine Balance zwischen exekutiver und legislativer Gewalt, sondern jetzt in Form einer verfassungsgerichtlichen Kontrolle der gesetzgebenden Macht zum Schutz der Grundrechte, der Individuen und Minderheiten gegen gesetzgebende Mehrheiten.

Um diesen Schutz scheint es heutzutage zu gehen, und zu diesem Zweck wird auch heute noch politische Macht verfassungsstaatlich geordnet und kontrolliert. Dabei kann die »horizontale« Gewaltenteilung zwischen den obersten Institutionen einer staatlichen Ebene durch eine »vertikale«, die Verteilung staatlicher Macht auf mehrere Ebenen, ergänzt werden. Das ist der Fall bei der föderativen Organisation von Staaten, wie sie zwar nicht für die Geschichte des Verfassungsstaates allgemein, wohl aber für die Geschichte des deutschen Verfassungsstaates bedeutsam wurde und heute auch in nicht-föderativen Systemen unter dem Stichwort »Regionalismus« Beachtung findet.

Nach alldem läßt sich, wenn man die Staatsentwicklung im 19. und 20. Jahrhundert überblickt, zwar von einer Modifikation des Verfassungsstaats sprechen, nicht aber einfach von einem Übergang zum Parteienstaat, der den Verfassungsstaat ausgehöhlt und ersetzt hat. (Dies ist wohl eher in den modernen Diktaturen der Fall, die alle letztlich Einparteiendiktaturen sind.) Gewiß, wir können nicht mit Sicherheit sagen, welche Zukunft der Verfassungsstaat haben wird, doch wir können aus der deutschen Verfassungsgeschichte und aus der osteuropäischen lernen, welche Folgen es hat, wenn man sich seinen Traditionen zu entziehen versucht.

Literaturhinweise

Verfassungsstaat

Eine grundlegende Darstellung des modernen Verfassungsstaats unter starker Berücksichtigung der amerikanischen Entwicklung gibt Carl

Joachim Friedrich, Der Verfassungsstaat der Neuzeit. Berlin u.a. 1953. Mehr die kontinental europäische Entwicklung berücksichtigt Carl Schmitt, Verfassungslehre. München 1928 (ND 1970). Grundsätzliche Reflektionen findet man auch in den Verfassungslehren von Karl Löwenstein (Tübingen 1958) und Ferdinand A. Hermens (Frankfurt a.M., Bonn 1964) sowie in den Lehrbüchern der Allgemeinen Staatslehre, im klassischen Werk von Georg Jellinek (1900, ND Darmstadt 1960) und in der neueren Einführung in die Staatslehre von Martin Kriele (Reinbek 1978). Die wichtigsten Verfassungstexte sind gesammelt von Günther Franz (Hrsg.), Staatsverfassungen. Darmstadt 1975; vgl. auch Peter Cornelius Mayer-Tasch, Die Verfassungen Europas. 2. Auflage München 1975.

Zur Entstehung des Verfassungsstaates vgl. die großangelegte Untersuchung von Robert R. Palmer, Das Zeitalter der demokratischen Revolution. Eine vergleichende Geschichte Europas und Amerikas von 1760 bis zur Französischen Revolution. Frankfurt a.M. 1970; s. auch Theodor Schieder, Wandlungen des Staates in der Neuzeit, in: HZ 216 (1973), S. 265–303, sowie Willi P. Adams, Republikanische Verfassung und bürgerliche Freiheit. Die Verfassungen und politischen Ideen der amerikanischen Revolution. Frankfurt a.M. 1973. Wichtige ältere Arbeiten zur Entstehung des Verfassungsstaates enthält die Aufsatzsammlung von Otto Hintze, Gesammelte Abhandlungen zur allgemeinen Verfassungsgeschichte, hrsg. v. Gerhard Oestreich. Bd. 1, 3. Aufl. Göttingen 1970. Die angelsächsische Entwicklung ist vor allem von Gerald Stourzh untersucht worden; vgl. seine Aufsatzsammlung: Wege zur Grundrechtsdemokratie. Wien, Köln 1989. Ferner die Abhandlungen von Werner Kägi, Die Verfassung als Grundnorm des Staates. Untersuchungen über die Entwicklungstendenzen im modernen Verfassungsrecht. Zürich 1945 (ND Darmstadt 1971); Ernst-Wolfgang Böckenförde, Geschichtliche Entwicklung und Bedeutungswandel der Verfassung, in: Festschrift für Rudolf Gmür zum 70. Geburtstag, hrsg. von Arno Buschmann u.a. Bielefeld 1983, S. 7 bis 19; Klaus Stern, Grundideen europäisch-amerikanischer Verfassungsstaatlichkeit. Berlin, New York 1984; Dieter Grimm, Entstehungs- und Wirkungsbedingungen des modernen Konstitutionalismus, in: Akten des 26. Deutschen Rechtshistorikertages, Frankfurt a.M. 1987, S. 45–76; Gerd Dilcher, Vom ständischen Herrschaftsvertrag zum Verfassungsgesetz, in: Der Staat 27 (1988), S. 161–194; Rainer Wahl, Der Vorrang der Verfassung, in: Der Staat 20 (1981), S. 485 bis 516. Wichtige Daten zur modernen Staatsentwicklung sind gesammelt bei Peter Flora (Hrsg.), State, economy and society in Western Europe 1815–1975. A data handbook in two volumes. Frankfurt a.M. 1983, 1987.

Deutsche Verfassungsgeschichte

Die Verfassungsgeschichte des Verfassungsstaats in Deutschland von 1789 bis 1933 schildert handbuchartig ERNST-RUDOLF HUBER, Deutsche Verfassungsgeschichte seit 1789. 7 Bde. Stuttgart 1957ff. (Einzelbände im folgenden zit. als ›Deutsche Verfassungsgeschichte‹). Knappere Darstellungen sind: DIETER GRIMM, Deutsche Verfassungsgeschichte 1776–1866. Frankfurt a.M. 1988; HANS FENSKE, Deutsche Verfassungsgeschichte vom Norddeutschen Bund bis heute. 2. Aufl. Berlin 1984; KLAUS KRÖGER, Einführung in die jüngere deutsche Verfassungsgeschichte (1806–1933). München 1988. Eine kurze Orientierung bietet HEINRICH OTTO MEISNER, Staats- und Regierungsformen in Deutschland seit dem 16. Jahrhundert, in: HANNS HUBERT HOFMANN (Hrsg.), Die Entstehung des modernen souveränen Staates. Köln, Berlin 1967, S. 321–350. Wichtige Aufsätze enthält der Sammelband von ERNST-WOLFGANG BÖCKENFÖRDE (Hrsg.), Moderne deutsche Verfassungsgeschichte. 2. Aufl. Königstein/Ts. 1981.

Textsammlungen bieten ERNST-RUDOLF HUBER (Hrsg.), Dokumente zur deutschen Verfassungsgeschichte. 3 Bde. Stuttgart 1961ff. (im folgenden zit. als ›Dokumente zur deutschen Verfassungsgeschichte‹) und HANS BOLDT (Hrsg.), Reich und Länder. Texte zur deutschen Verfassungsgeschichte im 19. und 20. Jahrhundert. München 1987 (im folgenden zit. als ›Reich und Länder‹).

Verwaltungsgeschichte, Rechtsgeschichte, Beamtentum

Wichtige Informationen für die Verfassungsgeschichte enthalten vielfach verwaltungs- und rechtsgeschichtliche Arbeiten. Vgl. hierfür: Deutsche Verwaltungsgeschichte, hrsg. von KURT JESERICH u.a., 6 Bde. Stuttgart 1983–1988 (im folgenden zit. als ›Deutsche Verwaltungsgeschichte‹); ULRICH EISENHARDT, Deutsche Rechtsgeschichte. München 1984; KARL KROESCHELL, Deutsche Rechtsgeschichte 3 (seit 1650). Reinbek 1989. HEINRICH MITTEIS und HEINZ LIEBERICH, Deutsche Rechtsgeschichte. 18. Aufl. München 1988. Zur Selbstverwaltung s. das Handbuch der kommunalen Wissenschaft und Praxis, hrsg. von GÜNTER PÜTTNER, 6 Bde. Berlin 1981ff.; HEINRICH HEFFTER, Die deutsche Selbstverwaltung. Geschichte der Ideen und Institutionen. 2. Aufl. Stuttgart 1969, sowie CHRISTIAN ENGELI und WOLFGANG HAUS (Bearb.), Quellen zum modernen Gemeindeverfassungsrecht in Deutschland. Stuttgart 1975; WILHELM RIBHEGGE, Die Systemfunktion der Gemeinden. Zur deutschen Kommunalgeschichte seit 1918 (Beilage zur Zeitschrift ›Das Parlament‹, B 47 – 1973, S. 3–29). Zum Beamtentum s. BERND WUNDER, Geschichte der Bürokratie in Deutschland. Frankfurt a.M. 1986; HANSJOACHIM HENNING, Die deutsche Beamtenschaft im 19. Jahrhundert. Stuttgart 1984.

Allgemeine Geschichte, Wirtschafts- und Sozialgeschichte

Allgemeine historische Orientierungen bieten in erster Linie die Handbücher der deutschen Geschichte von BRUNO GEBHARDT, Handbuch der deutschen Geschichte, hrsg. v. HERBERT GRUNDMANN, 4 Bde. 9. Aufl. Stuttgart 1970 (auch in 22 Bänden als Taschenbuchausgabe, München 1970ff., erschienen) und von LEO JUST (Hrsg.), Handbuch der deutschen Geschichte. 6 Bde. Frankfurt a.M. 1957ff. Informativ mit Quellen- und Literaturhinweisen sowie einer Erörterung des Forschungsstandes ist der Grundriß der Geschichte, hrsg. von JOSEF BLEICKEN u.a. München, Wien 1971ff., sowie speziell für die deutsche Geschichte die von JOACHIM LEUSCHNER herausgegebene Deutsche Geschichte. 10 Bde. Göttingen 1974ff., und die Deutsche Geschichte der neuesten Zeit. Vom 19. Jahrhundert bis zur Gegenwart, hrsg. von MARTIN BROSZAT u.a. 30 Bde. München 1984ff.

Zur Wirtschafts- und Sozialgeschichte vgl. HERMANN AUBIN und WOLFGANG ZORN (Hrsg.), Handbuch der deutschen Wirtschafts- und Sozialgeschichte. 2 Bde. Stuttgart 1971 und 1976. HANS-ULRICH WEHLER, Deutsche Gesellschaftsgeschichte. Bislang 2 Bde. München 1987. FRIEDRICH-WILHELM HENNING, Zur Wirtschafts- und Sozialgeschichte Deutschlands. Bd. 2: Die Industrialisierung in Deutschland 1800 bis 1914, Bd. 3: Das industrialisierte Deutschland 1914 bis 1972. 6. Aufl. Paderborn 1984 und 1988, und neuestens HUBERT KIESEWETTER, Die Industrielle Revolution in Deutschland 1815–1914. Frankfurt a.M. 1990. Zur Bevölkerungsgeschichte s. WOLFGANG KÖLLMANN, Bevölkerung in der industriellen Revolution. Studien zur Bevölkerungsgeschichte Deutschlands im 19. Jahrhundert. Göttingen 1974; PETER MARSCHALCK, Bevölkerungsgeschichte Deutschlands im 19. und 20. Jahrhundert. Frankfurt a.M. 1984. Wichtige sozialgeschichtliche Informationen enthält WILHELM ABEL, Massenarmut und Hungerkrisen im vorindustriellen Europa. Hamburg, Berlin 1974, und ders., Agrarkrisen und Agrarkonjunktur. Eine Geschichte der Land- und Ernährungswirtschaft Mitteleuropas seit dem hohen Mittelalter. 3. Aufl. Hamburg, Berlin 1978.

Einzelfragen

Vgl. dazu auch die entsprechenden Artikel in: OTTO BRUNNER, WERNER CONZE und REINHARDT KOSELLECK (Hrsg.), Geschichtliche Grundbegriffe. Historisches Lexikon zur politisch-sozialen Sprache in Deutschland. 6 Bde. Stuttgart 1972ff. (z.B. Stichworte zu: Grundrechte, Freiheit, Gleichheit, Parlament, Repräsentation usw. Zum Föderalismus vgl. das 9. Kapitel).

Grundrechte, Gesetzgebung

Klassische Darstellungen sind die von GERHARD OESTREICH, Geschichte der Menschenrechte und Grundfreiheiten im Umriß. 2. Aufl. Berlin 1978, und FRITZ HARTUNG, Die Entstehung der Menschen- und

Bürgerrechte von 1776 bis zur Gegenwart. 4. Aufl. Göttingen u.a. 1972. Aufsätze zur allgemeinen Diskussion über die Entstehung der Menschenrechte (Frage nach dem Urgrundrecht, nach dem Verhältnis des französischen Menschenrechtskatalogs zum amerikanischen) vereint ROMAN SCHNUR (Hrsg.), Zur Geschichte der Erklärung der Menschenrechte. Darmstadt 1964. Neuester Überblick mit Literaturhinweisen: HASSO HOFMANN, Zur Herkunft der Menschenrechtserklärung, in: JuS 1988, S. 841–848. Älteren Ansätzen geht nach THEODOR MAYER-MALY, Zur Rechtsgeschichte der Freiheitsrechte in Antike und Mittelalter, in: Österreichische Zeitschrift für öffentliches Recht 6 (1955), S. 399–428. Die neuere Entwicklung wird diskutiert bei GÜNTER BIRTSCH (Hrsg.), Grund- und Freiheitsrechte im Wandel der Gesellschaft und Geschichte. Göttingen 1981, und ders., Grund- und Freiheitsrechte von der ständischen zur spätbürgerlichen Gesellschaft. Göttingen 1987. Zur Grundrechtsentwicklung im angelsächsischen Bereich GERALD STOURZH, Wege zur Grundrechtsdemokratie. Wien, Köln 1989. Zum 19. Jahrhundert vgl. DIETER GRIMM, Die Grundrechte im Entstehungszusammenhang der bürgerlichen Gesellschaft, in: JÜRGEN KOCKA (Hrsg.), Bürgertum im 19. Jahrhundert. Bd. 1, München 1988, S. 340–371, und GERHARD DILCHER u.a. (Hrsg.), Grundrechte im 19. Jahrhundert. Frankfurt a.M., Bern 1982. Groß angelegt ist die von JOHANNES SCHWARTLÄNDER und DIETMAR WILLOWEIT herausgegebene Reihe Menschenrechte mit besonderen Bänden zu den einzelnen Menschenrechten, Kehl 1978ff. Grundsätzliche Reflexionen enthält auch ERNST-WOLFGANG BÖCKENFÖRDE und ROBERT SPAEMANN (Hrsg.), Menschenrechte und Menschenwürde. Historische Voraussetzungen – säkulare Gestalt – christliches Verständnis. Stuttgart 1987. Zum Freiheitsproblem vgl. JÜRGEN SCHLUMBOHM, Freiheitsbegriffe und Emanzipationsprozeß. Göttingen 1973, sowie ders., Freiheit – die Anfänge der bürgerlichen Emanzipationsbewegung in Deutschland im Spiegel ihres Leitwortes (ca. 1760 – ca. 1800). Düsseldorf 1975, und EBERHARD GRABITZ, Freiheit und Verfassungsrecht. Tübingen 1976. Zur Gleichheit s. OTTO DANN, Gleichheit und Gleichberechtigung. Berlin 1980.

Zur deutschen Entwicklung im 19. Jahrhundert s. CLAUSDIETER SCHOLL, Die Grundrechte in der deutschen Verfassungsgeschichte, in: Zeitschrift für vergleichende Rechtswissenschaft 75 (1975/76), S. 45 bis 62; WOLFGANG VON RIMSCHA, Die Grundrechte im süddeutschen Konstitutionalismus. Köln u.a. 1973; RAINER WAHL, Rechtliche Wirkungen und Funktionen der Grundrechte im deutschen Konstitutionalismus, in: Der Staat 18 (1979), S. 321–348; ULRICH SCHEUNER, Die rechtliche Tragweite der Grundrechte in der deutschen Verfassungsentwicklung des 19. Jahrhunderts, in: ders., Staatstheorie und Staatsrecht. Gesammelte Schriften 1978, S. 633–664, und dort auch ders., Die Funktion der Grundrechte im Sozialstaat, S. 737–758, sowie ders., Begriff und rechtliche Tragweite der Grundrechte im Übergang der Aufklärung zum 19. Jahrhundert, in: Von der ständischen Gesellschaft zur bürgerlichen Gleichheit. Der Staat, Beiheft 4, Berlin 1980, S. 105–110.

Zur Gesetzgebung vgl. Ernst-Wolfang Böckenförde, Gesetz und gesetzgebende Gewalt. Von den Anfängen der deutschen Staatsrechtslehre bis zur Höhe des staatsrechtlichen Positivismus. Berlin 1958; Rolf Grawert, Historische Entwicklungslinien des neuzeitlichen Gesetzesrechts, in: Der Staat 11 (1972), S. 1–25.

Gewaltenteilung

Einen grundlegenden Überblick liefert Werner Hasbach, Gewaltentrennung, Gewaltenteilung und gemischte Staatsform, in: Vierteljahresschrift für Sozial- und Wirtschaftsgeschichte 12 (1916), S. 562–607. Dazu Werner Kägi, Zur Entstehung, Wandlung und Problematik des Gewaltenteilungsprinzips. Ein Beitrag zur Verfassungsgeschichte und Verfassungslehre. Zürich 1977, und die Aufsatzsammlung von Heinz Rausch (Hrsg.), Zur heutigen Problematik der Gewaltentrennung. Darmstadt 1969, sowie Ulrich Lange, Teilung und Trennung der Gewalten bei Montesquieu, in: Der Staat 19 (1980), S. 213–234.

Zur Theorie der aus Monarchie, Aristokratie und Demokratie gemischten Verfassungen als Form der Gewaltenteilhabe s. Viktor Wember, Verfassungsmischung und Verfassungsmitte. Moderne Formen gemischter Verfassungen in der politischen Theorie des beginnenden Zeitalters der Gleichheit. Berlin 1977, und Wilfried Nippel, Mischverfassungstheorie und Verfassungsrealität in Antike und früher Neuzeit. Stuttgart 1980.

Parlamentarismus, Repräsentation

Zur Idee der Repräsentation im Wandel der Geschichte vgl. Hasso Hofmann, Repräsentation. Studien zur Wort- und Begriffsgeschichte von der Antike bis ins 19. Jahrhundert. Berlin 1974. Den historischen Ursprüngen des Repräsentativsystems bei den geistlichen Orden geht nach Leo Moulin, Le monde vivant des religieux. Paris 1964. Vgl. allgemein auch H. F. Pitkin, The concept of representation. Berkeley 1964. Wichtige Aufsätze sind gesammelt von Heinz Rausch (Hrsg.), Zur Theorie und Geschichte der Repräsentation und Repräsentativverfassung. Darmstadt 1968. Für die Französische Revolution s. Eberhard Schmitt, Repräsentation und Revolution. München 1969. Zur deutschen Entwicklung: Volker Hartmann, Repräsentation in der politischen Theorie und Staatslehre in Deutschland. Zur Bedeutung und theoretischen Bestimmung der Repräsentation in der liberalen Staatslehre des Vormärz, der Theorie des Rechtspositivismus und der Weimarer Staatslehre. Berlin 1979; Benedikt Haller, Repräsentation. Ihr Bedeutungswandel von der hierarchischen Gesellschaft zum demokratischen Verfassungsstaat. Münster 1987; Johannes Kimme, Das Repräsentativsystem unter besonderer Beachtung der historischen Entwicklung und der Rechtsprechung des Bundesverfassungsgerichts. Berlin 1988. Zur Verbindung von Repräsentation und freiem Mandat s. CHRISTOPH MÜLLER, Das imperative und freie Mandat. Leiden 1966.

Zu Theorie und Entwicklung des parlamentarischen Regierungssystems s. KARL BOSL (Hrsg.), Der moderne Parlamentarismus und seine Grundlagen in der ständischen Repräsentation. Berlin 1977; KLAUS VON BEYME, Die parlamentarischen Regierungssysteme in Europa. 2. Aufl. München 1973; KURT KLUXEN (Hrsg.), Parlamentarismus. 2. Aufl. Köln, Berlin 1969; ders., Geschichte und Problematik des Parlamentarismus. Frankfurt a.M. 1983; HANS BOLDT, Parlamentarismustheorie. Bemerkungen zu ihrer Geschichte in Deutschland, in: Der Staat 19 (1980), S. 385–412.

Staatsbürgerschaft, Wahlen, Parteien und Verbände

Zur Herausbildung der modernen Staatsbürgerschaft vgl. ROLF GRAWERT, Staat und Staatsangehörigkeit. Verfassungsgeschichtliche Untersuchungen zur Entstehung der Staatsangehörigkeit. Berlin 1973, sowie Von der ständischen Gesellschaft zur bürgerlichen Gleichheit. Der Staat, Beiheft 4, Berlin 1980.

Zum Wahlrecht vgl. die älteren Darstellungen von GEORG MEYER, Das parlamentarische Wahlrecht. Berlin 1901, und KARL BRAUNIAS, Das parlamentarische Wahlrecht. 2 Bde. Berlin, Leipzig 1932 und 1933, sowie die neueren Untersuchungen von DOLF STERNBERGER und BERNHARD VOGEL (Hrsg.), Die Wahl der Parlamente und anderer Staatsorgane. Bd. 1: Europa. 2 Halbbde. Berlin 1969; BERNHARD VOGEL u.a., Wahlen in Deutschland. Theorie – Geschichte – Dokumente 1848–1970. Berlin 1971; DIETER NOHLEN, Wahlsysteme der Welt. München 1978. OTTO BÜSCH und PETER STEINBACH (Hrsg.), Vergleichende europäische Wahlgeschichte. Berlin 1983; OTTO BÜSCH u.a. (Hrsg.), Wählerbewegung in der deutschen Geschichte. Analysen und Berichte zu den Reichstagswahlen 1871–1933. Berlin 1978.

Zur Entwicklung der Parteien in Deutschland vgl. LUDWIG BERGSTRÄSSER, Geschichte der politischen Parteien in Deutschland. 11. Aufl. München 1965; HELGA GREBING, Geschichte der deutschen Parteien. Wiesbaden 1962; HEINO KAACK, Geschichte und Struktur des deutschen Parteiensystems. Opladen 1971. Die Parteiprogramme sind gesammelt von WILHELM MOMMSEN (Hrsg.), Deutsche Parteiprogramme. Eine Auswahl vom Vormärz bis zur Gegenwart. 2. Aufl. München 1960, und WILHELM TREUE (Hrsg.), Deutsche Parteiprogramme von 1861 bis zur Gegenwart. 4. Aufl. Göttingen, Berlin, Frankfurt a.M. 1986. Die Entwicklung der Interessenverbände behandelt HANS-PETER ULLMANN, Interessenverbände in Deutschland. Frankfurt a.M. 1988; speziell zu den Gewerkschaften s. KLAUS SCHÖNHOVEN, Die deutschen Gewerkschaften. Frankfurt a.M. 1987, und KLAUS TENFELDE u.a., Geschichte der deutschen Gewerkschaften von den Anfängen bis 1945. Köln 1987. Zur früheren Assoziationsbildung s. FRIEDRICH MÜLLER, Korporation und Assoziation. Eine Problemgeschichte der Vereinigungsfreiheit im deutschen Vormärz. Berlin 1965; OTTO DANN (Hrsg.), Vereinswesen und bürgerliche Gesellschaft in Deutschland. München 1984.

Rechtsstaat, Sozialstaat, Verfassungsgerichtsbarkeit
Aufsätze, vorwiegend zur modernen Problematik des Rechts- und Sozialstaats, sind gesammelt von ERNST FORSTHOFF (Hrsg.), Rechtsstaatlichkeit und Sozialstaatlichkeit. Darmstadt 1968, und MEHDI TOHIDIPUR (Hrsg.), Der bürgerliche Rechtsstaat. 2 Bde. Frankfurt a.M. 1970.

Zur Entwicklung des Rechtsstaats vgl. ULRICH SCHEUNER, Die neuere Entwicklung des Rechtsstaats in Deutschland, bei FORSTHOFF, a.a.O., S. 461–508; ERNST-WOLFGANG BÖCKENFÖRDE, Entstehung und Wandel des modernen Rechtsstaatsbegriffs, in: Festschrift für Adolf Arndt. Frankfurt a.M. 1969, S. 53–76. Zum Sozialstaat: GERHARD A. RITTER, Der Sozialstaat. Entstehung und Entwicklung im internationalen Vergleich. München 1989. Zur Verfassungsgerichtsbarkeit: ULRICH SCHEUNER, Die Überlieferung der deutschen Staatsgerichtsbarkeit im 19. und 20. Jahrhundert, in: Bundesverfassungsgericht und Grundgesetz, hrsg. von CHRISTIAN STARCK, Tübingen 1976 Bd. 1, S. 1–62.

Ausnahmezustand, Widerstandsrecht
MICHAEL KÖHLER, Die Lehre vom Widerstandsrecht in der deutschen konstitutionellen Staatsrechtstheorie der 1. Hälfte des 19. Jahrhunderts. Berlin 1973; HEINRICH OBERREUTER, Notstand und Demokratie. Vom monarchischen Obrigkeitsstaat zum demokratischen Rechtsstaat. München 1978.

8. Kapitel
Die Entstehung des Verfassungsstaates in Deutschland

Vorbemerkung

Mit dem Übergang zum 19. Jahrhundert beginnt auch in Deutschland eine neue Epoche der Staatsentwicklung. Wie schon vorher in Frankreich und in den Vereinigten Staaten von Amerika kommt es zum Erlaß von Verfassungen, die das Staatsleben auf eine neue Grundlage stellen. Wie in Frankreich ist die Verfassungsgebung verbunden mit tiefgreifenden Reformen von Staat und Gesellschaft. Derart umfassende Eingriffe hat die deutsche Verfassungsgeschichte bis dahin nicht gekannt. Zwar hat es schon früher, seit dem Aufkommen des frühneuzeitlichen Fürstenstaats, »Reformationen« gegeben, doch waren sie nur partiell und ursprünglich von der Intention getragen, alte Zustände wiederherzustellen, auch wenn sich daraus oft genug echte Neuerungen ergaben und die Kodifikationen des 18. Jahrhunderts bewußt ganze Lebensbereiche zu regeln begannen. Nun aber, seit Beginn des 19. Jahrhunderts, ging es um planvoll angestrebte, umfassende Innovationen, um eine durchgreifende Veränderung und Modernisierung des Staatsapparates und um einen ebenso tiefen Eingriff in die gesellschaftliche Sphäre, der zur Beendigung des tausendjährigen Feudalzeitalters führte und der künftigen Industriegesellschaft die Tore öffnete.

In Deutschland hat diese Entwicklung später als in Westeuropa begonnen. Das wird in der Regel mit seiner ökonomischen Rückständigkeit, verursacht durch die Katastrophe des Dreißigjährigen Krieges, erklärt. Das spätere Einsetzen bedeutet, daß man auf westliche Vorgaben reagieren konnte und sich trotz eigenständiger Entwicklungstendenzen in starkem Maße an ihnen ausrichtete. Anders als z.B. in England oder Frankreich vollzog sich die Entwicklung hierzulande indessen nicht in einer politischen Einheit, sondern in vielen Einzelstaaten, die nach dem Zusammenbruch des alten Reichs 1806 ihre Unabhängigkeit gewonnen hatten; sie wurde – jedenfalls in den ersten Jahren – zudem planvoll »von oben« gesteuert. Wie in Westeuropa wurden auch hier die Reformen nicht auf einen Schlag durchgesetzt, sondern in einem allmählichen Prozeß, und sie kamen – ähnlich wie in Frankreich – nicht gradlinig voran; es gab Widerstände und Rückschläge. Schließlich kulminierte die Entwicklung 1848 auch in Deutschland in einer Revolution, die mit der Etablierung des Verfassungsstaates in Preußen, der künftigen Führungsmacht in Deutschland, und mit der Vollendung vieler langgehegter reformerischer Intentionen gewissermaßen den Abschluß des Reformzeitalters darstellt, auch wenn der Streit um die Ausgestaltung der politischen Verhältnisse in den neuen Verfassungsstaaten zunächst noch weiter ging und es zur nationalstaatlichen Einigung, die man 1848 ebenfalls angestrebt hatte, erst 1871 kam. Für die Entstehungsphase des Verfassungsstaates in Deutschland ergibt sich daraus folgende Periodisierung:

1. Eine erste Reformperiode von 1806 bis 1819/20, die im Übergang zum Verfassungsstaat, vor allem in einigen süddeutschen Staaten, gipfelte.

2. Eine Phase der »Restauration« unter der Ägide des 1815 gegründeten Deutschen Bundes ab 1819/20, in der gleichwohl die staatliche und gesellschaftliche Entwicklung – wenn auch gegen Widerstände und unterbrochen von Repressivmaßnahmen – weiterging, vor allem in der Revolution von 1830 in Nord- und Mitteldeutschland und im spannungsreichen, der Märzrevolution von 1848 präludierenden »Vormärz« der vierziger Jahre.

3. Die Revolution von 1848/49 mit ihren, den Übergang zum Verfassungsstaat im großen und ganzen abschließenden Ergebnissen. Sie wurde begleitet von der seit den vierziger Jahren aufkommenden industriellen Revolution, die die politische Entwicklung in Deutschland in neue Bahnen lenkte.

4. Eine letzte Phase der »Reaktion« ab 1850, die besonders in Preußen in »Verfassungskämpfen« kulminierte. Dabei ging es nunmehr um die künftige Gestaltung des Verfassungsstaates – ein Streit, der mit dem Sieg der preußischen Regierung über die parlamentarische Opposition und mit der gleichzeitigen Gründung des Norddeutschen Bundes 1866/67 sowie wenig später des Deutschen Reichs 1871 durch Preußen entschieden wurde.

Mit der Reichsgründung 1871 beginnt eine grundsätzlich neue Periode der deutschen Staatsentwicklung. In ihr übernimmt das Reich, der neue deutsche Gesamtstaat, die politische Führung; die Verfassungsentwicklung in den Einzelstaaten tritt dahinter zurück. Sie wird zugleich für ein weiteres halbes Jahrhundert auf die Form der sog. deutschen konstitutionellen Monarchie festgelegt. Die 1806 begonnene Reformepoche findet damit ihren endgültigen Abschluß.

1. Reformansätze (1806–1819/20)

I.

Wenn man den Beginn des Reformzeitalters in Deutschland mit dem Jahre 1806 ansetzt, so bedeutet das nicht, daß es nicht schon vorher Reformen gegeben hätte, in denen manches von dem, was später erst durchgesetzt wurde, anklang. Das gilt für gesellschaftsreformerische Maßnahmen wie die Aufhebung der Leibeigenschaft und die Ausstattung der Domänenbauern mit Land in den achtziger Jahren des 18. Jahrhunderts, für die Förderung des nicht-zünftigen Gewerbes, des Verlagswesens und der Errichtung von Manufakturen ebenso wie für die Versuche einer Rechtsvereinheitlichung in den Territorien und Ansätzen zur Reorganisation der Staatsverwaltung, zu ihrer Zentralisierung und Bürokratisierung, wie sie vor allem Joseph II. in Österreich vorgenommen hat (vgl. Band 1, S. 240).

Es handelte sich um Maßnahmen aufgeklärter Monarchen und ihrer Berater in der hohen Bürokratie, die die wirtschaftlichen und gesellschaftlichen Verhältnisse in Deutschland denen der leistungsfähigeren westeuropäischen Staaten, wie England und den Niederlanden, anzupassen trachteten und dabei unter dem Einfluß der französischen Physiokraten, später auch von Adam Smith, zum Teil recht weitgehenden Reformvorstellungen huldigten. Diese liefen parallel zu einer gesellschaftlichen Entwicklung, die in jenen Jahren auch in Deutschland zu einer starken Zunahme der Bevölkerung, insbesondere der unterständischen Schichten, und zu Auflösungserscheinungen in der ständisch-feudalen Welt geführt hat, zu Ansätzen einer profitorientierten, für den Markt produzierenden grundherrlichen Agrarökonomie und zu einem eben diese Ziele verfolgenden Verlagswesen (sog. Protoindustrie), besonders in der Textilbranche.

Allerdings blieben die Reformbemühungen zunächst recht beschränkt. Sie verharrten weitgehend im Rahmen der überkommenen ständischen Welt, wie es auch das Allgemeine Landrecht für die preußischen Staaten von 1794 tat, das moderne staatsbürgerliche Vorstellungen mit der ständischen Gliederung der Gesellschaft zu vereinbaren suchte. Zudem blieben die Reformansätze sporadisch. Getragen von einer sich damals herausbildenden, nicht mehr ständisch eingegliederten, aber auch nicht kapitalistisch produzierenden bürgerlichen Schicht, dem für die deutsche Entwicklung charakteristischen Bildungsbürgertum der Beamten und der Intelligenz, blieb ihre Realisierung vom gutem Willen einzelner Fürsten abhängig. Deren Regierungsantritt, wie der Friedrich Wilhelms III. in Preußen 1797, oder der des Kurfürsten Maximilian II. Joseph 1799 in Bayern, mochte mit den besten reformerischen Vorsätzen verbunden sein; Schwierigkeiten, die sich nicht zuletzt aufgrund des sich kräftig regenden konservativ-adligen Widerstands ergaben, ließen die Reformenergien dann doch häufig erlahmen. Ein schwacher Nachfolger konnte die Reform vollends stoppen. Noch etwas anderes mußte daher hinzukommen, um sie dauerhaft und durchgreifend zu machen, und das war die Französische Revolution.

Die Französische Revolution hat auf die Umgestaltung der deutschen Verhältnisse zum einen durch Ideen, aber auch durch Maßnahmen gewirkt. Auch wenn man berücksichtigt, daß manche Reformvorstellungen in Deutschland unabhängig von den französischen Ereignissen entwickelt worden sind und manche Maßnahme bei ihrer Übernahme auf deutsche Bedürfnisse hin abgewandelt wurde, bleibt der Einfluß der Revolution und der von Napoleon geschaffenen neuen Ordnung auf das deutsche Staats- und Gesellschaftsleben höchst beachtlich. Nicht nur in der Verkündung von Freiheit und Gleichheit, in der Entfeudalisierung und der Einführung der Gewerbefreiheit sind die Franzosen vorangegangen, sondern auch mit dem Aufbau einer modernen bürokratischen Staatsorganisation, der administrativen Neugliederung des Landes, der Einrichtung eines Staatsrats und der Gendarmerie, mit der Heeresreform und der Schaffung einer leistungsfähigen Beamtenschaft wie schließlich auch mit der Einführung einer neuen Rechtsordnung, die auf den Prinzipien der individuellen Freiheit und Gleichheit sowie des Privateigentums beruhte.

Doch wirkte die Französische Revolution nicht direkt, durch unmittelbare revolutionäre Impulse, sondern durch die von ihr hervorgerufenen Kriege und vor allem durch die imperiale Politik Napoleons, deren Herausforderungen der Reform in Deutschland den Weg bahnten. Man kann sagen, daß die Aufklärung und die Französische Revolution (wie in gewisser Weise auch die amerikanische, die den Prototyp einer großen, auf

Volkssouveränität basiernden Republik schuf) die Ideen für die Reform bereitstellten, daß es aber der durch Napoleon ausgeübte Druck gewesen ist, der durchgreifenden Reformen Verwirklichungschancen gab und zugleich zu ihrer Realisierung zwang.

Auf die Ereignisse, soweit sie das alte Reich betrafen, sei noch einmal kurz hingewiesen: Da war zum einen die Annexion des linken Rheinufers durch Frankreich 1794, die dort die Einführung der französischen Rechtsordnung zur Folge hatte. Die Annexion ging einher mit der Verpflichtung, die linksrheinisch depossedierten Fürsten rechtsrheinisch zu entschädigen. Das führte im Reichsdeputationshauptschluß von 1803 zur Beseitigung der geistlichen Fürstentümer überhaupt; auch viele kleinere Herrschaften und Reichsstädte wurden aufgehoben. Die Mediatisierung unzähliger reichsunmittelbarer Herrschaften, die im Frieden von Preßburg 1805 mit der Beseitigung der Reichsritterschaft fortgesetzt wurde, gestaltete die deutsche Landkarte völlig um. An die Stelle von über tausend Herrschaften traten nun einige dreißig Staaten und nur noch vier freie Reichsstädte: Lübeck, Hamburg, Bremen und Frankfurt. Nun (erst) entstanden jene territorial geschlossenen Mittelstaaten wie Bayern, Württemberg und Baden, die in der deutschen Verfassungsgeschichte des 19. Jahrhunderts eine bedeutende Rolle spielen sollten; ihr Gebiet nahm zum Teil um ein Vielfaches zu (Baden z. B. auf das Dreifache; seine Bevölkerung vervierfachte sich). Die mit der Aufhebung der geistlichen Fürstentümer Hand in Hand gehende Säkularisierung des Kirchen- und Klosterbesitzes verschaffte – lange nach der Reformation – auch den katholischen Ländern eine Fülle von Grundbesitz zur freien Verfügung, nötigte sie indessen ebenfalls zur Übernahme bislang vorwiegend kirchlich wahrgenommener Aufgaben, z. B. im Bildungswesen.

Chancen und Zwang zur staatlichen Neuordnung verstärkten sich durch die Auflösung des alten Reichs 1806. Die neuen oder in ihrem Umfang neu arrondierten Staaten, die sich mit Ausnahme der beiden Großmächte Österreich und Preußen nach und nach im sog. Rheinbund unter napoleonischer Schutzherrschaft zusammenschlossen, waren nunmehr der Aufsicht durch das Reich ledig geworden und konnten kraft ihrer Souveränität zur Neuordnung ihrer inneren Verhältnisse schreiten, ohne länger das Eingreifen der Reichsgerichte befürchten zu müssen, die noch im 18. Jahrhundert auf Beschwerden der Landstände hin manche fürstliche Reformmaßnahme abgeblockt hatten.

II.

Die neue Situation erklärt den Charakter und die Ziele der Reform, zu der es nun, nach 1806, gerade in den neugebildeten Staaten kam. Es ging nicht einfach um Freiheit und Gleichheit, um die Durchsetzung der moralischen Ideale der Französischen Revolution, sondern in erster Linie um die Reorganisation und Stabilisierung der neugeschaffenen Staaten, um die Integration der durch die verschiedenen Gebietserwerbungen bunt zusammengewürfelten Bevölkerung. Dazu kamen fiskalische und militärische Probleme: Die deutschen Staaten waren durch die im Gefolge der Französischen Revolution entbrannten Kriege und durch die napoleonische Invasion stark geschädigt worden; einige von ihnen standen am Rande des Staatsbankrotts wie Preußen, das sich 1806 erfolglos gegen Napoleon erhoben hatte und dies im Frieden von Tilsit mit dem Verlust seiner Westprovinzen und mit erheblichen Kontributionen bezahlen mußte. Andere Staaten hatten im Rheinbund Napoleon militärische Leistungen zu erbringen, Truppen für die Kämpfe in Spanien und für den russischen Feldzug bereitzustellen. Die Reform von Staat und Gesellschaft wurde daher schon um des Überlebens der Staaten willen notwendig; sie allein konnte Deutschland wieder dem Westen, insbesondere dem militärisch so mächtigen Frankreich gegenüber konkurrenzfähig machen.

Diese Nötigung bedeutete indessen gleichzeitig eine große Chance für die Bürokratie, ihre schon länger gehegten Vorstellungen von einer rationalen Staats- und Gesellschaftsordnung zu verwirklichen, die Gesellschaft aus ihren ständischen Bindungen zu befreien, dadurch wirtschaftlich produktiver zu machen und sich mit der Einführung bürgerlicher Gleichheit zugleich der traditionellen Konkurrenz staatlicher Macht durch Adel und Kirche zu entledigen. Bürgerliche Freiheits- und Gleichheitswünsche verbanden sich so mit dem bürokratischen Interesse an gesteigerten gesellschaftlichen Leistungen (die zu einer finanziellen Stärkung auch des Staates führen mußten) sowie an der Beseitigung eigenständiger Herrschaftsträger. Nicht von ungefähr setzte sich mit der Auflösung des alten Reichs der fürstliche Absolutismus in den einzelnen Staaten noch einmal kräftig durch und beseitigte ständestaatliche Relikte, wo sie noch überdauert hatten. Genauso bedeutsam war es indessen, daß man nun über die Einrichtung neuer repräsentativer Versammlungen nachzudenken begann, um die reformierte Gesellschaft mit dem monarchisch-bürokratischen Staat in Einklang zu bringen.

Initiiert wurden diese Reformen bei all ihrem revolutionären Gehalt nicht durch eine Revolution von unten, sondern durch reforminteressierte Monarchen und eine innovative Bürokratie, an deren Spitze oft »Ausländer« standen, die mit der landsässigen Aristokratie nicht verbunden waren, wie der Nassauer Stein und der Hannoveraner Hardenberg in Preußen, wie Montgelas in Bayern und Reitzenstein in Baden. Sie waren – zum Teil von jungen, nicht in die ständische Hierarchie eingebundenen Räten umgeben – unabhängig und willens, grundlegende Reformen durchzusetzen – Reformen, deren Umrisse sie schon vorher in Denkschriften niedergelegt hatten, was den rationalen, zur Zukunft hin geöffneten Charakter ihrer Intentionen unterstreicht.

Um eine nur »defensive Modernisierung« durch alte Eliten, die lediglich so viel umzugestalten bereit waren, wie es sich zur Verhinderung einer Revolution als nötig erwies, handelte es sich dabei nicht. Im Gegenteil, die Radikalität der staatsbürgerlich-etatistischen und antiständischen Überlegungen fällt besonders bei den preußischen, von der Philosophie des deutschen Idealismus und den Lehren von Adam Smith geprägten Reformvorstellungen auf. Begünstigt durch die prekäre Situation nach 1806 und befreit von ständischen Vetopositionen konnte der neue »bürokratische Absolutismus« oder »Ministerialdespotismus« seine von der Aufklärung und der westlichen Entwicklung inspirierten Ideen gegen den Widerstand konservativer Kreise des Adels und des patrizischen Bürgertums, aber auch gegen die Widersetzlichkeit von Bauern und Handwerkern, die am schützenden Althergebrachten hingen, in die Tat umsetzen oder jedenfalls mit ihrer Umsetzung beginnen, nachdem das, was früher vehement bekämpft worden war, nun auf einmal sich als »staatsnotwendig« erwies.

Man hat sich oft gefragt, warum es in Deutschland im Gefolge der Ereignisse in Frankreich nicht ebenfalls zu einer Revolution gekommen sei. Wenn man so fragt, geht man davon aus, daß die Revolution sozusagen das Normale, das unter den damaligen Umständen Erwartbare gewesen ist, doch spricht manches gegen diese Ansicht. In Frankreich mußte viel zusammenkommen, damit die Situation in einem von verschiedenen Bevölkerungsschichten getragenen Aufstand explodierte: Das Scheitern von Reformansätzen, eine zur Reform offenbar unfähige Monarchie, hohe Staatsverschuldung, Unzufriedenheit in den Städten, in bäuerlichen Kreisen, unter dem niederen Klerus und ein frondierender Adel, der auf die Restauration seiner sozialen Stellung hinarbeitete. Davon hob sich deutlich die Reformbereitschaft deutscher Fürsten ab. Sie führte schon um die Jahrhundertwende zu der Hoffnung, daß das, was in Frankreich durch einen Aufstand »von unten« bewirkt worden war, in Deutschland durch eine »Revolution von oben« bewerkstelligt werden würde. So äußerte der preußische Minister Struensee schon 1799 gegenüber dem französischen Gesandten, daß »die heilsame Revolution, die Ihr von unten nach oben gemacht habt, ... sich in Preußen langsam von oben nach unten vollziehen« werde.

An dieser Äußerung ist zweierlei bemerkenswert: Einmal zeigt sie, daß es schon damals Vertreter in der hohen Bürokratie gab, die die Errungenschaften der Französischen Revolution positiv bewerteten, zum andern offenbart sie jenes weitverbreitete Vertrauen in die Reformfähigkeit des Staates, auf den viele, insbesondere nach der Enttäuschung durch die Revolution, nach ihrem Abgleiten in den Terreur von 1793, setzten. So kann es nicht verwundern, daß jene deutschen »Jakobiner«, wie ein etwas vager Sammelbegriff für die Verfechter der französischen Revolutionsidee in Deutschland lautet, unter denen sich viele Anhänger der Republik, der Idee politischer Gleichheit und sozialer Umgestaltung befanden, hierzulande keinen Erfolg gehabt haben. Wohl hat es auch in Deutschland Unruhen im Gefolge der Französischen Revolution gegeben. Aber es ist bezeichnend, daß im Kriegstrubel des Jahres 1793 nur an einem einzigen Ort, in Mainz, für ein paar Wochen die Republik ausgerufen wurde. Im übrigen stützten sich selbst die französischen Generäle bei ihrem Einmarsch in Deutschland lieber auf »bewährte« Kräfte als auf hitzköpfige Neuerer. Wer sollte also angesichts der allgemeinen Unsicherheit und angesichts staatlicher Bemühungen, nicht nur für Sicherheit und Ordnung, sondern auch für deren langfristige Stabilisierung durch der Lage entsprechende Reformen zu sorgen, noch Revolution machen? Auch in England und den Niederlanden war die Entwicklung »evolutionär« vorangeschritten, nicht diese Staaten stellten offensichtlich einen Ausnahmefall dar, sondern Frankreich.

III.

Die ab 1806 einsetzenden Reformen sind regional recht unterschiedlich ausgefallen. Zu keiner Reform kam es, von einigen

Ansätzen unter Graf Stadion abgesehen, in Österreich, das einen strikt antirevolutionären und antifranzösischen Kurs steuerte. Auch in den östlichen Rheinbundstaaten Sachsen und Mecklenburg gab es keine Veränderungen. Unterschiedlich verliefen die Reformen in dem 1794 von Frankreich annektierten linksrheinischen Gebiet, in den sog. napoleonischen Modellstaaten, in den süddeutschen Mittelstaaten und in Preußen. Doch alle, auch die anfänglich zögernden Staaten, sind allmählich mehr oder minder in den großen staatlichen und gesellschaftlichen Reformprozeß hineingezogen worden, der sich bis in die zweite Hälfte des 19. Jahrhunderts erstreckte und dessen Ausmaße hier zunächst in einem idealtypischen Überblick umrissen seien:

1. In allen genannten Staaten wurde früher oder später die Staatsorganisation rationalisiert, die Verwaltung zentralisiert und bürokratisiert, um die neuen Gebilde auf administrativem Wege zu integrieren und die Effektivität der Staatstätigkeit unter Ausdehnung auf die bis dahin eigenständig gebliebenen Lokalgewalten zu erhöhen. An die Stelle des älteren Provinzialsystems, der Auffächerung der Zentralregierung in besondere oberste Behörden für die einzelnen, von den Dynastien erworbenen Länder, trat durchweg das Ressortsystem, die Gliederung der Regierung nach Fachbereichen unter »Fachministern«. Die regelmäßig aus der Bürokratie stammenden Minister bildeten das »Gesamtministerium« oder »Kabinett«, ohne das der Monarch künftig nicht regieren konnte. Seine Anordnungen bedurften nunmehr, um Verbindlichkeit zu erlangen, der Gegenzeichnung. Der kontrasignierende Minister übernahm damit die Verantwortung für sie. Zwischen Staat und Dynastie, zwischen staatlichem und dynastischem Eigentum, wurde streng geschieden. Staatsteilungen aus dynastischen Gründen gab es nicht mehr. Die fürstlichen Domänen wurden zu Staatsbesitz erklärt und dem Monarchen eine »Zivilliste« zur Bestreitung seiner Ausgaben bewilligt. Bezeichnenderweise gewöhnte man sich jetzt daran, von »Staatssouveränität« und »Staatsministern« – anstatt von Fürstensouveränität und Fürstendienern – zu sprechen. Das macht die Intention, zwischen der Person des Monarchen und dem Staat zu unterscheiden, ebenso wie den Charakter des neuen Herrschaftssystems als einer »bürokratischen Obrigkeit« deutlich. Kein Monarch vermochte mehr allein zu regieren. Das verboten die wachsende Fülle der Staatsaufgaben wie die fachlichen Erfordernisse, die zu ihrer Erledi-

gung notwendig wurden. Der Monarch regierte allenfalls noch zusammen mit dem von ihm bestellten Ministerium und mit einem nach französischem Vorbild eingerichteten »Staatsrat«, in dem die Minister um weitere Fachleute und Vertrauenspersonen des Fürsten ergänzt wurden, und dem neben richterlichen Aufgaben vor allem die Gesetzesberatung oblag.

2. Die Ministerregierung stand an der Spitze einer neu gegliederten Verwaltung. Unterhalb der zentralen Ebene wurden Regierungsbezirke mit »Regierungen« oder »Kreise« als Mittelstufen eingerichtet und darunter wieder »Kreise« oder »Oberämter« – die Nomenklatur war in den einzelnen Staaten verschieden. Prinzipiell setzte sich die moderne »Dreistufigkeit der Verwaltung« durch, mit Bezirken, die unter bewußter Mißachtung traditioneller Herrschaftsräume nach administrativen Gesichtspunkten neu zugeschnitten waren und nach dem Vorbild der französischen Departements häufig Flußnamen anstatt hergebrachter Bezeichnungen trugen. Auf der mittleren und der unteren Ebene gliederte man die Behörden grundsätzlich nicht nach Fachressorts, sondern faßte sie zu einer administrativen Einheit, zu Regierungspräsidien und Landratsämtern, zusammen (Prinzip der »Konzentration der Verwaltung«). Die Entscheidungen sollten in diesen Behörden auch nicht mehr kollegial getroffen werden, sondern monokratisch, durch den Behördenvorstand oder »Direktor« (monokratisches bzw. bürokratisches oder Direktorial-System). Durch strikte Weisungsgebundenheit der unteren Instanzen wurde ein straffer, hierarchischer Verwaltungsaufbau geschaffen, dessen militärisches Vorbild unverkennbar ist. Einheitlichkeit und Schlagkraft sollten das Verwaltungshandeln künftig auszeichnen.

3. Auch die Ortsebene wurde der staatlichen Aufsicht unterworfen. Eigenständige gesellschaftliche Herrschaft, wie die Patrimonialgerichtsbarkeit der Grundherren über ihre Grundholden oder die gutsherrliche Polizei, wurde abgeschafft oder dem Staat als »delegiert« unterstellt. Ein gleiches Schicksal widerfuhr der traditionellen städtischen Selbstverwaltung, soweit deren Eigenständigkeit nicht schon längst dem Zugriff absolutistischer Herrscher zum Opfer gefallen war. Allerdings ging man, um Leistungsbereitschaft und Verantwortungsfreude der Bürger zu stärken, zunächst in den Städten bald wieder zu einer, nun freilich nicht mehr ständisch organisierten, »lokalen Selbstverwaltung« über, zur Verwaltung örtlicher Angelegenheiten durch kommunale Behörden, die der Bürgerschaft verantwort-

lich waren. Diese Behörden standen indessen nicht nur weiterhin unter staatlicher Aufsicht, sondern erhielten mehr und mehr auch staatliche Aufgaben zur Ausführung übertragen. Sie stellen heute deshalb weitgehend eine mit der Erledigung staatlicher Anordnungen betraute vierte Stufe der öffentlichen Verwaltung dar.

4. Verwaltung und Justiz hat man, dem Prinzip der Gewaltenteilung entsprechend, voneinander getrennt. Dabei ging es zunächst nur um die Unabhängigkeit der Gerichtsbarkeit in Zivil- und Strafsachen, die deshalb bis heute als »ordentliche Gerichtsbarkeit« bezeichnet wird, während Streitigkeiten zwischen Bürgern und der Verwaltung – hervorgerufen durch Beschwerden über administrative Maßnahmen – bis gegen Ende des 19. Jahrhunderts verwaltungsintern erledigt wurden. Im Gegensatz zur Administration blieben die Spruchkörper der Justiz, die nicht »Verwaltungsbefehle« zu erlassen hatten, sondern Rechtsstreitigkeiten zu entscheiden, kollegial besetzt. Auch der Gerichtsaufbau wurde dreistufig angelegt, mit Berufungs- und Revisionsinstanzen.

5. Neben der Reorganisation von Verwaltung und Justiz finden wir umfangreiche Reformen im Bereich der Bildung, des Heerwesens und der Polizei. Das Interesse an gut ausgebildeten, leistungsfähigen Bürgern und Beamten wie das Vertrauen auf die humanisierende Wirkung von Bildung und Wissenschaft ließen im 19. Jahrhundert den Staat sich in weit stärkerem Maß als vorher mit der Schul- und Hochschulpflege befassen und für eine qualifizierte Ausbildung der Lehrer sorgen. So wurden nun z. B. polytechnische Schulen eingerichtet.

Die Übernahme der allgemeinen staatlichen Schutzaufgabe, für die »Sicherheit und Ordnung« aller Untertanen aufzukommen, führte auf dem Lande zur Einrichtung einer militärisch organisierten Gendarmerie nach französischem Vorbild.

Besondere Aufmerksamkeit widmete man der Heeresform. Hier ging es darum, durch Einführung der allgemeinen Wehrpflicht, verbesserte Ausbildung der Soldaten und die Schulung des Offizierskorps in der modernen Strategie vor allem den französischen Vorsprung in der Militärtechnik einzuholen und damit die politische Unabhängigkeit zurückzugewinnen.

6. Um die staatliche Tätigkeit effektiver zu gestalten, wurde auch das Personal, d. h. die Beamtenschaft, reformiert. Die Ausbildungssysteme wurden verbessert und das Leistungsprinzip, das keine Rücksicht mehr auf die soziale Herkunft der Amtsträ-

ger nahm, als Karrieremaßstab – auch im traditionell aristokratischen Offizierskorps – eingeführt. Ämterkauf und erbliche Pfründen gab es nicht mehr. Die in eine straffe hierarchische Ordnung eingespannten, auf den Monarchen vereidigten Staatsdiener unterstanden einer besonderen Disziplinargerichtsbarkeit. Qualifikation und Disziplinierung sind aber nur zwei Merkmale des neuen »Staatstandes« gewesen. Hinzu kam seine soziale Privilegierung, zunächst für die höhere Beamtenschaft, durch standesgemäße Alimentierung, Alters- und Hinterbliebenenversorgung sowie den Ausschluß willkürlicher Entlassung und Versetzung. Die bis heute gültigen »hergebrachten Grundsätze des Berufsbeamtentums« sind damals in ihren Grundzügen fixiert worden – ein Zeugnis für die zunehmende Bedeutung der neuen, »staatstragenden« Schicht.

7. Neben die Reorganisation der Staatsverwaltung trat eine ebenso gründliche Gesellschaftsreform. Auf der Tagesordnung stand nichts Geringeres als die Abschaffung der althergebrachten ständischen Herrschaft und ständischer Vorrechte zugunsten individueller Gleichheit und Freiheit. Der Übergang vom Ständesystem mit seinen vielfältigen Privilegien zur allgemeinen und gleichen Staatsbürgergesellschaft traf besonders den Adel in seiner Stellung als Grundherr und als Gerichtsherr auf dem Lande, in seiner Bevorzugung im höheren Staatsdienst, vor allem im Offizierskorps, sowie im Hinblick auf die Unveräußerlichkeit seiner Güter, der im Familienbesitz befindlichen Fideikommisse. Ein spektakulärer Vorgang der Entherrschaftung der Gesellschaft, der Freisetzung (Emanzipation) der bis dahin in vielfältige ständische Herrschaftsverhältnisse eingebundenen Bevölkerung fand statt – unter Wegfall der damit verbundenen Schutz- und Fürsorgepflichten. Es handelte sich alles in allem um einen Prozeß der Egalisierung, der sich nicht nur in der grundsätzlichen Aufhebung ständischer Unterschiede, sondern auch in der Gleichstellung von Stadt und Land wie in der Gleichberechtigung der Konfessionen und in der bürgerlichen Emanzipation der Juden manifestierte. Die neue Rechtsordnung, die in vielen, unterschiedliches regionales Recht vereinheitlichenden Gesetzbüchern ihren Niederschlag fand, kannte folgerichtig nur noch rechtlich freie und gleiche Bürger und ein disponibles, von allen älteren Bindungen befreites Privateigentum. Beispiele dafür sind das dem französischen Code Napoléon mit eini-

gen Modifikationen folgende Badische Landrecht von 1809 und das Allgemeine Österreichische Bürgerliche Gesetzbuch (ABGB) von 1811.

Auch um die Sicherung der neuen Ordnung durch eine Reformation des Gerichtswesens und des Strafrechts zeigte man sich bemüht, um Mündlichkeit und Öffentlichkeit im Gerichtsverfahren und die Hinzuziehung von Laienrichtern, Geschworenen nach angelsächsischem Vorbild. »Staatsanwaltschaften« wurden als besondere, vom Gericht getrennte Untersuchungsbehörden eingerichtet. Rechtsstaatliche Prinzipien wie der Grundsatz »nullum crimen, nulla poena sine lege« prägten das von Paul Johann Anselm von Feuerbach verfaßte Bayerische Strafgesetzbuch von 1813.

8. Die Reform der Gesellschaft erfaßte alle drei wesentlichen Wirtschaftsbereiche, die Landwirtschaft, das Gewerbe und den Handel. Die Agrarreform, die den weitaus größten Teil, nämlich etwa 80 Prozent der Gesellschaft betraf, bestand zum einen in der Eliminierung von Restbeständen der Leibeigenschaft oder Erbuntertänigkeit (»Bauernbefreiung«). Dabei ging es um die Aufhebung erblicher bäuerlicher Dienstpflichten (Fronen, Gesindezwang) oder Rentenzahlungen an den Leib- bzw. Grundherrn sowie um die Aufhebung der Schollenpflichtigkeit, d.h. des Verbots, ohne Erlaubnis des Herrn abzuwandern, und um die Aufhebung sonstiger persönlicher Beschränkungen z.B. beim Vermögenserwerb oder bei der Heirat, für die häufig noch die Einwilligung des Herrn einzuholen war.

Sie bestand zum andern in der Überlassung des bewirtschafteten Landes zu frei verfügbarem Eigentum und zielte auf den Wegfall der Grundherrschaft überhaupt, d.h. auch der grundherrlichen Gerichtsbarkeit und anderer Rechte öffentlichen Charakters. Zugleich wurden das althergebrachte Gemeindeeigentum in den Dörfern aufgeteilt und der Flurzwang beseitigt. Überall gab es nun auch auf dem Land individuelle Freiheit und mobiles Eigentum.

Da die Bauern für den Wegfall ihrer Dienstpflichten und Abgaben Ablösungen an die bisherigen Herren zu zahlen hatten, war für sie die Neuregelung nicht immer günstig. Der Mangel an Geld verzögerte die Durchführung der Reformen; mancherorts wurden die Bauern unter den neuen Verhältnissen zur Aufgabe ihres Besitzes gezwungen. Auch das lag nicht völlig außerhalb der Reformintentionen, bei denen es in erster Linie um eine Rationalisierung der Landwirtschaft ging und um die

Schaffung ertragfähiger Bauernstellen oder Güter mit Produzenten, die rationelle Anbaumethoden im Übergang von der Dreifelderwirtschaft zur Fruchtwechselwirtschaft verwandten und auf diese Weise sowohl die landwirtschaftliche Produktion als auch ihre finanzielle Leistungsfähigkeit als Steuerzahler für den Staat verbesserten.

9. Wie gegen die Grundherrschaft auf dem Lande richtete sich die Reform auch gegen die Herrschaft der Zünfte in der Stadt. Auch hier sollte es keine Abhängigkeiten und Unterordnungen mehr geben. Zumindest dort, wo man das Zunftprinzip nicht nur auflockerte, sondern zu Gunsten der Gewerbefreiheit vollkommen aufhob, wurde nicht nur das ständische Gefälle in den Städten beseitigt, sondern wurden auch Stadt und Land einander angeglichen, weil mit den Zünften zugleich die Beschränkung der Gewerbeausübung auf die städtischen Bürger entfiel, die ihrerseits nun ländliches Eigentum erwerben konnten. Auch bei diesen Maßnahmen spielte neben dem staatlichen Bemühen um eine Förderung der gewerblichen Produktivität durch Einführung des Konkurrenzprinzips das Interesse an einer Erhöhung der staatlichen Einnahmen durch Steigerung der Steuerkraft eine Rolle.

10. Ganz in diesem Sinne erfolgten die Freigabe des Handels, die Abschaffung von Binnenzöllen und die Einführung einheitlicher Maße, Gewichte und Münzen. Durch die Anlegung von Chausseen und – seit der Mitte des 19. Jahrhunderts – den Bau von Eisenbahnen wurden die Verkehrsverhältnisse systematisch verbessert. Die Post und die durch neue Erfindungen an Bedeutung gewinnende Telegraphie kamen unter staatliche Regie.

11. Darüber hinaus unterlagen die Beziehungen zwischen Bürgern und Staat einem grundlegenden Wandel. Nach dem Abbau von Grundherrschaft und städtischer Obrigkeit, dem Abbau der sog. intermediären Gewalten, sah sich der neue »Staatsbürger«, von gesellschaftlicher Herrschaft befreit, den Forderungen des Staates um so unvermittelter ausgesetzt. Im Prinzip hatten nun alle den Staat zu tragen, waren alle ihm abgabepflichtig, hatten alle ihm als Soldat zu dienen und ihre Fähigkeiten zu entwickeln, um zum Gemeinwohl beizutragen. Diese Grundsätze kamen in den drei großen Pflichten des modernen Staatsbürgers zum Ausdruck: der allgemeinen Steuerpflicht, der allgemeinen Wehrpflicht und der allgemeinen Schulpflicht. Ihnen standen neu gewonnene Freiheiten wie die persönliche Freiheit und Freizügigkeit, die Freiheit der Berufs-

wahl, die Dispositionsfreiheit über das private Eigentum, die Religionsfreiheit und die Preßfreiheit gegenüber.

12. Auch politische Rechte wurden den Staatsbürgern – oft nach Maßgabe dessen, was sie an finanziellen Leistungen zur Erhaltung des Staates beisteuerten – eingeräumt. Wie die Gemeindeselbstverwaltung sollte die politische Mitbestimmung in neu zu schaffenden Parlamenten dazu dienen, die Bürger stärker für die Probleme der Allgemeinheit zu interessieren und ihre Leistungsbereitschaft durch die Gestattung von Eigeninitiativen zu heben. Auch schien der parlamentarische Betrieb mit seinen Petitions- und Beschwerdemöglichkeiten ein geeignetes Mittel für die Regierung zu sein, sich über gesellschaftliche Probleme zu orientieren und den eigenen Behördenapparat besser kontrollieren zu können. Insofern sind die allmählich eingerichteten Volksvertretungen eine notwendige Klammer zwischen dem bürokratischen Staat mit seinen gesteigerten Leistungsanforderungen und der bürgerlichen Gesellschaft gewesen. Daß es bei der frühen Verfassungsgebung gerade um die »Repräsentation«, um die Zusammensetzung und Rechte der Volksvertretung ging, lag hierin mitbegründet.

IV.

Was im Vorstehenden dargestellt wurde, ist – das muß betont werden – der idealtypische Umriß der in Deutschland zu Beginn des 19. Jahrhunderts entstehenden Reformproblematik. Nicht überall hat man von Anfang an dementsprechend geplant, auch wenn nach und nach fast allerorten Reformen der beschriebenen Art in Gang gekommen sind. Nirgendwo sind die Reformen auch auf einen Schlag durchgeführt worden. Rechtliche und administrative Probleme sowie sich erhebende Widerstände bewirkten, daß sie nicht gradlinig verliefen und erst 1848 bzw. in der zweiten Hälfte des 19. Jahrhunderts vollendet wurden. Auch regional gab es beachtliche Unterschiede.

Am weitesten sind die Reformen im linksrheinischen Gebiet gegangen. Seine Einverleibung in den französischen Staat im Jahre 1794 hatte die Einführung des französischen Rechts und des französischen Verwaltungssystems mit Departements und Präfekten sowie vom Staat ernannten Bürgermeistern in den Gemeinden anstatt kommunaler Selbstverwaltung zur Folge. Das öffentliche und mündliche Gerichtsverfahren wurde ebenso übernommen wie die Schwurgerichte; Französisch wurde Amtssprache. Die Grundherrschaft und die persönlichen Abhängigkeitsverhältnisse wurden entschädigungslos abgeschafft, Handel und Gewerbe freigegeben. Das trug mit zur frühen Industrialisierung der Rheinlande und zur Entstehung der rheinischen Bourgeoisie bei. Nach dem Sturz Napoleons gelang es den Rheinländern, diese Neuerungen als »rheinisches Recht« in der preußischen Rheinprovinz bzw. in der bayerischen Pfalz und in Rheinhessen beizubehalten.

Ähnlich, jedoch nicht von einem so durchschlagenden Erfolg begleitet, ist die Entwicklung in den sog. napoleonischen Modellstaaten, im Königreich Westfalen und in den Großherzogtümern Berg und Frankfurt verlaufen. Auf Geheiß Napoleons geschaffen – und zum Teil unter französischen Fürsten –, waren sie dazu ausersehen, die Vorzüge der neuen Ordnung den Deutschen vor Augen zu führen. Es wurden gleichfalls das französische Recht und französische Verwaltungsprinzipien mitsamt der Gewerbefreiheit eingeführt, die Grundherrschaft und Patrimonialgerichtsbarkeit abgeschafft und die allgemeine bürgerliche Gleichheit hergestellt. Schon 1807 erhielt das Königreich Westfalen – eine Zusammenfassung vor allem kurhessischer, hannoverscher und linkselbisch-preußischer Gebiete mit der Hauptstadt Kassel – eine in Paris als Muster ausgearbeitete Verfassung, die den Prinzipien bürgerlicher Gleichheit und parlamentarischer Mitsprache der Wohlhabenden in Staatsangelegenheiten huldigte. Von Napoleon dem Lande auferlegte Kontributionen sowie die Beschlagnahme der Hälfte aller Domänen zur Belohnung verdienter französischer Offiziere haben ebenso wie militärische Leistungsverpflichtungen das Land indessen finanziell an den Rand des Staatsbankrotts getrieben und seine Entwicklung zu einem allgemein anerkannten Vorbild für die Modernisierung in Deutschland verhindert. Die durchgeführten Reformen wurden nach 1815 teilweise wieder rückgängig gemacht.

Auch die süddeutschen Staaten huldigten dem französischen Vorbild. Allerdings war man hier von Napoleons Direktiven nicht unmittelbar abhängig, sondern im Gegenteil auf die Wahrung der gerade erworbenen Selbständigkeit bedacht. Die Reorganisation von Regierung und Verwaltung diente ebenso wie die Rechtsvereinheitlichung, die Vereinheitlichung von Münze, Maßen und Gewichten und die Abschaffung der Binnenzölle in den neuen Königreichen und Großherzogtümern der administrativen Integration der durch die Annexion vieler alter Territorien und Herrschaften stark vergrößerten Staaten. Überall wurden die ständischen Unterschiede und Privilegien aufgehoben, wurde die Patrimonialgerichtsbarkeit abgeschafft oder – wie in Bayern – der staatlichen Aufsicht unterstellt. Dem Zugriff der Bürokratie auf die überkommenen ständischen Herrschaftsverhältnisse fiel auch die lokale Selbstverwaltung zum Opfer.

Am weitesten ging Baden in der Übernahme der französischen Einrichtungen. Bayern schuf mit seiner Dienstpragmatik von 1805 eine mustergültige Regelung für die Staatsbeamten; mit einer 1808 erlassenen Verfassung versuchte es, dem von Napoleon auf den Rheinbund ausgeübten Druck zur Übernahme des französischen Rechts zuvorzukommen. Auffällig ist, daß in Süddeutschland die Zunftverfassung zwar aufgelockert, jedoch die Gewerbefreiheit noch nicht eingeführt wurde. Wie in Preußen kam auch hier die Ablösung der grundherrschaftlichen Verhältnisse nur langsam voran, ja sie wurde generell erst nach 1820 in Angriff genommen. Der modernen, seit der Französischen Revolution von der Unantastbarkeit des Privateigentums ausgehenden Rechtsvorstellung galten die überkommenen grundherrlichen Ansprüche als privatrechtliche Positionen, die man ohne Entschädigung nicht einfach entziehen durfte; ihre Abgeltung warf indessen große Probleme auf und führte zu einem langwierigen Ablösungsprozeß.

Besonderes Augenmerk hat man immer wieder den preußischen Reformen geschenkt. Das ist insofern berechtigt, als Preußen von seiner Größe und seiner politischen Bedeutung für Deutschland wie auch vom Umfang des Reformansatzes her gesehen eine spezielle Beachtung verdient. Deswegen und nicht etwa, weil die preußischen Reformen eigenständiger gewesen und besser durchgeführt worden wären als die der Rheinbundstaaten, sei auf sie hier gesondert eingegangen.

Exkurs über die preußischen Reformen

I.

Im Gegensatz zu den Rheinbundstaaten ging es in Preußen zunächst nicht um die Integration neuer Landesteile, sondern schlichtweg um das Überleben eines durch den Tilsiter Frieden radikal verkleinerten und durch die Auferlegung von Kriegskontributionen an den Rand des finanziellen Ruins getriebenen

Staates. Die prekäre Lage versuchte man mit einer einschneidenden Staats- und Gesellschaftsreform zu meistern, zuerst unter dem Freiherrn vom Stein. Mit dem berühmten Oktoberedikt von 1807 wurden die ständischen Schranken für die Berufsausübung beseitigt, der freie Grundstücksverkehr hergestellt und die Erbuntertänigkeit der Bauern, soweit noch vorhanden, aufgehoben. Das waren erste Schritte auf dem Weg zu einer von ständischen Fesseln befreiten, das Wirtschaftsleben stimulierenden Erwerbsgesellschaft.

Dem entsprach die neue Städteordnung von 1808, die die Gemeindeverwaltung in die Hände der das Stadtrecht besitzenden Bürger legte. Die kommunalen Selbstverwaltungsangelegenheiten, die fortan in Eigenverantwortung erledigt werden sollten, wurden von der nunmehr staatlichen Polizei und Gerichtsbarkeit getrennt. Ähnliches plante man für die Landgemeinden, wo die Aufhebung der gutsherrlichen Polizei und Gerichtsbarkeit einen empfindlichen Einbruch in die ostelbische Gesellschaftsstruktur und ihre Herrschaftsverhältnisse zur Folge haben mußte.

Auch die Staatsverwaltung wurde nach französischem Muster reorganisiert, das sog. Kabinettssystem abgeschafft. Hatten bis dahin Kabinettsräte als Vermittler zwischen dem aus seinem »Kabinett« heraus regierenden absoluten König und den einzelnen, auf sich allein gestellten Ministern gedient, so traten nun die ein Kollegium bildenden Minister mit dem Monarchen in unmittelbaren Kontakt und übernahmen mit der Gegenzeichnung seiner Anordnungen die Verantwortung für sie. Unverantwortliche Ratgeber sollte es nicht mehr geben.

Die unterhalb der Ministerialebene etablierten Regierungsbezirke wurden zu Provinzen unter einem die Regierungspräsidenten kontrollierenden Oberpräsidenten zusammengefaßt. Auffällig an der preußischen Verwaltungsreform ist, daß man auf der mittleren Ebene das Kollegialitätsprinzip bis gegen Ende des 19. Jahrhunderts beibehielt und den Räten auf dieser Stufe eine ständische Repräsentation der Bürger beigesellte – eine Maßnahme, die allerdings ineffektiv blieb und bald wieder aufgegeben wurde.

Die vom Freiherrn vom Stein und seinen Mitarbeitern begonnenen Reformen wurden ab 1810 von Hardenberg mit großer Entschiedenheit fortgesetzt. Vordringlich wurde nun die Abtragung der Staatsschulden. Hardenberg versuchte, dieses Problem mit einer Reorganisation des Steuerwesens, mit der Einführung direkter Steuern, von Grund-, Gewerbe-, Einkommen- und Vermögensteuern, in den Griff zu bekommen. Die Einführung der Gewerbesteuer wurde mit der Verkündung der Gewerbefreiheit in der Erwartung gekoppelt, daß die Beseitigung der Zunftschranken die Produktion stimulieren, die Leistungsbereitschaft der Bürger erhöhen und ihre Steuerkraft steigern werde. Hand in Hand damit ging die Gleichstellung der Juden im bürgerlichen Rechtsverkehr. Auch die Agrarreform wurde weitergeführt. Das Regulierungsedikt von 1811 ermöglichte es den Bauern, freie Landeigentümer zu werden, verpflichtete sie allerdings zur Ablösung ihrer bisherigen Obliegenheiten und Abgaben gegenüber den Gutsherren durch Abtretung eines Teils des von ihnen bewirtschafteten Landes.

Ein weiterer Einbruch in die gutsherrliche Herrschaftssphäre gelang mit dem Gendarmerie-Edikt von 1812, das die Polizei auf Kreisebene verstaatlichte und die Leitung des Kreises in die Hände eines beamteten Kreisdirektors legte. Um die Staatsleitung zu straffen, wurde das Ministerium umorganisiert; an seine Spitze trat Hardenberg selbst als Staatskanzler, faktisch als Vorgesetzter seiner Ministerkollegen mit dem Recht zur Kontrolle des Verkehrs zwischen ihnen und dem König.

Ebenfalls einer Stärkung der Fähigkeiten der Bürger diente die mit dem Namen Wilhelm von Humboldts verbundene Bildungsreform, die – nach der Einführung der allgemeinen Schulpflicht schon im Jahre 1717 – die staatliche Aufsicht über die Elementarschulen intensivierte, dabei Gedanken Pestalozzis aufgriff und die Lehrerausbildung auf neue Grundlagen stellte. Die höheren Schulen und Hochschulen wurden aus dem Geist des Neuhumanismus neu gestaltet, dem Universitätsstudium eine am humanistischen Gymnasium abzulegende Reifeprüfung vorgeschaltet.

Bildungs- und Leistungsprinzipien fanden auch im Heerwesen Eingang. 1808 wurde das Adelsprivileg bei der Besetzung der Offiziersstellen aufgehoben, 1813 – nach dem Wegfall der von Napoleon auferlegten Restriktionen – die allgemeine Wehrpflicht eingeführt und das stehende Heer (die »Linie«) durch eine milizartige Landwehr und einen Landsturm ergänzt.

II.

Eine neue Situation ergab sich für die Reform im Anschluß an die Befreiungskriege. Die territoriale Neugestaltung Deutschlands auf dem Wiener Kongreß hatte Preußen beträchtlich vergrößert, vor allem durch sächsische und rheinische Gebiete mit unterschiedlichen Rechtstraditionen. Das machte eine erneute Reorganisation der Verwaltung notwendig. Das Amt des Oberpräsidenten, das Hardenberg zur Straffung der Verwaltung abgeschafft hatte, wurde wieder eingeführt und 1817 ein das Ministerium erweiternder Staatsrat eingerichtet. Zugleich intensivierte der Wegfall der Bedrohung durch Napoleon den konservativen Widerstand gegen die Neuerungen. Es zeigte sich, daß die Reformen, wenn sie auch nicht einfach aufgrund des französischen Drucks konzipiert worden waren, diesen doch als auslösendes und stimulierendes Moment benötigt hatten, um die Notwendigkeit umfassender Veränderungen in Staat und Gesellschaft einsichtig zu machen.

Das wurde von 1814/15 an anders. Die nationale Befreiung hemmte das innerstaatliche Befreiungswerk eher. Die Gemeindereform kam nicht voran, die Ausführung des Gendarmerie-Ediktes mußte aufgegeben werden. An die Stelle des in die bürokratische Verwaltung eingegliederten Kreisdirektors trat in den östlichen Provinzen wieder der Landrat als Gewährsmann der Gutsbesitzer, die dem König Kandidaten für dieses Amt im Kreistag vorschlugen. Die Gutsherrschaft mit gutsherrlicher Polizei und Patrimonialgerichtsbarkeit blieb unangetastet. Die Agrarreform, die mit ihrer Koppelung der Ablösung der Dienste und Abgaben an eine Landabtretung die Grundherren ohnehin begünstigt hatte, wurde 1816 auf die sog. spannfähigen Güter beschränkt, da nur größere Bauern in der Lage zu sein schienen, ohne Gefährdung ihres Besitzes auf Land zu verzichten. Doch auch bei ihnen führte die Landabtretung – trotz der zusätzlichen Aufteilung des Gemeindeeigentums an der Allmende seit 1821 – häufig zur Aufgabe ihrer Hofstelle, zu einem neuen »Bauernlegen« durch den Großgrundbesitz.

Überhaupt fällt bei der Betrachtung der preußischen Reformen auf, in welch starker Weise sich der Adel in seiner privilegierten Stellung zu behaupten wußte. Zwar gelang es den Reformern 1818 noch, Preußen zu einem einheitlichen Zollgebiet zusammenzufassen und die interne Verkehrsfreiheit, den englischen Vorstellungen des Freihandels folgend, mit einem liberalisierten Außenhandel zu verknüpfen; auch die Staatsfinanzen wurden 1820 endgültig reguliert, doch zeigte sich hierbei, daß es den Reformern in entscheidenden Fragen bereits an Durchsetzungskraft mangelte. Die Einführung einer allgemeinen und einheitlichen Grundsteuer für das ganze Staatsgebiet scheiterte;

die Grundsteuerfreiheit des adligen Grundbesitzes blieb unangetastet. Vollends scheiterte die Reform im zentralen Punkt der Verfassungsfrage.

III.

Die Vorstellung, daß der Regierung eine Nationalrepräsentation zur Stärkung des Gemeinsinns der Bürger und ihrer Bereitschaft, die öffentlichen Angelegenheiten zu fördern, gegenübergestellt werden sollte, war den preußischen Reformern von Anfang an geläufig. Ohne eine kräftige Unterstützung durch seine Bürger konnte der neue Staat nicht bestehen. Als schwierig erwies sich jedoch, eine solche Unterstützung von einer noch nicht reformierten, ständischen Gesellschaft zu erlangen, auf deren Abschaffung die Reformmaßnahmen gerade zielten. Desungeachtet bedurfte man ihrer Mithilfe bei der unaufschiebbaren Steuerreform; wer anders als die Bürger konnte für die Staatsschulden aufkommen? In diesem wichtigen Punkt sind die Träger der Staatsgewalt in der europäischen Verfassungsgeschichte stets auf ihre Untertanen angewiesen gewesen, und es war auch für die preußischen Reformer keine Frage, daß die Finanzierung staatlicher Aufgaben durch Steuern einer Zustimmung der zahlenden Bürger bedurfte. So ließ Hardenberg schon im Ersten Finanzedikt von 1810 den König verkünden, daß die Nation über eine ihn beratende Repräsentation verfügen werde. Den Versuch, mit Vertretern des Besitzes, der Gutsherrn und der Städte, sowie mit einigen Beamten, also mit ausgewählten Notabeln, die intendierte Finanzreform im einzelnen festzulegen, schlug indessen fehl. Auch die Ersetzung der ernannten Versammlung durch eine gewählte interimistische Nationalrepräsentation brachte der Regierung keinen Gewinn. Vielmehr gelang es der sich allmählich gegen die Aufhebung der ständischen Verhältnisse formierenden adligen und städtischen Opposition, in diesen Versammlungen Fuß zu fassen. Das hinderte die Regierung freilich nicht, den König 1815 zu einer Wiederholung seines Verfassungsversprechens in präzisierter Weise zu veranlassen: Es sollte eine Repräsentation der gesamten Nation, gewählt aus den Provinzialständen, zur Beratung bei der Gesetzgebung, soweit sie die Staatsbürger tangierte, stattfinden.

Die zur Formulierung eines entsprechenden Verfassungstextes eingesetzten Kommissionen kamen indessen in dieser entscheidenden Frage zu keinem Ergebnis. Dies wiederum lag nicht nur an der immer stärker werdenden Opposition, sondern auch an einer Uneinigkeit unter den Reformern selbst wie am allgemeinen politischen Klimawechsel in jener Zeit, der die preußischen Verfassungsarbeiten nicht unberührt ließ. So war Hardenberg 1819 sowohl bei den gegen die Preßfreiheit und die Universitäten gerichteten Karlsbader Beschlüssen als auch in der Frage der Nationalrepräsentation Metternichs Besorgnissen an einer allzu freien Entwicklung in Preußen entgegengekommen und hatte nur noch eine indirekte, vom Gemeinderat über die Kreistage und die Provinziallandtage zum allgemeinen Landtag aufsteigende Vertretung der Bürger vorgesehen. Sein Einschwenken führte indessen ebenso wie sein Beharren auf dem Staatskanzlerprinzip (das erst nach seinem Tode wieder durch das Prinzip ministerieller Gleichberechtigung ersetzt wurde), zum Bruch zwischen den Reformern und damit zu einer entscheidenden Schwächung ihrer Position. Hardenberg konnte zwar im Staatsschuldenedikt von 1820 die Erhöhung der staatlichen Kreditaufnahme noch an die Garantieübernahme durch eine künftige Nationalvertretung binden, doch genügte dies nicht mehr, sie auch zustande kommen zu lassen. Vielmehr gelang es den Reformgegnern, zunächst die allgemeine Gemeinde- und Kreisreform, auf der die Provinz- und Landesrepräsentation aufbauen sollte, zu verhindern. Dann brachte eine neue, unter dem Vorsitz des Kronprinzen gebildete Kommission den König dazu, nur noch Provinzialstände einzuberufen und die Bildung einer Nationalvertretung zu vertagen. Der Tod Hardenbergs 1822 besiegelte das Ende der preußischen Reformära.

IV.

Vergleicht man die preußischen Reformen mit den süddeutschen, so fällt folgendes auf: Sowohl in Preußen wie in Süddeutschland ist die Reorganisation von Regierung und Verwaltung gelungen, sind die Bürger aus ihren ständischen Verhältnissen befreit worden und in neue Rechtsbeziehungen zum Staat getreten. In Preußen hat sich im östlichen Landesbereich die Staatsgewalt auf der lokalen Ebene jedoch noch nicht durchsetzen können. Das hängt mit der hier ungebrochen starken Stellung des Adels zusammen, was – im Gegensatz zu dem »bürgerlichen« Westen und Süden – diesem Staat einen eigentümlich konservativen Zug verleihen sollte, wie es auch für lange Zeit eine Vereinheitlichung des preußischen Rechts behindert hat.

Wie in Preußen ist auch in Süddeutschland die Agrarreform, dort allerdings etwas später, begonnen worden. Die mit ihr verbundene Ablösung der feudalen Rechte dauerte indessen noch lange an. Den Bauern fehlte vielfach das Geld, sich freizukaufen; staatliche Kredite und Banken gab es dafür erst in späterer Zeit. Im allgemeinen wurde die Reform erst durch die Revolution von 1848 zum Ende gebracht. Im Gegensatz zu Süddeutschland wurde in Preußen jedoch die Gewerbefreiheit ziemlich rigoros etabliert; in dieser Hinsicht zeigte sich Preußen »fortschrittlicher«.

Anders in der Verfassungsfrage. Hier kann man in Süddeutschland, dem es an einer durchsetzungsfähigen Adelsopposition mangelte, rascher voran. Für Preußen ergab sich auf diese Weise die eigenartige Situation, daß sich im Vormärz eine moderne, im Übergang zu kapitalistischen Wirtschaftsformen und zur Industrialisierung begriffene bürgerliche Gesellschaft und ein bürokratischer Staat ohne die vermittelnde Instanz einer gesamtstaatlichen Repräsentation gegenüberstanden, während in Süddeutschland bei einer langsameren Entwicklung der ökonomischen Verhältnisse der Übergang zur staatsbürgerlichen Gesellschaft weiter gediehen war und der Sprung in den Verfassungsstaat schon in der ersten Reformperiode erfolgte.

2. Verfassungen zu Beginn des 19. Jahrhunderts

I.

Die Reform von Staat und Gesellschaft mündete mit einer gewissen Zwangsläufigkeit in der Verfassungsfrage. Wollte man den Reformen rechtliche Stabilität verleihen, empfahl es sich, sie verfassungsmäßig zu fixieren und auf diese Weise festzuschreiben. Dadurch ließ sich zum einen die neue Staats- und Ministerialorganisation – wenigstens in ihren Grundzügen – monarchischer Willkür entziehen und die Monarchie in die neuen Staaten einbinden. Zum andern konnte man so die neuen Rechtsverhältnisse der Bürger, ihre Freiheiten gegenüber staatlicher Reglementierung und ihre gesellschaftliche Gleichheit absichern; denn Verfassungsregelungen waren ja nicht mehr einfach aufhebbar. Vor allem aber ließen sich auf diesem Wege Volksvertretungen neuer Art schaffen, derer die Staaten aus mehreren, z. T. schon genannten Gründen bedurften.

So verlangte die Finanzierung der wachsenden Staatsausgaben

und der in der napoleonischen Zeit immens gestiegenen Staatsschulden eine Bewilligung neuer Steuern, die nunmehr zur wichtigsten staatlichen Einnahmequelle wurden; außerdem waren die Staatsschulden von den Bürgern zu garantieren, sollte die Staatskasse dauerhaften Kredit genießen. Darüber hinaus schien es wünschenswert, die Zusammenarbeit mit den Bürgern überhaupt zu intensivieren, die gegenseitige Information (z.B. durch Ausgabe amtlicher Regierungsblätter) zu verbessern und ein parlamentarisches Forum für Wünsche und Beschwerden, kurz: mehr Öffentlichkeit zu schaffen. Auf diese Weise ließ sich die Effizienz der Staatsverwaltung erhöhen und die Kontrolle über sie verstärken.

In den Staaten, die durch die territorialen Veränderungen seit dem Reichsdeputationshauptschluß ein Vielfaches an Gebiet und Bevölkerung gewonnen hatten, diente die Einführung einer Repräsentation des gesamten Volkes zudem der parlamentarischen Integration der heterogenen Gebietsteile, ähnlich wie die Einrichtung einer gesamtstaatlichen Verwaltung ihre administrative Integration herbeiführen sollte. Die Erweiterung der an der politischen Mitbestimmung beteiligten Kreise bot überdies die Möglichkeit, die soziale Integration der Gesellschaft zu fördern. Von Anfang an ging die Intention der Reformer deshalb über den monarchischen Absolutismus hinaus.

Indessen wäre es falsch, die schon bald einsetzende Verfassungsgebung allein als Resultat der Staats- und Gesellschaftsreform jener Zeit zu begreifen, sei es als Auftakt zu ihr oder als ihr Schlußstein. Nicht nur in Preußen stießen die Reformer nämlich auf eine konservative Gegenströmung, die ihrerseits eine Verfassung, eine schriftliche Fixierung der Rechte verlangte, damit aber die Wahrung bzw. Wiederherstellung altständischer Zustände meinte.

So berief man sich z.B. in Württemberg auf das »gute, alte Recht«, um geplante Neuerungen zu verhindern. Überhaupt läßt sich sagen, daß den Reformen oft jene Gesellschaftsschichten der Händler und Fabrikanten, allgemein gesprochen: modern eingestellte Leute, fehlten, für die sie eigentlich gemacht wurden. Das ist schon von Zeitgenossen bemerkt worden. So konnte es kommen, daß die Gremien, in denen über die Neuorganisation der Staaten verhandelt wurde, »falsch« besetzt waren, oder es bildeten sich, beflügelt von der Idee der Rechtswahrung gegen Monarch und Bürokratie, gegen den »Ministerialdespotismus« eigenartige Koalitionen zwischen konservativaltständischen und progressiv-liberalen Kräften heraus. Verfassungsgebung bedeutete damals in Deutschland daher durchaus nicht einfach »Modernisierung« des Staates, sondern sie konnte auch restaurative Züge tragen, je nachdem wie der Kompromiß ausfiel, den der Monarch, eine meist reformerisch gesinnte Staatsbürokratie und die eher konservativ gestimmten gesellschaftlichen Kreise des Landadels und der Städte in den Versammlungen aushandelten, die dem Erlaß der Verfassung meist vorangingen. Auch wenn die Verfassungen in der Regel durch einen einseitigen Oktroi des Monarchen in Kraft gesetzt wurden und damit neues Recht schufen, waren sie doch Produkte politischer Rücksichtnahme auf diejenigen im Lande, deren Mitarbeit man wünschte und nicht umgehen konnte. Gelegentlich äußerte sich dieser Kompromißcharakter der Verfassungen auch offen, indem sie vertraglich beschlossen wurden, wie in Württemberg 1819.

II.

Chronologisch lassen sich bis 1820 drei unterschiedliche Etappen der Verfassungsgebung unterscheiden:

1. Die ersten deutschen Staatsverfassungen nach dem Ende des alten Reichs standen unter napoleonischem Einfluß, so die auf Geheiß Napoleons hergestellte Verfassung des Königreichs Westfalen von 1807 und die folgenden Verfassungen von Bayern (1808), Frankfurt am Main und Anhalt-Köthen (1810). Die Verfassung Westfalens brach als erste mit der altständischen Tradition. Die im Königreich noch existierenden Stände und Korporationen wurden samt den Privilegien des Adels ausdrücklich aufgehoben, bürgerliche Gleichheit und Freiheit verkündet. Deutlich tritt die gesellschaftsreformerische Intention grundrechtlicher Verbürgungen in jener Zeit hervor: Es ging der Verfassung in erster Linie um die Herstellung staatsbürgerlicher Gleichheit, um die Aufhebung ständischer Unterschiede und Abhängigkeiten. Das zeigt auch die Mitbestimmungsregelung, die sie traf. Neben einer neuen ministeriellen Organisation der Regierung, der Einrichtung eines Staatsrats und der Neuorganisation der Staatsverwaltung sowie der Einführung einer staatlichen Rechtspflege mit unabhängigen Richtern, öffentlichem Verfahren und Schwurgerichten – alles nach französischem Vorbild – sah sie eine ständische Repräsentation zur Beratung der Gesetze und finanziellen Auflagen vor, die sich, den Kriterien von Besitz und Bildung folgend, aus Grundeigen-

tümern, Kaufleuten und Fabrikanten sowie Gelehrten und anderen, um den Staat verdienten Bürgern, zusammensetzen sollte.

Schon hier zeigte sich indessen das Problem, das später in Preußen und anderswo die Verfassungsreform begleitete: Die neue Elite, die das Volk repräsentieren sollte, erwies sich als wenig reformfreudig. Modernisierungsmaßnahmen mußten ohne sie getroffen werden. Das hat der Verfassung den Vorwurf eingetragen, sie habe nur einen »Scheinkonstitutionalismus« kreiert. Dennoch hat sie die ihr zugedachte Rolle, eine Musterverfassung für Deutschland zu sein, nicht völlig verfehlt. Nicht nur in Bayern hat man sie 1808 im Versuch, eine neue Rechtsordnung ohne napoleonische Direktiven zu errichten, nachgeahmt, auch die preußischen Reformer sind von Reformansätzen in Westfalen nicht unbeeindruckt geblieben.

2. Von diesen ersten, allesamt bald gescheiterten Ansätzen zu unterscheiden ist eine Reihe von Verfassungen, die zwischen 1814 und 1818 in verschiedenen mitteldeutschen Kleinstaaten wie z. B. Sachsen-Weimar-Eisenach gegeben wurden. Sie zeichneten sich dadurch aus, daß sie – hierin ähnlich den altständischen Verfassungsverträgen – nicht die gesamte staatliche Organisation regelten, sondern lediglich die Zusammensetzung und Funktion der Ständeversammlung. Sie vergrößerten den Kreis der im Landtag vertretenen Stände in der Regel um die Bauern und bestimmten den Wahlmodus der Abgeordneten aus Stadt und Land, die zu denjenigen hinzutraten, welche vermöge ihres Grundbesitzes eine erbliche Standschaft besaßen oder vom Fürsten ernannt wurden, oder als Prinzen, als Vertreter der Universitäten und der Kirchen Mitglieder der Ständeversammlung waren.

Insoweit blieb der ständische Charakter der neuen Landtage gewahrt, die Abgeordneten galten jedoch nicht mehr einfach als Vertreter ihres Wahlkörpers. Sie verfügten vielmehr über ein freies, nicht an Instruktionen gebundenes Mandat und sollten das Wohl des ganzen Volkes fördern. Als Vertretung des gesamten Volkes tagten und entschieden die Landtage auch nicht mehr in Kurien getrennt. Ihre Kompetenzen umfaßten die Steuerbewilligung und in einigen Fällen sogar die Kontrolle der Staatsausgaben. Auch Relikte der altständischen Steuerverwaltung gab es noch. Hinzu kamen die Zustimmung zu gesetzlichen Anordnungen, soweit sie die Freiheit und das Eigentum der Bürger oder die Änderung der Verfassung betrafen, das Petitionsrecht, das Beschwerderecht und die Ministeranklage.

Mit Ausnahme der in mancher Hinsicht Abweichungen aufweisenden Nassauischen Verfassung von 1814 sind diese »Grundgesetze« oder »landständischen Verfassungen« erst nach der Einrichtung des Deutschen Bundes, des 1815 gegründeten Nachfolgers des älteren deutschen Reiches, im Bemühen entstanden, der lapidar-vieldeutigen Aufforderung des Bundes im Art. 13 der Bundesakte nachzukommen: »In allen Bundesstaaten wird eine landständische Verfassung stattfinden.«

3. An die mitteldeutschen, kleinstaatlichen Verfassungen reihen sich die von Bayern und Baden 1818, Württemberg 1819 und Hessen-Darmstadt 1820 an. Auch sie sind zum Teil Produkte zäher Verhandlungen mit den Ständen gewesen, die erst dann zu einem Abschluß kamen, als der Deutsche Bund nähere, die gliedstaatliche Souveränität einengende Ausführungsvorschriften zum Art. 13 der Bundesakte zu erlassen drohte.

Von den Verfassungen der mitteldeutschen Staaten unterschieden sich die süddeutschen dadurch, daß sie die gesamte Staatsorganisation regelten. Wir finden in ihnen außer einer Präambel und allgemeinen Bestimmungen über das Staatsgebiet ein Bekenntnis zum monarchischen Prinzip, d.h. die Versicherung, daß der Monarch auch weiterhin die gesamte Staatsgewalt in sich vereinige (vgl. Bayr. Verf. II. § 1), zugleich Festlegungen der monarchischen Rechte im einzelnen sowie Regelungen der Ministerialorganisation und der Staatsverwaltung bis hin zu den Gemeinden. Daneben enthielten die Verfassungen einen Grundrechtskatalog für die Bürger des Staates, in denen der Grundsatz bürgerlicher Gleichheit verkündet wurde, der allerdings in gewissem Grade durch Besitzprivilegien, jedoch nicht mehr durch ständische Rücksichtnahmen eingeschränkt war. Neben der Gleichheit waren die persönliche Freiheit, insbesondere die Freiheit zur Auswanderung, die Gewissens- und Religionsfreiheit, die Preßfreiheit, der Schutz des Eigentums und die Unabhängigkeit der Rechtsprechung mit Sicherungen vor willkürlicher Verhaftung und der Gewähr des sog. gesetzlichen Richters zugesichert. Die Gewerbefreiheit war in den Katalogen nicht enthalten, wohl aber zuweilen die Freiheit der Berufswahl. Zu diesen Bestimmungen traten Regelungen des Verhältnisses von Staat und Kirche. Mit der katholischen Kirche wurden in der folgenden Zeit Konkordate abgeschlossen.

Eine zentrale Bedeutung kam auch in den süddeutschen Verfassungen den Bestimmungen über die Zusammensetzung des Landtags und die Aufzählung seiner Rechte zu. Auch hier ging man von einer ständischen Gliederung der Volksvertretung aus. Nur die badische Verfassung gestaltete die Zweite Kammer als eine reine Wahlkammer mit Abgeordneten der »Städte und Ämter« aus, die, wie anderswo auch, in indirekter Weise durch Wahlmänner gewählt wurden. Überall erhielten die Standesherren, der nach 1803 mediatisierte, ehemals reichsunmittelbare Adel, für den gemäß Art. 14 der Bundesakte des deutschen Bundes Sonderrechte galten, in den Landtagen Sitz und Stimme. Wahlberechtigt waren schätzungsweise 10–15 Prozent der Einwohner. Das war, angesichts der starken Restringierung des Wahlrechts in England und Frankreich in dieser Zeit und des Umstands, daß nur Männer wählen durften, keine geringe Anzahl.

Auch in Süddeutschland war das moderne »Repräsentativsystem« insoweit anerkannt, als die Ständeversammlungen hier ebenfalls Vertretungen des gesamten Volkes darstellten, die Abgeordneten nicht mehr an Instruktionen gebunden wurden, und die Abstimmung nach Kurien grundsätzlich entfiel. Wie in Hannover 1819 übernahm man freilich das englische Zweikammersystem, wodurch verhindert wurde, daß die vornehmlich adligen Mitgliedern der Ersten Kammer von einer Mehrheit bürgerlicher und bäuerlicher Abgeordneten überstimmt werden konnten.

Die Kompetenzen der Landtage bestanden im Zustimmungsrecht zu Gesetzen, die Freiheit und Eigentum der Untertanen betrafen (vgl. Bayr. Verf. VI. § 2), im Petitions- und Beschwerderecht, in der Ministeranklage sowie in der Steuerbewilligung. Mit der Ausnahme des Württembergischen hatten die Landtage jedoch nicht über die Staatsausgaben zu befinden. In diesem Punkt sind die stärker altständisch orientierten Verfassungen zuweilen weiter gegangen.

III.

Nicht alle Staaten beeilten sich mit der Einrichtung einer »landständischen Verfassung«. In Kurhessen scheiterte beispielsweise der Versuch ihrer Etablierung zunächst, die Regelung des Verhältnisses von Monarch und Staat blieb speziellen Haus- und Staatsgesetzen überlassen. Mancherorts hatte man bis dahin weder mit der Gesellschaftsreform noch mit der Verfassungsgebung begonnen. In Preußen war man, ungeachtet der weitreichenden gesellschaftspolitischen Innovationen, 1823 nur bis zur Einrichtung von Provinzialständen gediehen, die gesamtstaatliche Gesetzesentwürfe der Regierung begutachten sollten. Daneben besaßen sie im Bereich der provinzialen Selbstverwaltung das Recht zur eigenen Beschlußfassung. So bot Deutschland um 1820 das Bild einer recht bunten Verfassungslandschaft.

Da gab es zum einen noch absolutistisch regierte Staaten wie Kurhessen oder Oldenburg, daneben altständische Systeme, in denen die Beziehung zwischen dem Monarchen und bestimmten privilegierten Ständen auf alten Verträgen beruhten, wie in Mecklenburg oder Sachsen. Darunter waren auch die Verfassungen der Stadtstaaten Lübeck, Hamburg, Bremen und Frankfurt am Main zu zählen, die nach der französischen Besatzung allesamt wieder zur herkömmlichen patrizischen Stadtverfassung mit eingeschränktem Bürgerrecht und einer Beschränkung der politischen Mitbestimmung auf privilegierte Schichten zurückkehrten. Nur Provinzialstände wiesen die beiden großen deutschen Staaten Preußen und Österreich auf. Beide wurden absolutistisch regiert. Österreich besaß in den einzelnen Teilen des weit über Deutschland hinausragenden Staatsgebietes Versammlungen altständischer Art, während die preußischen Provinzialstände vor allem durch die Hinzuziehung von Bauern und die Aufhebung des imperativen Mandats ein moderneres Gesicht erhalten hatten. Wieder einen Schritt weiter waren die Mittel- und Kleinstaaten gegangen, die einen gesamtstaatlichen Landtag (in Hannover neben älteren Provinzialversammlungen) eingerichtet hatten. Der war zwar noch ständisch zusammengesetzt, aber gegenüber den geburtständischen Kriterien überwogen jetzt die des Besitzes und der Bildung. Auch hatte sich das soziale Spektrum der nunmehr vorwiegend gewählten Abgeordneten beträchtlich erweitert. Das ließ die Landtage – ungeachtet der Bindung des Wahlrechts an ein bestimmtes Steueraufkommen und (damit) an Grundbesitz – nicht zu Unrecht als Vertretungen des ganzen Volkes erscheinen. Ihre Mitglieder waren folgerichtig nicht mehr an Instruktionen gebunden, sondern besaßen ein freies Mandat.

Man hat diese eigentümliche Mischung ständischer und modern repräsentativer Gesichtspunkte treffend als »neuständisch« bezeichnet (H. Brandt), und in der Tat haben wir hier eine Übergangsform gesellschaftlicher Repräsentation vor uns, die wir auch in den süddeutschen Staaten jener Zeit wiederfinden. In deren »konstitutionellen«, die gesamte Staatsorganisation regelnden Verfassungen war die monarchische Tradition ausdrücklich bewahrt, zugleich aber in einen positivrechtlichen

Rahmen eingebunden worden (Verfassungs- oder konstitutionelle Monarchie). Eine derartige Verbindung der alten Monarchie mit dem modernen Rechtsstaat, in dem Recht und Gesetz dem monarchischen Willen übergeordnet wurden, hatte man auch im Frankreich der Restaurationszeit, in der für Verfassungen dieser Art vorbildhaften Charte von 1814 versucht, allerdings ohne damit andauernden Erfolg zu haben. In Deutschland sollte dagegen diesem Verfassungstyp, der um 1820 noch einer unter mehreren anderen war, die Zukunft gehören. Ihm folgten bei der Verfassungsgebung künftig auch die anderen Staaten.

3. Zwischen Restauration und Revolution

I.

Wenn sich bei den Reformen und der Verfassungsgebung Widerstände einstellten und es zu Rückschlägen kam, so lag darin keine Besonderheit der »Revolution von oben«. Auch in der Französischen Revolution hatte sich an die Aufhebung der Feudalherrschaft in der Nacht vom 4. zum 5. August 1789 ein jahrelanger Prozeß der Ablösung grundherrlicher Rechte angeschlossen. Auch diese Revolution ist abgebrochen und durch Napoleon in eine neue Ordnung überführt worden. Mit der Rückkehr der Bourbonen hatte sich nach 1814 sogar eine Restauration vorrevolutionärer Zustände angebahnt.

Es kann daher nicht überraschen, daß sich Ähnliches in Deutschland ereignete. Zunächst sah das jedoch anders aus. Als die Soldaten 1815 aus den Befreiungskriegen heimkehrten, verlangten vor allem die Studenten unter ihnen eine weitere Reformierung der staatlichen und gesellschaftlichen Zustände, wobei die Forderung nach einer allgemeinen Mitbestimmung angesichts der gerade eingeführten allgemeinen Wehrpflicht nicht unplausibel war. Es bildeten sich politische Bünde, vaterländisch-freiheitliche Vereine, gefördert von Professoren wie Ernst Moritz Arndt, die Turnbewegung unter dem Turnvater Jahn und an den Universitäten die Burschenschaften. Eine erste, 1815 in Jena gegründete, übernahm die Farben Schwarz-Rot-Gold der Lützowschen Jäger, die in der Revolution 1848 und dann in der Weimarer Republik zu Farben des Reiches erhoben werden sollten.

Charakteristisch für die neue Bewegung ist die Verbindung

liberal-demokratischer Vorstellungen mit nationalen gewesen, von individueller Freiheit mit der Freiheit des ganzen Volkes, d.h. aller »Deutschen«, die man ob ihrer gemeinsamen Sprache und Kultur als eine gleichsam natürliche, von einem »Volksgeist« beseelte Einheit empfand. Für dieses Volk hatte man gegen die französische Unterdrückung gekämpft; seiner Freiheit wollte man jetzt durch eine politische Einigung Ausdruck geben, so auf dem Wartburgfest 1817 (auf dem es zu ersten Bücherverbrennungen kam), und in Entwürfen zu einer Reichsverfassung, die beim Führer der Gießener Burschenschaft, Karl Follen, sogar republikanische Züge trug. Die Enttäuschung über die Ergebnisse des Wiener Friedenskongresses und über die Kabinettspolitik der Regierungen, die 1815 nur zu einem Bund der monarchischen Staaten, dem sog. Deutschen Bund, anstatt zum erhofften Deutschen Reich geführt hatten, ließ eine revolutionäre Stimmung aufkommen. Sie entlud sich u.a. 1819 im Attentat des Studenten Sand auf den der Spionage für Rußland verdächtigten Lustspieldichter Kotzebue.

Die konservative Reaktion darauf erfolgte prompt. Sie ging nun jedoch nicht mehr von einigen, die Reform bekämpfenden Adligen aus, sondern von den Regierungen selbst. Das war neu. Im Kampf gegen Napoleon hatten sich die europäischen Staaten, außer Großbritannien, um Religion, Frieden und Gerechtigkeit gegen die Revolution zu schützen, in der sog. Heiligen Allianz zusammengeschlossen. Die in der Quadrupelallianz zusammengeschlossenen vier – später mit Frankreich fünf – Großmächte Rußland, England, Österreich und Preußen scheuten auch vor Interventionen in unruhig gewordenen Ländern, wie z.B. in Italien, nicht zurück. Maßgeblich wurde diese Politik der Bewahrung einer »legitimen« Ordnung durch den österreichischen Staatskanzler Metternich bestimmt. Er nahm denn auch das Attentat auf Kotzebue zum Anlaß, auf einer Ministerkonferenz in Karlsbad 1819 eine Reihe repressiver Maßnahmen zu treffen, die vom Deutschen Bund als Bundesbeschlüsse übernommen wurden. Diese sog. Karlsbader Beschlüsse sahen die politische Überwachung der Universitäten, die Einführung einer Vorzensur für Zeitungen und Schriften unter 20 Druckbogen und die Einsetzung einer Kommission zur Untersuchung revolutionärer Umtriebe vor; sie regelten darüber hinaus die Bundesexekution gegen unbotmäßige Gliedstaaten des Deutschen Bundes.

Auf die Karlsbader Beschlüsse folgte der Versuch, die Bundesverfassung von 1815 ganz allgemein zu revidieren. So stellte Metternichs Mitarbeiter Friedrich Gentz in einem eigens zu diesem Zweck verfaßten Gutachten fest, daß der Ausdruck »landständische Verfassung« in Art. 13 der Bundesakte im altständischen, vorreformerischen Sinne zu verstehen sei, seine Ausdeutung im Sinne eines modernen Repräsentativsystems mit Landständen als Volksvertretungen hingegen auf eine unzulässige Anerkennung des Prinzips der Volkssouveränität hinauslaufe. Überboten noch hatte diese Stellungnahme kurz zuvor der Berner Patrizier Carl Ludwig von Haller, der 1816 die Natürlichkeit der Feudalverhältnisse nachzuweisen versucht und eine entsprechende »Restauration der Staatswissenschaft« gefordert hatte.

»Restauration« – damit schien das Stichwort für die kommende Epoche gegeben zu sein. Doch würde man sich einer Übertreibung schuldig machen, wollte man die an die Reformära anschließenden zwanziger Jahre des vorigen Jahrhunderts als rein restaurativ bezeichnen. Es gab zwar Maßnahmen dieser Art. So führte das neu erstandene Hannover z.B. die Patrimonialgerichtsbarkeit auf dem Lande wieder ein. Überhaupt ist ein konservativer Zug in der Regierungspolitik jener Jahre unverkennbar, z.B. in Preußen bei der Besetzung der Offiziers- und Beamtenstellen. Dennoch blieb der erreichte Rechtszustand im großen und ganzen erhalten. Vor allem gelang es 1820 bei der Revision der Bundesverfassung in Wien nicht, die Verfassungsgebung in den süddeutschen Staaten wieder rückgängig zu machen. So kam man auch in der Wiener Schlußakte zur Deutschen Bundesverfassung im Grunde nicht über das hinaus, was schon in den süddeutschen Verfassungen zu lesen war. In Art. 57 der Schlußakte hieß es:

»Da der Deutsche Bund mit Ausnahme der freien Städte aus souveränen Fürsten besteht, so muß, dem hierdurch gegebenen Grundbegriffe zufolge, die gesamte Staatsgewalt in dem Oberhaupte des Staats vereinigt bleiben, und der Souverän kann durch eine landständische Verfassung nur in der Ausübung bestimmter Rechte an die Mitwirkung der Stände gebunden werden.«

Damit war zwar die monarchische Souveränität gegenüber den Forderungen nach Volkssouveränität und Gewaltentrennung noch einmal bekräftigt, zugleich jedoch ein Recht der Stände auf Mitsprache ausdrücklich zugestanden. Auch 1820 in Wien hatte sich eine verbindliche Interpretation des Ausdrucks

»landständische Verfassung« im altständischen Sinne gegen den Widerstand der süddeutschen Regierungen nicht durchsetzen lassen, noch war der Umkreis der Mitbestimmungsrechte der Stände näher bestimmt worden. Wohl verbot die Formulierung des Art. 57 WSA eine Übertragung von Kompetenzen auf die Stände allein, also eine Gewaltentrennung im strikten Sinne, nicht aber eine Ausdehnung ihrer Mitsprache im Wege der Gewaltenteilhabe. In dieser Hinsicht blieb die Verfassungsentwicklung auch nach der abschließenden Regelung der Bundesverfassung offen.

II.

Die Politik der Regierungen führte in den folgenden Jahren allerdings zu einer Verlangsamung der Reformen, wenn nicht gar zu einem vorübergehenden Reformstopp. Die seit 1814 anschwellende Verfassungswelle verebbte. Nur zwei thüringische Kleinstaaten erhielten in den zwanziger Jahren noch neue Verfassungen. In vielen Fällen führte der politische Druck, den Pressezensur, Demagogenverfolgung und Vereinsverbote ausübten, zum Rückzug ins Private, ins Biedermeier. Indessen gilt auch das nicht allgemein, wie das Aufkommen einer parlamentarischen Opposition zeigt, die der Politik in Deutschland fortan ein neues Gepräge gab: Nicht die Regierungen und ihre Bürokratie fungierten länger als Sachwalter der Reform, sondern die oppositionellen Kräfte in den neu eingerichteten Landtagen der Verfassungsstaaten. Nicht, daß es dort nicht oft zu konservativen Mehrheiten, die die Regierungspolitik unterstützten, gekommen wäre, doch sammelten sich an dieser Stätte nun auch die Verteidiger der Reform. Sie wurden weniger repräsentiert durch das Wirtschaftsbürgertum (das in jenen Jahren im Rheinland aufkam, sich aber erst in den vierziger Jahren politisch zu artikulieren begann), als durch eben jene Bildungsschicht, die schon länger Träger moderner Ideen war. Zu ihr gehörten Juristen, Geistliche, Ärzte, Professoren und Beamte, die keinen unmittelbaren Einfluß mehr auf die offizielle Regierungspolitik nehmen konnten – Jahre später noch klagte Bismarck über die »liberalen Kreisrichter«, die seiner Politik Widerpart boten.

Diese oppositionelle Schicht benutzte die Öffentlichkeit parlamentarischer Sitzungen und die Kommunikationsmöglichkeiten, die die allgemein erlaubte Berichterstattung der parlamentarischen Verhandlungen bot, um die öffentliche Meinung für sich zu mobilisieren und die alten und neuen Forderungen vorzutragen: Preßfreiheit, Gemeindereform, die Einführung eines Volksheeres, einer Miliz, und die Vereidigung des Heeres auf die Verfassung, die vollständige Abschaffung der Adelsprivilegien, die parlamentarische Gesetzesinitiative und die Mitsprache bei der Gestaltung des Staatshaushaltes, sprich: der Staatsausgaben, Geschworenengerichte und öffentliches Gerichtsverfahren sowie schließlich die Repräsentation der nationalen Einheit durch eine gesamtdeutsche Volksvertretung (so 1831 der Abgeordnete Welcker im badischen Landtag, dem damals bedeutendsten Sprachrohr der liberalen Opposition in Deutschland).

Die Regierungen sahen sich durch diese Forderungen und die parlamentarische Taktik, in Ermangelung einer Gesetzesinitiative entsprechende Gesetzesentwürfe auf dem Wege der Petition (als sog. Motion) vorzubringen, nicht selten in die Enge getrieben. Zwar bestimmten sie und nicht die Abgeordneten die Landtagstätigkeit. So konnten sie innerhalb langer Wahlperioden von bis zu sechs und noch mehr Jahren die Einberufung der Parlamente hinauszögern, denn damals tagten die Landtage noch nicht ständig und besaßen kein Selbstversammlungsrecht. Vielfach genügte es, die Parlamente alle drei Jahre zu kurzen Sitzungen von wenigen Wochen, allenfalls zwei bis drei Monaten, zu versammeln, um sie speziell über Regierungsvorlagen beschließen zu lassen, denn auch über ihre Geschäftsordnung verfügten die Landtage nicht frei. Zeigten sich die Abgeordneten dabei renitent, so konnte man sie freilich wegen der ihnen in den Verfassungen zugesicherten Immunität nicht mehr umstandslos verhaften, wohl aber oppositionellen Beamten den zur Ausübung ihres Mandats notwendigen Urlaub verweigern. Auch konnte der Monarch jederzeit den Landtag vertagen oder seine Sitzungsperiode schließen, notfalls ihn sogar vorzeitig auflösen. Das alles war möglich. Aber letzten Endes blieben die Regierungen doch auf das Entgegenkommen der Volksvertreter angewiesen, wenn sie neue Gesetze erlassen oder neue Steuern erheben wollten. Denn selbst wenn der Monarch zum stärksten Mittel, dem der Parlamentsauflösung, griff, konnte er nicht allein weiter regieren; er war vielmehr gezwungen, binnen einer von der Verfassung gesetzten Frist Neuwahlen auszuschreiben. Das nötigte die Regierung, um eine ihr willfährige Mehrheit im Landtag zu erreichen, die Wahlen in ihrem Sinne zu beeinflussen und stempelte sie selbst dort, wo sie damit Erfolg hatte, zur

»Partei«, die mit der Opposition um die Wählergunst konkurrierte.

So ist das auch in der Staatslehre der damaligen Zeit gesehen worden. Regierung und Parlament galten ihr als zwei sich balancierende Kräfte; das Erfordernis der parlamentarischen Zustimmung zum Eingriff in Freiheit und Eigentum und zur Steuererhebung wurde als Kontrollmittel der bürgerlichen Gesellschaft gegen eine mißbräuchliche Ausübung der Staatsgewalt interpretiert. Es gab aber auch Autoren, die mehr den damit verbundenen Aspekt der Mitbestimmung, der vertrauensvollen Zusammenarbeit von Regierung und Landtag betonten und glaubten, daß bei einem nicht behebbaren Konflikt zwischen beiden der Monarch durch Auflösung der Ständeversammlung an das Volk zur Entscheidung der Streitfrage »appelliere«, sich damit dem Gerichtshof der »öffentlichen Meinung« unterwerfe. Wieder andere sahen realistischer, daß sich nicht einfach Regierung und Parlament gegenüberstanden, sondern die Regierung mit den sie unterstützenden Abgeordneten einer Opposition innerhalb des Parlamentes, was die Regierungen schon damals nötigte, sich um eine Mehrheit im Landtag zu bemühen.

Ganz allgemein wurden die hier auftauchenden Gegensätze als Äußerungen zweier grundsätzlich verschiedener »Parteien«, der »Bewegungspartei« und der »Beharrungspartei«, begriffen, d.h. in einer für das 19. Jahrhundert charakteristischen Weise entwicklungsgeschichtlich interpretiert. Als »historisch« galten dabei die Kräfte der Beharrung und Reaktion, die konservativen »Hallerianer« und die »historische Rechtschule« mit ihrem Begründer Savigny, der 1814 in einem spektakulären akademischen Streit gegen die vom Heidelberger Rechtsgelehrten Thibaut erhobene Forderung nach einem modernen, allgemeinen Gesetzbuch für ganz Deutschland Front gemacht hatte. Propagatoren der »Bewegung« waren dagegen diejenigen, die wie der badische Professor und Abgeordnete Carl von Rotteck im Kontext des Fortschrittsdenkens der Aufklärung »vernunftrechtlich« von den zu erstrebenden Zielen der gesellschaftlichen Reform her argumentierten. Es ist keine Frage, daß mit Unterscheidungen dieser Art die Gegensätzlichkeit der gesellschaftlich-politischen Richtungen jener Zeit (um mehr handelte es sich bei dem, was man damals unter »Parteien« verstand, nicht) zutreffend wiedergegeben ist. Tatsächlich oszillierte in jenen Jahren die Politik zwischen Restauration und Fortschritt. Dabei hatte sich insofern eine verfassungssystematisch eigenartige Frontstellung ergeben, als die in den Regierungen dominierenden Kräfte nach der Anlage der Verfassungen die Initiative besaßen, Politik machen sollten, über die Staatsausgaben disponierten und Gesetze einzubringen hatten, während der Bewegungspartei als parlamentarische Opposition die Kontrolle dieser Politik mit Vetomöglichkeiten übertragen war zur Abwehr mißbräuchlicher Eingriffe in einen Rechtszustand, den sie nur bis zu einem gewissen Grade verteidigen, eigentlich jedoch verändern wollte. Konsequenterweise drängte sie daher die Regierung zu Reformmaßnahmen, die diese nicht wünschte, und forderte für das Parlament selbst erweiterte Mitbestimmungsrechte – nicht ohne Erfolg, wie die Entwicklung seit 1830 zeigt.

III.

Die Welle von Revolutionen, die 1830 über Europa hinwegging, hinterließ auch in Deutschland deutliche Spuren. Interessanterweise kam es jedoch nicht in den süddeutschen Verfassungsstaaten zu einem revolutionären Aufbegehren, sondern in den Mittelstaaten, die noch keine modernen Verfassungen besaßen. In Braunschweig wurde in einem ersten revolutionären Elan dabei sogar der Throninhaber gestürzt. Wie in Hessen, Hannover und Sachsen räumte eine neue Verfassung auch dort den Ständen das lang begehrte Gesetzesinitiativrecht und das volle Budgetrecht, die Mitbestimmung bei der Festsetzung der Staatsausgaben, ein. In Sachsen zogen in die zweite Kammer nunmehr auch »Vertreter des Handels- und Fabrikwesens« ein, in Kurhessen mußten alle Staatsdiener inklusive des Militärs auf die Verfassung vereidigt werden. Auch in den süddeutschen Staaten kehrte Anfang der dreißiger Jahre die Opposition gestärkt in die Landtage zurück und verlangte Rechte, wie sie inzwischen in den neuen Verfassungen Mitteldeutschlands zugestanden worden waren. Deutlicher zeichneten sich jetzt die politischen Richtungen im Wahlkampf und in ersten Fraktionsbildungen in den Parlamenten ab. Auch radikalere Töne wurden angeschlagen, so auf der ersten großen deutschen Volksversammlung, dem Hambacher Fest 1832, auf dem die Redner ein national geeintes, demokratisches und republikanisches Deutschland in einem vereinigten Europa forderten. Mitglieder der seit den Karlsbader Beschlüssen verbotenen Burschenschaften stürmten 1833 in Frankfurt am Main, dem Sitz der Bundesversammlung, die Stadtwache, um ein Fanal für einen allgemeinen Volksaufstand zu setzen.

Die Regierungen reagierten auf dieses Aufbegehren mit einer Reihe von Bundesbeschlüssen, »Maßregeln zur Aufrechterhaltung der gesetzlichen Ruhe und Ordnung in Deutschland«, in denen unter anderem die Karlsbader Anordnungen verschärft, die politischen Vereine überhaupt verboten, und das Halten politischer Reden in öffentlichen Versammlungen untersagt wurden. Die Landesregierungen wurden zur verstärkten Wahrung des monarchischen Prinzips angehalten. Streitigkeiten zwischen ihnen und den Landständen sollten künftig vor ein Bundesschiedsgericht gebracht werden.

Die Folge dieser zum Teil geheimgehaltenen Anordnungen war indessen keineswegs eine Schwächung, gar ein Einlenken der Opposition, sondern ihre Radikalisierung. Das politische Vereinsverbot förderte die Gründung von Geheimbünden wie dem »Bund der Geächteten« um den Schneidergesellen Wilhelm Weitling und der »Gesellschaft der Menschenrechte« Georg Büchners. Neben die parlamentarische Opposition trat eine außerparlamentarische, die sich nicht mehr auf dem Boden der Verfassung bewegte, sondern die Volkssouveränität sowie republikanische und sozialrevolutionäre Ideen propagierte.

Es kennzeichnet die eingetretene Polarisierung, daß nunmehr auf der monarchischen Seite der hannoversche Thronfolger 1837 die erst 1833 gegebene Verfassung in eigener Machtvollkommenheit wieder aufhob, was den berühmten Protest der »Göttinger Sieben«, Professoren der Göttinger Universität, unter ihnen die Gebrüder Grimm und Friedrich Christoph Dahlmann, hervorrief. Der König reagierte darauf mit ihrer Entlassung aus dem Amt; einige von ihnen wurden auch des Landes verwiesen. Obwohl von den hannoverschen Ständen angerufen, schritt der Deutsche Bund in diesem Fall nicht ein.

Allgemein verschärften sich die Gegensätze, auch im Verhältnis zwischen Regierung und parlamentarisch institutionalisierter Opposition; 1843 kam es im badischen Landtag zu einem ersten ausdrücklichen Mißbilligungsvotum gegen das Ministerium; der Ruf nach Vertrauensleuten des Volkes in die Regierung wurde laut. Doch erklären die politischen Spannungen allein das allmähliche Aufkommen einer revolutionären Stimmung im sog. Vormärz nicht. Man muß dazu die gesellschaftliche Entwicklung insgesamt berücksichtigen.

IV.

Signifikant für die gesellschaftliche Entwicklung jener Zeit ist zum einen die Fortdauer der schon im 18. Jahrhundert einsetzenden Bevölkerungsexplosion. Man schätzt, daß Deutschland in den ersten Jahren des 19. Jahrhunderts annähernd 25 Millionen Einwohner gehabt hat; um die Mitte des Jahrhunderts waren es schon etwa 35 Millionen, mehr als je zuvor. (Die Zahlen für den Deutschen Bund liegen etwa 5–10 Millionen höher.) Doch steigerte sich im gleichen Zeitraum auch die landwirtschaftliche Produktion beträchtlich – eine Folge ihrer Modernisierung –, so daß man der drohenden Malthusianischen Falle, dem Auseinanderklaffen von Bevölkerungszunahme und Ernährungsmöglichkeiten mit nachfolgenden Hungerkrisen, Seuchen und Kriegen, entging.

Krisenhafte Züge hatte dagegen die Entwicklung im Handwerk angenommen. Auch dort, wo man nicht die Gewerbefreiheit eingeführt hatte, war die alte Zunftverfassung ausgehöhlt worden, war man z. B. in Bayern zum Konzessionssystem, zur Bindung der Eröffnung eines Handwerksbetriebes an eine staatliche Erlaubnis, übergegangen. Die allgemeine Bevölkerungszunahme sorgte bald für eine Überbesetzung des Gewerbes, vor allem bei den Gesellen. Ähnliche Erscheinungen gab es im akademischen Bereich. Auch hier war die Gesellschaft noch nicht in der Lage, den zahlreichen Absolventen der Universitäten entsprechende Berufschancen zu bieten, zumal die Regierungen bei der Besetzung von Beamtenstellen eine eher konservativ-restriktive Auslese vornahmen. Zu alldem kam der Niedergang des bis dahin blühenden Verlagswesens hinzu, die Verdrängung des Heimhandwerks ländlicher Unterschichten, der Spinner und Weber, durch die beginnende industrielle Konkurrenz.

Die Folge dieser Entwicklung war eine zunehmende Proletarisierung der Gesellschaft – der Ausdruck »Proletarier« für die neue Schicht der Eigentums- und Vermögenslosen kam damals auf – eine Situation, der sich Landarbeiter, Handwerksgesellen und stellungslose Akademiker immer stärker ausgesetzt sahen. Hatte es schon zu Beginn der Bevölkerungsexplosion Ende des 18. Jahrhunderts erste Erscheinungen dieser Art gegeben, so wurde nun die Massenarmut, der »Pauperismus«, allgemeines Zeichen der Zeit. In steigenden Agrarpreisen, um sich greifender Arbeitslosigkeit und zunehmender Frauen- und Kinderarbeit drückte sich eine Problemlage aus, die schon die Zeitgenossen als »soziale Frage« von allgemein gesellschaftlicher Bedeutung erfaßten. 1839 begann die preußische Regierung die Kinderarbeit gesetzlich einzuschränken, nachdem das Militär schon vorher angesichts des sich verschlechternden Gesundheitszustandes der Rekruten Alarm geschlagen hatte. Unruhen wie der schlesische Weberaufstand 1844 und bäuerliche Proteste gegen die steckengebliebene Agrarreform waren weitere Signale für eine sich zuspitzende Situation in jener Zeit, die man nicht zu Unrecht als den »Vormärz«, die vorrevolutionäre Epoche vor der Märzrevolution 1848, bezeichnet hat.

Mit dem sozialen Elend verschärfte sich die Zeitkritik, wuchs der akademische Radikalismus, artikuliert insbesondere durch die sog. Linkshegelianer, die die Vernunfts- und Geschichtsphilosophie ihres Meisters revolutionär ausdeuteten und Religion, Staat und gesellschaftliche Zustände grundsätzlich zu kritisieren begannen. Marx und Engels machten in ihrer Kritik das durch die Ablösung der feudalen Bindungen scharf konturierte »Privateigentum« an Produktionsmitteln und die durch private Kapitalbildung ausgelöste industrielle Revolution für die allgemein beobachtbare Verelendung haftbar und stützten darauf die Erwartung einer revolutionären Aufhebung der herrschenden Eigentums- und Produktionsverhältnisse durch das neue Proletariat. Doch war es offenbar nicht die Industrialisierung, die das Massenelend hervorgebracht hatte, zumindest nicht in Deutschland. Eher läßt sich sagen, daß sie hierzulande nicht weit genug vorangeschritten war, um die Beschäftigungslage nachhaltig zu verbessern.

Neue, als »industriell« zu bezeichnende Produktionsweisen wie die Maschinenarbeit in Fabriken kamen in Deutschland erst allmählich auf. Eine besondere Bedeutung gewann in diesem Zusammenhang der Eisenbahnbau seit 1835. Der Übergang zu diesem neuen Verkehrsmittel stimulierte den Maschinenbau wie die Erz- und Kohleförderung. Er war mit der Anlaß für den Aufbau einer Schwerindustrie. Großbetriebe entstanden, eine neue Arbeiterschicht, die Fabrikarbeiterschaft, bildete sich heraus. Indessen war der Umfang des neuen Wirtschaftssektors bis zur Jahrhundertmitte noch bescheiden, gering daher auch seine Aufnahmekapazität für Handwerksgesellen und Landarbeiter. Nur wenige, allenfalls 4–5 Prozent der Beschäftigten, arbeiteten in den vierziger Jahren im industriellen Bereich. In Deutschland überwog auch 1848 noch die Landwirtschaft. Man kann deshalb den Ausbruch der Revolution nicht als Folge der industriellen

Entwicklung ansehen, wohl aber hatte die Krise, in die die Umbruchszeit zwischen Feudalismus und Kapitalismus gemündet war, eine Stimmung erzeugt, die leicht in revolutionäre Unzufriedenheit umschlagen konnte.

4. Die Revolution von 1848

I.

Die Revolution von 1848 kam nicht überraschend. Zwar ist sie von keiner Seite geplant worden – auch 1846/47 nicht, als Mißernten eine für die älteren Zeiten typische Hungerkrise hervorriefen und eine erste moderne Konjunkturkrise im Eisenbahnbau zu zahlreichen Entlassungen führte –, doch hatten Pauperismus und drohende Verelendung, das Steckenbleiben der Reformen und eine immer häufiger kritisierte Bürokratie, die nicht mehr fähig zu sein schien, für durchgreifende Abhilfen zu sorgen, die Unzufriedenheit in der Bevölkerung aufs Äußerste gesteigert. Das Vertrauen in die Regierungen war geschwunden, wie aufkommende Unruhen zeigen. Es genügte nun offenbar ein Funken, um auch in Deutschland eine Revolution zu entfachen.

Das Signal dafür setzte der Februar-Aufstand in Paris. Wie 1830 ist Deutschland auch 1848 von einer Revolutionswelle, die über Europa hinwegging, erfaßt worden; im Gegensatz zu 1830 riß sie diesmal alle deutschen Staaten, altständische genauso wie neuständisch-konstitutionelle und absolutistisch regierte mit. Überall begehrte die Bevölkerung auf. Schon am 27. Februar versammelten sich Mannheimer Bürger und forderten Volksbewaffnung mit freier Wahl der Offiziere, unbedingte Preßfreiheit, Schwurgerichte nach dem Vorbild Englands und die sofortige Herstellung eines deutschen Parlaments. Umfangreichere Forderungskataloge folgten. In ihnen wurden die bekannten Forderungen nach bürgerlicher Gleichheit, Religions- und Versammlungsfreiheit, Ablösung bäuerlicher Feudallasten, einer Reform des Gerichtsprozesses, allgemeiner Volksbewaffnung und Vereidigung des Militärs auf die Verfassung erhoben, nun aber auch das allgemeine Wahlrecht, bessere Volkserziehung und eine gerechtere Verteilung der Abgaben an den Staat, d.h. eine progressive Besteuerung der Bevölkerung neben dem Schutz vor Arbeitslosigkeit und der Aufnahme von Vertrauensleuten des Volkes in die Regierungen verlangt.

Die weitgehende Übereinstimmung, die sich in diesen »Märzforderungen« findet, darf freilich nicht darüber hinwegtäuschen, daß es – anders als es das Klischee von der »bürgerlichen« Revolution vermuten läßt, aber ähnlich wie 1789 in Frankreich – recht verschiedene Gruppen mit durchaus unterschiedlichen Wünschen waren, die sich zu Wort meldeten: Bauern, die endlich die völlige Befreiung von Feudallasten forderten, Handwerker, die – sozialkonservativ motiviert – nach Schutz vor industrieller Konkurrenz und drohender Arbeitslosigkeit riefen, Arbeiter, denen es um eine soziale Besserstellung ging, und schließlich jenes bis dahin politisch tonangebende Bildungsbürgertum mit seinen teils liberalen, teils demokratischen Zielsetzungen. Sie alle versuchten, ihre Interessen gegenüber Regierung und Parlament durchzusetzen, mit Massendemonstrationen und Massenpetitionen, durch Bildung von Vereinigungen, zuweilen auch mit Gewalt. Doch ist es 1848 nur vereinzelt zu regelrechten Aufständen gekommen, vor allem in jenen südwestlichen Gebieten Deutschlands, in Baden, Württemberg und Hessen, wo die Bauern noch immer dem feudalen Druck der sog. Standesherren ausgesetzt waren. Im allgemeinen beschränkte man sich, trotz gelegentlicher Barrikadenkämpfe, die man dem Militär lieferte, darauf, Forderungen vorzutragen; die Grundlagen der überkommenen Herrschaftsordnung, Monarchie, Bürokratie und – ungeachtet der Einrichtung von Bürgerwehren – auch das Militär, wurden von der »Revolution« nicht angetastet.

Das lag nicht zuletzt daran, daß die Regierungen den erhobenen Forderungen in der Regel rasch nachkamen und so einer Zuspitzung der revolutionären Situation vorbeugten. Allenthalben wurden die Ministerien in »Märzministerien« mit liberalen Politikern umgebildet, die Repressionsgesetze des Deutschen Bundes aufgehoben, Preß-, Vereins- und Versammlungsfreiheit gewährt und eine umfassende Reformgesetzgebung in Angriff genommen. Die zum Teil überfälligen Reformen erstreckten sich zum einen auf die Staats- und Verfassungsorganisation. Überall wurde das allgemeine und oft auch das direkte Wahlrecht eingeführt, wurden den in ihrer Zusammensetzung veränderten Landtagen eine größere Geschäftsordnungsautonomie, die parlamentarische Gesetzesinitiative und das volle Budgetrecht zugestanden, wurde das Gerichtsverfahren öffentlich und mündlich, wurden Schwurgerichte gebildet und das Militär auf die Verfassung vereidigt. Zum anderen zielten die Reformen darauf, die bürgerliche Gleichberechtigung, z.B. der Juden in Städten wie in Frankfurt am Main, nun endgültig durchzusetzen. Zum Teil ist der Adel als besonderer Stand völlig beseitigt worden. Vor allem aber kam es jetzt recht rasch zur Aufhebung der feudalen Relikte im Agrarbereich, zur Aufhebung der Patrimonialgerichtsbarkeit, der Ausübung des adligen Jagdrechts auf bäuerlichem Grund und Boden sowie zur Beendigung der Ablösungsverfahren.

Das alles ist von den Regierungen zum Teil noch mit den alten Landtagen im April 1848 und in den folgenden Monaten ins Werk gesetzt worden; erst allmählich wurden die alten Landtage durch neue ersetzt, die nach dem neuen Wahlrecht gewählt worden sind. In anderen Fällen, so in den bis dahin absolutistisch regierten Staaten wie Österreich und Preußen, mußten sogar verfassunggebende Versammlungen einberufen werden, um den Reformprozeß beginnen zu können. Manche Regierungen schoben die Einberufung der Landtage hinaus und warteten ab, welche Richtung die Entwicklung im Bund nehmen würde, wo eine im Mai in Frankfurt zusammengetretene verfassunggebende Versammlung sich anschickte, die Bundesordnung von Grund auf zu revidieren. Zuweilen dauerte es bis zum Herbst oder gar bis in das Jahr 1849 hinein, bis die neuen Gremien versammelt waren. Bundesinitiativen und die Entwicklung in den Ländern konnten sich somit gegenseitig beeinflussen und überkreuzen. Das zu berücksichtigen ist wichtig, wenn man den Fortgang der Revolution verstehen will, auch wenn die Erörterung in diesem Kapitel auf die Verfassungsentwicklung in den Ländern konzentriert bleibt.

II.

Die Revolution führte nicht nur zu neuen Regierungsverhältnissen, sondern auch zu einer bis dahin unbekannten Politisierung der Bevölkerung. Allenthalben bildeten sich politische Vereine, um bestimmten Interessen Ausdruck zu verleihen, so die Volksvereine der Demokraten, die konstitutionellen Clubs der gemäßigten Liberalen, Rustikalvereine und Arbeiterverbrüderungen (deren Anfänge in den Vormärz zurückgehen) oder die »Pius-Vereine für religiöse Freiheit«, in denen sich der Katholizismus zusammenschloß. Auch der Konservativismus formierte sich in royalistischen »Preußenvereinen« und in wirtschaftlichen Interessenorganisationen wie dem »Verein zur Wahrung der Interessen des Grundbesitzes«.

Die Zahl der Vereine und ihrer Mitglieder ging in die Tausende. Man kann für diese Zeit von einer ersten »Fundamentalpolitisierung« des deutschen Volkes sprechen, die nicht auf lokale und regionale Erscheinungsformen beschränkt blieb, sondern dem nationalen Charakter der Revolution entsprechend auch nationale Zusammenschlüsse hervorbrachte, große Kongresse im Jahre 1848, der Demokraten in Frankfurt und in Berlin, der Handwerker in Frankfurt, der Arbeiter in Berlin und der Konservativen im sog. Junkerparlament ebendort. In Mainz trat im Oktober 1848 der erste deutsche Katholikentag zusammen; auch Dachverbände, wie der im November 1848 gegründete »Zentralmärzverein« der Demokraten zur Verteidigung der Errungenschaften der Revolution, der »Nationale Verein« der Gemäßigten oder die »Allgemeine deutsche Arbeiterverbrüderung«, begannen sich zu bilden.

Alle diese Vereinigungen traten mit politischen Forderungen hervor, doch handelte es sich bei ihnen noch nicht um politische Parteien im engeren Sinne. Sie stellten sich nicht mit eigenen Kandidaten im Wahlkampf, sondern warben lediglich für bestimmte politische Richtungen und Abgeordnete in den Parlamenten. Die Richtungen waren gegenüber den Anfängen des 19. Jahrhunderts indessen zahlreicher geworden und begannen sich nun klarer voneinander zu unterscheiden.

1. Da war zum einen der Liberalismus mit seinem klassischen Postulat »bürgerlicher Freiheit«, die es von Staats wegen zu fördern und zu schützen galt. Auch 1848 war der Liberalismus noch deutlich seinen historischen Wurzeln in der Aufklärung und dem modernen, das Individuum und dessen Freiheit in den Mittelpunkt stellenden »Natur- oder Vernunftrecht« verbunden, wurde der Staat von ihm als ein zwischen den Individuen geschlossener Vertrag angesehen, mit begrenzten Rechten für die Staatsgewalt, auch für den Monarchen.

Der Liberalismus war in dieser Zeit noch die politisch führende Theorie, repräsentiert besonders in dem von den badischen Professoren Rotteck und Welcker seit 1835 herausgegebenen ›Staatslexikon‹. Doch trat neben die den Gegensatz von Regierung und Parlament, Volk und Monarch, stärker herausstellende vernunftrechtliche Richtung allmählich eine zweite, die – dem im 19. Jahrhundert an Bedeutung gewinnenden historischen Denken verpflichtet – den Staat mehr als eine sich »organisch« entwickelnde politische Einheit begriff denn als ein rationales Konstrukt und die darum bemüht war, »die Politik auf den Grund und das Maß der gegebenen Zustände« zurückzuführen (so Dahlmann 1835). Hier waren Berührungspunkte mit konservativen Ordnungsvorstellungen vorhanden, die an ein engeres Zusammengehen mit den Regierungen denken ließen.

Geprägt war der Liberalismus in beiden Versionen noch stark vom Bildungsbürgertum. Trotz der bedeutenden Rolle, welche die rheinische Bourgeoisie in seinen Reihen zu spielen sich anschickte, kann man von »Wirtschaftsliberalismus« in jenen Tagen noch nicht sprechen. Die Vorstellungswelt des älteren Liberalismus in Deutschland war vorindustriell, am Leitbild des selbständigen Gewerbetreibenden orientiert.

2. Von den Liberalen zu unterscheiden sind die Demokraten. Auch deren Wurzeln reichen in die Aufklärungszeit und in die Zeit der Französischen Revolution zurück, wenn sich die Demokraten als politische Gruppierung auch erst im Vormärz deutlich formierten und von den Liberalen absetzten, so z.B. 1847 in Baden mit dem Offenburger Programm, auf das der süddeutsche Liberalismus mit der Heppenheimer Erklärung antwortete.

Freiheitlich gesinnt, wie die Liberalen, gingen die Demokraten jedoch über deren Position hinaus. Sie bezeichneten sich selbst als »Ganze« oder »Radikale«, die gegenüber den »Halben« oder »Gemäßigten« eine »prinzipielle« Politik und keine opportunistische, zur Akkommodation bereite betreiben wollten. Sie bekannten sich zur Volkssouveränität, vielfach auch zur Republik, und forderten nicht nur eine »bürgerliche«, sondern die »politische Freiheit«, das allgemeine Wahlrecht. In ihren gesellschaftlichen Forderungen gingen sie über die antiständischen Vorstellungen des Liberalismus hinaus. Sie plädierten für soziale Chancengleichheit. Die Wortbildung »Social-Demokrat« kommt damals nicht zufällig auf.

3. Seit dem Vormärz traten auch die Sozialisten und Kommunisten deutlicher hervor, die den Radikalismus der Demokraten noch zu überbieten trachteten, indem sie nicht bei der Emanzipation des Individuums aus ständischer Herrschaft, bei einer freien Gesellschaft mit freier Wirtschaft und individuellem Eigentum halt machten, sondern sich die wahre Freiheit von der Aufhebung des Privateigentums und der individuellen Dispositionsmöglichkeiten zu Gunsten eines solidarischen Handelns in neuen Gemeinschaften erhofften. Auch sie haben sich kurz vor

der Revolution formiert. 1847 ist in London der Bund der Kommunisten gegründet worden, für den Karl Marx und Friedrich Engels eine Programmschrift, das ›Kommunistische Manifest‹ verfaßten.

4. Diesen Gruppierungen gegenüber stand der Konservativismus, ursprünglich eine Gegenideologie gegen Aufklärung, Liberalismus und Revolution sowie deren gesellschaftsverändernde Absichten. Gegen das Fortschrittsdenken der Progressiven setzten die Konservativen ein traditionalistisches Geschichtsverständnis; sie warnten vor abrupten Veränderungen. Gegen den Vernunftglauben der Aufklärung führten sie die Wahrheit der Religion ins Feld.

Zunächst altständisch orientiert (so die »Hallerianer«, besonders unter den preußischen Junkern) und zur Renitenz gegenüber jeder, auch vom Staat veranlaßten Reform geneigt, die die überkommenen »natürlichen« Herrschaftsverhältnisse antastet, öffnete sich der Konservativismus im Vormärz vor allem unter dem Einfluß der Lehren Friedrich Julius Stahls der Verfassungsmonarchie und konnte sich nun mit deren Bürokratie in einer neuen, antiparlamentarischen, bürokratisch-etatistischen Spielart verbinden. Ähnlich wie bei den gemäßigt Liberalen wurde im konservativen Denken die Idee der Ordnung höher gestellt als die der Freiheit, deren anarchische Konsequenzen man fürchtete. Leichter als den Liberalen fiel es den Konservativen daher, die Probleme der gesellschaftlichen Entwicklung zu erkennen und auf die in jener Zeit debattierte »soziale Frage« einzugehen (so z.B. Viktor A. Huber).

5. Während sich die Skala vom Konservativismus bis zum Kommunismus als eine einfache Auffächerung des alten Gegensatzes von Beharrungs- und Bewegungspartei nach »links« begreifen läßt, kam mit dem politischen Katholizismus eine weitere, für Deutschland typische, politische Richtung ins Spiel, die sich in das bekannte, aus der Sitzordnung des französischen Parlaments hergeleitete »rechts-links«-Schema nicht ohne weiteres einordnen läßt.

Zu einer politischen Größe wurde auch der Katholizismus im Vormärz, zuerst im Rheinland aufgrund von Konflikten, die sich in den dreißiger Jahren (»Kölner Wirren«) mit der preußisch-protestantischen Monarchie, vor allem in der Frage der Behandlung von Mischehen, ergaben. Doch stand das Verhältnis von Kirche und Staat in jener Zeit ganz allgemein zur Diskussion. Im 19. Jahrhundert versuchte nämlich auch die Kirche, sich aus der Umklammerung durch den absolutistischen Staat zu lösen, aus einem Staatskirchentum, das auf die Besetzung kirchlicher Ämter, den Verkehr mit Rom, auf die Zulassung geistlicher Orden sowie ganz allgemein auf die Kirchenverwaltung starken Einfluß genommen hatte. Auch das war ein Teil des allgemeinen Emanzipationsvorganges und begünstigte zunächst liberale Tendenzen in der Kirche (z.B. unter den sogenannten Deutsch-Katholiken) – wie auch im Protestantismus.

Waren sich Kirche und Liberalismus damit in der Abwehr staatlicher Übergriffe einig, trennte sie auf der anderen Seite freilich ihre unterschiedliche Vorstellung etwa in der Schulfrage (säkularisierte Schule oder Bekenntnisschule, geistliche oder staatliche Schulaufsicht), in der Frage der Zivilehe oder in der verstärkten Unterordnung des Kirchenvolkes unter den römischen Primat. Der sog. Ultramontanismus war eine für säkularisierte liberale Gemüter nicht mehr nachvollziehbare Konsequenz der kirchlichen Emanzipation aus staatlicher Bevormundung. Wies der politische Katholizismus insoweit in den Augen des Liberalismus freiheitliche Defizite auf, so fiel es ihm jedoch umgekehrt leichter als diesem, sozialreformerische Vorstellungen zu entwickeln (Bischof von Ketteler).

Man hat die geschilderte, sich in Deutschland seit dem Vormärz abzeichnende politische Gruppierung als »Fünfparteiensystem« kennzeichnen zu können geglaubt (E. R. Huber). Das ist indessen mißverständlich, denn es handelte sich in jener Zeit noch nicht um Parteien im engeren Sinne, sondern um lose politische Gruppierungen, um Abgeordnete, die sich zum Teil in den Parlamenten zu Fraktionen zusammenschlossen und um Vereinigungen außerhalb der Parlamente, deren Richtung durch meinungsbildende Zeitungen, wie die ›Deutsche Zeitung‹ der Liberalen, die ›Neue Preußische Zeitung‹ (Kreuzzeitung) der preußischen Konservativen oder die von Karl Marx redigierte ›Neue Rheinische Zeitung‹ der Radikalen, Profil gewann.

Wesentlich war 1848 der Gegensatz von Konservativen, Liberalen und Demokraten. Der Bund der Kommunisten spielte noch keine größere Rolle, weder parlamentarisch noch außerparlamentarisch. Zur Gründung einer Arbeiterpartei kam es trotz Ansätzen in dieser Richtung (Stephan Born) nicht. Damit fehlte 1848 ein wesentlicher Bestandteil des späteren deutschen Parteiensystems.

Noch ein weiteres ist zu beachten: Die Ausbildung von Parteirichtungen bedeutete nicht, daß sich die Bevölkerung einfach gemäß ihrer sozialen Gliederung politisch auffächerte. Obwohl sich auch im modernen Deutschland typische Sozialmilieus (M. R. Lepsius) mit spezifischen politischen Ansichten und einem entsprechenden Wahlverhalten herausbildeten, so z.B. unter Fabrikarbeitern oder Katholiken, ist es zu einer Formierung streng getrennter sozio-kultureller Lager mit starren politischen Zuordnungen hierzulande nie gekommen, schon gar nicht 1848. Zwar fand der Konservativismus sein Zentrum im preußischen Adel, den als »Junkern« bezeichneten ostelbischen Großgrundbesitzern, doch waren auch Handwerker, Bauern und Landarbeiter in seinem Lager zu finden. Zwar war der Liberalismus nach wie vor eine Angelegenheit des Bildungsbürgertums, aber das schloß nicht aus, daß auch viele Gewerbetreibende und Bauern liberal wählten, und links davon stellten die Demokraten ein Sammelbecken dar, das Anhänger verschiedenster Schichten umfaßte: Intellektuelle wie Handwerkergesellen, Kleinbürger wie Fabrikarbeiter. Zahlenmäßig waren die Demokraten den Liberalen und Konservativen weit überlegen. Man rechnet, daß ihr im November 1848 gegründeter Dachverband, der Zentralmärzverein, über annähernd tausend Ortsvereine mit insgesamt einer halben Million Mitgliedern verfügte. Die relative Stärke der Demokraten wurde auch in der weiteren Entwicklung der Revolution spürbar.

III.

Während zu Beginn der Revolution noch die Liberalen als die Wortführer des Volkes galten und demzufolge in großer Zahl in die Frankfurter Nationalversammlung gewählt wurden, bildeten, begünstigt durch das allgemeine Wahlrecht, in den Landtagen schon bald die Demokraten die Mehrheit – ironischerweise gerade dort, wo die Regierungen zunächst die Einberufung der Parlamente vorsichtig hinausgezögert hatten. Vor allem in den mitteldeutschen Kleinstaaten hatte der Radikalismus Erfolg, z.B. in Anhalt-Dessau, das sich im Oktober 1848 eine Verfassung gab, in der dem Landtag nicht nur Gesetzesinitiative und jährliche Budgetfeststellung zugesichert wurden, sondern auch das Recht, durch Interpellationen die Verwaltung zu kontrollieren und die Regierung durch ein Mißtrauensvotum zu stürzen. In diesem sich »demokratisch-monarchisch« nennenden Regierungssystem war der Fürst auf ein nur noch suspensives Veto gegen gesetzgeberische Initiativen des Parlaments beschränkt und ist die Abhängigkeit der Regierung vom Parlament zum ersten Mal gesetzlich fixiert worden, während man sich sonst im Revolutionsjahr mit der Praktizierung der parlamentarischen Regierungsweise begnügte, ihre ausdrückliche Festlegung hingegen vermied.

Daß in der Revolution der Radikalismus die Oberhand gewann, war angesichts der Politisierung breiter Bevölkerungskreise nicht unerklärlich. Durch die zeitliche Versetzung des Reformprozesses in den deutschen Staaten führte dies allerdings dazu, daß in einigen von ihnen eine radikale Politik erst auf die Tagesordnung kam, als anderswo schon gegenrevolutionäre Bewegungen eingesetzt hatten.

Auch solche Gegenbewegungen waren, gemessen an den europäischen Revolutionserfahrungen, nichts Außergewöhnliches. Immer wieder pflegten die revolutionären Kräfte nach einem ersten gemeinsamen, vom allgemeinen Wunsch nach einer Veränderung der gesellschaftlichen Zustände diktierten Vorgehen wieder auseinanderzustreben. Die einen waren schon durch die Anfangserfolge befriedigt und schieden ganz aus dem revolutionären Lager aus, so 1848 in Deutschland die Bauern. Andere, Gemäßigte, gingen mit der Zeit ins konservative Lager über, verprellt durch radikale Forderungen, die ihre Sache nicht waren, so 1848 das liberale Bürgertum. Allmählich formierten sich dann auch die Revolutionsgegner wieder, nachdem sie – vom ersten Ansturm überrascht und überwältigt – Zeit zur Reaktion und zur Neuordnung ihrer Kräfte gefunden hatten, so 1848 in Deutschland die Monarchie und das ihr ergebene Militär, die Bürokratie und der Adel. Gegenüber der geballten Staatsmacht aber erwiesen sich die Revolutionäre, nachdem ihr erster Impetus erlahmt war, in der Regel als hilflos. Das zeigte sich insbesondere in den Großmächten, in Österreich und Preußen, deren Staatsapparat sich nicht so leicht im Handstreich erobern ließ wie der von Kleinstaaten und Städten. Gerade hier aber, und nicht in Anhalt-Dessau, in Gotha oder in Frankfurt, mußte sich die Zukunft Deutschlands entscheiden.

Sowohl in Österreich als auch in Preußen hatte die Revolution zunächst Erfolge gehabt. In Wien war schon im März die Regierung Metternichs gestürzt worden. Die Demokraten hatten sich gegen einen verunglückten Verfassungsoktroi durchgesetzt. Im Juli war ein verfassunggebender Reichstag zusammengetreten; der Kaiser floh nach Innsbruck. In Berlin hatte im April ein aus den Provinzialständen zusammenberufener Vereinigter Landtag ein neues Wahlgesetz gebilligt und die Märzforderungen erfüllt. Der im Mai zusammengetretenen verfassunggebenden Nationalversammlung legte die neue, von den rheinischen Kaufleuten Camphausen und Hansemann geführte Regierung einen Verfassungsentwurf vor, der sich an die als liberale Musterverfassung geltende belgische Konstitution von 1831 anlehnte. Ihn gestaltete der Verfassungsausschuß der Nationalversammlung unter dem Vorsitz des Demokraten Waldeck bis zum Juli vollständig um (»Charte Waldeck«). Mit der Einführung des allgemeinen Wahlrechts für die Zweite Kammer und der Ausgestaltung der Ersten Kammer als einer Art Kommunalparlament sowie mit der Gewährung eines nur noch suspensiven Vetos für den Monarchen und mit der Proklamation allgemeiner Volksbewaffnung in einer vom regulären Militär unabhängigen »Volkswehr« folgte der neue Entwurf deutlich demokratischen Grundsätzen. Ein Bekenntnis zum monarchischen Prinzip fehlte. Selbst die Gottesgnadentumsformel, Legitimationsgrundlage monarchischer Gewalt seit tausend Jahren, wurde im weiteren Verlauf der Debatte von der Nationalversammlung aus der Verfassung gestrichen.

In beiden Staaten führte das Vorprellen der Linken jedoch zu Differenzen mit den Gemäßigten und der monarchischen Regierung. In Wien hatten Zusammenstöße zwischen der bürgerlichen Nationalgarde und sozialrevolutionärer Agitation im September sowie die Weigerung, gegen die Revolution in Ungarn zu intervenieren, im Oktober die militärische Besetzung der Stadt und die Verlegung des Reichstags nach Kremsier zur Folge. Auch in Berlin spitzte sich die Situation aufgrund eines Streits über die Einordnung des Militärs in die neue Verfassung und wegen der dezidiert antimonarchischen Tendenzen in der Nationalversammlung zu. Der Slogan »gegen Demokraten helfen nur Soldaten« machte – von der preußischen Militärpartei lanciert – die Runde. Eine im November vom König eingesetzte Kampfregierung verlegte nach der militärischen Besetzung Berlins die preußische Nationalversammlung ebenfalls aus der Hauptstadt, nach Brandenburg. Im Dezember beendete der König den Streit um die Verfassung mit einem Verfassungsoktroi. Österreich folgte mit einem Oktroi im März des nächsten Jahres. Damit war die Revolution in den beiden deutschen Großstaaten beendet.

Indessen spitzte sich die Situation noch einmal zu, als im März 1849 die Frankfurter Nationalversammlung nach langen

Beratungen eine Reichsverfassung für das gesamte Deutschland verkündete und deren Anerkennung durch die einzelstaatlichen Regierungen forderte. Das beschwor in den größeren Staaten erneute Konflikte zwischen den zur Anerkennung der Verfassung bereiten Landtagen und den Regierungen, die die Verfassung nicht einfach hinnehmen wollten, herauf. Es kam zu Aufständen in Dresden, in Baden und der Pfalz, die mit preußischer Militärhilfe niedergeschlagen wurden.

Aber auch das brachte noch nicht das Ende der Reform, denn Preußen betrieb trotz seiner Zurückhaltung gegenüber dem Frankfurter Verfassungsprojekt – während die österreichische Regierung mit der Niederschlagung von Aufständen in Ungarn und Italien beschäftigt war – eine gesamtdeutsche, liberalen Vorstellungen entgegenkommende Verfassungspolitik auf eigene Rechnung. Bei dieser Konstellation konnten sich noch das ganze Jahr 1849 über radikale Landtage halten, neue Verfassungen, z.B. für Frankfurt am Main, gegeben und in Hannover eine bedeutende Reform des Justizwesens eingeleitet werden. Diese Entwicklung brach erst 1850 ab. Vielfach erfolgte der Rückschlag in den Einzelstaaten sogar erst, nachdem Österreich – wieder in Deutschland präsent – Preußen zur Aufgabe seiner Deutschlandpolitik gezwungen hatte und der Deutsche Bund restauriert worden war. So stellte erst der sog. Bundesreaktionsbeschluß vom 23. August 1851, demzufolge die Landesregierungen und ein besonderer Reaktionsausschuß des Bundestages angehalten wurden, die Vereinbarkeit der seit 1848 geschaffenen Landeseinrichtungen mit dem (alten) Bundesrecht zu überprüfen, das definitive Ende der Reformperiode dar.

Die ab 1850/51 einsetzende Reaktion führte zur Auflösung der neuen Landtage, zur Revision des Wahlrechts, vielfach zur Rückkehr zu den Verfassungen aus der Zeit vor 1848 bzw. zum Einbau des monarchischen Prinzips auch in die 1848/49 erlassenen Konstitutionen. Das nur suspensive Veto des Monarchen verschwand ebenso wie die parlamentarische Regierungspraxis. Österreich hob Ende des Jahres 1851 sogar seine zwei Jahre vorher oktroyierte Verfassung wieder auf. Wieder einmal wurde die Beamtenschaft von revolutionären Elementen gereinigt. Ein »Polizeiverein der bedeutenderen deutschen Staaten« nahm die Verfolgung von Demokraten und Kommunisten auf. Nichtzuverlässige höhere Beamte wurden in den Ruhestand versetzt – eine Maßnahme, durch die die Institution des »politischen Beamten« in die deutsche Verfassungsgeschichte eingeführt worden ist. Im übrigen sorgte der Deutsche Bund durch Maßregeln und direkte Interventionen dafür, daß in den Einzelstaaten Ruhe und Ordnung einkehrten. Schon 1851 waren die im Dezember 1848 von der Nationalversammlung für das ganze deutsche Volk erlassenen Grundrechte wieder aufgehoben worden. 1854 restringierte ein Preßgesetz des Bundes durch Einführung des Konzessionssystems für Verleger, Drucker und Buchhändler erneut die Preßfreiheit. Ein kurze Zeit darauf erlassenes Vereinsgesetz engte die Vereins- und Versammlungsfreiheit wieder ein und verpflichtete die Landesregierungen, vor allem Arbeiterverbrüderungen mit politischen Zielen aufzulösen.

IV.

Ungeachtet des Reaktionskurses in den fünfziger Jahren kann man indessen nicht einfach von einem »Scheitern« der Revolution sprechen. So korrekt dies im Hinblick auf die nationalstaatlichen Ambitionen der achtundvierziger Revolutionäre ist, so wenig trifft dieses Urteil auf einzelstaatlicher Ebene zu. Trotz aller Beschneidungen des Wahlrechts und der parlamentarischen Autonomie ist der allgemeine Übergang zum Verfassungsstaat nach 1848 nicht mehr rückgängig gemacht worden. Selbst Österreich kehrte 1861 und 1867 wieder in die Reihe der Verfassungsstaaten zurück. Nur Mecklenburg behielt das altständische System aufgrund erfolgreicher Einsprüche seiner Ritterschaft gegen alle Konstitutionalisierungsversuche bis 1918 bei. Vor allem aber war nun Preußen zum Verfassungsstaat geworden, was seinen Anspruch, deutsche Vormacht zu sein, verstärkte, ja die spätere Reichsgründung von ihm aus überhaupt erst möglich gemacht hat.

Neben dem endgültigen Übergang zum Verfassungsstaat hat die Revolution aber auch sonst einen beachtlichen Modernisierungsschub zur Folge gehabt, so z.B. im Justizwesen, wo man nicht nur die neu eingeführten Verfahrensweisen der Öffentlichkeit und Mündlichkeit und die Schwurgerichte beibehielt, sondern mit der Abschaffung der grundherrlichen Patrimonialgerichtsbarkeit die staatliche Gerichtshoheit auf allen Ebenen durchsetzte. Ebenso ist in dieser Zeit die Agrarreform, die Bauernbefreiung, zu Ende geführt worden. Auch wenn Relikte der Grundherrschaft bis in das 20. Jahrhundert hinein bestanden haben (die Aufhebung der Fideikommisse des Adels ist endgültig erst durch Art. 155 der Weimarer Reichsverfassung angeordnet und durch Beschluß der Reichsregierung 1938 durchgeführt worden), kann man mit Fug und Recht behaupten, daß die Revolution von 1848 das tausendjährige Feudalzeitalter in Deutschland endgültig beendet hat.

Begreiflich wird unter diesen Umständen die durchaus optimistische Erwartungshaltung progressiver Kreise, die das, was sie 1848 mit doktrinärer Prinzipienpolitik nicht erreichen konnten, nun auf dem Wege der ›Realpolitik‹ (so der Titel eines 1853 von A. L. von Rochau verfaßten Buches) zu erlangen hofften: die Parlamentarisierung des Staatslebens, seine freiheitliche Ausgestaltung und den nationalen Zusammenschluß. In der Tat sprach manches für diese Annahme. Die Tage des Konservativismus schienen angesichts der grundlegenden Veränderung der wirtschaftlichen und sozialen Verhältnisse, die in jener Zeit über Deutschland hereinbrach, gezählt zu sein.

Man muß sich zum besseren Verständnis der verfassungsgeschichtlichen Vorgänge vergegenwärtigen, daß Deutschland nach 1848 in die eigentliche Phase der industriellen Revolution eintrat, daß es damals zu den großen, die Wirtschaft ankurbelnden Kapitalakkumulationen kam, zum »take-off« (Rostow), d.h. zur sprunghaften Erhöhung der Nettoinvestitionen auf über 10 Prozent des Volkseinkommens im Jahr. Zwischen 1850 und den siebziger Jahren verdoppelte sich das Nettosozialprodukt, sank der Anteil der Beschäftigten in der Landwirtschaft unter 50 Prozent und begann der Anteil des industriellen Sektors auf über 30 Prozent zu wachsen, um nach der Jahrhundertwende den primären Sektor zu überflügeln. Die Lebensbedingungen verbesserten sich allgemein. Deutschland verwandelte sich aus einer ständisch geprägten Agrargesellschaft in eine industrielle Klassengesellschaft.

Freigebige Bankenkonzessionen, die Allgemeine Deutsche Wechselordnung von 1848 und das Allgemeine Handelsgesetzbuch für Deutschland, das der Deutsche Bund in den sechziger Jahren den Einzelstaaten zur Annahme vorlegte, förderten diese Entwicklung. Auch die Staaten, die damit all die Jahre über gezögert hatten, führten nun die Gewerbefreiheit ein, so Österreich 1859 und Sachsen 1861. Ebenso wurde nun das Prinzip der Niederlassungsfreiheit in den Gemeinden generell durchgesetzt. Sozialpolitische Maßnahmen wie die Kontrolle der Arbeitsbedingungen durch Fabrikinspektoren und die Einschränkung der Kinderarbeit rundeten den Prozeß wirtschafts- und sozialpolitischer Neugestaltung, der die nachrevolutionäre deutsche Entwicklung kennzeichnet und der seinen Höhepunkt in der Reichsgesetzgebung der siebziger Jahre finden sollte, ab. Es war angesichts dieser Entwicklung fast selbstverständlich, daß man in der zweiten Hälfte des Jahrhunderts in den deutschen Einzelstaaten wieder zum allgemeinen Wahlrecht zurückkehrte.

Kurzum: Liberale und Demokraten konnten sich ganz im Trend der Zeit fühlen. Das Experiment einer rein bürokratischen Herrschaft, wie es in den fünfziger Jahren versucht worden war, mußte scheitern, sobald es um mehr als um die Wiederherstellung von Sicherheit und Ordnung oder um sozialpolitische Sicherungsmaßnahmen ging, sobald der Staat die Unterstützung der gesellschaftlichen Kräfte benötigte, um sich wirtschaftlich zu entfalten oder gar nationale und europäische Machtpolitik zu betreiben, wie es die Großmächte Österreich und Preußen taten. Am Beispiel Österreichs zeigt sich das am deutlichsten; das nach 1848 wieder eingeführte neoabsolutistische Regime endete in einer Finanzmisere und in der militärischen Niederlage im italienischen Einigungskrieg 1859. Ohne positive Mitarbeit der Bevölkerung ließ sich eine wirtschaftliche und politische Machtentfaltung der Staaten nicht mehr erreichen.

Dem trug der Kurswechsel in der »Neuen Ära« ab 1858 in Preußen und in anderen deutschen Staaten Rechnung. Die neuen Regierungen arbeiteten wieder mit den Liberalen und Demokraten zusammen, die sich in der Deutschen Fortschrittspartei vereinigten, um nationale und konstitutionelle Ziele, wie die Etablierung des »verfassungsmäßigen Rechtsstaats«, gemeinsam zu verfolgen. Reformen in Staat und Gesellschaft, Justiz und Wirtschaft wurden wieder aufgenommen, die Reglementierung der Presse und des Vereinslebens gelockert. Staat und Liberalismus trafen sich – wie in Italien – in ihren macht- und nationalpolitischen Intentionen, in ihrem Interesse an einem frei entfalteten Wirtschaftsleben und im Kampf gegen die Kirche, gegen jenes scheinbare Relikt vergangener Zeiten im liberal-säkularen Machtstaat. Diese gemeinsame nationale und kulturkämpferische Frontstellung führte nicht nur zur erneuten Zusammenarbeit zwischen liberaler Parlamentsmehrheit und monarchischer Regierung, sondern in Baden sogar zu einer ersten, vorübergehenden Parlamentarisierung der Regierung selbst, als die Führer der parlamentarischen Mehrheit 1860 mit der Leitung der Staatsgeschäfte beauftragt wurden.

Betrachtet man die Revolution von 1848 aus dieser Perspektive, so erscheint sie nicht als ephemeres Ereignis und rasch gescheitertes Unternehmen, sondern als ein vorwärtstreibendes Moment innerhalb der seit Beginn des Jahrhunderts zwischen Fortschritt und Reaktion oszillierenden Bewegung der Gesellschaft. In dieser Bewegung stellte die Revolution einen weiten Pendelausschlag dar, dem in den fünfziger Jahren ein zeitweiliger Rückschlag folgte, bis die Neue Ära die Entwicklung wieder fortsetzte, freilich ohne daß es hinreichend klar war, was eigentlich ihr Ende sein würde: der »verfassungsmäßige Rechtsstaat« mit seiner Verbürgung individueller Freiheit, oder die Parlamentsherrschaft, wie sie sich ansatzweise schon 1848 abgezeichnet hatte, oder gar die »Konstitutionalisierung der Fabrik«, die Aufhebung des Privateigentums, wie es die Kommunisten erhofften und Konservative als Schreckbild an die Wand malten. Das Gefühl, sich in einer Phase tiefgreifender Veränderungen zu befinden, war allgemein, die Deutungen, die man diesem Vorgang gab, verschieden: optimistisch, wenn auch in durchaus unterschiedlicher Weise, z. B. bei dem englischen Liberalen Herbert Spencer und dem deutschen Kommunisten Karl Marx, pessimistisch bei dem Schweizer Patrizier Jacob Burckhardt. Was tatsächlich kommen würde, das hing von der letztlich unvorhersehbaren technischen und wirtschaftlichen Entwicklung ab, von sich in diesem Kontext ändernden sozialen Konstellationen und Mentalitäten – und von den Ergebnissen der politischen Auseinandersetzung. Auch wenn es nicht mehr zu einer Revolution kam, blieb die Politik dennoch Gegenstand des politischen Richtungskampfes, der sich nunmehr in Form des »Verfassungskonflikts« äußerte.

5. Der preußische Verfassungskonflikt

Vorbemerkung

Verfassungskämpfe hat es in Deutschland im 19. Jahrhundert immer wieder gegeben. Indem der Konstitutionalismus eine vom Monarchen abhängige Regierung und eine in der Regel aus zwei Häusern bestehende Volksvertretung, mit einer vom Adel dominierten ersten Kammer, zusammenspannte, war der Konflikt sozusagen vorprogrammiert; denn man konnte nicht davon ausgehen, daß so heterogene Kräfte, wie sie aufgrund dieser Konstellation in Regierung und Parlament versammelt waren, immer an einem Strang ziehen würden. Der Konflikt konnte sich auf Akte der Gesetzgebung und auf die Finanzierung bestimmter Staatstätigkeiten beziehen. Er konnte aber auch als Verfassungskampf im engeren Sinne die Kompetenzordnung der Verfassung und ihre Interpretation betreffen.

Schon der erste Zusammentritt der Parlamente in Baden und Bayern nach Begründung des Verfassungsstaats 1818 hatte zu Forderungen nach Verfassungsänderungen im liberalen Sinne geführt und eine Konfliktsituation heraufbeschworen, aus der sich die Regierungen nur mit raschen Vertagungen und Auflösungen der zweiten Kammer zu retten wußten. Auch Überlegungen zu einer Verfassungsrevision durch Staatsstreich wurden damals bereits angestellt. In Baden gab es wegen der Militärausgaben den ersten der für das konstitutionelle System charakteristischen Budgetkonflikte. Auf ihn hatte die Regierung mit einem budgetlosen Regiment sowie der Auflösung der Volksvertretung und ihrer Neuwahl unter massiver Wahlbeeinflussung reagiert.

Auch nach 1848 haben sich die gegenrevolutionären Regierungen nicht überall ohne weiteres durchsetzen können. In Kurhessen kam es vielmehr zu einem gravierenden Konflikt, als das Parlament dem reaktionären Kurs der Regierung die finanzielle Unterstützung verweigerte. Auch hier mußte die Regierung – nach zweimaliger vergeblicher Auflösung der Volksvertretung und Neuwahlen – schließlich ohne Budget regieren. Die dafür notwendigen, von der Bewilligung des Staatshaushalts abhängigen Steuereinnahmen verschaffte sie sich durch eine einseitige »Notverordnung«. Um den aufkommenden Widerstand im Lande zu ersticken, verhängte der Kurfürst den Ausnahmezustand. Beide Maßnahmen entbehrten indessen der verfassungsmäßigen Grundlage. Beamte und Militär verweigerten daraufhin unter Berufung auf den von ihnen geleisteten Verfassungseid die Gefolgschaft. Nicht nur der Landtag, auch der Staatsapparat, sogar das in diesem Streit angerufene Oberappellationsgericht in Kassel wandte sich gegen den Fürsten. Der konnte sich nur mit Bundeshilfe behaupten und oktroyierte 1852 eine neue Verfassung. Auch über sie kam es mit der Volksvertretung jedoch zum Streit. Er schwelte noch in den sechziger Jahren, als ein weiterer Verfassungskonflikt, diesmal in Preußen, ausbrach.

Diesem Verfassungskonflikt kommt insofern eine zentrale Bedeutung zu, als sein Ausgang die Verfassungsentwicklung in ganz Deutschland bestimmt hat. Möglicherweise wäre die Entwicklung anders verlaufen, wenn das Deutsche Reich 1871 nicht von dem Preußen gegründet worden wäre, das sich im Verfassungskampf herausgebildet hat. Es ist daher im folgenden etwas genauer auf die preußische Verfassungssituation und die Geschehnisse der sechziger Jahre einzugehen. Sie sind nicht nur für die künftige Entwicklung wichtig geworden, sondern bieten außerdem ein lehrreiches Beispiel für die Funktionsweise und Gefährdungen des konstitutionellen Systems, wie es sich in Deutschland ausgebildet hatte.

I.

Mit dem Übergang zum Verfassungsstaat durch den Verfassungsoktroi vom Dezember 1848 wurde auch in Preußen die politische Auseinandersetzung in die Bahnen verfassungsmäßiger Verfahrensweisen gelenkt. Der Oktroi hatte dabei die Verfassungsvorstellungen der preußischen Nationalversammlung nicht einfach übergangen, sondern nur die darin enthaltenen antimonarchischen Zuspitzungen getilgt. So wurden die im Entwurf der Nationalversammlung vorgesehene Beschränkung des Königs auf ein suspensives Veto bei der Gesetzgebung, die Volkswehr und der Verfassungseid des Militärs wieder abgeschafft. Darüber hinaus sah die oktroyierte Verfassung die Möglichkeit vor, daß der König unter Verantwortung des Staatsministeriums in dringenden Fällen, wenn die Kammern nicht versammelt waren, »Verordnungen mit Gesetzeskraft« (sog. Notverordnungen) erlassen durfte, die allerdings anschließend den Kammern zur Genehmigung vorzulegen waren. Die Gleichberechtigung von Monarch und Kammern bei der Gesetzgebung und die jährliche parlamentarische Budgetfeststellung waren jedoch ebenso wie der kommunale Charakter der ersten und das allgemeine Wahlrecht für die zweite Kammer beibehalten worden. Ein ausdrückliches Bekenntnis zum monarchischen Prinzip fehlte auch jetzt. Ausdrücklich hatte die Verfassung dagegen ihre alsbaldige Revision auf dem Wege der Gesetzgebung vorgesehen; es blieb also insofern bei der in der Revolution üblich gewordenen Verfassungsgebung durch Vereinbarung. Daß der Weg der Reform nicht verlassen werden sollte, zeigten die kurz darauf im Januar 1849 erlassenen Notverordnungen, durch die das Gerichtswesen modernisiert, die gutsherrliche Privatgerichtsbarkeit aufgehoben und eine endgültige Regelung der Rechtsverhältnisse auf dem Lande vorgenommen wurden.

Als jedoch im April 1849 die neugewählte zweite Kammer sich für die vorbehaltslose Annahme der Reichsverfassung aussprach und damit die auf eine Vereinbarung auch dieser Verfassung zielende Politik der preußischen Regierung durchkreuzte, kam es erneut zu einem Eklat. Abermals wurde die Volksvertretung aufgelöst und jetzt – im Wege der Notverordnung – ein Dreiklassenwahlrecht eingeführt. Dieses, dem rheinischen Kommunalrecht entlehnte Wahlrecht, war allgemein, aber ungleich und indirekt. Die Urwähler eines Wahlkreises wurden nach dem Steueraufkommen, das sie erbrachten, in drei Klassen eingeteilt. Zur ersten Klasse gehörten die Steuerzahler mit dem höchsten Steueraufkommen. In der zweiten Klasse wählten diejenigen Steuerzahler, die das zweite Drittel des Gesamtsteueraufkommens im Wahlbezirk aufbrachten. Der Rest, die kleinen Steuerzahler und die Nichtbesteuerten, bildeten die dritte Klasse. Jede Klasse wählte ein Drittel der Wahlmänner, und zwar in einem öffentlichen, also kontrollierbaren Wahlverfahren. Öffentlich war auch die anschließende Wahl der Abgeordneten durch die Wahlmänner. Im Ergebnis führte diese Regelung zu einer exorbitanten Wahlungleichheit: In der Regel sind es etwa 4 Prozent der Wähler eines Wahlkreises gewesen, die in der ersten Klasse wählten; etwa 12 Prozent wählten in der zweiten Klasse, über 80 Prozent in der dritten. Dieses Verfahren brachte zunächst den Liberalen, später konservativen Parteien deutliche Vorteile. Es ist trotz vieler Bedenken und Proteste bis 1918 in Preußen in Geltung geblieben.

Mit der so gebildeten zweiten Kammer konnte 1850 die preußische Verfassung ohne größere Änderungen endgültig beschlossen werden. Zu einer bedeutenderen Revision kam es erst 1854, als auf Druck hochkonservativer Kreise die erste Kammer in ein Herrenhaus, eine Adelskammer traditioneller Prägung, umgewandelt wurde – eine Maßnahme, die dem ostelbischen Junkertum bis zum Ende der Monarchie eine entscheidende Vetoposition in Preußen und damit auch im Reich verschaffte. Die Bedeutung dieser Revision sollte sich schon bald bei Ausbruch der Neuen Ära zeigen, als erste Neuerungsansätze, wie die Reform der kommunalen Selbstverwaltung, am Einspruch des Herrenhauses scheiterten. Entscheidend für die weitere Entwicklung aber wurde die Frage der Heeresreform. Sie löste den Verfassungskonflikt zwischen dem seit 1858 regierenden König Wilhelm I. und der zweiten Kammer, dem Abgeordnetenhaus, aus:

Seit den Tagen der Befreiungskriege galt auch in Preußen die allgemeine Wehrpflicht. Allerdings war man ebenfalls seit dieser Zeit aus finanziellen Gründen und allgemeiner politischer Rücksichtnahme nicht in der Lage gewesen, alle dienstpflichtigen Männer einzuziehen und auszubilden. Die in der ersten Hälfte des Jahrhunderts eingetretene Bevölkerungsvermehrung hatte die Diskrepanz zwischen Dienstpflichtigen und tatsächlich Dienstleistenden noch gesteigert. Auf diese Weise war die Schlagkraft der Armee erheblich hinter den an sich bestehenden Möglichkeiten zurückgeblieben. Das sollte nun in der Neuen Ära grundsätzlich anders werden. Ein Reformplan der Regierung von 1860 sah die Erhöhung der Friedenspräsenzstärke der Armee um etwa die Hälfte vor. Zudem sollten die ersten drei Jahrgänge der Landwehr, d.h. der zur Unterstützung des aktiven Heeres heranziehbaren älteren männlichen Bevölkerung, dem stehenden Heer (der Linie) eingegliedert werden und der Rest im Kriegsfalle nur noch in der Etappe Verwendung finden.

Die liberale Mehrheit des Abgeordnetenhauses verschloß sich den Argumenten für eine Heeresvermehrung nicht. Auch sie hielt eine Stärkung der militärischen Macht Preußens, um sein Gewicht bei den zukünftigen Auseinandersetzungen um die nationale Einigung Deutschlands zu erhöhen, für geboten. Sie wandte sich allerdings gegen die Veränderung des Verhältnisses von Linie und Landwehr und wünschte die aktive Dienstzeit von drei Jahren auf zwei zu reduzieren, wie das zwischenzeitlich über Jahre hinweg schon geschehen war. Dem widersetzte sich indessen der Regent. Zwar waren sich die militärischen Sachverständigen darüber einig, daß zur Ausbildung der Rekruten zwei Jahre genügten, doch ging es Wilhelm I. nicht allein darum, sondern um die Erziehung der jungen Dienstpflichtigen im monarchischen Sinne, um ein notfalls auch gegen revolutionäre Störungen einsetzbares Heer. Aus demselben Grunde befürwortete er die Verkleinerung der Landwehr, in der es 1849 Widerstände gegen den Regierungskurs in der deutschen Verfassungsfrage gegeben hatte. Für die Liberalen verkörperte die Landwehr dagegen die Idee des Volksheers, der Miliz, mit der sie gegen das absolutistische Königtum Front gemacht hatten. Die Landwehr galt deshalb als unantastbar, wie andererseits die dreijährige Dienstzeit im stehenden Heer als militärisch unnütz zu vermindern war. Von vornherein wurde so aus der technischen Frage der Heeresreform eine hochpolitische.

Die Regierung, die angesichts dieser Situation mit ihrem Gesetzesentwurf zur Reorganisation des Heeres im Abgeordnetenhaus nicht durchdrang, ließ sich daraufhin die Mittel für die unstreitige Heeresvermehrung provisorisch bewilligen, nutzte dies indessen gleichzeitig zu einer Umorganisation der Armee im geplanten Sinne aus, ohne Gesetz, mit dem Bemerken, daß es sich hierbei um eine interne Angelegenheit der monarchischen Organisationsgewalt handele, für die man eine gesetzgeberische Ermächtigung nicht brauche. Das war eine fragwürdige Rechtsauslegung, zumindest soweit es um das Verhältnis von Linie und Landwehr ging, denn Art und Umfang der Wehrpflicht waren nach Art. 34 der preußischen Verfassung gesetzlich zu regeln. Im übrigen brachte die Argumentation der Regierung keine entscheidenden Vorteile, da ja die Finanzierung der Heeresreform vom Plazet des Landtags abhängig blieb.

Genau an dieser Stelle setzte denn auch das Abgeordnetenhaus an, als es 1862 die Vorlage eines spezifizierten Budgets verlangte, um unkontrollierbare finanzielle Transaktionen innerhalb des Haushalts zu Gunsten des Militärs zu verhindern. Der König löste daraufhin das Abgeordnetenhaus auf. Die Neuwahlen ergaben jedoch eine überwältigende Mehrheit für die liberale, sich seit 1861 in der Deutschen Fortschrittspartei sammelnde Opposition. Das machte die Regierung zunächst zum Einlenken bereit. Ein Kompromiß auf der Linie: Reorganisation des Heeres im Sinne der Planung bei nur zweijähriger aktiver Dienstzeit zeichnete sich ab. Doch erneut widersetzte sich der König. Lieber wollte er ohne ein vom Landtag genehmigtes Budget weiterregieren, als auf die dreijährige Dienstzeit verzichten.

Die Situation schien damit völlig verfahren zu sein, denn die Verfassung bot keinen Ausweg. Sie war, wie andere konstitutionelle Verfassungen auch, bei der Gesetzgebung wie bei der Verabschiedung des Staatshaushaltes auf einen Kompromiß zwischen monarchischer Regierung, erster und zweiter Kammer angelegt. Verweigerte eine Seite diesen Kompromiß, war es unklar, wie es weitergehen sollte. Ein budgetloses Regiment war jedenfalls nicht vorgesehen. Selbst das vom König inzwischen konservativ besetzte Ministerium hielt ein solches Vorgehen für einen Verfassungsbruch. Zumindest ein Teil seiner Mitglieder war nicht bereit, dem Monarchen beim »Sprung ins Dunkle« zu folgen.

Der König erwog seine Abdankung, da er nicht nachgeben wollte. Damit schien die preußische Verfassungsentwicklung auf eine entscheidende Wende zuzusteuern; denn von seinem Sohn und Nachfolger, dem späteren Kaiser Friedrich III., war anzunehmen, daß er mit der Mehrheit des Abgeordnetenhauses unter Berufung eines liberalen Ministeriums weiterregieren würde. Die Möglichkeit einer liberalen Herrschaft im Staat und des allmählichen Überganges zu einem parlamentarischen Regierungssystem zeichnete sich somit ab, sehr zum Mißbehagen der konservativen Kreise am Hof, die dem König zum Staatsstreich, zur Verfassungsaufhebung unter Militäreinsatz, drängten.

II.

In dieser Situation bot sich Bismarck, bis dahin als Politiker der konservativen Richtung hervorgetreten und mit wichtigen Missionen im Auswärtigen Dienst betraut, als Ministerpräsident an – bereit, die Politik des Königs zu verfechten. Es ist dies einer jener Augenblicke in der Geschichte gewesen, in denen sich für die Zukunft mehrere Möglichkeiten zu eröffnen scheinen, und es vom Zugriff eines oder weniger Individuen abhängt, welchen weiteren Verlauf sie nimmt. Zwar machen nicht einfach »Männer« die »Geschichte«, unabhängig von gesellschaftlichen Strukturen, Traditionen und Mentalitäten, doch gibt es Konstellationen, in denen gegensätzliche Tendenzen einander paralysieren und das Auftreten eines »historischen Individuums« den Ausschlag zu geben vermag. So war es damals.

Als das Abgeordnetenhaus den Etat für 1862 nur in der um die Kosten der Heeresreorganisation verkürzten Form annahm, das Herrenhaus jedoch ausdrücklich für die Regierungsfassung des Budgets eintrat, ging die neue Regierung zum budgetlosen Regiment über, mit der Begründung, daß bei einer Nichteinigung über den Etat die Staatsgeschäfte ja nicht ruhen könnten. Da die Verfassung für diesen Fall nichts vorgesehen habe, enthalte sie eine »Lücke«, welche die Regierung bis zu einer späteren Einigung füllen müsse. Bismarck behandelte die eingetretene Situation offensichtlich als einen Notstandsfall, in dem ein Handeln unabweisbar wird, auch wenn es einer Rechtsgrundlage entbehrt.

Daß die Verfassung aufgrund ihrer Konstruktion in gewissen Fällen ein Notstandshandeln der Regierung erforderlich machen könne, wurde auch von liberaler Seite zugegeben. Die Frage war freilich, inwieweit sich die Regierung auf einen Notstand berufen konnte, den sie selbst bzw. der von ihr vertretene Monarch durch mangelnde Kompromißbereitschaft hervorgerufen hatte. Wollte man ein Notstandshandeln auch in einem solchen Fall für rechtens halten, so hätte der Monarch in einer konstitutionellen Monarchie den von der Verfassung geforderten Kompromiß in Gesetzgebungs- und Budgetfragen durch Provozieren einer Notstandssituation immer umgehen können. Eine konstitutionelle Monarchie wäre dann nichts anderes als ein verbrämter Absolutismus gewesen.

Anders wäre die Lage freilich gewesen, wenn das Abgeordnetenhaus sich seinerseits durch sein Vorgehen ins Unrecht gesetzt hätte. Von konservativer Seite ist das immer wieder behauptet worden. Die Mehrheit des Abgeordnetenhauses habe den Dissens mit dem König zur Durchsetzung der Parlamentsherrschaft benutzen wollen; sie habe ein parlamentarisches Regierungssystem angestrebt und an die Stelle der königlichen Armee ein vom Parlament abhängiges Heer setzen wollen. Aus der Sicht der Konservativen war das die notwendige Konsequenz einer dem Monarchen in zentralen Fragen Paroli bietenden Politik: Entweder Monarchie oder Volksherrschaft, ein Drittes gab es nicht. Doch die Intention einer parlamentarischen Machtübernahme läßt sich dem preußischen Abgeordnetenhaus im Verfassungskonflikt nicht unterstellen. Nicht die Herrschaft des Parlamentes anstelle der des Königs wurde von seiner Mehrheit angestrebt, sondern das, was damals allgemein als »wahrer Konstitutionalismus« galt, die Wahrung der verfassungsmäßig verbürgten Mitbestimmung bei der Gesetzgebung und bei den Staatsausgaben sowie eine Konfliktlösung im Dissensfall auf verfassungsmäßigem Wege.

Damit war allerdings der neuralgische Punkt des konstitutionellen Systems berührt: Beim Konflikt zwischen Regierung, Adelskammer und Volksvertretung könne der Monarch, so lautete die Auskunft, die der französische Staatstheoretiker Benjamin Constant schon 1815 für einen ähnlichen Fall wie den in Preußen 1862 gegeben hatte, entweder das Ministerium auswechseln oder einen Pairsschub in der Adelskammer veranstalten, d. h. durch Ernennung neuer Mitglieder des Oberhauses die dortige Opposition überstimmen, oder aber die Volksvertretung auflösen und Neuwahlen anordnen. Tat er dies, lag die Beilegung des Streits allerdings nicht weiter in seiner Hand, sondern er konnte nur an die Wählerschaft appellieren, »vernünftig« zu stimmen. Wählte die wiederum oppositionell, ließ sich vielleicht noch ein- oder zweimal versuchen, in Neuwahlen ein anderes Ergebnis zu erzielen. Letztendlich mußte dann jedoch nachgegeben werden, und, um den Konflikt zu beenden, die Regierung im Sinne der Parlamentsmehrheit gebildet werden.

Was hier als der einzig verfassungsmäßige Weg aus einer Regierungskrise bezeichnet wurde, war noch kein Übergang zum parlamentarischen System im strikten Sinne; denn vom Monarchen wurde nicht verlangt, daß er Abgeordnete in die Regierung berief und bei einem Mißtrauensvotum der Parlamentsmehrheit einen Regierungswechsel vornahm, wohl aber band diese Verfahrensweise ihn, wenn er z. B. zu einer Regierungsbildung gegen die Mehrheit des Parlaments schritt und es daraufhin zu einem Konflikt mit ihr kam, im äußersten Fall an das Votum des Volkes. Seine Möglichkeiten, den Kurs der Regierung frei zu bestimmen, wurden dadurch empfindlich eingeengt.

Immerhin konnte er versuchen, durch Wahlbeeinflussung seinen Willen gegen ein opponierendes Parlament durchzusetzen. Tatsächlich wurde im konstitutionellen System dieser, von der Verfassung vorgezeichnete Weg in der Regel auch beschritten – vielfach mit Erfolg, wie ja gerade der Ausgang des preußischen Verfassungskonflikts mit seinen, Bismarcks und des Königs Politik bestätigenden Wahlen im Jahre 1866 zeigt. Freilich, der Erfolg dieser Vorgehensweise stand nicht von vornherein fest. Es konnte auf diese Weise zu einer Harmonisierung von Regierung und Volksvertretung nach der Vorstellung des Monarchen kommen, es konnte aber auch die Parlamentsmehrheit durch die Wahlen bestätigt werden und so ein allmählicher Übergang zum parlamentarischen Regierungssystem die Folge sein, indem man sich daran gewöhnte, die Regierung gemäß dem Wahlausgang zu bilden. Die Auflösung des Parlaments mochte dann – wie in England geschehen – ihren Charakter als Instrument des Königs, sich gegen ein renitentes Parlament durchzusetzen, verlieren und Mittel des parlamentarischen Regierungschefs werden, sich seine Parlamentsmehrheit vom Volk prolongieren zu lassen. Das alles war möglich, wenn ein Konflikt zwischen Parlament und Regierung sich zuspitzte. Das konstitutionelle System konnte offenbar ohne ausdrückliche Änderung der Verfassung in ein parlamentarisches übergehen.

Ein konstitutioneller Monarch war daher gut beraten, mit seinem Parlament rasch Kompromisse zu schließen, um das ohne sie gefährdete System in der Balance zu halten. Brach erst einmal ein tiefgreifender Konflikt aus und verschärfte er sich, konnte bei einem Appell ans Volk eine Entscheidung über eine bloße Sachfrage leicht zum Votum über das System der Regierung überhaupt werden – wie die Adresse des preußischen Abgeordnetenhauses an den König auf dem Höhepunkt des Konflikts im Mai 1863 deutlich macht. In ihr wurde ein Wechsel des Systems der Regierung und nicht nur der Personen verlangt, um die Kluft zwischen Regierung und Parlament endlich wieder zu schließen.

Man kann daher mit einer gewissen Berechtigung sagen, daß auch ohne eine von vornherein darauf gerichtete Intention des Abgeordnetenhauses, allein durch die Zuspitzung des Konfliktes, eine Parlamentarisierung des Systems sich als mögliche Konsequenz abzeichnete – ungeachtet der weiteren Frage, ob die Abgeordneten überhaupt willens und fähig waren, die Leitung der Regierung (auf Dauer) zu übernehmen. Allein die Zuspitzung des Konfliktes, das Ausbleiben des Kompromisses, führte schon aus dem konstitutionellen System heraus; seine Parlamentarisierung oder der dagegen gerichtete Staatsstreich drohten dann zur unausweichlichen Alternative zu werden. Allerdings darf man auch die Chancen nicht übersehen, die es gab, sich am Ende doch wieder zu vertragen und das einmal akzeptierte Verfassungsarrangement fortzusetzen.

III.

Bismarck hat verschiedene Versuche unternommen, das Staatsschiff zwischen der Skylla des nach wie vor von der konservativen Umgebung des Königs intendierten Staatsstreichs und der Charybdis eines Nachgebens gegenüber den Abgeordneten in der Heeresfrage hindurchzusteuern. Dabei kam ihm zustatten, daß die preußische Verfassung, im Gegensatz zur kurhessischen, es erlaubte, die bestehenden Steuern und Abgaben fortzuerheben. Außerdem lehnte sich weder die Beamtenschaft noch das in Preußen wohlweislich nicht auf die Verfassung vereidigte Heer gegen die Regierung auf. Das Ministerium behielt so den Staatsapparat in der Hand.

Damit hatte es den Konflikt mit dem Abgeordnetenhaus jedoch noch nicht gewonnen. Bismarck hat daher den liberalen Wortführern im Abgeordnetenhaus Ministersitze angeboten – ein Versuch, wenigstens einen Teil der Abgeordneten zu sich herüberzuziehen. Er hat das Abgeordnetenhaus 1863 noch einmal auflösen lassen – jedoch ebenfalls ohne Erfolg. Schließlich hat er mit dem Gedanken einer erneuten Änderung des Wahlrechts gespielt, mit der Einführung des allgemeinen und gleichen Wahlrechts, um sich einen Rückhalt bei den konservativen Volksmassen zu verschaffen – seine Kontaktaufnahme mit Lassalle, dem Gründer der ersten deutschen Arbeiterpartei, erfolgte offenbar in diesem Zusammenhang.

Doch nicht mit einer den Konflikt verschärfenden Politik hatte er Erfolg, sondern damit, daß er zum Erstaunen der Öffentlichkeit – abgesehen von der Heeresfrage – der liberalen Mehrheit des Abgeordnetenhauses entgegenkam, daß er eine ausgesprochen preußisch-nationale Politik im liberalen Sinne verfolgte und keine auf Wahrung konservativer Prinzipien und Positionen bedachte, wie man es von ihm erwartet hatte. So schloß er nicht nur mit Frankreich einen Handelsvertrag ab, der durch seine Erstreckung auf den Deutschen Zollverein zu einer großen Freihandelszone führte (und Österreich endgültig ausschloß), sondern er setzte sich nun auch an die Spitze der nationalen Einigungsbewegung. 1864 entriß er Schleswig-Holstein dem dänischen Zugriff; 1866 entschied er die österreichisch-preußische Rivalität um die Führung in Deutschland zu Gunsten Preußens. Nicht von ungefähr bescherten die zufällig am Tage der Schlacht von Königgrätz abgehaltenen Neuwahlen zum preußischen Abgeordnetenhaus der bisherigen Opposition ein Debakel und Bismarck ein zum Einlenken bereites Parlament. Mit einem Indemnitätsgesetz, das die Regierung von ihrer Verantwortung für die Staatsverwaltung ohne bewilligte Ausgaben entlastete, konnte der Streit zwischen ihr und dem Abgeordnetenhaus beigelegt werden.

IV.

Waren damit die alten Verhältnisse wieder hergestellt? In der Literatur wird das meist nicht so gesehen und bis heute die Frage debattiert, wer denn eigentlich der »Sieger« im Verfassungskonflikt gewesen sei, oder mit anderen Worten: welche Folgen der Ausgang des Verfassungskonflikts hatte. Das ist nicht einfach zu beantworten. Man muß dabei berücksichtigen, daß sich die Folgen des Konflikts nicht nur auf Preußen, sondern ab 1871 auch auf das nach preußischen Vorstellungen gegründete neue Deutsche Reich bezogen haben; denn Heeresfragen wurden nun zu Reichsangelegenheiten. Die Regelung der Heeresorganisation in der Reichsverfassung (RV) aber sah so aus, daß nach Art. 59 jeder wehrfähige Deutsche eine dreijährige aktive Dienstzeit zu absolvieren hatte und dann vier Jahre lang zur Reserve gehörte. Daran schloß sich eine nur noch fünfjährige Landwehrzeit an. Mit beidem, der Festsetzung einer dreijährigen aktiven Dienstzeit und der siebenjährigen Zugehörigkeit zum stehenden Heer, waren die Forderungen, die Wilhelm I., der preußische Monarch und nunmehr auch deutsche Kaiser, an eine Reform des Heeres gestellt hatte, erfüllt. Insofern war offenbar der Monarch als »Sieger« aus dem Verfassungsstreit hervorgegangen.

Andererseits bestätigte die Aufnahme dieser organisatorischen Bestimmungen in die Reichsverfassung die Ansicht des Abgeordnetenhauses, daß es sich bei ihnen um Regelungen handele, die nur gesetzlich – unter parlamentarischer Mitsprache – abgeändert werden durften und nicht einseitig durch die Exekutive aufgrund der ihr zustehenden Organisationsgewalt. Überdies war in Art. 60 RV nun sogar die Friedens-Präsenzstärke des Heeres bis zum 31. Dezember 1871 festgelegt und ihre weitere Regelung ausdrücklich der Reichsgesetzgebung überantwortet worden. Es war Bismarck nicht gelungen, die Heeresstärke in der Verfassung dauerhaft, als Äternat, zu fixieren. In den späteren Jahren mußte daher immer wieder darüber mit dem Reichstag verhandelt werden, wobei es zur Festlegung jeweils nur für einige Jahre kam. Das allerdings spielte insofern keine besondere Rolle mehr, als es später nur noch um Vergrößerungen des Heeres ging, denen der Reichstag auf jeden Fall zuzustimmen hatte.

Berücksichtigt man außerdem, daß auch nach der Reichsverfassung der Staatshaushalt jährlich durch Gesetz festzustellen war, so kann man sagen, daß im neuen Reich die parlamentarischen Positionen ebenfalls gewahrt geblieben sind. Offenbar handelte es sich auch hier wieder um eine kunstvolle Vermittlung zwischen monarchischer Regierungsgewalt und parlamentarischer Mitsprache, um einen Kompromiß, der freilich entscheidende Fragen, wie nämlich zu verfahren sei, wenn eine Einigung über das Budget oder die Heeresstärke nicht erzielt werden konnte (durfte dann der Kaiser nach Art. 63, Abs. 4 RV die Präsenzstärke einseitig bestimmen?), weiterhin offen ließ. Mit einigem Recht läßt sich daher behaupten, daß der Verfassungskonflikt weder Sieger noch Besiegte gehabt habe. »Besiegt« waren allenfalls jene hochkonservativen Ultras, die den Konflikt zu einer deutlichen Zurückschneidung der Rechte des

Parlaments benutzen wollten und deren Politik Bismarck eben nicht betrieben hat.

So richtig diese Antwort auf die Frage nach »Siegern« und »Besiegten« im Verfassungskonflikt sein mag, so unvollständig ist sie jedoch. Denn es kommt dabei nicht zum Ausdruck, daß es Bismarck tatsächlich gelungen ist, die Position des Monarchen und der Monarchie in prekärer Situation entscheidend zu stabilisieren. Nicht nur, daß der monarchische Standpunkt in der Heeresfrage durchgesetzt wurde, was sich auch darin zeigt, daß man nun in Preußen und später im Reich mit Erfolg zwischen einer rein monarchischen »Kommandogewalt«, deren Akte weder der ministeriellen Gegenzeichnung noch der parlamentarischen Kontrolle unterlagen, und der »Regierungsgewalt«, für die die konstitutionellen Gepflogenheiten weiterhin galten, unterschied, sondern: Mit der Lösung der deutschen Frage 1866 und der Gründung des Reichs durch das eben noch in einem schwierigen inneren Konflikt befindliche preußische Königtum ist der Gedanke der Monarchie im Volk überhaupt wieder neu belebt worden, erhielt die Monarchie als »deutsches Kaisertum« und der preußische Monarch als »Heerkaiser«, der die Feinde Deutschlands besiegt hatte, neuen Glanz. Damit wurde eine Entwicklung zur Parlamentarisierung des Staats aufgehalten, von der in jener Zeit ganz Europa erfaßt war, auch Deutschland, wie das Beispiel Badens zeigt – gleichgültig, welche Absichten die Abgeordneten in den Parlamenten in dieser Hinsicht hatten. Dies übersieht, wer nur nach »Siegern« und »Besiegten« fragt, denn dabei kommen nur die Personen und ihre Absichten, nicht aber die davon zu unterscheidenden allgemeinen Entwicklungstendenzen in den Blick.

Sicherlich hat die Mehrheit des preußischen Abgeordnetenhauses in den sechziger Jahren die Parlamentsherrschaft nicht gewollt. Möglicherweise wäre das Experiment mit einer parlamentarischen Regierung, wenn es dazu gekommen wäre, in Preußen zunächst einmal genauso negativ ausgegangen wie in Baden. Dennoch ist nicht zu übersehen, daß das Heraufkommen der industriellen Gesellschaft für die Entwicklung der parlamentarischen Positionen und der Parteien günstig war. Dieser Tendenz hat sich Bismarck mit Erfolg entgegengestemmt, nicht nur in Preußen, sondern auch im Reich. Davon zeugt die Reichsverfassung, die starke parlamentarische Mitspracherechte, aber keine parlamentarisierbare Regierung mehr vorsah, davon zeugt die Entwicklung des Parlamentarismus auch in den

Ländern, in denen es in den folgenden Jahren generell zu Wahlrechtserweiterungen, zur parlamentarischen Geschäftsordnungsautonomie und Gesetzesinitiative sowie zur vollen Mitsprache bei der Budgetaufstellung kam, aber trotz aller Ansätze eben nicht zum parlamentarischen Regierungssystem. Das mag nicht nur am Ausgang des preußischen Verfassungskonflikts gelegen haben; aber eine wichtige Vorentscheidung für die künftige Staatsentwicklung in Deutschland war mit ihm offensichtlich gefallen.

Literaturhinweise

Deutsche Verfassungsgeschichte, Bd. 1: Reform und Restauration 1789 bis 1830. Stuttgart 1957; Bd. 2: Der Kampf um Einheit und Freiheit 1830 bis 1850. Stuttgart 1960; Bd. 3: Bismarck und das Reich. Stuttgart 1963; Deutsche Verwaltungsgeschichte. Bd. 2: Vom Reichsdeputationshauptschluß bis zum Ende des Deutschen Bundes. Stuttgart 1983; Dokumente zur Deutschen Verfassungsgeschichte, Bd. 1: Deutsche Verfassungsdokumente 1803–1850. Stuttgart 1961; Bd. 2: Deutsche Verfassungsdokumente 1851–1918. Stuttgart 1964; Reich und Länder. Texte zur Deutschen Verfassungsgeschichte im 19. und 20. Jahrhundert, S. 11 ff.

Reformära
Literatur und Forschungsstand verzeichnet ELISABETH FEHRENBACH, Vom Ancien régime zum Wiener Kongreß. München, Wien 1981. Eine grundlegende Darstellung der Epoche geben KURT VON RAUMER und MANFRED BOTZENHART (Hrsg.), Deutschland um 1800: Krise und Neugestaltung 1789–1815. Wiesbaden 1980; HORST MÖLLER, Fürstenstaat oder Bürgernation. Deutschland 1763–1815. Berlin 1989. Knapper ist KARL OTTO FREIHERR VON ARETIN, Vom Deutschen Reich zum Deutschen Bund. Göttingen 1980. Wichtige Beiträge insbesondere zu den Reformen in den Rheinbundstaaten enthalten: ARMGARD VON REDEN-DOHNA (Hrsg.), Deutschland und Italien im Zeitalter Napoleons. Wiesbaden 1979; HELMUT BERDING und HANS-PETER ULLMANN (Hrsg.), Deutschland zwischen Revolution und Restauration. Königstein/Ts. 1981; EBERHARD WEIS (Hrsg.), Reformen im rheinbündischen Deutschland. München 1984, und ders., Der Einfluß der französischen Revolution und des Empire auf die Reformen in den süddeutschen Staaten, in: Francia (1973), S. 569–583, sowie die Aufsätze in: Geschichte und Gesellschaft 6 (1980), S. 465 ff., und HELMUT BERDING (Hrsg.), Soziale Unruhen in Deutschland während der Französischen Revolution. Göttingen 1988.

Spezielle Fragen behandeln: F. L. Knemeyer, Regierungs- und Verwaltungsreform in Deutschland zu Beginn des 19. Jahrhunderts. Köln 1970; Bernd Wunder, Privilegierung und Disziplinierung. Die Entstehung des Berufsbeamtentums in Bayern und Württemberg (1780 bis 1825). München 1978; Elisabeth Fehrenbach, Traditionelle Gesellschaft und revolutionäres Recht. Die Einführung des Code Napoléon in den Rheinbundstaaten. 2. Aufl. Göttingen 1978; Werner Schubert, Französisches Recht in Deutschland zu Beginn des 19. Jahrhunderts. Zivilrecht, Gerichtsverfassungsrecht und Zivilprozeßrecht. Köln 1977; Christof Dipper, Die Bauernbefreiung in Deutschland 1790 bis 1850. Stuttgart u.a. 1980; Helmut Berding, Napoleonische Herrschafts- und Gesellschaftspolitik im Königreich Westfalen 1807–1813. Göttingen 1973; Karl Georg Faber, Recht und Verfassung. Die politische Funktion des rheinischen Rechts im 19. Jahrhundert. Köln 1970.

Speziell zu den preußischen Reformen vgl. die grundlegende Arbeit von Reinhart Kosselleck, Preußen zwischen Reform und Revolution. Allgemeines Landrecht, Verwaltung und soziale Bewegung von 1791 bis 1848. 2. Aufl. Stuttgart 1975. Dazu im einzelnen: Ernst Klein. Von der Reform zur Restauration. Finanzpolitik und Reformgesetzgebung des preußischen Staatskanzlers Karl August von Hardenberg. Berlin 1965; Hanna Schissler, Preußische Agrargesellschaft im Wandel. Göttingen 1978; Barbara Vogel, Allgemeine Gewerbefreiheit. Die Reformpolitik des preußischen Staatskanzlers Hardenberg (1810–1820). Göttingen 1983; dies. (Hrsg.), Preußische Reformen 1807–1820. Königstein/Ts. 1980; Herbert Obenaus, Anfänge des Parlamentarismus in Preußen bis 1848. Düsseldorf 1984, sowie den älteren Forschungsbericht von Walther Hubatsch, Die Stein-Hardenbergschen Reformen. Darmstadt 1977; neuestens Paul Nolte, Staatsbildung als Gesellschaftsreform. Politische Reformen in Preußen und den süddeutschen Staaten 1800–1820. Frankfurt a. M., New York 1990.

Restauration und Vormärz

Literatur und Forschungsstand findet man bei Dieter Langewiesche, Europa zwischen Restauration und Revolution 1815–1849. München 1985. Eine größere Darstellung speziell der deutschen Geschichte in diesem Zeitraum bietet Thomas Nipperdey, Deutsche Geschichte 1800–1866. München 1983. Vgl. daneben Karl-Georg Faber, Deutsche Geschichte im 19. Jahrhundert. Restauration und Revolution. Von 1815 bis 1851. Wiesbaden 1979; Reinhard Rürup, Deutschland im 19. Jahrhundert 1815–1871. Göttingen 1984; Reiner Koch, Deutsche Geschichte 1815–1848. Restauration oder Vormärz? Stuttgart 1985; Wolfgang Hardtwig, Vormärz. Der monarchische Staat und das Bürgertum. München 1985.

Zur Wirtschafts- und Sozialgeschichte der Zeit vgl. jetzt das grundlegende Werk von Hans-Ulrich Wehler, Deutsche Gesellschaftsgeschichte, Bd. 1: Vom Feudalismus des Alten Reiches bis zur defensiven Modernisierung der Reformen 1700–1815, und Bd. 2: Von der Reformära bis zur industriellen und politischen »Deutschen Doppelrevolution« 1815–1845/49. München 1987. Knapper ist der Überblick von FRIEDRICH-WILHELM HENNING, Die Industrialisierung in Deutschland 1800–1914. 6. Aufl. Paderborn 1984. Spezialfragen werden behandelt bei WERNER CONZE (Hrsg.), Staat und Gesellschaft im Deutschen Vormärz 1815–1848. 3. Aufl. Stuttgart 1978.

Zeitgenössische Texte bringen HARTWIG BRANDT (Hrsg.), Restauration und Frühliberalismus 1814–1840. Darmstadt 1979, und HANS FENSKE (Hrsg.), Vormärz und Revolution 1840–1849. Darmstadt 1976. Die Verfassungen der Zeit sind gesammelt bei KARL HEINRICH LUDWIG PÖLITZ, Europäische Verfassungen seit dem Jahr 1789 bis auf die neueste Zeit. 3 Bde. 2. Aufl. Leipzig 1833, mit einem 4. Bd.: Die Verfassungen des teutschen Staatenbundes seit dem Jahre 1833, hrsg. v. FRIEDRICH BÜLAU. Leipzig 1847.

Einzelfragen behandeln: KARL BOSL (Hrsg.), Der moderne Parlamentarismus und seine Grundlagen in der ständischen Repräsentation. Berlin 1977; EBERHARD WEIS, Kontinuität und Diskontinuität zwischen den Ständen des 18. Jahrhunderts und den frühkonstitutionellen Parlamenten von 1818/19 in Bayern und Württemberg, in: Festschrift für Andreas Kraus z. 60. Geb., hrsg. v. PANKRAZ FRIED und WALTER ZIEGLER. Kallmünz 1982, S. 337–355; PETER MICHAEL EHRLE, Volksvertretung im Vormärz. Studien zur Zusammensetzung, Wahl und Funktion der deutschen Landtage im Spannungsfeld zwischen monarchischem Prinzip und ständischer Repräsentation, 2 Teile. Frankfurt a. M. u. a. 1979; HEINZ BOBERACH, Wahlrechtsfragen im Vormärz. Düsseldorf 1959; HELMUT KRAMER, Fraktionsbindungen in den deutschen Volksvertretungen 1819–1849. Berlin 1968; KARL-HEINZ FRIAUF, Der Haushaltsplan im Spannungsfeld zwischen Parlament und Regierung. Bd. 1, Bad Homburg 1968; HANS-PETER ULLMANN, Staatsschulden und Reformpolitik: die Entstehung moderner öffentlicher Schulden in Bayern und Baden 1780–1820. 2 Bde. Göttingen 1986; HARTWIG BRANDT, Parlamentarismus in Württemberg 1819–1870. Anatomie eines deutschen Landtags. Düsseldorf 1987; GÜNTHER ENGELBERT, Der Konstitutionalismus in den deutschen Kleinstaaten, in: Probleme des Konstitutionalismus im 19. Jahrhundert (Der Staat, Beiheft 1). Berlin 1975, S. 103–121.

Staatslehre, politische Strömungen

Zur politischen Theorie vor 1848 vgl. HARTWIG BRANDT, Landständische Repräsentation im deutschen Vormärz. Politisches Denken im Einflußfeld des monarchischen Prinzips. Neuwied 1968; HANS BOLDT, Deutsche Staatslehre im Vormärz. Düsseldorf 1975; LOTHAR GALL, Benjamin Constant. Seine politische Ideenwelt und der deutsche Vormärz. Wiesbaden 1963; VOLKER HARTMANN, Repräsentation in der politischen Theorie und Staatslehre in Deutschland. Untersuchung zur Bedeutung und theoretischen Bestimmung der Repräsentation in der liberalen Staatslehre des Vormärz, der Theorie des Rechtspositivismus und der Weimarer Staatslehre. Berlin 1979. Die Entstehung der politischen Strömungen in Deutschland behandelt FRITZ VALJAVEC, Die Entstehung der politischen Strömungen in Deutschland 1770–1815. München 1951, ND Düsseldorf 1978. Zum Konservatismus s. auch KLAUS EPSTEIN, Die Ursprünge des Konservatismus in Deutschland. Der Ausgangspunkt: Die Herausforderung durch die Französische Revolution 1770–1806. Frankfurt 1973, und HANS-GERD SCHUMANN (Hrsg.), Konservatismus. Köln 1974. Zum Liberalismus vgl. JAMES J. SHEEHAN, Der deutsche Liberalismus. Von den Anfängen im 18. Jahrhundert bis zum Ersten Weltkrieg 1770–1914. München 1983, sowie LOTHAR GALL (Hrsg.), Liberalismus. Köln 1976. Zum Radikalismus vgl. PETER WENDE, Radikalismus im Vormärz. Wiesbaden 1975. Zur Arbeiterbewegung s. GERHARD A. RITTER, Die sozialdemokratische Arbeiterbewegung Deutschlands bis zum Ersten Weltkrieg, in: ders., Arbeiterbewegung, Parteien, Parlamentarismus. Göttingen 1976, S. 21–54. Zum politischen Katholizismus: ANTON RAUSCHER (Hrsg.), Der soziale und politische Katholizismus. Entwicklungslinien in Deutschland 1803–1963. 2 Bde. München, Wien 1984, und: Katholizismus, Verfassungsstaat und Demokratie. Vom Vormärz bis 1933, hrsg. und erl. v. RUDOLF MORSEY. Paderborn 1988. Allgemeine Hinweise gibt GERHARD A. RITTER, Die deutschen Parteien 1830–1914. Göttingen 1985.

Revolution 1848

Die grundlegende Darstellung stammt von VEIT VALENTIN, Geschichte der deutschen Revolution 1848–1849. 2 Bde. Berlin 1930/31. ND Köln, Berlin 1977. Spezieller ist die Sichtweise bei RUDOLF STADELMANN, Soziale und politische Geschichte der Revolution von 1848. 2. Auflage München 1970. Neuere Darstellungen sind: WOLFRAM SIEMANN, Die deutsche Revolution von 1848/49. Frankfurt a.M. 1985; GÜNTER WOLLSTEIN, Deutsche Geschichte 1848/49. Gescheiterte Revolution in Mitteleuropa. Stuttgart u.a. 1986, sowie DIETER LANGEWIESCHE (Hrsg.), Die deutsche Revolution von 1848/49. Darmstadt 1983. Die Verfassungsentwicklung in den Einzelstaaten während der Revolution wird behandelt von MANFRED BOTZENHART, Deutscher Parlamentarismus in der Revolutionszeit 1848–1850. Düsseldorf 1977; das Vereins- und Parteiwesen von WERNER BOLDT, Die Anfänge des deutschen Parteiwesens. Fraktionen, politische Vereine und Parteien in der Revolution. Paderborn 1971. Die Verfassungen der Revolutionszeit findet man bei A. RAUSCH (Hrsg.), Parlamentarisches Taschenbuch. Erlangen (sieben Lieferungen) 1848–1852.

Reaktion und Neue Ära

Politische Texte der Zeit sind wiedergegeben bei HANS FENSKE, Der Weg zur Reichsgründung 1850–1870. Darmstadt 1977. Die Verfassungen dieser Zeit findet man bei HEINRICH ALBERT ZACHARIÄ, Die deutschen Verfassungsgesetze der Gegenwart. 3 Bde. Göttingen 1855, 1858, 1862. Neuere Einzelstudien sind: LOTHAR GALL, Der Liberalismus als regierende Partei. Das Großherzogtum Baden zwischen Restauration und Reichsgründung. Wiesbaden 1968; DIETER LANGEWIESCHE, Liberalismus und Demokratie in Württemberg zwischen Revolution und Reichsgründung. Düsseldorf 1974; GÜNTHER GRÜNTHAL, Parlamentarismus in Preußen 1848/49–1857/58. Preußischer Konstitutionalismus – Parlament und Regierung in der Reaktionsära. Düsseldorf 1982. Insgesamt s. jetzt WOLFRAM SIEMANN, Gesellschaft im Aufbruch. Deutschland 1849–1871. Frankfurt a.M. 1990.

Zum preußischen Verfassungskonflikt vgl. speziell HANS BOLDT, Verfassungskonflikt und Verfassungshistorie, in: Probleme des Konstitutionalismus im 19. Jahrhundert (Der Staat, Beiheft 1). Berlin 1975, S. 75–102, sowie RAINER WAHL, Der preußische Verfassungskonflikt und das konstitutionelle System des Kaiserreichs, in: ERNST-WOLFGANG BÖCKENFÖRDE (Hrsg.), Moderne Deutsche Verfassungsgeschichte (1815–1918). Köln 1972, S. 171–194. Zu Bismarck s. jetzt die große Biographie von LOTHAR GALL, Bismarck. Der weiße Revolutionär. 5. Aufl. Berlin, Frankfurt a.M. 1981.

Zur preußischen Geschichte sind in jüngerer Zeit eine Reihe zeitlich übergreifender Abhandlungen erschienen, so z.B. DIRK BLASIUS (Hrsg.), Preußen in der deutschen Geschichte. Königstein/Ts. 1980; OTTO BÜSCH und WOLFGANG NEUGEBAUER (Hrsg.), Moderne Preußische Geschichte 1684–1947. Eine Anthologie. 3 Bde. Berlin, New York 1981; HANS-JÜRGEN PUHLE und HANS-ULRICH WEHLER (Hrsg.), Preußen im Rückblick. Göttingen 1980; MARTIN SCHLENKE (Hrsg.), Preußen-Ploetz. Würzburg 1983.

9. Kapitel
Vom Deutschen Bund zum Deutschen Reich

1. Rheinbund und Deutscher Bund

I.

Die erste Hälfte des 19. Jahrhunderts ist für die deutsche Verfassungsgeschichte in zweifacher Hinsicht von großer Bedeutung gewesen: Zum einen erlebte Deutschland damals, wie dargelegt, den Übergang zum modernen Verfassungsstaat in seinen Ländern. Noch immer spielte sich die Staatsentwicklung – nunmehr schon seit fast 500 Jahren – vornehmlich in ihnen und nicht auf der übergeordneten Ebene des Reiches ab. Zum andern kam es nun aber auch dort zu einer Modernisierung, die vom alten Reich über Zwischenstationen zur Begründung des Deutschen Reiches von 1871 führen sollte. Ähnlich wie bei der innerstaatlichen Modernisierung ging es auch hierbei nicht ohne Interventionen von außen ab.

Ob das alte Reich mit seinen mittelalterlichen Strukturen und seinen Hunderten von Herrschaften aus sich heraus allein zu einer durchgreifenden Reorganisation fähig gewesen wäre, erscheint zweifelhaft. Trotz seiner Umstrukturierung zu einem stärker föderativen Gebilde im Westfälischen Frieden und trotz der Reichsreformüberlegungen im 18. Jahrhundert, die auf die Bildung größerer und stabiler politischer Einheiten zielten, erfolgte der entscheidende Anstoß zu seiner Reformierung nicht von innen, sondern von außen durch Frankreich, das mit der Eroberung des linken Rheinufers 1794 einen Neuordnungsprozeß im rechtsrheinischen Deutschland in Gang setzte. Diese Neuordnung brachte – wie wir bereits gesehen haben – nicht nur eine Entschädigung der linksrheinisch depossedierten Fürsten mit rechtsrheinischen Gebieten, sondern einen Übergang zu modernen, großräumigen Staatsgebilden überhaupt. Fand sie mit dem Reichsdeputationshauptschluß von 1803 zunächst noch im Rahmen des alten Reiches statt, so sprengte sie diesen jedoch bald, zuerst durch das Bündnis der drei süddeutschen Staaten Baden, Württemberg und Bayern mit Frankreich im dritten Koalitionskrieg 1805, das ihnen im Frieden von Preßburg die Zusicherung voller Souveränität und einen weiteren Zuwachs an

Staatsgebiet einbrachte, und dann 1806 durch die Bildung des Rheinbundes, der Etats confédérés du Rhin.

Die Confédération du Rhin vom 12. Juli 1806 ist ein merkwürdiges Gebilde gewesen. Sie basierte auf einem zwischen Napoleon, als dem Protecteur des Bundes, und 16 süd- und westdeutschen Fürsten abgeschlossenen Vertrag, der Rheinbund-Akte zur Sicherung des inneren und äußeren Friedens in Deutschland, welcher durch die Verfassung des Reichs nicht mehr garantiert sei. Die dem Vertrag beitretenden Staaten verpflichteten sich, aus dem Reichsverband auszuscheiden. Sie haben dies durch eine gemeinsame Erklärung gegenüber dem Reichstag getan, was die Niederlegung der Kaiserkrone durch Kaiser Franz II. und die Auflösung des Reichs noch im selben Jahr zur Folge hatte. Weitere Staaten schlossen sich danach dem Bund an. 1807 umfaßte er 39 Mitglieder, das ganze »dritte« Deutschland, das sich hier zum erstenmal gegenüber den Großmächten Österreich und Preußen formierte.

Die zwischen Napoleon und den deutschen Staaten abgeschlossene Rheinbund-Akte beinhaltete im wesentlichen zweierlei: Sie vergrößerte die Gebiete der Mitgliedstaaten auf Kosten noch übrig gebliebener kleiner Herrschaften, insbesondere der Reichsritterschaft, und stellte ein militärisches Allianzverhältnis zwischen den Vertragspartnern und Frankreich her. Soweit jene in ihrer Enttäuschung über die eigensüchtige Interessen verfolgenden deutschen Vormächte Schutz und Rückhalt bei Frankreich suchten, war die Intention des neuen Rheinbundes der seines älteren Vorgängers von 1685 ähnlich. Allerdings ging die militärische Allianz einseitig zu Lasten der Rheinbund-Staaten, die sich verpflichten mußten, Frankreich für seine Kriegszüge Truppen zu stellen, und in ein ausgesprochenes Satellitenverhältnis zur neuen Schutzmacht gerieten.

Immerhin hatte dies, wie im 8. Kapitel gezeigt wurde, zur Folge, daß unter dem Druck des Protecteurs die inneren Verhältnisse der Staaten nach französischem Vorbild modernisiert wurden und so vom neuen Bund ganz generell bedeutsame Impulse für die staatliche und gesellschaftliche Erneuerung Deutschlands ausgingen. Darüber hinaus wies die Bundesakte einen Weg, nach dem Untergang des alten Reichs die souverän gewordenen Staaten in neuer Weise miteinander zu verbinden. So sollte ein Bundestag in Frankfurt am Main (mit einer Kurie der Könige und einer der Fürsten) zur Erledigung der gemeinsamen Angelegenheiten eingerichtet werden und der ehemalige

Erzkanzler des Reichs, der Mainzer Erzbischof, als Fürst-Primas des neuen Bundes eine Grundordnung für ihn entwickeln. Zu beidem ist es freilich nicht mehr gekommen. Dazu war die Abhängigkeit des Bundes vom Schicksal seines Protecteurs zu stark. Als Napoleon 1813 seine entscheidende Niederlage erlitt, löste der Bund sich auf. Seine Mitglieder traten nacheinander auf die Siegerseite über.

II.

Die militärische Niederlage Napoleons bedeutete zugleich den Zusammenbruch der von ihm geschaffenen Ordnung Europas. Es erhob sich die Frage, welche andere an ihre Stelle treten sollte und wieweit das Prinzip der »Legitimität« dabei zu berücksichtigen, d.h. die vorrevolutionären Herrschaften wieder einzusetzen seien. Diese Frage stellte sich vor allem auch für Deutschland. Den Rheinbund gab es nicht mehr; die Rheinbund-Staaten waren vorübergehend einer preußisch-russischen Zentralverwaltung unterstellt worden. Theoretisch wäre es möglich gewesen, das alte deutsche Reich wieder aufleben zu lassen, zumal die Rechtmäßigkeit seiner Auflösung, des Austritts eines Teils seiner Mitglieder und der Niederlegung der Kaiserkrone 1806 – da mit der Reichsverfassung unvereinbar – angezweifelt werden konnten.

Die Restauration des alten Reichs hätte dem Prinzip der Wahrung traditioneller Legitimität am besten entsprochen. Allerdings hätte dies das Wiederaufleben der kleinen Herrschaften mit ihren vielfältigen altertümlichen Rechtsbeziehungen und Unterordnungsverhältnissen zur Folge gehabt, die durch den napoleonischen Eingriff gerade erst beseitigt worden waren. Daß man all das wieder restituieren würde, war kaum denkbar. Eher hätte das Reich in neuer Form, als nationaler Einheitsstaat wie Frankreich, entweder mit einem Kaiser an der Spitze oder als Republik, wie es später die nationaldemokratische Bewegung propagierte, wiedererstehen können. Das lag aber wiederum nicht im Interesse Österreichs, dessen multinationale Einheit durch einen nationalen deutschen Zusammenschluß in Frage gestellt worden wäre. Auch die ehemaligen Rheinbund-Staaten, denen man, wie Bayern im Vertrag von Ried und Württemberg im Vertrag von Fulda 1813, großenteils die Wahrung ihrer jüngst errungenen Souveränität und ihres Gebietsstandes zugesichert hatte, waren für ein solches Projekt nicht zu gewinnen.

Auf der anderen Seite kam eine völlige Aufsplitterung Deutschlands in souveräne Einzelstaaten ebenfalls nicht in Betracht, da nicht nur deutsche, sondern auch europäische Interessen, in Mitteleuropa eine größere stabile politische Ordnung als Gegengewicht gegen Frankreich zu etablieren, dem widersprachen. Deshalb hatten die gegen Napoleon verbündeten Staaten von Anfang an eine föderative Lösung der deutschen Frage ins Auge gefaßt und im ersten Pariser Frieden 1814 festgelegt, daß die deutschen Staaten unabhängig und zugleich durch ein »lien fédératif« miteinander verbunden sein sollten. Wie diese Ordnung im einzelnen aussehen sollte, war dabei offen geblieben; sie konnte stärker staatenbündische oder bundesstaatliche Züge annehmen.

III.

Die Unterscheidung föderativer Ordnungen in Staatenbünde und Bundesstaaten war damals neu, doch schon geläufig. Föderationen hatte es in Europa seit dem späten Mittelalter gegeben. Die Schweizer Eidgenossenschaft und die Niederländischen Generalstaaten sind aus solchen Bünden entstanden. In gewisser Weise ließ sich auch das deutsche Reich seit dem Westfälischen Frieden als eine Föderation verstehen. Die Schweizer Eidgenossenschaft hatte am stärksten die Merkmale des Ursprungs solcher Ordnungen im mittelalterlichen Einungswesen, dem Zusammenschluß lokaler Herrschaften und Genossenschaften in einem größeren Bund, bewahrt.

Die Idee eines vorstaatlichen Föderalismus als eines allgemeinen gesellschaftlichen Aufbauprinzips ist von der Theorie (vor allem von Althusius) unter zeitgemäßen Abwandlungen weitertradiert worden. Sie wird im 19. Jahrhundert von Anarchisten wie Proudhon neu belebt und der gängigen Vorstellung vom zentral gesteuerten, souveränen Staat entgegengesetzt. Auch in den kontemporären, gegen den Nationalstaat gerichteten Projekten eines Constantin Frantz spielt sie eine Rolle und taucht im 20. Jahrhundert sowohl in rätedemokratischen Konzepten wie in der vom Grundsatz der Subsidiarität geprägten katholischen Gesellschaftslehre wieder auf. Durchgesetzt hat sich allerdings nicht diese Auffassung vom Föderalismus, sondern seine Verknüpfung mit der Idee des modernen Staates.

Seit der Zeit, in der bis dahin eigenständige gesellschaftliche Einheiten, wie Kommunen oder Grundherrschaften, endgültig der staatlichen Autorität untergeordnet und ihnen allenfalls noch eine partielle Autonomie, eine Selbstverwaltung im modernen Sinne, gewährt wurde, war Föderalismus kaum mehr anders realisierbar als in Form einer »Staatenverbindung«, genauer: als »Staatenbund«, d.h. als eine Vereinigung souveräner politischer Einheiten, die selber im Innern einen zentralistischen und nicht föderativen Aufbau besaßen. Eine solche Vereinigung souveräner Staaten ließ sich so konstruieren, daß ihr Zweck – meist die gemeinsame Verteidigung nach außen – von einer Konferenz der beteiligten Regierungen oder einem Gesandtenkongreß verfolgt wurde, wobei die Beschlüsse dieses Gremiums aus Rücksichtnahme auf die Souveränität seiner Mitglieder grundsätzlich einstimmig zu fassen waren oder aber bei Mehrheitsbeschlüssen, die gegen vitale Interessen eines Landes verstießen, diesem zumindest ein Vetorecht eingeräumt werden mußte. Aus der Idee der Vereinigung souveräner Staaten folgte zudem, daß es im Bund keine einheitliche Staatsbürgerschaft gab und infolgedessen auch keine Volksvertretung auf Bundesebene, und daß der Bund keinen unmittelbaren Zugriff auf die Bürger der Mitgliedstaaten ausüben konnte, seine Beschlüsse vielmehr einer besonderen Transformation in innerstaatliches Recht bedurften, um für die Bürger verbindlich zu werden. Ferner unterhielten die Mitgliedstaaten kraft ihrer Souveränität in der Regel auch weiterhin eigene auswärtige Beziehungen zu fremden Staaten. Das gemeinsame Heer setzte sich typischerweise aus Kontingenten der Mitgliedstaaten zusammen; die Bundesaufgaben wurden durch Beiträge der Mitglieder finanziert.

So gebildete Staatenbünde wahrten weitgehend die Eigenständigkeit ihrer Mitglieder. Je mehr sie dies taten, um so schwächer sind sie jedoch gewesen. Ihnen hat man daher in den Vereinigten Staaten von Amerika nach eigener, desillusionierender Erfahrung nach der Unabhängigkeitserklärung mit einem staatenbündischen Experiment 1787 ein neues Modell staatlicher Föderation gegenübergestellt: den Bundesstaat. Im Unterschied zum Staatenbund wurde hier neben den Mitgliedstaaten eine weitere, eigenständige staatliche Organisation zur Erledigung der gemeinsamen Aufgaben gebildet. Es gab im neuen Bundesstaat also weiterhin die den Bund bildenden Einzelstaaten mit ihren besonderen Staatsgebieten und Staatsbürgern, daneben aber einen, das gesamte Gebiet aller Mitgliedstaaten und deren Bürger umfassenden Zentralstaat, der ebenfalls über eine eigene Regierung und Exekutive sowie über eine Nationalrepräsentation verfügte, die vom ganzen Bundesvolk gewählt wurde. Dieser Zentralstaat war von den Mitgliedstaaten funktional durch eine Zuweisung bestimmter Kompetenzen unterschieden. Er konnte ein eigenes Heer aufstellen und verfügte über eigene Finanzen (Bundessteuern). Seine Kompetenzen gingen in der Regel weiter als die des Staatenbundes. So hatte der Bund in den USA neben der Verteidigung auch Maßnahmen im Bereich der Wirtschaft und des Verkehrs zu treffen, um außer der militärischen Schlagkraft auch die Bedingungen für Produktion und Handel zu verbessern. Im Verlauf der weiteren Entwicklung hat man dann in Bundesstaaten dem Zentralstaat in der Regel die sog. Kompetenzkompetenz zugerechnet, d.h. das Recht, selbstherrlich über die Aufgabenteilung zwischen sich und den Mitgliedstaaten zu verfügen. Juristen deuteten das so, daß damit die Souveränität auf den Bundesstaat übergegangen sei und er sich gerade dadurch vom Staatenbund unterscheide.

IV.

Für die deutsche Situation im Jahre 1813 ist es charakteristisch, daß die meisten Pläne für eine erneute Vereinigung der ehemaligen Teile des alten Reichs, insbesondere die von Preußen vorgelegten, eine starke bundesstaatliche Komponente aufwiesen. Dabei griff man zum Teil sogar auf alte Organisationsformen, wie z.B. auf die Reichskreise, zurück. Sehr früh stellte sich in diesen Plänen jedoch das Problem des österreichisch-preußischen Dualismus. Wer sollte Führungsmacht in Deutschland sein? Gegen Vorschläge, die auf einen teils von Österreich, teils von Preußen geführten Doppelbund oder auf eine Doppelhegemonie beider Staaten hinausliefen, erhob sich der Protest der Mittelstaaten, die auf die ihnen zugesicherte Souveränität pochten, während umgekehrt liberal gesinnte Geister für einen Bundesstaat gerade wegen der damit gegebenen Interventionsmöglichkeiten zur einheitlichen Gestaltung der anstehenden innerstaatlichen Reformen plädierten.

Gelöst worden ist die deutsche Frage 1814/15 auf dem Wiener Kongreß, auf jener internationalen Konferenz, auf der Europa und mit ihm Deutschland eine neue Ordnung erhielt. In dem Zusammenhang wurde bedeutsam, daß Österreich, dem ein stärkerer nationaler Zusammenschluß aufgrund des übernationalen Charakters der Habsburgermonarchie Schwierigkeiten bereitete, sich gegen Preußen auf die Seite der deutschen Mittelmächte schlug und ebenfalls eine eher staatenbündische Lösung favorisierte. Sie ist schließlich im Deutschen Bund verwirklicht worden.

Die nach längerem Hin und Her zustandegekommene Verfassung dieses Bundes, die Bundesakte vom 8. Juni 1815, sah lediglich eine Bundesversammlung von Bevollmächtigten der Mitgliedstaaten vor, die zur Erledigung der Bundesangelegenheiten, nämlich zur »Erhaltung der äußeren und inneren Sicherheit Deutschlands und der Unabhängigkeit und Unverletzlichkeit der einzelnen deutschen Staaten«, in Frankfurt am Main tagen sollte. Außer Bestimmungen über diese, später meist »Bundestag« genannte Versammlung enthielt die Bundesakte nur noch wenige Vorschriften zur Gerichtsorganisation (betr. die Bildung gemeinschaftlicher oberster Gerichte für kleinere Staaten), über Rechte der deutschen Untertanen (insbesondere beim Wegzug aus einem Staat in einen anderen), über die Rechtsstellung der mediatisierten ehemaligen Reichsfürsten sowie in Art. 13 die Zusicherung, daß in allen Mitgliedstaaten »landständische Verfassungen« eingerichtet würden. Alles weitere blieb künftig abzufassenden »Grundgesetzen« des Bundes überlassen.

Die mit nur 20 Artikeln recht knapp ausgefallene Bundesverfassung wurde zum Bestandteil der die Wiener Konferenz abschließenden Kongreßakte erhoben und von allen, die Konferenzergebnisse beschließenden europäischen Staaten unterzeichnet, was zugleich die völkerrechtliche Anerkennung des neuen Bundes bedeutete. In den folgenden Jahren haben einzelne Signatarmächte darauf den Anspruch gegründet, bei Verletzungen oder Änderungen der Bundesverfassung intervenieren zu dürfen, da sie die Bundesakte mit garantiert hätten. Diese Ansprüche sind von deutscher Seite jedoch stets zurückgewiesen worden.

V.

Zu einer Ergänzung der Bundesakte kam es 1820, als die ersten Erfahrungen mit neu eingerichteten Landständen und der Druck der nationaldemokratischen Bewegung besonders Österreich einen Einsatz des Bundes für seine restaurative Politik ratsam erscheinen ließ. Vorangegangen waren die 1819 von den Vertretern einiger deutscher Regierungen gefaßten Karlsbader Beschlüsse, die der Bundestag in Frankfurt als Bundesgesetze übernommen hatte. An sie schloß sich die sog. Wiener Schlußakte an, die wiederum von einigen, um den österreichischen

Staatskanzler Metternich diesmal in Wien versammelten Regierungsvertretern abgefaßt worden war und anschließend vom Bund als Bundes-Supplementar-Akte, als nähere Ausführung zur Bundesverfassung, verabschiedet wurde. In ihr, die mit 65 Artikeln weit ausführlicher war als die Bundesakte, ging es neben der näheren Regelung der auswärtigen Beziehungen des Bundes vor allem um die Beilegung interner Streitigkeiten und Ordnungsstörungen. Neben der Bundesakte (BA) und der Wiener Schlußakte (WSA) erhielt der Bund drei weitere Grundgesetze, eine Schiedsgerichts-(Austrägal-)Ordnung (1817), eine Exekutionsordnung (1820) und – nach längerem Streit – auch eine Kriegsverfassung (1821). Im einzelnen läßt sich die damit abgeschlossene Verfassung des Deutschen Bundes folgendermaßen umreißen:

1. Der Deutsche Bund war ein »völkerrechtlicher Verein« souveräner deutscher Fürsten und Städte (Art. 1 BA, Art. 1 WSA). Der Umstand, daß wie im Rheinbund und später im Deutschen Reich von 1871, Fürsten den Bund geschlossen haben, darf nicht irritieren. Sie hatten als Träger der Souveränität für ihre Staaten gehandelt. Weder der Rheinbund noch der Deutsche Bund oder gar das spätere Deutsche Reich sind bloße Bündnisse zwischen Personen gewesen, sondern stellten Staatenvereinigungen im modernen Sinne dar.

2. Die Bezugnahme der Bundesakte auf »Deutschland« macht ebenso wie die Bezeichnung »Deutscher Bund« deutlich, daß die neue Staatenverbindung an das alte *regnum teutonicum*, den Kernbestand des 1806 aufgelösten Heiligen Römischen Reiches, anknüpfte. Sie umfaßte außer den deutschen Staaten im engeren Sinne also z.B. auch Böhmen, Luxemburg und Liechtenstein, nicht dagegen (das dänische) Schleswig und die Teile Preußens und der Habsburgermonarchie, die schon früher nicht zum deutschen Teil des Römischen Reiches gehört hatten, wie z.B. Ost- und Westpreußen oder Posen bzw. Galizien, Ungarn und Oberitalien. Anders als die sonstigen linksrheinischen Gebiete blieb das Elsaß 1815 bei Frankreich. Österreich verzichtete auf seine niederländischen Besitzungen, das spätere Belgien.

3. Das Gebiet des Deutschen Bundes umfaßte rund 630000 Quadratkilometer mit gut 29 Millionen Einwohnern. Innerhalb des Bundesgebietes hatten sich einige Veränderungen ergeben. Zwar blieb es grundsätzlich bei der seit Beginn des 19. Jahrhunderts eingetretenen Reduzierung der Herrschaftsbereiche auf etwa drei Dutzend Staaten und einige freie Städte,

doch waren nach Auflösung des Königreichs Westfalen z.B. Hannover und Kurhessen wiederhergestellt worden. Die Habsburgermonarchie hatte gegen den Verzicht auf ihre vorderösterreichischen Besitzungen Salzburg gewonnen, Preußen große Teile von Sachsen. Mit seinem Anspruch auf ganz Sachsen, dessen König bis zuletzt Napoleon die Treue gehalten hatte, hatte sich Preußen auf dem Wiener Kongreß allerdings nicht durchsetzen können. Dagegen hatte man ihm zum Grenzschutz gegen Frankreich die Rheinlande von Saarbrücken bis Kleve übertragen.

4. Der Deutsche Bund zählte laut Bundesakte 38 stimmberechtigte Mitglieder, unter ihnen noch vier Städte: Lübeck, Hamburg, Bremen und Frankfurt am Main. Da einige Kleinstaaten nur mit einer gemeinschaftlichen Stimme vertreten waren, besaß der Bund 1817, als mit Hessen-Homburg ein weiteres selbständiges Mitglied hinzukam, faktisch 41 Mitglieder. Bis 1866 ging ihre Zahl durch Zusammenschlüsse auf 34 zurück. Neben Großstaaten wie Österreich mit 9,5 und Preußen mit 7,9 Millionen zum Bund gehörenden Einwohnern, wies der Bund zu Beginn des Jahrhunderts stark vergrößerte Mittelstaaten wie Bayern mit 3,6 Millionen und Württemberg mit 1,4 Millionen Einwohnern auf. Doch hatten sich auch eine Anzahl von Kleinstaaten mit nur einigen Tausend Untertanen, vornehmlich in Mitteldeutschland, halten können. Wie es deutsche Staaten gab, deren Gebiet sich seit den Zeiten des Heiligen Römischen Reiches weit über die Grenzen des Bundes hinaus erstreckte, so gab es immer noch auch ausländische Potentaten, die zugleich deutsche Fürsten waren, nämlich den König von England als König von Hannover (bis 1837), den König der Niederlande als Großherzog von Luxemburg und den König von Dänemark als Herzog von Holstein und Lauenburg.

5. Zweck des – unauflöslichen – Deutschen Bundes war die »Erhaltung der äußeren und inneren Sicherheit Deutschlands und der Unabhängigkeit und Unverletzbarkeit der einzelnen deutschen Staaten« (Art. 2 BA, 1 WSA). Eine Erweiterung der Zwecksetzung, z.B. zur Erleichterung des Handels und Verkehrs, war möglich. Angesichts der vorherrschenden restaurativen Tendenzen im Bund ist es trotz einiger Ansätze dazu nicht gekommen.

6. Einziges Bundesorgan war die ständige Bundesversammlung (der »Bundestag«) in Frankfurt am Main, in der die Mitgliedstaaten durch Bevollmächtigte vertreten waren (Art. 4

BA). Bei der Bundesversammlung handelte es sich um einen Gesandtenkongreß, ähnlich dem Regensburger Reichstag im alten Reich. Die Bundesbevollmächtigten übten nur ein imperatives Mandat aus, wie Art. 8 WSA unmißverständlich klarstellte.

Die Bundesversammlung tagte entweder als Plenum oder als Engerer Rat. Im Plenum waren alle Mitgliedstaaten je nach Größe mit mindestens einer und höchstens vier Stimmen vertreten (Art. 6 BA). Im Engeren Rat besaß jedes Mitglied dagegen nur eine Stimme, kleinere Staaten verfügten – ähnlich wie im alten Reichstag – über ein gemeinschaftliches Votum (Kuriatstimme, Art. 4 BA). Die geringe Stimmendifferenz zwischen größeren und kleineren Staaten hatte zur Folge, daß Österreich und Preußen den Bund nicht majorisieren konnten. Faktisch waren sie freilich mächtig genug, ihren Willen vereint durchzusetzen, so daß Vorabsprachen zwischen den beiden Führungsmächten bei der Beschlußfassung des Bundes eine hohe Bedeutung zukam.

Die allgemeinen Geschäfte des Bundes wurden im Engeren Rat per Mehrheitsbeschluß erledigt. Nur grundsätzliche Angelegenheiten gelangten in das Plenum, das über die ihm vom Engeren Rat vorgelegten Beschlüsse nicht mehr zu diskutieren, sondern lediglich abzustimmen hatte. Im Plenum war dafür grundsätzlich eine Zweidrittelmehrheit vorgeschrieben; manches, wie z.B. Verfassungsänderungen, bedurfte sogar einer einstimmigen Annahme (vgl. Art. 7 BA). Da der Bund nur eine Verbindung von Staaten zu einer völkerrechtlichen Einheit nach außen darstellte, aber kein Staat mit eigener Staatsbürgerschaft war, mußten seine Beschlüsse von den Regierungen der Mitgliedstaaten übernommen, d.h. ordnungsgemäß publiziert werden, um auch deren Untertanen gegenüber Verbindlichkeit zu erlangen.

7. Die Kompetenzen des Bundes folgten aus seiner Zweckbestimmung und konzentrierten sich dementsprechend auf die Verteidigung nach außen und die Aufrechterhaltung von Sicherheit und Ordnung im Innern. Als Völkerrechtssubjekt konnte der Bund mit anderen Staaten Beziehungen pflegen, Gesandte austauschen, Bündnisse schließen und sogar Kriege führen. Dieses Recht durfte er aber dem Bundeszweck zufolge nur zu seiner Verteidigung und zum Schutz des Bestandes und der Unabhängigkeit seiner Mitglieder ausüben (Art. 11 BA, 35 WSA). Dafür stand ihm laut Kriegsverfassung von 1821 ein Bundesheer aus Kontingenten der Einzelstaaten zur Verfügung.

Insoweit stellte der Bund ein Schutz- und Trutzbündnis der deutschen Staaten dar.

Ähnlich wie im alten Reich konnten auch die Bundesglieder eigene auswärtige Beziehungen unterhalten und Bündnisse abschließen. Es wäre wohl auch ganz unsinnig gewesen, europäischen Großmächten, wie es Österreich und Preußen waren, eine eigene Außenpolitik und die Möglichkeit, in diesem Zusammenhang Kriege zu führen, zu verbieten. Allerdings trat in einem solchen Fall, solange nur die nicht zum Bund gehörenden Teile der beiden Staaten von einer fremden Macht bedroht wurden, keine Verpflichtung der Bundesglieder zur Bundeshilfe ein (vgl. Art. 46f. WSA).

8. Da eine Kriegführung zwischen den Bundesgliedern durch den Bundeszweck ausgeschlossen war (Art. 11 BA), konnten Streitigkeiten zwischen ihnen nur noch friedlich durch Bundesvermittlung oder auf dem Gerichtswege ausgetragen werden (vgl. Art. 18f. WSA). Nach der für den Austrag von Streitigkeiten zwischen den Bundesgliedern geltenden Austrägalordnung von 1817 hatten die streitenden Parteien unter den obersten Landesgerichten dafür ein Schiedsgericht zu wählen; die Einrichtung eines besonderen, den früheren Reichsgerichten vergleichbaren Bundesgerichts war am Einspruch Bayerns gescheitert.

Fügte sich eine Partei der schiedsgerichtlichen Entscheidung nicht, so konnte der Bund – wie in anderen Fällen der Verletzung von Bundespflichten – durch ein Mitglied zur Bundesexekution schreiten (Art. 31 WSA), d.h. gemäß der Exekutionsordnung von 1820 z.B. einen Civil-Kommissar zur Durchsetzung des Bundesrechtes im renitenten Land einsetzen und Truppen dorthin entsenden. Da der Bund über keine eigene Exekutive verfügte, wurde in solchen Fällen ein unbeteiligtes Bundesglied mit der Exekution beauftragt.

9. Bundespflichten, gegen die ein Mitgliedstaat verstoßen konnte, gab es viele. Sie betrafen nicht nur die Beachtung und den Vollzug von Bundesgesetzen und gerichtlichen Entscheidungen, sondern auch die Berücksichtigung der zugunsten Dritter, z.B. der mediatisierten Standesherrn, ausgesprochenen Garantien (vgl. Art. 14 BA). Zu diesen Garantien gehörte vor allem die schon im vorangegangenen Kapitel erwähnte Verheißung des Art. 13 BA, daß es in jedem Mitgliedstaat eine »landständische Verfassung« geben werde, über deren Einführung die Bundesversammlung zu wachen habe (Art. 54 WSA). Damit

hatte man, wie schon im alten Reich, den Untertanen und ihren Vertretungen in den Ländern einen gewissen Rechtsschutz durch den Bund geben wollen, doch war 1815 auf dem Wiener Kongreß weder über die Art der Zusammensetzung der »Landstände« noch über die ihnen zuzuordnenden Kompetenzen eine Einigung zu erzielen gewesen. So blieb es den »souveränen Fürsten der Bundesstaaten« überlassen, in welcher Weise sie der Aufforderung des Bundes Folge leisten wollten, ob sie dabei stärker auf die altständischen Rechtszustände abheben oder einer modernen Repräsentativverfassung den Vorzug geben mochten (vgl. Art. 55 WSA). Beides konnte man im Sprachgebrauch der damaligen Zeit unter einer »landständischen Verfassung« verstehen.

Allerdings waren bei der Verfassungsgebung verschiedene Grundsätze zu beachten. So durften nach dem bereits zitierten Art. 57 WSA, der noch einmal den deutschen Fürsten Souveränität und Besitz der gesamten Staatsgewalt bestätigte, diese sich an die Mitwirkung von Ständen nur in Ausübung bestimmter Rechte binden – welcher, blieb auch 1820 ungeklärt. Der folgende Art. 58 WSA untersagte lediglich, daß sich die Fürsten durch eine Verfassung in der Erfüllung ihrer Bundespflichten behindern ließen. Mehr konnte auch kaum angeordnet werden. Denn wenn es, wie in Art. 57 WSA, darum ging, die fürstliche Souveränität gegenüber den Untertanen zu stärken, war es kaum angezeigt, den Monarchen von Bundes wegen genau vorzuschreiben, wie weit sie bei der Verfassungsgebung in der Beschränkung dieser Souveränität gehen durften. Gerade das hätte ja eine empfindliche Einschränkung ihrer Machtvollkommenheit bedeutet.

Aber das war offenkundig nur die eine Seite des Problems, vor das man sich 1820, angesichts der in der Gewährung von Volksrepräsentationen und Mitspracherechten relativ weit vorangeschrittenen süddeutschen Verfassungen gestellt sah. Auf der anderen Seite ging es ja nach wie vor auch um den Schutz der Untertanen gegen monarchische Willkür. Mithin gab es damals in Wien zwei Gründe für eine bundesmäßige Beschränkung der Souveränität: einmal – so paradox es klingt – gerade ihre Wahrung gegenüber den Untertanen, und zum anderen deren Rechtsschutz. Letzterem zufolge hatte der Bund denn auch in Art. 56 WSA den alten Grundsatz bekräftigt, daß eine landständische Verfassung nur auf verfassungsmäßigem Wege wieder abgeändert werden dürfe. In praxi bedeutete das eine erhebliche Stärkung der Stellung der Landtage, denn von deren Zustimmung hatten die modernen Verfassungen ihre Abänderung abhängig gemacht (vgl. z. B. die Bayr. Verf. X. § 7).

10. Der Bund war bereit, für eine eingeführte landständische Verfassung die Garantie zu übernehmen, wenn ihm das angetragen wurde. Das hatte zur Folge, daß er bei einem innerstaatlichen Verfassungskonflikt selber, notfalls im Wege der Bundesexekution, einschreiten konnte (Art. 60 WSA). In anderen Fällen durfte er sich in die Streitigkeiten zwischen Fürst und Landständen nicht einmischen, es sei denn, sie hatten zu inneren Unruhen geführt (Art. 61 WSA).

Im allgemeinen hat der Bund sich einer ihm angetragenen Garantieübernahme entzogen. Die Sorge für die innere Ruhe und Ordnung blieb den Mitgliedstaaten grundsätzlich selbst überlassen, doch konnten sie in gravierenden Fällen Bundeshilfe erbitten. Auch konnte der Bund – wenn eine Regierung zur Aufrechterhaltung der inneren Ordnung nicht imstande war – eigenmächtig intervenieren (Art. 26 WSA) und zur Bundesexekution schreiten. Da mit dieser Regelung jedoch der häufig auftretende Streit zwischen einem Fürsten und seinen Landständen über die Auslegung der Landesverfassung, über den Umfang der ständischen Mitspracherechte oder über die Bewilligung von Mitteln zur Erfüllung von Bundespflichten nicht erfaßt war, erließ der Bund 1834 ein Gesetz, in dem er für solche Fälle ein schiedsgerichtliches Verfahren vorsah. Es ist allerdings niemals in Anspruch genommen worden.

VI.

Überblickt man das Verfassungswerk, so wird man konstatieren müssen, daß der Deutsche Bund alles in allem die typischen Merkmale eines Staatenbundes aufwies. Als Bundesorgan fungierte ein Vertretungsgremium der einzelstaatlichen Regierungen. In Grundsatzfragen galt Einstimmigkeit. Bundesbeschlüsse richteten sich an die Mitgliedstaaten, verpflichteten deren Bürger nicht unmittelbar. Es gab keine Bundes-Staatsangehörigkeit. Der Bund besaß keine eigene Regierung, keine Exekutive, kein eigenes Gericht. Seine Truppen setzten sich aus den Heeren der Einzelstaaten zusammen; zur Erledigung seiner Aufgaben hatte er keine eigenen Finanzen, sondern war er auf Beiträge der Bundesglieder angewiesen (Art. 52 WSA). Nicht einmal für eine Bundesexekution gegen renitente Mitglieder reichten seine eigenen Mittel aus.

Doch läßt sich nicht übersehen, daß die Bundesbestimmungen partiell weit in die Verfassungsstruktur der einzelnen Staaten hinein wirkten und es dem Bund mit Hilfe anderer Bundesmitglieder durchaus möglich war, die Beachtung seiner Vorschriften durchzusetzen. Trotz der obwaltenden Rücksichtnahme auf die Eigenständigkeit der Mitgliedstaaten und auf die Souveränität ihrer Fürsten konnte notfalls rigoros eingeschritten werden, wenn es der Bundeszweck verlangte. Nicht zu Unrecht hat man den Deutschen Bund daher als einen Staatenbund bezeichnet, der zur Verwirklichung seiner Zwecke über die Mittel eines Bundesstaates verfügte (W. v. Humboldt). Fälle, in denen Austrägalentscheidungen verlangt wurden, in denen der Bund aufgrund innerer Unruhen intervenierte (wie in Kurhessen nach 1850) oder in denen er zur Bundesexekution schritt (vgl. deren Androhung z.B. gegen den die Landesverfassung verletzenden Herzog von Braunschweig 1830), sind nicht selten gewesen.

Im großen und ganzen hat der Bund damit seine Aufgabe, den inneren Frieden zu wahren, erfüllt. Seine Einbindung in das europäische Sicherungssystem der Heiligen Allianz und in die restaurative Politik seiner Führungsmacht Österreichs verlieh seinen Handlungen allerdings einen ausgesprochen reaktionären Zug, vor allem, seitdem es dem österreichischen Staatskanzler Metternich gelungen war, die Frankfurter Bundesversammlung von Bevollmächtigten zu »reinigen«, die eine eigenständige Bundespolitik zu betreiben trachteten (sog. Epuration des Bundestags 1823). Die schon bald einsetzenden Versuche der Mittelstaaten, gegenüber Österreich und Preußen eine gewisse, möglicherweise sogar im Bund institutionalisierte Selbständigkeit zu erlangen (sog. Triaspolitik), erwiesen sich dagegen von Anfang an als erfolglos. Der Bund funktionierte nur, solange Österreich und Preußen sich einig waren und ihn nach ihrem Willen führten. Solange reüssierte er auch mit seinen repressiven Maßnahmen gegen die Untertanen der Mitgliedstaaten, angefangen mit den Karlsbader Beschlüssen von 1819 bis zu den gegen die Revolution von 1848 gerichteten Reaktionsgesetzen der frühen fünfziger Jahre.

Auch wenn diese Praxis das Urteil über den Deutschen Bund bis heute negativ beeinflußt hat, muß man doch sagen, daß seine Etablierung gegenüber den überlebten Formen des alten Reichs für Deutschland durchaus einen Fortschritt, auch einen Gewinn an Einheit, darstellte, und daß es mit der Bundesgründung gelang, in Deutschland für ein halbes Jahrhundert eine auch nach außen hin wirksame Friedensordnung zu errichten. Auch das war ein Novum in der tausendjährigen deutschen Geschichte. Ihm schloß sich nach den Reichseinigungskriegen der sechziger Jahre ein weiteres halbes Jahrhundert Frieden im Deutschen Reich an. Freilich, das darf man dabei nicht unterschlagen: So sehr die Extinktion des Krieges im Deutschland des 19. Jahrhunderts eine Folge des Deutschen Bundes und der ihn prägenden, ihrer Natur nach defensiv angelegten konservativen Politik war, so sehr behinderte diese Politik auf der anderen Seite den ruhigen Fortgang und die Entfaltung der inneren Reform und führte damit zu eben den Unruhen, die sie zu unterbinden suchte. Nicht von ungefähr machte sich daher im Bund bald ein großes Unbehagen breit und mehrten sich die Stimmen, die seine Verfassung durch ein engeres Band zwischen den Staaten und ihren Völkern ersetzt wissen wollten.

2. Der Deutsche Zollverein

Die Enttäuschung über den Deutschen Bund rührte bei Liberalen und Nationaldemokraten nicht erst aus der vom Bund eingeschlagenen reaktionären Politik her, sondern bestand von Anfang an. Zuwenig hatte die Art seiner Einrichtung dem Wunsch nach nationaler Einigung entsprochen. Zu wenig war nach den Verfassungsberatungen z.B. von den preußischen Vorschlägen, eine engere bundesstaatliche Bindung einzugehen und in Deutschland einen einheitlichen Wirtschaftsraum zu schaffen, übrig geblieben. Zwar hatte man im Art. 19 BA vorgesehen, daß auch über die Fragen des Handels, des Verkehrs und der Schiffahrt Beratungen gepflogen werden sollten, doch stellte sich bald die Unmöglichkeit heraus, Staaten mit einer so verschiedenen Wirtschaftspolitik, wie das sich mit einem hohen Zaun von Schutzzöllen umgebende Österreich und das auf die Gewerbe- und Handelsfreiheit setzende Preußen, in einer Wirtschaftsgemeinschaft zu vereinen. Auch Pläne, Deutschland zu einem einheitlichen, nach außen hin vorübergehend durch Erziehungszölle abgeschirmten Wirtschaftsraum zusammenzufassen (Friedrich List), ließen sich nicht realisieren.

Der Fehlschlag der Versuche, den Deutschen Bund zu einer Wirtschaftseinheit auszugestalten, berührte insbesondere die preußische Politik. Da Preußens rheinische Staatsteile von denen östlich der Elbe getrennt waren, bestand hier ein erhebliches Interesse an einer Zollunion zumindest mit den dazwischenliegenden Staaten. Preußens wirtschaftliche Stärke – man muß bedenken, daß die aufblühende rheinische Industrie, daß das künftig so wichtig werdende Ruhrgebiet, daß die oberschlesischen Kohlengruben und die an der Saar auf seinem Staatsgebiet lagen – setzten es auch instand, seinen Willen anderen Staaten aufzuzwingen. So gelang es Preußen schon in den zwanziger Jahren, nach Ausübung entsprechenden Drucks, mit kleineren Nachbarländern Zollvereinigungen abzuschließen. 1828 kam Hessen-Darmstadt hinzu. Zur gleichen Zeit schlossen sich andere deutsche Staaten, um das preußische Ausgreifen besser parieren zu können, ebenfalls zu Zoll- und Handelsunionen zusammen, so Bayern und Württemberg im Süden und Kurhessen und Hannover mit einigen anderen Staaten im Norden. Doch schon 1831 brachte es Preußen fertig, Kurhessen unter Gewährung günstiger Bedingungen aus dem mitteldeutschen Handelsverein herauszubrechen und damit erstmals seine westlichen Besitzungen mit den östlichen zollmäßig zu verbinden. 1833 war es dann soweit, daß ein Deutscher Zollverein unter Preußens Führung gegründet werden konnte. Ihm gehörte nach mehreren Beitritten in den vierziger Jahren mit Ausnahme Österreichs und einer Reihe nordwestdeutscher Staaten das Gros der Mitglieder des Deutschen Bundes an. Innerhalb dieses Bundes hatte sich somit in wenigen Jahren eine kleindeutsche Wirtschaftsgemeinschaft mit eigenen Organen und einer eigenen Zoll- und Steuerpolitik herausgebildet, die auf rund 450000 Quadratkilometern gut 30 Millionen Marktbürger umfaßte.

Die gemeinsame Zollpolitik, Zolltarife und Grundsätze für die Zollverwaltung, wurden im Deutschen Zollverein von einer periodisch zusammentretenden Generalkonferenz der Mitgliedstaaten festgelegt. In ihr hatte jeder Mitgliedstaat – außer den gemeinschaftlich auftretenden thüringischen Staaten – eine Stimme. Die von der Generalkonferenz beschlossenen und von den Mitgliedstaaten zu verkündenden Zollgesetze beruhten demnach auf einer zwischenstaatlichen Vereinbarung mit Vetorecht für jedes einzelne Mitglied. Die preußische Führung im Zollverein machte sich nicht durch einen größeren Stimmenanteil, sondern durch wirtschaftliche Präponderanz bemerkbar. Da jedes Land von den nach Maßgabe der Bevölkerungszahl verteilten Zolleinnahmen des aufstrebenden Binnenmarktes profitierte und die steigenden Einnahmen – bei gleichzeitiger Senkung der Verwaltungskosten durch Reduzierung der Zollgrenzen – die Budgets der Mitgliedstaaten stärkten, ohne daß die Regierungen bei den Landständen um die Bewilligung neuer Steuern einkommen mußten, war rasch eine Situation erreicht, in der das Ausscheiden eines Mitglieds oder eine Auflösung des Vereins faktisch unmöglich wurden, zumal die Wirtschaft sich bald auf den gemeinsamen Markt eingestellt hatte. Zwar war die Zollunion nicht auf ewig abgeschlossen worden, sondern zunächst auf acht, später auf zwölf Jahre (mit automatischer Verlängerung bei Nichtkündigung), doch zeigte es sich bei Auseinandersetzungen, daß nur Preußen imstande war, mit der Drohung einer Nichtverlängerung des Vertrages ernsthaften Druck auf die anderen Mitglieder auszuüben.

Die Bedeutung des Deutschen Zollvereins für die ökonomische Entwicklung Deutschlands und für sein Zusammenwachsen in der Phase der Industrialisierung darf zwar nicht überschätzt werden – die Union hat z.B. die Pauperisierung der Bevölkerung im Vormärz nicht verhindern können –, sie ist aber auch nicht gering gewesen. Der große Binnenmarkt förderte auf die Dauer die Absatzchancen und stimulierte die Güterproduktion; er begünstigte den Bau von Eisenbahnen wie von Großbetrieben. So nimmt es nicht wunder, daß der Zollverein die Revolution von 1848 unbeschadet überstand und sich auch weiterhin als ein zuverlässiges Instrument preußischer Politik erwies.

Österreich, über die Entwicklung eines von Preußen dominierten »Staates im Staate« besorgt, versuchte mehrmals dem Verein beizutreten, unter anderem mit dem Vorschlag einer mitteleuropäischen Zollunion, in die auch seine nicht-deutschen Besitzungen einbezogen werden sollten. Doch schlugen diese Versuche regelmäßig fehl. Wirtschaftlich erwies es sich als unmöglich, das österreichische Schutzzollgebiet mit dem freihändlerischen Zollverein zu verbinden, zumal Preußen – im Gegensatz zu den süddeutschen Staaten – einen Beitritt Österreichs auch aus politischen Gründen nicht wünschte. Das führte in den fünfziger und sechziger Jahren zu erheblichen Auseinandersetzungen, bei denen die süddeutschen Staaten weder sich imstande zeigten, den Beitritt Österreichs zu erzwingen, noch in der Lage waren, aus dem Verein auszutreten und mit Österreich eine eigene Wirtschaftsgemeinschaft einzugehen. Der Zwang der ökonomischen Interessen war stärker als eine pro-österreichische Politik, die sich darüber hinwegzusetzen suchte.

Man hat aus diesem Grunde im Deutschen Zollverein früher oft eine Vorstufe des späteren kleindeutschen Reiches gesehen. Gleichsam automatisch habe die wirtschaftliche Vereinigung auch zu einer politischen führen müssen – eine Vorstellung, die in letzter Zeit angesichts des ähnlich gelagerten Falles der Europäischen Gemeinschaft wieder zu einer intensiveren Beschäftigung mit dem Zollverein geführt hat. Gegen die Annahme einer quasi automatischen Entwicklung ist jedoch ins Feld geführt worden, daß sich die politischen Institutionen des Reiches ja gar nicht aus dem Zollverein heraus entwickelt hätten und daß es den süddeutschen Staaten trotz ihrer Einbindung in den Zollverein möglich gewesen sei, bis zuletzt eine gegen Preußen gerichtete, auf die politische Verbindung mit Österreich nicht verzichtende Politik zu betreiben. Am Ende sei es nicht die Wirtschaft, sondern seien es die von Preußen geführten Kriege gewesen, die zu einer neuen politischen Einheit Deutschlands geführt hätten. Indessen wird man doch feststellen müssen, daß der Zollverein auch für die künftige politische Entwicklung Deutschlands eine entscheidende Weichenstellung bedeutete: Aus der von ihm geschaffenen Konstellation konnte letztlich keines der Mitglieder mehr ausbrechen. Weder ließ sich Österreich in diese Vereinigung einfügen, noch ließ sich an ihrer Stelle eine süddeutsch-österreichische Zollgemeinschaft bilden. Auf der faktischen Unmöglichkeit all dessen beruhte der Erfolg der preußischen Politik, durch Kündigung des Zollvertrages Druck auf die Mitglieder auszuüben. Zwar mußte noch mehr an Politik hinzukommen, um neben der zollmäßigen auch eine weitergehende Vereinigung Kleindeutschlands zu erreichen; daß sie aber möglich wurde, lag nicht zuletzt an den geschilderten Umständen.

Nicht zu Unrecht hat man in Preußen den politischen Einigungseffekt der zunächst nur wirtschaftlichen Verbindung schon in den zwanziger Jahren miteinkalkuliert. Für ein unter preußischer Führung geeintes Deutschland war der Zollverein eine wichtige, wenn auch keine allein hinreichende Voraussetzung. Daher blieb er auch nach 1867, nach der Gründung des Norddeutschen Bundes, erhalten, nunmehr als Vereinigung dieses Bundes mit den ihm nicht angehörenden süddeutschen Staaten. Deren Beitritt zum neuen Bund wurde jetzt durch die

Einrichtung eines Zollbundesrates und eines Zollparlaments vorbereitet, die nichts anderes als den um süddeutsche Teilnehmer vergrößerten Norddeutschen Bundesrat bzw. Reichstag darstellten. Mit der Gründung des Deutschen Reichs 1871 endete die Geschichte des Zollvereins, doch dauerte es noch einige Jahre, bis auch die restlichen, bis dahin eine eigene Zollpolitik verfolgenden Teile Deutschlands, die Hansestädte Bremen und Hamburg, dem Deutschen Reich auch zollmäßig beitraten.

3. Der Reichsgründungsversuch von 1848 und die Reichsverfassung von 1849

I.

So bedeutsam die wirtschaftlichen Faktoren für einen engeren Zusammenschluß der deutschen Staaten gewesen sind, so verfehlt wäre es dennoch, in ihnen allein die Ursachen für die deutschen Einigungsbemühungen im 19. Jahrhundert zu sehen. Eine mindest ebenso wichtige Rolle spielte im Zeitalter des Nationalstaats der nationale Gedanke. Ein nationales Zusammengehörigkeitsgefühl hatte sich in Deutschland schon seit langem entwickelt. Es hatte sich im Rahmen des Heiligen Römischen Reichs Deutscher Nation allmählich herausgebildet. Seit der frühen Neuzeit sprach man von »Deutschland«, später auch einfach vom »Deutschen Reich«. Gemeinsame Geschichte, Kultur, vor allem die Ausbildung einer deutschen Hochsprache, die »Deutsche Klassik«, das alles trug zur Festigung eines Nationalempfindens, zunächst unter den Gebildeten, bei. Durch die verbesserten Möglichkeiten technischer und kultureller Kommunikation wurde im 19. Jahrhundert dieses Zusammengehörigkeitsgefühl verstärkt; ältere »nationale« Einstellungen wie die, ein »Preuße« oder »Bayer« zu sein, schwanden nicht, wurden aber von der neuen Empfindungsweise mehr und mehr überlagert. Stimulierend hat hier – wie wir sahen – das Erlebnis der französischen »Fremdherrschaft« gewirkt. Allenthalben hatten sich zu Beginn des 19. Jahrhunderts »deutsche« Vereinigungen, Deutsche Burschen-, Turner- und Sängerschaften gebildet, die auf ihren Festen eine Gemeinschaft »so weit die deutsche Zunge reicht« pflegten.

Anders als in der Schweiz, anders auch als der stärker politisch gefärbte Nationbegriff der Französischen Revolution, ist der sich in Deutschland herausschälende in erster Linie vom

Kriterium der gemeinsamen Sprache her bestimmt worden (Herder, Arndt). Um 1840, als in Frankreich erneut der Anspruch auf den Rhein als seiner »natürlichen Grenze« erhoben wurde, ergriffen nationale Regungen bereits die Massen, wie die Reaktion auf die französischen Forderungen zeigt. Infolgedessen war es in jener Zeit ganz selbstverständlich, daß die angestrebte größere wirtschaftliche Einheit eine nationale zu sein hatte, und umgekehrt verlangte es die nationale Selbstachtung, daß Deutschland endlich einen einheitlichen Wirtschaftsraum bilde, um zu prosperieren und politisch so machtvoll zu werden wie die anderen Nationen, Frankreich zumal. Mit der Vorstellung der Gleichberechtigung und Selbstbestimmung der Völker verband sich untrennbar aber auch jene andere, daß das Volk, d.h. die Nation als politische Einheit, auch im Innern sich selbst bestimmen sollte und Mitspracherechte im Bund, eine Nationalrepräsentation, haben müsse.

Das alles bot der Deutsche Bund nicht. Seine Grenzen waren keine nationalen, denn weder Schleswig, noch Ostpreußen, noch das Elsaß gehörte zu ihm, wohl aber manche, zum alten Reichsverband zählende nicht-deutsche Region. Eine wirtschaftliche Einheit stellte er auch nicht dar, einen europäischen Machtfaktor schon gar nicht, und Mitbestimmungsmöglichkeiten, wie sie auf einzelstaatlicher Ebene vorhanden waren, gab es ebenfalls nicht. Kein Wunder, daß schon bald seine Reform und speziell die Einrichtung einer Volksvertretung in Frankfurt am Main gefordert wurde. Bei den Reformüberlegungen spielte das Beispiel der prosperierenden USA, eines föderativen und doch machtvollen Staates, eine bedeutende Rolle. Das darf man nicht übersehen, wenn man nach den politischen Vorbildern fragt, nach denen man sich damals in Deutschland richtete; es waren dies nicht nur die konstitutionelle Monarchie Englands mit ihrem Zusammenspiel von König und Parlament und nicht nur die Idee der Volkssouveränität, wie man sie in der Französischen Revolution und bei Rousseau vorfand. All das aber erklärt, warum die Revolution sich 1848 nicht nur auf der einzelstaatlichen Ebene abspielte, sondern von Anfang an auch den Deutschen Bund in Mitleidenschaft zog, wobei die Ereignisse auf der nationalen Ebene von der Geschichtswissenschaft später etwas zu einseitig in den Mittelpunkt der Betrachtung gestellt worden sind.

II.

Die Reform des Deutschen Bundes ist nicht nur ein Anliegen liberaler und demokratischer Politiker gewesen, sondern sie begann schon vor Ausbruch der Revolution auch die Regierungen zu beschäftigen. Eine Erörterung dieser Frage sollte im März 1848 in Dresden stattfinden, doch ging die Revolution darüber hinweg. Auf sie reagierte der Frankfurter Bundestag ähnlich rasch wie die Regierungen in den Einzelstaaten. So wurde die Preßfreiheit sofort eingeräumt und wurden die Ausnahmegesetze, die der Bund seit den Karlsbader Tagen erlassen hatte, wieder aufgehoben. Ende März forderte der Bundestag auf öffentlichen Druck hin selber alle Bundesglieder auf, Wahlen zu einer Nationalvertretung abzuhalten, um mit ihr »das Deutsche Verfassungswerk zustandezubringen«. Richtlinien für die Wahl folgten Anfang April. Sie sollte allgemein und gleich sein; wahlberechtigt waren alle »Selbständigen«. Das Nähere zu bestimmen, blieb den Einzelstaaten überlassen. Geplant war vom Bundestag, in den jetzt neue Bevollmächtigte der in den Ländern gebildeten Märzministerien einrückten, eine Revision der Bundesverfassung unter Mitwirkung der einzuberufenden Volksvertretung. Zu diesem Zweck ist schon Anfang März ein Ausschuß von 17 Vertrauensleuten, der sog. Siebzehner-Ausschuß, eingerichtet worden, der den Entwurf einer revidierten Verfassung erstellen sollte.

Diese Reforminitiative kreuzte sich mit »von unten« her kommenden Bestrebungen. Bereits Anfang März hatten sich in Heidelberg 51 südwestdeutsche Liberale und Demokraten zur Erörterung der Situation zusammengefunden und für Wahlen zu einer Nationalversammlung ausgesprochen. Ein von ihnen eingesetzter Siebener-Ausschuß lud daraufhin eine repräsentative Auswahl von »Vertrauensmännern aller deutscher Volksstämme«, das sog. Vorparlament, nach Frankfurt ein, um die Frage gesamtdeutscher Wahlen weiterzuverfolgen und ihre Abhaltung zu sichern. Der Ausschuß legte dem am letzten Märztag zusammengetretenen Vorparlament außerdem ein knappes, sich am Leitbild des Bundesstaates orientierendes Reformprogramm vor.

Wie vorher schon in der Heidelberger Versammlung, prallten auch im Vorparlament die gegensätzlichen Ansichten zwischen Liberalen und Demokraten über die anzustrebenden politischen Ziele und das weitere Vorgehen aufeinander. Für die radikale Linke formulierte Struve einen Antrag, der in der

Forderung nach Aufhebung der Monarchien und der Einrichtung eines föderativen Staates in der Art der USA gipfelte; bis zur Wahl eines nationalen Parlamentes sollte das Vorparlament vereinigt bleiben und die notwendigen Vorbereitungen für die »Wiederherstellung Deutschlands« treffen. Demgegenüber begnügte sich die Mehrheit damit, dem Bundestag ihre Vorstellungen über gesamtdeutsche Wahlen zu vermitteln, die von diesem auch berücksichtigt wurden. Anschließend löste sich das Vorparlament unter Zurücklassen eines Fünfziger-Ausschusses zur Beobachtung der weiteren Entwicklung wieder auf. Die radikale Linke entfesselte daraufhin einen bewaffneten Aufstand in Südbaden, den sog. Hecker-Putsch, um ihre Vorstellungen durchzusetzen. Ihn schlug der Bundestag unter Einsatz von Bundestruppen jedoch ohne große Schwierigkeiten nieder. Damit war schon im April der Versuch, Deutschland durch Revolution in eine Republik zu verwandeln, gescheitert. Erfolgversprechender schien dagegen der Versuch des Bundestages zu sein, innerhalb des Deutschen Bundes eine Verfassungsrevision unter Mitwirkung einer Nationalversammlung zu erreichen. Diesen Plan aber schob die Nationalvertretung, kaum einberufen, beiseite.

III.

Die Deutsche Nationalversammlung ist am 18. Mai 1848 in der Frankfurter Paulskirche zusammengetreten. Nominell umfaßte sie 649 Abgeordnete. Da jedoch nicht überall gewählt worden war, belief sich ihre Zahl tatsächlich auf 585 Mitglieder – überwiegend Akademiker, darunter – anders als die Rede vom »Professorenparlament« vermuten läßt – nur 49 Hochschullehrer. Neben den Lehrern, Juristen, Ärzten und Beamten waren relativ wenige Kaufleute, Landwirte und nur vier Handwerker vertreten. Das Parlament repräsentierte noch ein letztes Mal das bis dahin in der politischen Diskussion tonangebende deutsche Bildungsbürgertum.

Schnell schlossen sich die einzelnen Abgeordneten zu Fraktionen zusammen, die sich im Laufe der Zeit eigene Programme und Statuten gaben. In Ermangelung etablierter Parteibezeichnungen nannten sich die Fraktionen nach den Lokalen, in denen sie tagten. Spaltungen aufgrund interner Streitigkeiten, z.B. über die Fragen: Monarchie oder Republik, konstitutionelles oder parlamentarisches System, großdeutsche oder kleindeutsche Lösung, fächerten das Fraktionsspektrum weiter auf. Grob unterschieden gab es:

– die Rechte (Cafe Milani), die am Prinzip der Vereinbarung der neuen Verfassung mit den Regierungen festhielt und, streng föderativ gesinnt, eine starke Stellung der Einzelstaaten befürwortete sowie für ein Deutschland unter Einschluß Österreichs votierte;

– das rechte Zentrum (Casino, Landsberg und später, nach links vermittelnd, der Augsburger Hof) mit starkem Einfluß auf die Verfassungsberatung, für eine konstitutionelle Monarchie mit Wahlrechtsbeschränkungen, überwiegend kleindeutsch orientiert und für ein preußisches Erbkaisertum;

– das linke Zentrum (Württemberger Hof und die kompromißbereiten Demokraten der Westendhall), das für die parlamentarische Demokratie eintrat und, wie die Linke überhaupt, großdeutsch gesinnt war;

– die gemäßigte Linke (Deutscher Hof), demokratisch wie die Westendhall, für ein allgemeines Wahlrecht, für ein Einkammersystem und soziale Reform sowie für eine republikanische Reichsspitze und frei wählbare Staatsform in den Einzelstaaten;

– die radikale Linke (Donnersberg), schärfer noch als der gemäßigte Flügel auf die Prinzipien der Volkssouveränität, der Republik und der Überordnung des Parlaments über die Regierung eingeschworen und bereit, zur direkten Aktion überzugehen.

Man schätzt die Rechte in Frankfurt auf etwa 6 Prozent der Abgeordneten, das linke Zentrum und die Linke auf 13 bzw. 15 Prozent und das rechte Zentrum auf etwa ein Drittel; der größte Teil davon, etwa 20 Prozent der Mitglieder der Nationalversammlung, gehörten dem Casino an. Ein weiteres Drittel der Abgeordneten besaß keine feste Fraktionsbindung. Um Mehrheiten zu erzielen, bedurfte es demnach zum Teil schwieriger Koalitionsbildungen bzw. der Zustimmung des Gros der fraktionslosen Abgeordneten.

In ihrer sozialen Zusammensetzung kann man die Frankfurter Nationalversammlung als »bürgerlich«, politisch als »gemäßigt« bezeichnen. Die extreme Rechte fehlte ganz, die radikale Linke war nur gering vertreten; die katholischen Abgeordneten bildeten lediglich bei der Diskussion über das Verhältnis von Staat und Kirche eine interfraktionelle Arbeitsgemeinschaft.

Trotz ihres politisch gemäßigten Charakters und obwohl sie ihre Existenz einem von den Landesregierungen inaugurierten Wahlverfahren verdankte, beanspruchte die Nationalversammlung von Anfang an eine souveräne Stellung. Schon in der Eröffnungsrede hob ihr Präsident Heinrich von Gagern auf die in der »Souveränität der Nation« liegende Vollmacht zur »Schaffung« einer Verfassung ab. Intendiert wurde offenbar nicht mehr die Fortsetzung des Deutschen Bundes in veränderter Form, sondern die Gründung eines neuen Staates, eines »Deutschen Reichs«, wie man an die Reichstradition anknüpfend formulierte, auf der Grundlage der Volkssouveränität. Dem entsprach es, daß sich die Nationalversammlung nicht mit der Beratung einer neuen Verfassung begnügte, sondern sofort zur Einrichtung einer eigenen provisorischen Zentralregierung schritt.

Wie diese aussehen sollte, war allerdings höchst umstritten. Die Rechte wünschte sich ein mit den Regierungen vereinbartes Dreierdirektorium aus Vertretern Österreichs, Preußens und des dritten Deutschlands als Provisorium. Die Linke plädierte für eine Art parlamentarischer Selbstregierung durch einen Vollziehungsausschuß des Parlaments, andere votierten für einen Präsidenten mit einem verantwortlichen Ministerium. Eine Lösung der Frage erwies sich deswegen als schwierig, weil durch sie nicht nur das Verhältnis der Nationalversammlung zu den Einzelstaaten bestimmt, sondern letztlich eine Vorentscheidung über die künftige Staats- und Regierungsform Deutschlands gefällt wurde. In dieser Situation schlug Gagern der Nationalversammlung vor, mit einem »kühnen Griff« die provisorische Zentralgewalt selbst zu schaffen und als Reichsverweser den Erzherzog Johann, ein Mitglied des österreichischen Kaiserhauses, einzusetzen. Damit war einerseits der Souveränitätsanspruch der Nationalversammlung dokumentiert, andererseits wurde eine Option für die Monarchie offengehalten. Zusammen mit der Einsetzung des Reichsverwesers und einer von ihm ernannten, aber der Nationalversammlung verantwortlichen Regierung durch Gesetz vom 28. Juni 1848, erklärte die Nationalversammlung zugleich das Ende des »Bestehens« des Bundestags. Der allerdings legte Wert darauf, die provisorische Zentralgewalt seinerseits zu legitimieren und übertrug ihr im Juli selbst die »Ausübung« seiner Befugnisse. Anschließend stellte er seine »Tätigkeit« ein.

IV.

Mit der Übernahme der souveränen Gewalt bürdete sich die Nationalversammlung eine erhebliche zusätzliche Last auf. Sie konnte auf diese Weise von den Einzelstaaten zwar eine Beachtung ihrer Anordnungen fordern und hat dies auch durch den Erlaß von Gesetzen mehrfach getan, mußte nun aber neben den Verfassungsberatungen auch die Aufgaben eines zentralen politischen Organs wahrnehmen und sich um die Politik der ihr verantwortlichen Regierung kümmern. Der oblag es – nach ihrem eigenen Verständnis und dem der Mehrheit der Versammlung – weniger, Deutschland weiter zu revolutionieren, als in der Übergangszeit zum neuen Verfassungszustand für Ruhe und Ordnung zu sorgen. Infolgedessen ging sie, wie vorher der Deutsche Bund, gegen Unruhen mit Entsendung von Bundestruppen und, z.B. in Thüringen, mit der Einsetzung eines Reichskommissars vor. Das wiederum trug, neben dem verunglückten Versuch, das Land Schleswig im Krieg gegen Dänemark zu gewinnen, zur zunehmenden Polarisierung von Konstitutionellen und Demokraten, Bürgertum und Arbeiterschaft bei, sowie im September in den Einzelstaaten zu einem weiteren Aufstand der um den Erfolg der Revolution besorgten radikalen Linken. Auch dieser Aufstand wurde von der neuen Regierung mit Waffengewalt niedergeschlagen. Gleichzeitig traten, wie die Vorgänge in Wien und in Berlin zeigen, die nie völlig besiegten konservativen Mächte wieder in den Vordergrund. Inzwischen gingen die Verfassungsberatungen weiter.

Schon im Mai hatte die Nationalversammlung einen Verfassungsausschuß eingesetzt, der die wichtigsten Vorarbeiten leistete, bis Juni den Grundrechtsteil und bis Oktober die organisatorischen Bestimmungen der Verfassung entwarf. Das Plenum der Nationalversammlung befaßte sich seinerseits von Juli bis Oktober mit der Formulierung der Grundrechte für das deutsche Volk und verabschiedete sie am 27. Dezember als Gesetz. Die Beratungen über den organisatorischen Teil der Verfassung dauerten vom Oktober 1848 bis zum März des nächsten Jahres.

Man hat der Nationalversammlung oft vorgeworfen, daß sie mit der Abfassung des Grundrechtskatalogs zuviel Zeit vergeudet habe, anstatt erst einmal für eine feste Installierung der Reichsgewalt zu sorgen. Dabei muß man jedoch berücksichtigen, daß es sich bei der Aufstellung von Grundrechten um die zentralen, im März erhobenen Forderungen der Revolution handelte, daß es dabei keineswegs nur um die Frage der Absicherung von Freiheiten gegenüber der Staatsgewalt ging, sondern um eine entscheidende gesellschaftspolitische Weichenstellung, um die endgültige Beseitigung feudaler Relikte im gesamten Deutschland und um einen ersten Schritt zur Herstellung der Rechtseinheit, von der das weitere Vorgehen in den Einzelstaaten abhing. Zudem konnte man sich auf nationaler wie auf Landesebene in Sicherheit wiegen, schien doch im Frühjahr die Revolution gesiegt zu haben, wie die unverzügliche Bildung von Märzministerien, die Einberufung der Nationalversammlung und die Etablierung der provisorischen Zentralgewalt bewies. Das mag erklären, daß man im trügerischen Gefühl, die souveräne Gewalt zu besitzen, die Verfassungsberatungen in aller Ruhe begann, ungeachtet dessen, daß die tatsächliche staatliche Macht, daß Militär und Verwaltungsapparat in den Händen der Monarchen geblieben waren und damit gegen die Revolution eingesetzt werden konnten.

Freilich, ob eine realistische Chance bestanden hätte, im Frühjahr die staatlichen Machtapparate einem revolutionären Regiment zu unterwerfen, bleibt zweifelhaft, denn beileibe nicht alle, die eine Neuordnung der staatlichen und gesellschaftlichen Verhältnisse forderten, gingen in ihren Bestrebungen so weit, daß sie auch dies wünschten. Es liegt vielmehr eine eigentümliche Ambivalenz in den Ereignissen des Jahres 1848: Auf der einen Seite wurde z.B. von der Nationalversammlung der Anspruch auf Souveränität erhoben, auf der anderen jedoch die Idee, mit der etablierten Monarchie zu paktieren, nicht aufgegeben, dies deutlicher noch als auf nationaler Ebene auf einzelstaatlicher, und das alles nicht zuletzt, um den radikalen Konsequenzen eines Umsturzes zu entgehen.

Ob im Frühsommer 1848 die Chance bestanden hat, Deutschland eine durchsetzungsfähige Verfassung zu geben, ist auch deswegen fraglich, weil – unbeschadet der Schwierigkeiten für Konstitutionelle und Demokraten, sich in der Nationalversammlung über deren Inhalt zu einigen – das Schicksal Österreichs bei einer deutschen Nationalstaatsgründung auf dem Spiel stand. Das zeigte sich, als das Plenum der Nationalversammlung Ende Oktober für eine staatsrechtliche Verbindung der deutschen Teile Österreichs mit den anderen deutschen Staaten in einem Bundesstaat votierte und damit ihre Abtrennung von den übrigen Teilen der Habsburgermonarchie verlangte, die dann nur noch durch Personalunion mit dem deutschen Österreich, ähnlich wie England mit Hannover, verbunden geblieben wären (sog. großdeutsche Lösung). Dem widersprach die neu eingesetzte konservative Regierung in Wien sofort, hätte aber auch jede andere österreichische Regierung widersprechen müssen, wenn sie sich nicht einer Aufspaltung der Monarchie schuldig machen wollte.

In Frankfurt dachte man daraufhin daran, eine engere staatsrechtliche Vereinigung aus den deutschen Staaten ohne Österreich zu bilden (sog. kleindeutsche Lösung) und diesen Bundesstaat in ein weiteres staatenbündisches Verhältnis zur Habsburgermonarchie treten zu lassen (»engerer« und »weiterer« Bund). Auch das lehnte die österreichische Regierung mit dem Einwand ab, daß Österreich nicht gewillt sei, aus dem Deutschen Staatenbund auszuscheiden. Wie entscheidend diese Frage für die geplante nationalstaatliche Verfassungsgebung war, zeigt sich daran, daß sie zu einer Spaltung der Fraktionen in der Nationalversammlung in eine etwa gleichstarke großdeutsche Gruppierung aus Rechten und Linken und eine kleindeutsche Mitte führte, die sich gegenseitig patt zu setzen drohten. Zu einem Abschluß kam die Verfassungsberatung daher erst, als die österreichische Regierung im März 1849 durch ihren Verfassungsoktroi die staatliche Einheit der Habsburgermonarchie endgültig festlegte und deren Aufnahme in den deutschen Staatenbund insgesamt forderte, d.h. die Schaffung eines Siebzigmillionenreiches, in dem 38 Millionen Österreicher 32 Millionen Deutsche majorisiert hätten. Diese inakzeptable Forderung sprengte die großdeutsche Koalition in Frankfurt und machte den Weg für eine kleindeutsche Lösung frei. In einem Kompromiß (Pakt Simon-Gagern) einigten sich Angehörige der rechten Mitte und der Linken auf ein erbliches preußisches Kaisertum einerseits, auf das allgemeine Wahlrecht und ein nur suspensives Veto des Kaisers andererseits. So kam es zu einer knappen Annahme der Reichsverfassung am 27. März 1849 und zu ihrer Ausfertigung und Verkündung am 28. März.

V.

Die Frankfurter Reichsverfassung ist der erste Versuch gewesen, einen deutschen Nationalstaat in bundesstaatlicher Form zu begründen. In den Verhandlungen der Nationalversammlung hat man sich immer wieder mit dem Beispiel der Vereinigten Staaten auseinandergesetzt, wenn auch die am Ende getroffenen Regelungen sich in mancherlei Hinsicht von denen der USA unterschieden, so insbesondere in der Gestaltung der Zweiten Kammer, der Ausführung der Reichsgesetze und im monarchischen Charakter des neuen Staates. Umstritten war in der Beratung außer dem Umfang des Reichsgebietes vor allem, ob das Reich eine Monarchie oder eine Republik werden sollte und im Zusammenhang damit die Frage des (unitarischen) Ein- oder (föderalen) Zweikammersystems, des allgemeinen oder eingeschränkten Wahlrechts, der Abhängigkeit der Regierung vom Parlament und des absoluten oder suspensiven Vetos des Reichsoberhaupts gegenüber Gesetzesbeschlüssen. Im einzelnen sah die Verfassung wie folgt aus:

1. Gleich zu Anfang ging sie auf die heikle Frage des territorialen Umfangs ein, indem sie verfügte, daß das Deutsche Reich aus dem Gebiet des bisherigen Deutschen Bundes bestehen sollte (§ 1). Das bedeutete, daß auch Österreich samt Böhmen und Mähren sowie Welschtirol (Trient) und Triest zum Reich gezählt wurden und, wie § 2 ausdrücklich festsetzte, mit seinen anderen Staatsteilen nur noch durch Personalunion verbunden bleiben durfte. Da dies dem Staatsverständnis der Habsburgermonarchie widersprach und eine Änderung der österreichischen Haltung in dieser Frage nicht zu erwarten war, lief die Regelung auf einen Ausschluß Österreichs aus Deutschland hinaus. Die Frankfurter Reichsverfassung trug dem insoweit Rechnung, als sie in ihrem § 87 zwar eine österreichische Mitgliedschaft im Staatenhaus berücksichtigte, zugleich aber für den Fall einer Nichtteilnahme der deutsch-österreichischen Länder am neuen Bundesstaat eine andere Aufteilung der Stimmen vornahm.

Bei einem Beitritt Österreichs wäre nicht nur die Habsburgermonarchie aufgespalten worden, sondern hätte auch der nationale Charakter des neuen Reichs nicht rein bewahrt werden können, da sich die Nationalversammlung im Widerspruch zu ihrer nationalstaatlichen Intention gebietsmäßig am Deutschen Bund orientierte. Im Falle Preußens hatte man den nationalen Interessen dadurch Rechnung zu tragen versucht, daß man die Provinzen Ost- und Westpreußen schon 1848 in den deutschen Staatsverband aufgenommen und die Provinz Posen in einen deutschen und einen polnischen Teil aufgegliedert hatte. Für Schleswig, um das 1848 ein wenig erfolgreicher, noch nicht beendeter Krieg mit Dänemark geführt worden war, enthielt die Verfassung eine Vorbehaltsklausel (§ 1, Abs. 2).

2. Innerhalb des Reiches blieben die bestehenden Staaten erhalten. Die Vorstellungen der äußersten Linken von einem unitarischen Staat hatten sich ebensowenig wie eine Länderneugliederung unter Aufhebung der Kleinstaaten verwirklichen lassen.

Deutschland behielt den Charakter einer Föderation, allerdings nicht mehr den eines Staatenbundes, sondern eines Bundesstaates mit einer eigenständigen zentralen Regierungsgewalt und einer gemeinschaftlichen deutschen »Reichsbürgerschaft«, neben der eine »Staatsbürgerschaft« in den Ländern weiter bestand. Auch im staatsrechtlichen Sinne sollten die Deutschen ein Volk bilden (§§ 131f.).

3. Dem bundesstaatlichen Charakter des Reichs zufolge unterschied die Verfassung zunächst zwischen den Kompetenzen der Länder und denen der »Reichsgewalt« (§§ 6ff.), und zwar in der Weise, daß (nur) die Zuständigkeiten der Reichsgewalt im einzelnen aufgezählt wurden (Enumerationsprinzip, § 5). Zu ihnen gehörten die auswärtigen Beziehungen samt dem Kriegsführungsrecht, die Militärverfassung und die Wahrung des »Reichsfriedens«. Im Unterschied zum Deutschen Bund wurden nun aber auch Wirtschaft und Verkehr zu Bereichen, die einer reichseinheitlichen Regelung offenstanden, so das Zollwesen und der Handel, die Schiffahrt und zum Teil auch die Landstraßen, sowie Post und Telegraphie, Münze, Maße und Gewichte und sogar die Gesundheitspflege (§ 61). Darüber hinaus wurde die Reichsgewalt verpflichtet, durch Erlaß allgemeiner Gesetzbücher über bürgerliches Recht, Wechselrecht, Strafrecht und gerichtliches Verfahren für die Rechtseinheit in Deutschland zu sorgen (§ 64). Mit diesen Zuständigkeitszuweisungen ging die Verfassung über das in Bundesstaaten wie den USA Übliche weit hinaus.

Ähnlich wie in den USA (vgl. dort die Lehre von den »implied powers«) erhielt die Reichsgewalt ein allgemeines Recht zur Gesetzgebung, soweit es für die Ausübung der ihr verfassungsmäßig übertragenen Befugnisse erforderlich war (§ 62). Darüber hinaus wurde ihr sogar erlaubt, unter Berücksichtigung der Vorschrift über die Verfassungsänderung Gesetze in den ihr nicht zugeschriebenen Bereichen zu geben, wenn es im Gesamtinteresse Deutschlands notwendig erschien (§ 63). Das Reich bekam damit eine Art Kompetenzkompetenz, das es deutlich den Einzelstaaten überordnete, was zusammen mit den ihm ohnehin eingeräumten Kompetenzen einen stark unitarischen Zug in die Verfassung brachte.

4. Die in der Verfassung aufgezählten Materien waren dem Reich nur zum Teil ausschließlich zugeordnet, wie z.B. die völkerrechtliche Vertretung (§ 6), das Zollwesen (§ 34) oder das Münzwesen (§ 45). Aber auch dort, wo das Reich nicht aus-

schließlich tätig werden sollte, gingen seine Gesetze denen der Einzelstaaten vor (§ 66).

Indem das Reich auswärtige Beziehungen grundsätzlich nur noch allein unterhielt und den Gliedstaaten ein eigenständiges *ius belli* genommen war (§ 10), brach die neue Verfassung mit einer über den Westfälischen Frieden hinausreichenden deutschen Tradition, schränkte sie insbesondere den politischen Spielraum Preußens und Österreichs empfindlich ein. Andererseits nahm sie aber auf die Eigenständigkeit der Gliedstaaten und ihren monarchischen Charakter Rücksicht. So stand dem Reich in seinem Zuständigkeitsbereich – bis auf wenige Fälle, wie der Unterhaltung der Kriegsmarine (§ 19) – nur das Recht zur Gesetzgebung und eine Oberaufsicht zu, nicht aber die Ausführung der eigenen Gesetze. Für die Praktikabilität dieser Anordnung berief man sich auf den Deutschen Zollverein, in dem die Zollverwaltung ebenfalls Sache der Einzelstaaten unter einer gemeinsamen Aufsicht geblieben war. Politisch bedeutete diese Regelung, daß man – im Gegensatz zu den USA – den gesamten Verwaltungsapparat in den Händen der Länder beließ. Ebenso wie beim Reichsheer, das weiterhin aus Truppenteilen der Einzelstaaten bestehen sollte (§ 12), nahm die Verfassung hier Rücksicht auf die Monarchen und tastete ihre Verfügungsgewalt über die traditionellen Stützen ihrer Macht, Soldaten und Beamte, so wenig wie möglich an.

5. Die Eigenständigkeit der Zentralgewalt fand auch darin ihren Ausdruck, daß ihr nunmehr eigene Einnahmen aus Zöllen und Steuern zugesprochen wurden und sie nur noch in Ausnahmefällen auf Matrikularbeiträge der Gliedstaaten zurückgreifen mußte (vgl. §§ 48ff.).

6. Mit der Ausübung der Reichskompetenzen hatte die Verfassung ein Reichsoberhaupt, die Reichsregierung, den Reichstag und ein Reichsgericht betraut. Reichsoberhaupt sollte ein regierender deutscher Fürst mit dem Titel »Kaiser der Deutschen« sein (§§ 68f.). Durchgesetzt hatte sich damit nach langer Erörterung buchstäblich im letzten Moment, nämlich erst in der zweiten Lesung der Reichsverfassung, unter den vielen diskutierten Varianten für ein Oberhaupt (Direktorium, Präsident, Wahl- oder Erbkaisertum) die erbkaiserliche. Gedacht war an eine Übertragung der kaiserlichen Gewalt an den König von Preußen. Ihn hatte man bei der Verabschiedung der Verfassung auch sogleich zum Kaiser gewählt – was sich kaum mit der gleichzeitigen Erklärung über die Zugehörigkeit Österreichs zum Reich vertrug.

Dem Kaiser oblag als Träger der Regierungsgewalt die Wahrnehmung der Reichszuständigkeiten (§ 84), insonderheit die völkerrechtliche Vertretung, Kriegserklärung, Bündnis- und Friedensschluß, sowie die Wahrung des Reichsfriedens unter Einsatz der bewaffneten Macht. Doch durfte er die ihm anvertraute Gewalt – wie bei einem konstitutionellen Monarchen üblich – nur mit Hilfe von ihm ernannter Minister ausüben, die seine Regierungshandlungen gegenzeichnen und dafür die Verantwortung übernehmen sollten (§§ 73f.).

7. Kaiser und Reichsregierung gegenüber stand der »Reichstag«. Dem föderativen Charakter des Reiches entsprechend setzte er sich aus zwei Häusern, dem Staatenhaus und dem Volkshaus, zusammen (§§ 85ff.). Die Mitglieder beider Häuser besaßen vollen Abgeordnetenstatus, freies Mandat, Immunität und Indemnität (§§ 96, 117f.). Laut Reichswahlgesetz vom 12. April 1849 sollte das Volkshaus in allgemeiner, gleicher, unmittelbarer und geheimer Wahl nach den Regeln der absoluten Mehrheitswahl gewählt werden. Das hatte die Linke im erwähnten Schlußkompromiß über die Reichsverfassung gegen das bis dahin für ein eingeschränktes Wahlrecht optierende rechte Zentrum durchgesetzt.

Im Staatenhaus sollten sich die Vertreter der Staaten versammeln, und zwar, im Gegensatz zu den USA, in einem Verhältnis, das die unterschiedliche Größe der Länder berücksichtigte. Von insgesamt 192 Mitgliedern waren Preußen vierzig, den Kleinstaaten je eines und den anderen zwischen zwei und zwanzig zugedacht worden (§ 87). Sie waren je zur Hälfte von den Regierungen und den Volksvertretungen der einzelnen Staaten zu ernennen (§ 88). Man folgte also auch insoweit dem Vorbild der USA, deren Verfassung eine Wahl der Senatoren durch die Staatsparlamente vorsah, nicht ganz. Ein noch weitergehender Vorschlag, neben dem Staatenhaus einen Reichsrat aus Bevollmächtigten der Staatsregierungen zur besseren Abstimmung zwischen den Einzelstaatsregierungen und der Reichsregierung einzusetzen, die Staaten also wie im Reichstag des alten Reiches und im Deutschen Bund durch instruierte und regierungsabhängige Bundesbevollmächtigte vertreten sein zu lassen, fiel dem Widerstand der Linken zum Opfer.

Staatenhaus und Volkshaus waren in der Ausübung ihrer Befugnisse, in der Gesetzgebung und Budgetfeststellung, gleichberechtigt. Gegenüber ihren Beschlüssen besaß die Reichsregierung nur ein suspensives Veto, sosehr auch von der Rechten die

Gleichberechtigung von Parlament und Monarch, d.h. das absolute Veto für diesen, gefordert worden war (§ 101). Dagegen hatte die Verfassung ein parlamentarisches System mit Rücktritt der Reichsregierung bei einem Mißtrauensvotum des Reichstags nicht vorgesehen. Allerdings war die politische Praxis der Nationalversammlung dem parlamentarischen Prinzip gefolgt. So hatten zwei Reichsregierungen, als sie das Vertrauen der Nationalversammlung verloren, zurücktreten müssen. Es spricht einiges dafür, daß diese Übung auch nach Inkrafttreten der Reichsverfassung fortgesetzt worden wäre.

8. In der für föderative Staaten besonders wichtigen Frage der Streitschlichtung folgte die Reichsverfassung, mehr noch als der Deutsche Bund, alter deutscher Tradition, indem sie dafür – ähnlich wie vor ihr schon die Konstitution der USA mit dem Supreme Court – ein Reichsgericht einsetzte (§§ 125ff.). Zu dessen umfangreichen Zuständigkeiten gehörte u.a. die Erledigung von Streitigkeiten zwischen Einzelstaaten, zwischen Einzelstaat und Reichsgewalt, der staatsinternen Verfassungsstreitigkeiten, insbesondere solchen zwischen Staatsregierung und Volksvertretung, sowie verschiedene Fälle der Strafgerichtsbarkeit, aber auch Organstreitigkeiten zwischen Volkshaus, Staatenhaus und Reichsregierung und Verfassungsbeschwerden einzelner Bürger. Das war ein sehr umfassender, modern anmutender Katalog von Kompetenzen.

Den Einzelstaaten war der Erlaß von Verfassungen mit Volksvertretungen vorgeschrieben. Im genauen Gegensatz zum Deutschen Bund legte die Reichsverfassung nicht ein Mindestmaß monarchischer, sondern parlamentarischer Rechte für die Landesverfassungen fest (§§ 186f.). Diese durften mit der Reichsverfassung nicht in Widerspruch stehen, Änderungen der Regierungsform in ihnen bedurften der Zustimmung der Reichsgewalt (§§ 196f.). Im Fall einer Störung des Reichsfriedens durch einen deutschen Staat, beim Ausbruch innerer Unruhen oder bei einem Verfassungsbruch konnte das Reich – ähnlich wie zuvor der Deutsche Bund – unmittelbar durch Entsendung von Reichskommissaren und Truppen eingreifen (§§ 54f.).

9. An den organisatorischen Teil der Reichsverfassung schloß sich ein umfangreicher Katalog von »Grundrechten des deutschen Volkes« an, mit weitreichenden Freiheitsgewährungen, der Erklärung staatsbürgerlicher Gleichheit und der Aufhebung des Adels als Stand (§§ 130f.). Die feudalen Privilegien wurden

aufgehoben, eine rein staatliche Gerichtsbarkeit mit einem modernen Gerichtsverfahren und judiziellen Grundrechten eingerichtet, den Gemeinden Selbstverwaltung zugesichert und eine Staatsaufsicht über das Unterrichtswesen eingeführt. Auffällig ist, daß die Gewerbefreiheit nur nach Maßgabe einer zu erlassenden Gewerbeordnung gewährt wurde (§ 133, Abs. 2); in der zurückhaltenden Formulierung schlugen sich bereits die Erfahrungen mit den Erscheinungen des Pauperismus und der Handwerker-Arbeitslosigkeit nieder. Auffällig auch, daß soziale Grundrechte, wie sie die Demokraten seit längerem forderten, fehlten. Sie hatten sich gegen die bürgerliche, lediglich für Chancenfreiheit und Chancengleichheit eintretende Mehrheit der Nationalversammlung nicht durchsetzen lassen. Bezeichnenderweise begnügte sich die Reichsverfassung damit, kostenlosen Unterricht für Unbemittelte an allen öffentlichen Unterrichtsanstalten zu fordern (§ 157). Dennoch hat die Nationalversammlung mit ihren Grundrechten einen großen Schritt über das bis dahin in den deutschen Verfassungen Gewährte hinaus getan und damit ein Vorbild für die weitere deutsche Verfassungsentwicklung bis in unsere Tage geschaffen.

VI.

Die von der Nationalversammlung beschlossene Reichsverfassung ist am 14. April 1849 von 28 deutschen Staaten in einer gemeinsamen Erklärung angenommen worden. Allerdings verweigerten die größeren Staaten, Österreich und die vier Königreiche Bayern, Württemberg, Sachsen und Hannover, ihre Anerkennung. Der preußische König lehnte die ihm von einer Deputation der Nationalversammlung angebotene Kaiserkrone ab. Dahinter stand die Erwägung, Österreich, die alte Kaisermacht und Vormacht im Deutschen Bund, nicht zu brüskieren; getragen war die Entscheidung aber auch von einer streng legitimistischen Einstellung, die es verbot, eine Krone aus den Händen des Volkes entgegenzunehmen. Zwar sind Dynastien in der Geschichte immer wieder auf diese Weise begründet worden, das jüngste Beispiel Belgien mit seiner 1831 gegründeten Monarchie zeugte davon, doch konnte in jener spannungsgeladenen Zeit eine solche Inthronisierung leicht als Aufgabe des monarchischen Prinzips und als Kapitulation vor dem revolutionären Grundsatz der Volkssouveränität verstanden werden – mit Rückwirkungen auf die Stellung der Monarchen in Deutschland überhaupt.

Schon aus diesem Grunde hatten die Regierungen der größeren deutschen Staaten immer wieder darauf hingewiesen, daß die Reichsverfassung mit ihnen zu vereinbaren und von der Nationalversammlung nicht einseitig zu erlassen sei. Tatsächlich war die dem widersprechende Einstellung der Nationalversammlung ungewöhnlich. Indem sie auf ihre Souveränität pochte, folgte sie dem Vorbild Frankreichs, der Verfassungsgebung durch eine souveräne Assemblée Nationale im nationalen Einheitsstaat. Deutschland war aber kein Einheitsstaat, sondern eine Föderation, die sich aus einer Vielzahl von Staaten zusammensetzte. Wollte man die nicht in einem revolutionären Akt aufheben – und das wollte niemand außer der äußersten Linken –, dann entsprach es föderativer Übung, wie wiederum das Beispiel der USA, aber auch der Schweiz zeigt, die neue Bundesverfassung den Einzelstaaten mindestens zur Annahme vorzulegen. Dies war um so mehr angezeigt, als es sich bei den beteiligten Staaten um Monarchien mit einer nicht vom Volk abgeleiteten Staatsgewalt handelte. Auch bei den gleichzeitig laufenden Verfassungsberatungen in den Ländern ist die Beachtung des Vereinbarungsprinzips selbstverständlich gewesen.

Daß es unklug war, die Regierungen der Einzelstaaten völlig zu übergehen, fühlte auch die provisorische Reichsregierung; sie hatte ihnen daher den ersten Entwurf der Reichsverfassung im Januar 1849 zur Kenntnis gebracht, damit Bedenken geltend gemacht werden konnten. Von ihrem Standpunkt, sie allein erlasse die Verfassung, ist die Nationalversammlung allerdings nicht abgerückt. Konsequenterweise forderte sie nunmehr, als die umstandslose Anerkennung ihres Werks in Frage gestellt wurde, durch eine Note vom 4. Mai 1849 alle deutschen Regierungen, Parlamente, Gemeinden und das gesamte deutsche Volk (!) auf, der Reichsverfassung Geltung zu verschaffen. Sie unterstützte damit eine seit April 1849 um sich greifende erneute Aufstandsbewegung, deren Ziel es war, die Reichsverfassung in Deutschland durchzusetzen. Diese sog. Reichsverfassungskampagne besaß eine deutliche demokratisch-republikanische Tendenz, doch war ihr nirgendwo ein Erfolg beschieden. Den Aufständischen fehlte es ebenso wie der Nationalversammlung an effektiven Machtmitteln. So blieb der letzten Reichsregierung von Gagern am Ende keine andere Wahl als der Rücktritt.

Schon im April hatten die einzelstaatlichen Regierungen begonnen, »ihre« Abgeordneten aus der Nationalversammlung zurückzurufen. Dazu besaßen sie zwar kein Recht, doch hatten sie damit vielfach Erfolg. Ein letzter Teil der Nationalversammlung, hundert Abgeordnete, wechselte Ende Mai nach Stuttgart über. Er versuchte von Württemberg aus die Tätigkeit der Nationalversammlung fortzusetzen (sog. Rumpfparlament). Inzwischen aber waren die in verschiedenen Teilen Deutschlands, vor allem in Dresden, der Pfalz und in Baden ausgebrochenen Aufstände unter Einsatz preußischer Truppen niedergeschlagen worden. Zuletzt kapitulierte am 23. Juli 1849 in Baden, wo sogar das Militär zu den Aufständischen übergegangen war, die Festung Rastatt. Schon vorher, am 18. Juni 1849, hatte man das Rumpfparlament in Stuttgart auflösen lassen. Damit war die Revolution endgültig beendet. Der Reichsverweser trat am Ende des Jahres zurück.

VII.

Das bedeutete jedoch keineswegs ein Ende der Bemühungen um die Reform der deutschen Verhältnisse. Vielmehr versuchte die preußische Regierung an ihrem Konzept einer Neuordnung Deutschlands durch Vereinbarung festzuhalten. Nach der Ausschaltung der Nationalversammlung griff sie selbst die Idee eines engeren Zusammenschlusses der deutschen Staaten ohne Österreich und einer Verbindung mit diesem in einem lockeren Bundesverhältnis auf und verfolgte sie, obwohl sich darüber mit Österreich keine Einigung erzielen ließ, in den nächsten Monaten, in denen Wien durch Aufstände in Ungarn und Italien abgelenkt war, weiter. So kam es schon im Mai 1849, noch während die Kämpfe mit den Aufständischen andauerten, zwischen Preußen, Sachsen und Hannover zur Gründung einer Union, der die von der Nationalversammlung ausgearbeitete Reichsverfassung in modifizierter Weise zugrundegelegt wurde. In der überarbeiteten Verfassung sollte das Volkshaus nach dem inzwischen in Preußen eingeführten Dreiklassenwahlrecht gewählt werden, das Reichsoberhaupt ein absolutes Veto gegen Beschlüsse des Parlaments erhalten und der Reichsregierung ein Fürstenkollegium mit vollem Mitbestimmungsrecht bei der Gesetzgebung beigegeben werden. Das war ein Vorschlag, dem die anderen deutschen Staaten, aber auch ein großer Teil der ehemaligen Abgeordneten der Nationalversammlung zustimmen konnten.

Die Dinge entwickelten sich daher zunächst günstig. Bis Ende 1849 waren 26 deutsche Staaten dem später »Erfurter Union« genannten Zusammenschluß beigetreten. Schon im Juni hatten auf einer Versammlung in Gotha die kleindeutsch-erbkaiserlich gesinnten ehemaligen Abgeordneten der Nationalversammlung (die sog. Gothaer) der neuen Verfassung zugestimmt. Nicht beigetreten waren von den größeren Staaten Bayern und Württemberg. Auch die Demokraten lehnten das neue Projekt und eine Teilnahme an den Wahlen für den Reichstag der Union ab. Ungeachtet dessen wurde Ende 1849 die Wahl für das Volkshaus der Union ausgeschrieben, doch machte sich nun allmählich der zunehmende Druck Österreichs, das der Aufstände in seinem Herrschaftsbereich inzwischen Herr geworden war, bemerkbar. Sachsen und Hannover scherten aus der Union wieder aus. Der im März 1850 in Erfurt zusammengetretene Unionreichstag nahm daraufhin, da Eile geboten war, die vorgelegte Reichsverfassung en bloc an – zu spät, um ein weiteres Abbröckeln von der Erfurter Union zu verhindern. Im Mai bekannten sich in Berlin nur noch zwölf Staaten zur neuen Reichsverfassung. Dagegen formierte sich auf österreichische Einladung hin in Frankfurt am Main eine Gegenbewegung, der zunächst zehn Staaten angehörten. Österreich verlangte die Wiedereröffnung des alten Bundestags, d.h. die Rückkehr zu den vorrevolutionären Zuständen, und setzte dies gegen preußischen Protest auch am 2. September 1850 durch. In dem nun folgenden Ringen um Deutschlands Zukunft gelang es der österreichischen Regierung, Preußen mit militärischen Drohungen und mit Hilfe russischen Drucks zum Nachgeben zu zwingen. Preußen mußte in der sog. Olmützer Punktation vom 29. November 1850 auf seine Unionspläne zu Gunsten einer von allen Staaten des Deutschen Bundes zu vereinbarenden Bundesreform verzichten. Aber auch der 1850/51 in Dresden unternommene Bundesreformversuch brachte kein Ergebnis. So blieb schließlich in der Tat nichts anderes übrig, als zu den alten Zuständen zurückzukehren; dies war offenbar der einzige gemeinsame Nenner, auf den man sich einigen konnte. Ab Mai 1851 tagte der Frankfurter Bundestag des Deutschen Bundes wieder in voller Besetzung und begann mit seiner Politik einer möglichst umfassenden Beseitigung der Verfassungserrungenschaften der achtundvierziger Zeit.

4. Die deutsche Frage nach 1850 Norddeutscher Bund und Reichsgründung

I.

Es ist oft die Frage gestellt worden, warum die deutsche Revolution scheiterte. Bei ihrer Beantwortung gilt es zu differenzieren. Wenn man vom Erfolg oder Scheitern der Revolution spricht, kommt es darauf an, aus welcher Perspektive man die Ereignisse betrachtet. 1848 gab es, wie wir sahen, unterschiedliche Zielvorstellungen unter denen, die eine Veränderung der Verhältnisse wünschten, und keineswegs alle Gruppen sind mit ihren Vorstellungen gescheitert. Daß auf einzelstaatlicher Ebene Errungenschaften der Revolution über die Reaktionszeit hinüber gerettet werden konnten, wurde im vorigen Kapitel gezeigt. Für die Bauern z.B. hat die Revolution einen wesentlichen Fortschritt im langwierigen Befreiungsprozeß aus den grundherrschaftlichen Verhältnissen gebracht. Auch für die allgemeine Verfassungsentwicklung in den deutschen Staaten ist die Revolution von Vorteil gewesen. Gescheitert ist dagegen der Versuch, eine nationalstaatliche Einigung zu Wege zu bringen und die bloß staatenbündische Zusammenfügung Deutschlands zu überwinden.

Fragt man nach den Gründen, erhält man verschiedene Antworten. Da wird zunächst immer wieder auf den Gegensatz zwischen den Liberalen, den »Konstitutionellen«, und den Demokraten hingewiesen, der ein einheitliches, zielstrebiges Vorgehen der Revolutionäre verhindert habe. Aus demokratischer Sicht wird dabei den Konstitutionellen der Vorwurf gemacht, sie hätten durch ihr Paktieren mit den Mächten der alten Ordnung die Revolution um ihren möglichen Erfolg gebracht. Tatsächlich waren die Gemäßigten in ihrer mittleren Position zwischen Konservativen und Radikalen nicht daran interessiert, die alte Ordnung einfach durch eine radikaldemokratische zu ersetzen. Daß hier eine grundlegende Diskrepanz herrschte, zeigte sich von Beginn an. Sie wurde um so stärker, je hartnäckiger Demokraten, Arbeiter und kleinbürgerliche Schichten ihre Ziele verfolgten und je deutlicher dem gemäßigten Bürgertum die Gefahr einer »sozialen« oder gar »roten Republik« vor Augen schwebte. Es war nicht anzunehmen, daß diese Kreise für etwas kämpfen würden, was sie gar nicht erstrebten, zumal wenn sich ihnen ein Ausgleich mit dem konservativen Lager bot. So hatten auch die Bauern ihre Aufstände beendet, sobald ihre Forderungen erfüllt worden waren. Man könnte daher auch umgekehrt argumentieren, daß die Demokraten 1848 ihre Möglichkeiten permanent überschätzten und mehr erreicht hätten, wenn von ihnen zusammen mit den Konstitutionellen das »real« Mögliche, und nicht das »prinzipiell« Wünschbare anvisiert worden wäre – Ziele, die sie selbst in Wien, wo im Frühsommer ein demokratischer Revolutionsausschuß die Macht übernommen hatte, nicht zu realisieren vermochten. Offenbar war 1848 aufgrund der gegebenen Machtverhältnisse und der vorherrschenden Überzeugungen eine moderne sozialstaatliche Demokratie, wie sie von der Linken gefordert wurde und wie sie heute nach über hundert Jahren Wirklichkeit geworden ist, noch nicht erreichbar.

Die Überschätzung der eigenen Möglichkeiten ist auch das Problem der Nationalversammlung gewesen. Im Hochgefühl des raschen Sieges im März, der – paradox formuliert – zu leicht errungen war, um einen festen Zusammenhalt zwischen den Trägern der Revolution zu begründen, wähnte sie sich, als Repräsentant der »Souveränität der Nation«, im Besitz der Macht und übersah, daß sie die effektiven Machtmittel, das Militär und den Verwaltungsapparat, gar nicht in die Hand bekommen hatte. Das zeigte sich sehr bald, als nach Einsetzung der provisorischen Zentralgewalt der neubestallte Reichskriegsminister die Truppen des Bundes sich unterstellen wollte. Ein Einsatz des Militärs der Einzelstaaten durch die Reichsregierung war zwar möglich, wenn es darum ging, Ordnung zu wahren und Aufstände niederzuschlagen, nicht aber, um renitenten Regierungen den Kurs der Nationalversammlung aufzuzwingen. Aus der bündischen Struktur Deutschlands folgte vielmehr, daß in Frankfurt, am Ort der Nationalversammlung, die reale Macht nicht vorhanden war und daher dort auch gar nicht in Besitz genommen werden konnte, sondern daß sie sich über die Einzelstaaten hinweg verteilte und vor allem bei den deutschen Großmächten in Berlin und Wien konzentrierte. Dort mußte die Revolution siegen, nur das zählte. Mit den Regierungen in Berlin und Wien, welchen auch immer, war dann die neue, gesamtdeutsche Verfassung auszuhandeln und nicht nur zwischen den Konstitutionellen und Demokraten in der Frankfurter Versammlung.

Daß man den bündisch-dezentralisierten Machtaufbau Deutschlands übersah, mag im nationalen Überschwang des »Völkerfrühlings« anno 1848 zwar verständlich gewesen sein, mußte sich aber früher oder später als kardinaler Fehler erweisen. Es genügte eben nicht, wie das Schicksal Robert Blums zeigt, der im Oktober 1848 in Wien hingerichtet wurde, Abgeordnete von Frankfurt in die Hauptstädte der deutschen Staaten zu schicken, um die Regierungen in den Ländern auf dem Kurs der Nationalversammlung zu halten. Da es an der Macht fehlte, den eigenen Willen gegenüber den Einzelstaaten durchzusetzen, blieb nur der Weg der Übereinkunft mit ihnen.

Dieser Weg war selbst nach dem Sieg der Konterrevolution noch nicht verstellt, denn die Bereitschaft der einzelstaatlichen Regierungen, neue Verhältnisse in Gesamtdeutschland zu schaffen, dauerte an. Allerdings war eine Einigung darüber nun schwieriger geworden. Ein Kompromiß zwischen der gemäßigt-liberalen Richtung und den konservativen Regierungen war zwar ebenso möglich wie zwischen den Gemäßigten und den Radikalen, kaum aber zwischen diesen und der Regierungsseite. Immerhin zeichnete sich 1849 eine mögliche Entwicklung, ein Zusammenspiel zwischen Regierungen und Liberalen ohne die Demokraten ab. Entscheidend wurde in diesem Moment jedoch etwas anderes, nämlich der seit langem schwelende Gegensatz zwischen Österreich und Preußen, die Unmöglichkeit für Österreich, unter Aufspaltung der Habsburgermonarchie mit seinen deutschen Teilen einem deutschen Nationalstaat beizutreten, und seine Weigerung, ein kleindeutsches Reich unter preußischer Führung zuzulassen. Ohne die begreifliche österreichische Renitenz wären auch die sich abwartend verhaltenden süddeutschen Königreiche auf die preußische Linie eingeschwenkt. So aber blieb in der Tat am Ende nur der Ausweg, den gemeinsamen Staatenbund fortzusetzen, und zwar nach dem Sieg der Konterrevolution in Wien und Berlin erneut unter konservativ-reaktionären Vorzeichen.

Das hätte sich bei einer rascheren Einigung über die künftige Gestalt Deutschlands im Frühsommer 1848 vielleicht vermeiden lassen. Der Siebzehner-Ausschuß des Bundestags hatte ja schon im April einen Verfassungsentwurf vorgelegt, der im Grunde mit der späteren Ausarbeitung der Nationalversammlung übereinstimmte. Man hätte ihn mit einigen Änderungen kurzerhand übernehmen können. Aber damals, in den ersten Tagen der Nationalversammlung, war man nicht bereit, einen vorgefertigten Entwurf, an dem der eine dieses, der andere jenes auszusetzen hatte, zu akzeptieren, und selbst die Märzregierungen opponierten gegen den in ihm zum Ausdruck kommenden

Zentralismus. Wie hätte unter diesen Umständen eine schnelle Einigung zwischen den Richtungen der Nationalversammlung und den einzelstaatlichen Regierungen zustande kommen können? Abgesehen davon wäre auf diese Weise noch immer nicht das Problem des Verhältnisses von deutschem Nationalstaat zu Österreich gelöst gewesen, selbst wenn es in Wien eine Regierung der Demokraten gegeben hätte. Kurzum, die Problemsituation war zu komplex und die Ansichten der Beteiligten waren zu heterogen, als daß eine einfache und rasche Lösung zu erwarten stand.

II.

Die deutsche Frage ließ sich jedoch auch nach dem Rückschlag von 1850 nicht von der Tagesordnung verdrängen. Der Wunsch nach einer wirtschaftlichen Großraumbildung mit einer einheitlichen Währung, nach einem Bundesstaat mit einer Nationalrepräsentation, der mehr Freiheit geben würde als der Deutsche Staatenbund, die Vorstellung politischen Machtgewinns, der damit verbunden sein würde – alles das blieb weiter virulent. Fortschritte in diese Richtung gab es auch jetzt, wie die Gründung des Deutschen Postvereins mit einheitlichen Tarifen und Beförderungsbestimmungen im Jahre 1850 und die Bemühungen um ein einheitliches Wechsel- und Handelsrecht zeigen.

Als 1859 in Italien die Gründung eines Nationalstaats gelang, verstärkten sich auch die nationalen Bestrebungen in Deutschland wieder. Im selben Jahr wurde ein Deutscher Nationalverein gegründet. Liberale und Demokraten vereinten sich erneut und propagierten in der Deutschen Fortschrittspartei die kleindeutsche Lösung. Ihnen trat 1862 der Deutsche Reformverein mit einem großdeutschen Programm entgegen. Auch die Regierungen bemühten sich mit den verschiedensten Vorschlägen um eine Bundesreform: Österreich mit Versuchen, in einem reformierten Staatenbund, eventuell ohne Preußen, seine hegemoniale Stellung zu wahren, Preußen im Bestreben, eine Österreich gleichwertige Stellung oder einen engeren Zusammenschluß der deutschen Staaten unter seiner Führung zu erreichen, die Mittelstaaten mit der Idee einer deutschen »Trias«, einem dreigliedrigen Bundesdirektorium, das dem dritten Deutschland eine gleichberechtigte Stellung neben den beiden Großmächten eingeräumt hätte. Allen Beteiligten war klar, daß es die Rechtseinheit in Deutschland zu fördern und seine militärische Kraft zu stärken galt, wenn Deutschland sich im Konzert der Mächte behaupten wollte. Doch auch diesmal erwies sich die Lösung der deutschen Frage auf dem Verhandlungsweg als unmöglich. Gelöst wurde sie vielmehr durch eine kriegerische Auseinandersetzung, in der es zunächst um Schleswig-Holstein ging.

In Schleswig-Holstein waren die nationalen Gegensätze zwischen Dänen und Deutschen erneut aufeinandergeprallt, als sich die dänische Krone anschickte, zumindest Schleswig, unter Trennung von Holstein, endgültig mit Dänemark zu vereinen. Der daraufhin entbrannte deutsch-dänische Krieg führte 1864 zur Besetzung der beiden Herzogtümer durch österreichische und preußische Truppen und zum Verzicht Dänemarks auf sie. Ihre Verwaltung wurde zunächst von beiden Siegermächten übernommen, doch benutzte Preußen Streitigkeiten über die Zukunft der beiden Länder bald zu einem einseitigen Vorgehen gegen den österreichischen Bündnispartner, indem es in das von diesem besetzte Holstein einrückte. Damit trat der preußisch-österreichische Streit um Deutschlands künftige Ordnung in sein entscheidendes Stadium. Der Bundestag in Frankfurt wertete das preußische Vorgehen als eine nach Art. 19 WSA verbotene Selbsthilfe zwischen Bundesgliedern. Er ordnete deshalb auf österreichischen Antrag hin die Bundesexekution gegen Preußen an. Preußen erklärte daraufhin den Deutschen Bund für nicht mehr existent und setzte seinen Standpunkt 1866 im Krieg gegen Österreich und die deutschen Bundestruppen durch. Im Prager Frieden mußte Österreich der Auflösung des Deutschen Bundes zustimmen. Es schied fortan aus dem deutschen Verfassungsleben aus.

Preußen nutzte seinen Sieg, um außer Schleswig-Holstein auch andere Staaten, die 1866 als Gegner aufgetreten waren, nämlich Hannover, Nassau, Kurhessen und die Stadt Frankfurt, zu annektieren. Damit stellte es die lang entbehrte Landverbindung zwischen seinen östlichen und westlichen Provinzen her. Mit den übrigen norddeutschen Staaten vereinte es sich zum Norddeutschen Bund, einer Übergangsform zur endgültigen nationalstaatlichen Lösung, welche sich wegen einer drohenden französischen Intervention nicht sofort durchsetzen ließ. Die süddeutschen Staaten schlossen daher mit dem Norddeutschen Bund vorerst nur militärische Beistandspakte ab; außerdem wurde der Deutsche Zollverein, wie bereits berichtet, im bundesstaatlichen Sinne reformiert.

Zur endgültigen Lösung der deutschen Frage ist es dann wiederum durch einen Krieg gekommen, der 1870 zwischen Frankreich und Preußen aufgrund eines Streites über eine hohenzollernsche Thronkandidatur in Spanien ausbrach. Die süddeutschen Staaten leisteten dabei dem Norddeutschen Bund den vereinbarten militärischen Beistand. Noch während des Krieges, im November 1870, schlossen sie mit dem Norddeutschen Bund Verträge über die Bildung eines neuen gesamtdeutschen Bundes ab, der im Dezember die Bezeichnung »Deutsches Reich« erhielt und am 1. Januar 1871, nach der Ratifikation der Abkommen im norddeutschen Bundestag und in den süddeutschen Landtagen in Kraft trat. Bayern ratifizierte den Bundesvertrag erst nachträglich.

Die Würde eines »Deutschen Kaisers« wurde von den deutschen Fürsten und dem norddeutschen Reichstag, also von Fürsten und Volk, dem preußischen König Wilhelm I. im Dezember 1870 angetragen. Eine feierliche Kaiserproklamation im Spiegelsaal des Schlosses von Versailles rundete am 18. Januar 1871, dem Jahrestag der preußischen Königserhebung von 1701 und späteren »Reichsgründungstag«, den Vorgang der Inthronisation ab. Das lang anvisierte Ziel einer nationalstaatlichen Einigung Deutschlands unter preußischer Führung war damit erreicht.

Literaturhinweise

Literatur zur allgemeinen Geschichte und Verfassungsgeschichte von 1806–1870 s. 8. Kapitel.

Föderalismus, Bundesstaat und Staatenbund

Grundlegend ist die Darstellung von Ernst Deuerlein, Föderalismus. Die historischen und philosophischen Grundlagen des föderativen Prinzips. München 1972. Die deutsche Theorie im 19. Jahrhundert behandeln Siegfried Brie, Der Bundesstaat. Eine klassisch-dogmatische Untersuchung. Bd. 1: Geschichte der Lehre vom Bundesstaate. Leipzig 1874, und Michael Dreyer, Föderalismus als ordnungspolitisches Prinzip. Das föderative Denken der Deutschen im 19. Jahrhundert. Frankfurt a.M. u.a. 1987.

Rheinbund, Deutscher Bund, Deutscher Zollverein

Zum Rheinbund vgl. K. Beck, Zur Verfassungsgeschichte des Rheinbundes. Mainz 1890. Zum Deutschen Bund s. Manfred Botzenhart (Hrsg.), Die deutsche Verfassungsfrage 1812–1815. Göttingen 1968.

Allgemein zum Wiener Kongreß: PETER BURG, Der Wiener Kongreß. Der Deutsche Bund im europäischen Staatensystem. München 1984. Die Kongreßdokumente findet man bei HANS DIETER DYROFF (Hrsg.), Der Wiener Kongreß 1814/15. Die Neuordnung Europas. München 1966; s. auch JOHANN LUDWIG KLÜBER (Hrsg.), Acten des Wiener Kongresses in den Jahren 1814 und 1815. 8 Bde. Erlangen 1815–1818, 2. Aufl. 1833, Erg.-Bd. 1835, sowie ders. (Hrsg.), Öffentliches Recht des Teutschen Bundes und der Bundesstaaten. 4. Aufl. Frankfurt a.M. 1840 (1. Aufl. 1817) und ders. (Hrsg.), Quellensammlung zu dem öffentlichen Recht des Teutschen Bundes. 3. Aufl. Erlangen 1830, ND Leipzig 1970. Das Bundesrecht ist außerdem behandelt bei HEINRICH ALBERT ZACHARIÄ, Deutsches Staats- und Bundesrecht. 2 Bde. 3. Aufl. Göttingen 1865–67, und HEINRICH ZÖPFL, Grundsätze des Gemeinen Staatsrechts, mit besonderer Rücksicht auf das allgemeine Staatsrecht und auf die neuesten Zeitverhältnisse. 2 Theile, 5. Aufl. Leipzig 1863.

Die Frage der landständischen Verfassung behandeln WOLFGANG MAGER, Das Problem der landständischen Verfassungen auf dem Wiener Kongreß 1814/15, in: HZ 217 (1973), S. 296–346, und BERND WUNDER, Landstände und Rechtsstaat. Zur Entstehung und Verwirklichung des Art. 13 DBA, in: ZHF 5 (1978), S. 139–185. Zur weiteren Entwicklung s. THOMAS NIPPERDEY, Der deutsche Föderalismus zwischen 1815 und 1866 im Überblick, in: Land und Reich. Stamm und Nation. Probleme und Perspektiven bayrischer Geschichte. Festschrift für Max Spindler, hrsg. v. Andreas Kraus, Bd. 3, München 1984, S. 1 bis 18, sowie PETER BURG, Die deutsche Trias in Idee und Wirklichkeit. Stuttgart 1989.

Zum Deutschen Zollverein sind zu konsultieren: W. O. HENDERSON, The Zollverein. 2. Aufl. London 1968; HANS-WERNER HAHN, Geschichte des Zollvereins. Göttingen 1984, und ALFRED MEYER, Der Zollverein in der deutschen Politik Bismarcks. Frankfurt a.M. u.a. 1986. Vgl. auch HELMUT BERDING (Hrsg.), Wirtschaftliche und politische Integration in Europa im 19. und 20. Jahrhundert. Göttingen 1984.

Nationalbewegung, Reichsverfassung 1849

Die klassische Darstellung der deutschen Einheitsbewegung stammt von HEINRICH RITTER VON SRBIK, Deutsche Einheit. Idee und Wirklichkeit vom Heiligen Reich bis Königgrätz. 2 Bde. München 1935 bis 1942; s. jetzt auch HEINRICH LUTZ, Zwischen Habsburg und Preußen. Deutschland 1815–1866. Berlin 1985; sowie den Überblick von HAGEN SCHULZE, Der Weg zum Nationalstaat. Die deutsche Nationalbewegung vom 18. Jahrhundert bis zur Reichsgründung. München 1985. Allgemein s. PETER ALTER, Nationalismus. Frankfurt a.M. 1985; OTTO DAMM, Nationalismus und sozialer Wandel. Hamburg 1978.

Literatur zur Revolution von 1848 s. 8. Kapitel. Zum Reichsgründungsversuch vgl. WOLFRAM SIEMANN, Die Frankfurter Nationalversammlung 1848/49 zwischen demokratischem Liberalismus und konservativer Reform. Bern, Frankfurt a.M. 1976, sowie die allgemeine Darstellung von JÖRG-DETLEF KÜHNE, Die Reichsverfassung der Paulskirche. Vorbild und Verwirklichung im späteren deutschen Rechtsleben. Frankfurt a.M. 1985. Dazu als Quellen: Stenographischer Bericht über die Verhandlungen der deutschen konstituierenden Nationalversammlung zu Frankfurt am Main. Hrsg. von FRANZ WIGARD, 9 Bde. Frankfurt a.M. 1848/49; JOHANN GUSTAV DROYSEN (Hrsg.), Die Verhandlungen des Verfassungsausschusses der deutschen Nationalversammlung, 1. Teil. Leipzig 1849, und: Aktenstücke und Aufzeichnungen zur Geschichte der Frankfurter Nationalversammlung. Aus dem Nachlaß von Johann G. Droysen, hrsg. von RUDOLF HÜBNER. Berlin, Leipzig 1924. ND Osnabrück 1967; LUDWIG BERGSTRÄSSER (Hrsg.), Die Verfassung des Deutschen Reiches vom Jahre 1849. Mit Vorentwürfen, Gegenvorschlägen und Modifikationen bis zum Erfurter Parlament. Bonn 1913; PAUL ROTH und HEINRICH MERCK (Hrsg.), Quellensammlung zum deutschen öffentlichen Recht seit 1848. 2 Bde. Erlangen 1850 und 1852.

Einzelfragen behandeln GOTTFRIED EISENMANN, Die Parteien der Reichsversammlung: ihre Programme, Statuten und Mitglieder-Verzeichnisse. Erlangen 1848; HEINRICH SCHOLLER (Hrsg.), Die Grundrechtsdiskussion in der Paulskirche. Eine Dokumentation. Darmstadt 1982, und ADOLF LAUFS, Recht und Gericht im Werk der Paulskirche. Karlsruhe 1978.

Norddeutscher Bund und Reichsgründung

Grundlegend ist OTTO BECKER, Bismarcks Ringen um Deutschlands Gestaltung. Hrsg. und ergänzt von ALEXANDER SCHARFF, Heidelberg 1958. Zum Norddeutschen Bund vgl. jetzt KLAUS ERICH POLLMANN, Parlamentarismus im Norddeutschen Bund 1867–1870. Düsseldorf 1985. Zur Reichsgründung: ERNST DEUERLEIN und THEODOR SCHIEDER (Hrsg.), Reichsgründung 1870/71. Tatsachen, Kontroversen, Interpretationen. Stuttgart 1970, sowie die Textauswahl von HELMUT BÖHME (Hrsg.), Die Reichsgründung. München 1967, und von HANS FENSKE, Der Weg zur Reichsgründung 1850–1870. Darmstadt 1977. Instruktiv ist auch die grundlegende Problemskizze von WOLFGANG SAUER, Das Problem des deutschen Nationalstaats, in: HELMUT BÖHME (Hrsg.), Probleme der Reichsgründungszeit 1848–1879. Köln, Berlin 1968, S. 448–479.

10. Kapitel
Das Deutsche Reich von 1871

1. Die Reichsverfassung und ihre Entstehung

I.

An der Gründung des Deutschen Reichs ist häufig bemängelt worden, daß sie nicht, wie man es 1848 versucht hatte, durch einen revolutionären Akt des deutschen Volkes, sondern »von oben« und zudem durch drei Kriege, 1864, 1866 und 1870/71, erfolgt sei. Das Reich sei dadurch von Anfang an – anders als die westeuropäischen Staaten – in ein obrigkeitstaatliches und »militaristisches« Fahrwasser geraten. Diese Ansicht bedarf der Korrektur. Man darf nicht übersehen, daß es sich bei dem neuen Staatsgebilde um einen Bundesstaat handelte, also um eine Verbindung ehedem selbständiger Staaten. Daß bei einer solchen Verbindung die Staaten selbst, ihre Regierungen, die Initiative ergreifen und eine ausschlaggebende Rolle spielen, kann nicht als ungewöhnlich erachtet werden, sosehr man es auch bedauern mag, daß bei dem Vorgang, der ja zugleich die Begründung Deutschlands als eines Nationalstaates darstellte, das Volk selbst nicht vorrangig beteiligt war. Das ist es aber auch im vergleichbaren Fall Italiens – ebenfalls einer Nationalstaatsgründung »von oben« – nicht gewesen, ohne daß Italien damit aus der westeuropäisch parlamentarisch-demokratischen Verfassungsentwicklung ausgeschert wäre. Das italienische Beispiel zeigt außerdem, daß eine Nationalstaatsgründung auf dem Kriegswege in jener Zeit nichts Ungewöhnliches war.

Auch bei der Entwicklung anderer föderativer Systeme hat es damals Probleme gegeben, die am Ende mit Waffengewalt gelöst wurden. Der Schweizer Sonderbundskrieg von 1847 zeigt das ebenso wie der amerikanische Bürgerkrieg. Daß das Reich in seinem weiteren Verlauf eine aus westeuropäischer Perspektive gesehen eigenartige Entwicklung nahm, lag offenbar nicht an diesen »Geburtsfehlern«, sondern neben anderem noch zu Erörterndem an seiner Gründung durch ein autoritär-monarchisches Preußen. Nicht darin, daß die nationalstaatliche Einigung von der preußischen Regierung aus unternommen wurde, liegt das Problem – wer sonst hätte sie erfolgreich vornehmen können? –, sondern darin, daß es sich dabei um eine dezidiert anti-parlamentarische, nicht-liberale Regierung handelte, die ihre Position nicht nur in Preußen mit Erfolg verteidigen, sondern auch auf das Reich übertragen konnte. Das ist es, was die zweifellos große politische Leistung Bismarcks, des damaligen preußischen Ministerpräsidenten und eigentlichen Reichsgründers, von heute her gesehen fragwürdig macht.

Was Bismarck bei alldem gegenüber den Abgeordneten der achtundvierziger Nationalversammlung auszeichnete, war sein realistischer Blick für das Machbare – und die Verfügung über den Machtapparat seines Monarchen, mit dessen Hilfe er seine, mehr auf die Stärkung Preußens als auf einen deutschen Nationalstaat gerichteten Ziele durchsetzte. Davon ist die Lösung des dreifachen Gründungsproblems eines deutschen Bundesstaats geprägt worden:

– die Lösung der österreichischen Frage und damit des Dualismus Österreich-Preußen – nach Lage der Dinge nicht anders denkbar als durch ein Hinausdrängen der Habsburgermonarchie aus Deutschland;

– die Frage der Beteiligung sowohl der einzelstaatlichen Regierungen als auch des Volkes an der Verfassungsgebung für das neue Reich;

– die innere Gestaltung eines ungewöhnlicherweise aus Monarchien zusammengesetzten Bundesstaates.

Die Lösung dieser Probleme erfolgte nach der Ausschaltung Österreichs in zwei Etappen, zuerst durch die Gründung des sog. Norddeutschen Bundes (1867), dann durch die Kleindeutschlands (1871). Dabei ist für die verfassungsgeschichtliche Betrachtung die Gründung des Norddeutschen Bundes das wichtigere Ereignis gewesen, denn damit erhielt der neue Bundesstaat seine Verfassung; sie ist 1870/71 nur leicht revidiert worden.

II.

Mit der Konzeption einer Verfassung für den Norddeutschen Bund wurde gleich nach Beendigung der Kämpfe mit Österreich begonnen. Dabei war man sich unter den vertraglich zum Bund zusammengeschlossenen Staaten darüber einig, daß dessen Verfassung mit einer parlamentarischen Volksrepräsentation vereinbart werden sollte. Erste Verfassungsentwürfe wurden durch Mitarbeiter Bismarcks erstellt, zunächst unter Zugrundelegung der Reichsverfassung von 1849 mit einer eigenen Reichsregierung und einem aus zwei Häusern, dem Staatenhaus und dem Volkshaus, bestehenden Reichstag. Dieser Rückgriff auf die Revolutionsverfassung erschien Bismarck jedoch zu »zentralistisch-bundesstaatlich«. Auf seine Direktiven hin erhielt der Verfassungsentwurf – schon aus Rücksicht auf den späteren Beitritt der süddeutschen Staaten – eine stärker staatenbündische Note. In den Mittelpunkt rückte nun eine später »Bundesrat« genannte Versammlung der Bevollmächtigten der Einzelstaaten. Ein besonderes »Staatenhaus« sollte es daneben nicht mehr geben, auch kein Bundesministerium. Vielmehr war es Bismarcks Idee, den Bundesrat selbst als eine Art »Ministerbank« fungieren zu lassen. Das Präsidium des Bundes sollte dem preußischen König zustehen. In späteren Entwürfen trat noch ein »Bundeskanzler« als eine Art Geschäftsführer des Bundesrats hinzu.

Der endgültige Verfassungsentwurf ist im Dezember 1866 den verbündeten Regierungen vorgelegt worden und kam mit leichten Änderungen vor den, nach dem Reichswahlgesetz vom 12. April 1849 (!) gewählten norddeutschen Reichstag. Dort wurden viele, zum Teil erhebliche Änderungswünsche geäußert. So plädierte die Linke für einen preußischen Einheitsstaat unter Annexion auch des Restes der norddeutschen Staaten, während die Hannoveraner, Abgeordnete aus einem gerade von Preußen annektierten Land, eine weniger unitarische Verfassung bevorzugt hätten. Die Verhandlungen gestalteten sich zeitweise schwierig, doch besaß Bismarck im konservativen Lager und bei den unter dem Eindruck der Bundesgründung auf seinen Kurs eingeschwenkten (National-)Liberalen genügend Rückhalt, um den Verfassungsentwurf ohne Eklat durchzubringen. Desungeachtet kam es zu zahlreichen Modifikationen, z.B. wurden die Kompetenzen des Bundes u.a. um das Recht, selbst direkte Steuern zu erheben, erweitert. Die Stellung der Abgeordneten wurde verbessert und ein volles parlamentarisches Budgetrecht durchgesetzt. Zwar gelang es den Nationalliberalen weder das von ihnen als zu demokratisch empfundene allgemeine Wahlrecht wieder einzuschränken, noch ein parlamentarisch verantwortliches Bundesministerium einzurichten, doch hatten sie mit ihrer Forderung Erfolg, daß der Bundeskanzler für die von ihm gegengezeichneten Akte des Bundespräsidiums die politische Verantwortung übernehmen müsse (sog. Lex Bennigsen). Nur zweimal stemmte sich Bismarck den Wünschen der Parlamentarier mit einem Veto entgegen: bei der Frage, ob die Abgeordneten auch Diäten beziehen sollten und beim Versuch, das von ihm angestrebte Äternat für das Militärbudget abzuschaffen; in diesem Falle einigte man sich auf einen dilatorischen, die endgültige Entscheidung vertagenden Kompromiß. Die auf die beschriebene Weise ausgehandelte Verfassung wurde anschließend von den Regierungen der beteiligten Staaten angenommen und unter Zustimmung der Landesparlamente verkündet.

In ihrem Schlußartikel hatte die Verfassung des Norddeutschen Bundes den Beitritt der süddeutschen Staaten vorgesehen. Tatsächlich ist der Zusammenschluß der süddeutschen Staaten mit dem Norddeutschen Bund in etwas anderer Form erfolgt, nämlich in den Novemberverträgen von 1870, in denen sich die Staatsoberhäupter über die Verfassung eines neuen »Deutschen Bundes« verständigten, die dann als »Verfassung des Deutschen Reiches« publiziert wurde und am 1. Januar 1871 in Kraft trat. Da die neue, auf der Verfassung des Norddeutschen Bundes fußende Reichsverfassung jedoch aufgrund der verschiedenen Verträge, die man mit den süddeutschen Staaten abgeschlossen hatte, in mehreren Versionen existierte, wurde eine alsbaldige Revision und endgültige Textfeststellung notwendig. Sie ist vom ersten Reichstag des Deutschen Reiches vorgenommen worden, der eine endgültige Fassung am 16. April 1871 verabschiedete, die am 4. Mai in Kraft trat.

III.

Die Reichsverfassung (RV) vom 16. April 1871 weist eine Reihe von Eigentümlichkeiten auf, die sie von vergleichbaren Verfassungen unterscheidet. Zunächst einmal ist folgendes festzustellen.

1. Auch das Deutsche Reich von 1871 ist ein Bundesstaat gewesen. Zwar haben nach der Präambel der Verfassung die deutschen Fürsten den Bund geschlossen, doch bedeutete das natürlich nicht, daß das Reich nur ein »Fürstenbund« war; vielmehr haben sich insgesamt 22 monarchische und drei Stadt-Staaten zu einem neuen Staat vereint, den man in bewußter Anlehnung an die Geschichte »Reich« nannte (vgl. Art. 1 RV). Hinzu kam Elsaß-Lothringen, das Frankreich aus nationalen und militärstrategischen Erwägungen abgenommen worden war, als »Reichsland«. Preußen trat dem Reich nun auch mit seinen östlichen Provinzen West- und Ostpreußen sowie Posen bei. Nicht mehr dazu gehörten Luxemburg und Liechtenstein und die österreichischen Lande. Mit rund 540000 Quadratkilo-

metern (und 1871: 41 Millionen Einwohnern) war das neue Staatsgebilde beträchtlich kleiner als der Deutsche Bund. Dennoch war die sog. kleindeutsche Lösung keine rein nationalstaatliche. Es fehlten nicht nur die deutschen Teile der Habsburgermonarchie, sondern es gab im Westen, Norden (Nordschleswig) und Osten weiterhin fremdsprachige Bevölkerungsteile.

2. Der Konzeption des Bundesstaates entsprechend wies das Reich eine eigenständige staatliche Organisation neben den Gliedstaaten auf. Darüber hinaus bestimmte Art. 3 RV ausdrücklich, daß für ganz Deutschland ein gemeinsames Indigenat bestehen sollte; neben »Preußen«, »Bayern«, »Württembergern« usw. gab es nun auch »Deutsche« im staatsrechtlichen Sinne; die Bürger der Einzelstaaten waren zugleich »Reichsangehörige« und als solche der Anordnungsgewalt des Reiches unmittelbar unterworfen. Die daraus resultierenden Staatsangehörigkeitsfragen regelte das Reichs- und Staatsangehörigkeitsgesetz vom 22. Juli 1913.

3. Der in den Abschnitten II ff. RV enthaltene Kompetenzkatalog fußte auf dem der Reichsverfassung von 1849. Er räumte dem Reich eine umfangreiche Gesetzgebungszuständigkeit »zum Schutze des Bundesgebietes und des innerhalb desselben gültigen Rechtes sowie zur Pflege der Wohlfahrt des Deutschen Volkes« (Präambel) ein. Nicht nur die auswärtigen Beziehungen samt dem Recht zur Kriegserklärung wurden in Reichszuständigkeit überführt, sondern deutlich trat auch das Bemühen um Wirtschafts- und Rechtseinheit, um leichtere Kommunikationsmöglichkeiten durch einheitliche Regelungen für das Post-, Telegraphen-, Münz- und Bankwesen hervor. Deutschland wurde ausdrücklich zu einem einheitlichen Zoll- und Handelsgebiet erklärt (Art. 33 RV). Auf dem Zuständigkeitskatalog der Reichsverfassung beruhte eine bereits im Norddeutschen Bund begonnene, bedeutende Gesetzgebung des Reiches, die die Grundlagen für unsere heutige Rechtsordnung schuf.

4. Einige Reichskompetenzen, z.B. über das Zoll- und Handelswesen im sechsten Abschnitt, über das Eisenbahnwesen im siebten und das Post- und Telegraphenwesen im achten Abschnitt, sind recht detailliert ausgeformt worden. Das ist auf den bürokratischen Perfektionismus der am Entwurf der Verfassung beteiligten preußischen Ministerien zurückzuführen. Im übrigen fällt auf, daß die Reichsverfassung von 1871 grundsätzlich zwischen der zum Teil ausschließlichen Befugnis des

Reichs zur Gesetzgebung einerseits und ihrer Ausführung durch die Einzelstaaten andererseits, unterschied. Wie bereits in der Verfassung von 1849 sollte das Reich bestimmte Bereiche des öffentlichen Lebens durch Gesetze regeln und deren Ausführung beaufsichtigen (vgl. Art. 4 RV), aber eine eigene Verwaltung nur in wenigen Fällen, z.B. bei der Post und der Reichskriegsmarine haben. Generell blieb die Ausführung der Gesetze und damit auch der Verwaltungsapparat in den Händen der Länder. Bis zu einem gewissen Grade gilt das sogar vom Militärwesen. Organisation des Heeres und Oberbefehl waren zwar einheitlich, doch behielten die Länder bzw. ihre Monarchen eine Reihe militärhoheitlicher Rechte, wie z.B. das der Offiziersernennung (vgl. Art. 63ff.). Das Reich hat daher auch nie eine eigene Heeresverwaltung besessen, sondern es gab weiterhin eine Reihe von einzelstaatlichen Kriegsministern, wenn auch nicht mehr in allen Ländern. Der Heeresetat des Reiches wurde vom preußischen Kriegsminister vor dem Reichstag vertreten. Darüber hinaus hatten sich einzelne Staaten auch besondere Reservatrechte im Bereich des Post-, Militär- und Finanzwesens vorbehalten. Die auf diesen Gebieten abgeschlossenen Verträge modifizierten die Verfassung zum Teil in beachtlicher Weise.

Alles in allem zeigte die Kompetenzverteilung zwischen Bund und Gliedstaaten eine eigentümliche unitarisch-partikularistische Ambivalenz, die der Föderalismus in Deutschland bis heute behalten hat: Neben einem sehr umfangreichen Katalog von Gesetzgebungszuständigkeiten für das Reich gab es weiterhin eine fast ausschließliche Verwaltungs- und Gesetzesausführungszuständigkeit der Länder. Zwar war es dem Reich ein Leichtes, eine Änderung der Kompetenzlage herbeizuführen, denn Verfassungsänderungen erfolgten nach Art. 78 RV im Wege der einfachen Gesetzgebung. Vor einem allzu zentralistischen Gebrauch dieser Bestimmung schützte indessen der Umstand, daß an der Gesetzgebung auch der Bundesrat teilnahm und in ihm vierzehn Stimmen genügten, um eine Verfassungsänderung zu verhindern.

5. Entsprechendes gilt für die Ordnung der Reichsfinanzen. Da viele kostenträchtige Materien, wie die Ausgaben für das Verwaltungspersonal und für das Bildungswesen, Ländersache geblieben waren, konzentrierte sich der Reichshaushalt auf das Militärbudget. Dafür sah Art. 70 RV an Einnahmen Zölle und bestimmte Verbrauchsteuern sowie die Einkünfte aus Post und

Telegraphie vor. Soweit die Reichsausgaben dadurch nicht gedeckt wurden, waren von den Gliedstaaten nach alter Tradition Matrikularbeiträge aufzubringen. Doch besaß das Reich aufgrund einer Intervention des Norddeutschen Reichstags von 1867 die Möglichkeit, durch Gesetzgebung weitere, auch direkte Steuern, zu erheben (Art. 4 Nr. 2 RV). Davon machte man indessen erst zu Beginn unseres Jahrhunderts mit der Übernahme der Erbschaftsteuer durch das Reich vorsichtig Gebrauch. Schon bald wurden die Erträge der Steuereinnahmen zwischen Reich und Ländern gelegentlich aufgeteilt, zum erstenmal 1878 durch die sog. Franckensteinsche Klausel die Zölle und die Tabaksteuer des Reiches. So blieb das Reich trotz vermehrter Einnahmen ein »Kostgänger der Länder«, allerdings ein »zahlender«, wie man das eigenartige Hin- und Herfließen der Finanzströme bezeichnet hat. Die Bedeutung der Matrikularbeiträge nahm mit der Zeit erheblich ab, ohne daß jedoch eine grundsätzliche Reform der Finanzverteilung gelang. Zu ihr kam es erst zu Beginn der Weimarer Republik.

6. Als Organe des Reichs sah die Verfassung ein Präsidium des Bundes mit dem Titel »Deutscher Kaiser« (Art. 11 RV), eine Art Einmann-Regierung, den »Reichskanzler« (Art. 15 RV), ein Parlament, den »Reichstag« (Art. 20 RV) und als föderatives Element einen »Bundesrat« (Art. 6 RV) vor. Obwohl die Verfassung mit Kaiser, Reichstag und Reichskanzler eine konstitutionelle Normalausstattung aufwies, wäre es verfehlt, in ihr einfach eine konstitutionelle Monarchie im Großen sehen zu wollen; zumindest der Intention nach war sie das nicht. Das zeigt sich schon an der Stellung des Kaisers. Im Gegensatz zum konstitutionellen Monarchen deutscher Prägung war er nicht der »Träger der gesamten Staatsgewalt«, sondern standen ihm nur die Befugnisse zu, die ihm die Verfassung gewährte. Dazu zählte zwar eine Anzahl typisch monarchischer Prärogativen, im Bereich des Auswärtigen z.B. das Recht zur völkerrechtlichen Vertretung des Reiches oder die Befugnis, Verträge mit fremden Staaten zu schließen und den Krieg zu erklären, und im Innern z.B. das Recht, Bundesrat und Reichstag einzuberufen und zu vertagen oder die Reichsbeamten zu ernennen. Der Kaiser hatte ferner die Aufsicht über die Ausführung der Reichsgesetze wie überhaupt über die Reichsverwaltung. Auch war ihm der Oberbefehl über Heer und Kriegsmarine übertragen (Art. 53, 63 RV). Doch nahm er an der Gesetzgebung des Reiches nur durch Ausfertigung und Verkündung der Reichs-

gesetze teil. Nicht einmal ein Vetorecht gegen die von Bundesrat und Reichstag verabschiedeten Gesetze hatte ihm die Verfassung eingeräumt.

7. Vom Kaiser ernannt und entlassen wurde der Reichskanzler (Art. 15 Abs. 1 RV). Ihm oblag die Ausführung der kaiserlichen Anordnungen und Verfügungen; mit deren Gegenzeichnung übernahm er zugleich die Verantwortlichkeit für sie (Art. 17 RV). Auffällig war, daß die Verfassung nur einen Minister mit der altertümlichen Bezeichnung »Reichskanzler« für diese Tätigkeit vorsah. Tatsächlich gab es nämlich auch im Reich eine wachsende Zahl ministerieller Ressorts, sog. Reichsämter, wie z. B. das noch heute so bezeichnete »Auswärtige Amt«. An deren Spitze standen indessen nur dem Kanzler untergebene, weisungsabhängige Reichsstaatssekretäre. Aufgrund der raschen Zunahme der Reichsaufgaben wurden sie zwar durch das Stellvertretergesetz von 1878 mit der selbständigen Erledigung der Angelegenheiten ihres Ressorts betraut, doch geschah das nur unter dem Vorbehalt anderweitiger Anordnungen des Kanzlers. Ein kollegial beratendes und beschließendes Kabinett ist auf diese Weise im Reich nicht entstanden. Es gab daher auch so gut wie nie Staatssekretärskonferenzen. Bis zuletzt galt das strikte Kanzlerprinzip, das auf einer Abneigung Bismarcks gegenüber der Abhängigkeit von gleichberechtigten Ministerkollegen beruhte, wie er sie als preußischer Ministerpräsident kennengelernt hatte.

8. Der Kanzlerregierung stand als Parlament der Reichstag mit 397 Abgeordneten gegenüber. Im Gegensatz zur Reichsverfassung von 1849 bestand der Reichstag des Kaiserreichs nur noch aus einer Kammer. Das Staatenhaus, der Senat, war weggefallen. Auch die neue Volksvertretung wurde, wie man es schon 1849 vorgesehen hatte, nach allgemeinem und gleichem Wahlrecht und zwar zunächst auf drei, seit 1888 auf fünf Jahre gewählt (Art. 20 RV). Nach dem Reichswahlgesetz von 1871 galt die absolute Mehrheitswahl. Wenn kein Bewerber die erforderliche Mehrheit im ersten Wahlgang erreichte, kam es zur Stichwahl zwischen den beiden Kandidaten, die die besten Stimmergebnisse aufwiesen. Das gab Anlaß zu Wahlabsprachen zwischen den Parteien, die häufig gegen die Sozialdemokratie getroffen wurden. Unterrepräsentiert war die SPD im Reichstag auch aufgrund der zunehmenden Ungleichheit der Wahlkreise, die durch das einseitige Anwachsen der Bevölkerung in den Städten und industriellen Ballungsgebieten entstand. 1912 zähl-

te man im kleinsten Wahlkreis des Reichs weniger als 50000 Einwohner, im größten dagegen mehr als eine Million.

Überraschend ist das im Vergleich zu anderen Staaten frühe Bekenntnis der Verfassung zum allgemeinen und gleichen Männerwahlrecht, zumal es noch nicht einmal von der Volksvertretung selbst durchgesetzt, sondern von der Regierung in die Verfassung eingefügt worden war. Dafür hat es im wesentlichen zwei Gründe gegeben: Zum einen hatte Preußen sich während der sechziger Jahre im Kampf um die Reform des deutschen Bundes zum Protagonisten für das allgemeine Wahlrecht gemacht, um die österreichischen Reformvorstöße mit für Wien nicht akzeptablen Vorstellungen zu parieren und einen breiten nationalen Rückhalt für die eigene Deutschlandpolitik zu gewinnen. Von dieser Position konnte man bei der Reichsgründung schlecht wieder abrücken. Zum anderen lehnte Bismarck das in Preußen nach der Revolution eingeführte Dreiklassenwahlrecht ab. Dies nicht allein wegen der ihm innewohnenden eklatanten Ungerechtigkeiten, sondern vor allem, weil es in Preußen in der Konfliktzeit zu einer kaum überwindbaren oppositionellen Mehrheit im Abgeordnetenhaus geführt hatte. Mit einem nicht nur allgemeinen, sondern auch gleichen Wahlrecht hoffte Bismarck dagegen, die konservativen Massen im Lande mobilisieren zu können, zumal nach seiner Vorstellung die Stimmabgabe bei der Reichstagswahl öffentlich, also unter Kontrolle staatlicher und gesellschaftlicher Autoritäten, hätte vor sich gehen sollen. Den sich diesen Intentionen im Norddeutschen Reichstag widersetzenden Nationalliberalen gelang es jedoch, die geheime Stimmabgabe durchzusetzen. Das beseitigte zwar nicht die Chance, regierungstreue konservative Mehrheiten zu erhalten – denn bekanntlich hat das von den Demokraten propagierte Wahlrecht keineswegs stets zu demokratischen Mehrheiten geführt –, aber es minderte sie beträchtlich.

9. In den Verfassungsverhandlungen war es 1867 der parlamentarischen Seite gelungen, die Stellung der Abgeordneten – außer in der erst 1906 positiv entschiedenen Diätenfrage – abzusichern (vgl. Art. 21ff. RV) und den Reichstag von seinen Funktionen her, vor allem in der Gesetzgebung und bei der Kontrolle des Reichshaushalts (vgl. Art. 69ff. RV) durch Erzwingung der jährlichen Haushaltsaufstellung zu einem vollgültigen Gegenspieler gegenüber Bundesrat und Reichskanzler zu machen. Der Heeresetat wurde daher nicht, wie ursprüng-

lich intendiert, auf Dauer, sondern jeweils nur auf einige Jahre festgesetzt. Da jedes Reichsgesetz der Zustimmung des Reichstags bedurfte, und da ohne sein Placet keine neue Steuer eingeführt, keine Ausgabe gemacht und keine Anleihe erhoben werden konnte, wäre es völlig verfehlt anzunehmen, es habe sich bei ihm um ein schwaches Parlament, etwa nur um ein konstitutionelles Feigenblatt für ein ansonsten autoritäres Regiment gehandelt. Nicht nur wegen der größeren politischen Bedeutung des Reiches, sondern auch kraft seiner unvergleichlich stärkeren Stellung in der Reichsverfassung ist der Reichstag ein sehr viel mächtigeres Parlament gewesen, als es die deutschen Landtage im Vormärz waren. Zwar besaß auch er kein Selbstversammlungsrecht, doch konnte er nur noch für kurze Zeit vertagt werden und er regelte seinen Geschäftsgang selbst (Art. 26f. RV).

10. Für die Stellung des Reichstages war es problematisch, daß ihm nicht, wie den Parlamenten in anderen konstitutionellen Verfassungen, eine Regierung aus verantwortlichen Ministern gegenüberstand. Zwar war der Reichskanzler vom Norddeutschen Reichstag für die Anordnungen und Verfügungen des Kaisers verantwortlich gemacht worden (vgl. Art. 17 RV), unklar aber war geblieben, um was für eine Verantwortlichkeit es sich dabei handeln sollte, um eine juristische, d.h. gerichtlich zu verfolgende wegen Verfassungsverletzungen, oder um eine politische wegen Mißregierung, die das Parlament selbst sanktionierte. Für eine juristische »Ministerverantwortlichkeit« fehlte es an einem Verfahrensgesetz, mit dem allein man sie hätte durchsetzen können. Ein solches Gesetz war in der Verfassung nicht vorgesehen. Daß es dennoch zu seinem Erlaß kommen würde, stand nicht zu erwarten, denn seine Einführung hatte Bismarck als preußischer Ministerpräsident im preußischen Verfassungskonflikt gerade erst, aus verständlichen Gründen, abgelehnt. Somit blieb nur die politische Verantwortlichkeit. In der Tat ließ sich der Art. 17 RV so auslegen, daß der Reichskanzler verpflichtet war, seine bzw. des Kaisers Politik vor dem Reichstag zu vertreten und in diesem Sinne zu »verantworten«. Das aber hätte er ohnehin gemußt, denn ohne den Reichstag konnte er, wenn es um neue Gesetze ging oder um die Veränderung alter, aber auch bei der Finanzierung von Maßnahmen nicht handeln. Mehr brachte auch der Art. 17 RV dem Reichstag nicht ein. Insbesondere ließ sich die parlamentarische Verantwortlichkeit des Reichskanzlers nicht mit seinem

Sturz durch ein Mißtrauensvotum verbinden. Dieses parlamentarische Sanktionsmittel gegen ihn anzuwenden, verbot sich schon deshalb, weil der Reichskanzler zugleich Vorsitzender des Bundesrates war und schon darum nicht vom Reichstag gestürzt werden konnte. So führte die Übertragung der Verantwortung für die Handlungen des Kaisers eher dazu, die Position des Kanzlers gegenüber dem Monarchen zu stärken. Zugleich kommt damit die eigentümliche Position des Bundesrats in den Blick.

11. Man geht fehl, wenn man unter dem Eindruck der späteren Entwicklung den Bundesrat des Kaiserreichs nur für eine Art zweite Kammer neben dem Reichstag hält. Mit Bedacht ist 1867, im Gegensatz zur Reichsverfassung von 1849, dem Volkshaus kein »Staatenhaus« beigegeben, sondern auf die ältere staatenbündische Tradition zurückgegriffen worden, wie sie der Bundestag des Deutschen Bundes verkörpert hatte. Nicht unabhängige Abgeordnete, wie im amerikanischen Senat, sollten die Länderinteressen vertreten, sondern Bevollmächtigte der einzelstaatlichen Regierungen, die ihre Stimme für das von ihnen vertretene Land nach dessen Instruktion einheitlich abzugeben hatten (Art. 6 RV). Dabei wurde, der deutschen Tradition folgend, die Stimmenzahl der Länder nach ihrer Größe gestaffelt. Von insgesamt 58 (seit 1911 mit Elsaß-Lothringen 61) Stimmen führten Preußen siebzehn, Bayern sechs, die beiden Königreiche Sachsen und Württemberg je vier und die kleineren Staaten ein bis drei Stimmen.

12. Es ging indessen bei diesem Rückgriff auf die Tradition nicht nur um eine andere Zusammensetzung, sondern auch von den Funktionen her ist der Bundesrat keine bloße zweite Kammer gewesen. Zu seinen Aufgaben gehörten nämlich nicht nur die Gesetzgebung des Reichs und die Verabschiedung des Reichshaushalts, gleichberechtigt mit dem Reichstag, sondern auch der Erlaß allgemeiner Verwaltungsvorschriften und die Schaffung von Einrichtungen zur Ausführung der Gesetze sowie eine Reihe weiterer Exekutivtätigkeiten im Rahmen der Reichsaufsicht und der auswärtigen Gewalt. Darüber hinaus kamen ihm zentrale Befugnisse in dem wichtigen Bereich der föderativen Streitschlichtung zu. Im Gegensatz zu der von 1849 kannte die Reichsverfassung von 1871 keine gerichtliche Instanz zur Entscheidung von Verfassungsstreitigkeiten. Zwar gab es auch im neuen deutschen Reich ein »Reichsgericht«. Dessen Zuständigkeit erstreckte sich aber auf Zivil- und Strafsa-

chen. Das Reichsgericht ist daher der Vorläufer des Bundesgerichtshofs, nicht des Bundesverfassungsgerichts geworden. Die Schlichtung von Verfassungsstreitigkeiten war ihm nicht anvertraut; man sah darin im Deutschen Reich eine »politische«, nicht eine »juristische« Angelegenheit. Die Tradition der Verfassungsgerichtsbarkeit, die es auch in Deutschland gab und an die noch die Reichsverfassung von 1849 angeknüpft hatte, ist auf diese Weise für längere Zeit unterbrochen worden.

Was das Verhältnis von Reich und Ländern anlangt, so galt zunächst einmal das damals in der Staatsrechtslehre entwickelte Prinzip der »Bundestreue« (Rudolf Smend). Besondere Vorschriften für ihre Verfassungen hat die Reichsverfassung den Gliedstaaten nicht gemacht. Daß es sich bei ihnen – außer den Stadtstaaten – um Monarchien handelte, war selbstverständlich. Stellten sich Mängel bei der Ausführung von Reichsgesetzen heraus, so hatte sie der Bundesrat zu rügen (Art. 7, Abs. 1, Nr. 3 RV); er hatte auch über die Reichsexekution gegen ein Land, das seinen Bundespflichten nicht nachkam, zu beschließen (Art. 19 RV). Ebenso befanden die im Bundesrat versammelten »verbündeten Regierungen« über öffentlich-rechtliche Streitigkeiten zwischen Gliedstaaten sowie – subsidiär – über interne Verfassungsstreitigkeiten innerhalb eines Landes (Art. 76f. RV). Für den Fall eines inneren Aufruhrs war hingegen der Kaiser als Oberbefehlshaber des Heeres zuständig (vgl. Art. 68 RV).

Alles in allem waren das Zuständigkeiten, die den Bundesrat deutlich als ein Reichsorgan mit weit über die Legislation hinausgehenden Befugnissen auswiesen. Es war deshalb durchaus konsequent, wenn die Reichsverfassung ihn in ihrem dritten Abschnitt an die Spitze der Reichsorgane stellte, noch vor den Kaiser. Damit kam zum Ausdruck, daß, anders als 1849, nicht ein Monarch mit seinem Ministerium eigentlicher Leiter des Reichs sein sollte, sondern die Gesamtheit der im Bundesrat versammelten Regierungen, wie es einer staatenbündischen Konstruktion entsprach. In der Staatsrechtslehre ist daher der Bundesrat als der »Souverän« des Reiches apostrophiert worden. So gesehen war das Reich ein Bundesstaat mit staatenbündischer Spitze. Dem entsprach es, daß man – entgegen der sonst in der Verfassung üblichen Terminologie – vom »Bundesrat« redete und ihn erst in der Weimarer Republik in »Reichsrat« umbenannte.

IV.

Die Stellung des Bundesrates ist nicht die einzige Eigentümlichkeit gewesen, welche die Reichsverfassung aufwies, aber sie ist der Schlüssel für das Verständnis der politischen Organisation des Kaiserreichs. Bevor wir näher darauf eingehen, eine Bemerkung vorweg:

Die Reichsverfassung von 1871 war mit ihren 78 Artikeln wesentlich kürzer als die von 1849, die 197 Paragraphen umfaßte. Das lag vor allem daran, daß sie – ähnlich wie die Verfassungsgesetze der dritten französischen Republik von 1875 – ein reines Organisationsstatut ohne Grundrechte darstellte. Reichsgrundrechte, die Landesrecht vorangegangen wären, sollte es aus Rücksicht auf die Eigenständigkeit der Gliedstaaten nicht geben. Doch tat dies dem rechtsstaatlichen Charakter des Reiches keinen Abbruch. Man muß nämlich berücksichtigen, daß Grundrechte nach damaliger Rechtsauffassung nur gegen Übergriffe der Verwaltung schützten, nicht aber vor dem Gesetzgeber. Das bedeutet, daß das tatsächliche Maß an Freiheit und Rechtssicherheit in einer Verfassung nicht vom Umfang des beigegebenen Grundrechtskatalogs abhing, sondern davon, inwieweit der Gesetzgeber die Freiheitssphäre seiner Bürger respektierte oder aber in sie kraft seines Gesetzesvorbehaltes eingriff, sowie davon, in welchem Maße Verwaltung und Justiz ihrerseits an die Gesetzgebung gebunden waren. Für das Reich gilt, daß es im Rahmen seiner Zuständigkeit, z.B. im Presse- und Vereinswesen wie auch in Handel und Gewerbe, eine ausgesprochen liberale Gesetzgebungspolitik verfolgte und in den großen Prozeßgesetzen wie überhaupt in der Gerichtsverfassung für einen rechtsstaatlichen Schutz seiner Bürger sorgte. Nicht nur die Richter waren dem Gesetz unterworfen, sondern im allgemeinen auch die Verwaltung. Dem Grundsatz der »Gesetzmäßigkeit der Verwaltung« verhalf eine besondere Verwaltungsgerichtsbarkeit zur Geltung, die man seit 1863, nach Einrichtung der ersten Verwaltungsgerichte in Baden, aufzubauen begann. Allerdings gab es im staatsinternen Bereich z.B. des Militärs, des öffentlichen Dienstes oder des Schulwesens sog. besondere Gewaltverhältnisse, die sich einer legislativen Regelung und Begrenzung entzogen. Am Charakter des Reichs als eines »bürgerlichen Rechtsstaates«, d.h. eines Staates, der in seinem Rechtsleben weitgehend von bürgerlichen Ordnungs- und Freiheitsvorstellungen geprägt war, änderte sich dadurch jedoch nichts. Das schloß freilich weder ein autoritäres Auftreten der Staatsfunktionäre im Rahmen ihrer Befugnisse, noch gesetzgeberische Exzesse wie die Ausnahmeregelung des sog. Sozialistengesetzes aus.

Gravierender wurde dagegen der bundesstaatliche und parlamentarische Charakter des Reichs durch seine staatenbündische Implemente, die Ausführung der Reichsgesetze durch die Länder und die zentrale Stellung des Bundesrats, beeinträchtigt. Da der Bundesrat so etwas wie eine aus den einzelnen Regierungen der Länder zusammengesetzte Gesamtregierung des Reiches darstellte, mit Fachausschüssen nach Art. 8 RV, die ursprünglich die fehlenden ministeriellen Ressorts des Reiches ersetzen sollten, mußte notwendigerweise der Reichskanzler zugleich Vorsitzender dieses Gremiums sein (vgl. Art. 15 RV); denn nur in seiner Person ließen sich die beiden konkurrierenden Ansätze, welche die Reichsverfassung für die Regierungsspitze bot – die bundesrätliche und die kaiserliche –, miteinander vereinen. Inhaltlich drückte die Reichsverfassung die Verschränkung der beiden Regierungsansätze durch die gemeinsame Wahrnehmung von Regierungsfunktionen wie der Kriegserklärung und der Auflösung des Reichstags durch Kaiser und Bundesrat aus (vgl. Art. 11 Abs. 2 und 24 RV). Personell wurde die Verschränkung nicht nur durch den Reichskanzler über die Verfassung hergestellt, sondern in der Praxis auch dadurch, daß die Reichsstaatssekretäre in der Regel zu preußischen Bevollmächtigten des Bundesrates ernannt wurden. Diese Hereinnahme der Spitzen der kaiserlichen Regierung war auch deswegen geboten, weil nach Art. 9 RV nur Bundesratsbevollmächtigte das Recht besaßen, im Reichstag das Wort zu ergreifen und die Politik ihrer Regierung zu vertreten. Das wiederum legte eine personelle Verbindung von Reichskanzleramt und preußischem Außenministerium nahe; denn nur über dieses konnte der Kanzler die preußischen Stimmen, zu denen jetzt auch die der Staatssekretäre gehörten, instruieren. Kanzler und Staatssekretäre traten also als Bundesratsbevollmächtigte, nicht als Mitglieder der Reichsregierung – diese Bezeichnung wurde vielmehr offiziell vermieden – vor den Reichstag, was einmal mehr den Regierungscharakter des Bundesrats unterstreicht. Zugleich zeigt sich darin aber auch ein beabsichtigter antiparlamentarischer Effekt dieser Konstruktion.

Indem nur Bundesratsmitglieder vor dem Reichstag auftreten konnten, wurde die tatsächliche Reichsregierung gleichsam hinter dem Bundesrat versteckt. Das brauchte den Reichstag nicht daran zu hindern, ihre Politik inhaltlich, z.B. durch Verweigerung der benötigten Mittel, zu bekämpfen; es hinderte ihn aber daran, im Wege des Mißtrauensvotums ein personelles Revirement der Regierung zu erzwingen. Im übrigen hätte ihm ein solches Vorgehen wenig genützt, denn die Reichsverfassung schloß im genannten Art. 9 überdies eine gleichzeitige Mitgliedschaft im Reichstag und im Bundesrat aus. Zudem mußte ein Abgeordneter ganz generell sein Mandat aufgeben, wenn er in den Staatsdienst überwechselte (vgl. Art. 21 Abs. 2 RV). Beide Inkompatibilitätsvorschriften hatten zur Folge, daß ein Mitglied der Reichsregierung nicht aus dem Kreis der Reichstagsabgeordneten kommen konnte, ohne daß der Betreffende sein Mandat und damit seinen parlamentarischen Rückhalt verlor. Im Ergebnis stellte das eine Verhinderung der Einführung des parlamentarischen Regierungssystems durch die Verfassung dar. Tatsächlich war daher in Deutschland die Meinung weit verbreitet, Föderalismus und Parlamentarismus schlössen einander aus, und bis in die letzten Jahre findet man unter den Mitgliedern der Reichsregierung keine Parlamentarier, sondern nur Beamte. Stärker noch als früher wurde so die Regierung im Reich zu einer Sache der Bürokratie. Das Abgeordnetenmandat eröffnete dagegen – anders als in Westeuropa – nicht den Weg in politische Spitzenpositionen.

Doch damit nicht genug. Der staatenbündische Einschlag des Reichs hatte nicht nur einen antiparlamentarischen Effekt, sondern sicherte zugleich die hegemoniale Stellung Preußens ab. Man muß dabei bedenken, daß das Reich aus größenmäßig und in ihrer politischen Bedeutung höchst unterschiedlichen Mitgliedstaaten, aus Fürstentümern und Stadtstaaten mit einigen Tausend Einwohnern, aus Staaten mittlerer Größe und eben aus Preußen bestand, zu dem über drei Fünftel des Reichsgebietes und der Bevölkerung sowie die Zentren der Schwerindustrie gehörten. Der preußische Staatshaushalt war größer als der des Reichs. Das war für einen Bundesstaat überaus ungewöhnlich. Ohne Österreich wirkte Deutschland daher in der Tat wie ein erweitertes Großpreußen. Und natürlich erhob Preußen den Anspruch, die Führungsmacht im Deutschen Reich zu sein. Etwas anderes war nach Lage der Dinge kaum denkbar, und aus einem anderen Grunde hatte Bismarck das Reich auch nicht geschaffen. Deutschland war nicht einfach eine Föderation von Staaten, sondern ein hegemonialer Bundesstaat.

Dieser Umstand kam indessen in der Reichsverfassung nur

recht unvollkommen zum Ausdruck. Im Bundesrat verfügte Preußen nur über siebzehn Stimmen, weit weniger, als es seiner Bevölkerungszahl entsprach. Es konnte die anderen Staaten damit nicht majorisieren. Allerdings genügte diese Stimmenzahl, um Verfassungsänderungen zu verhindern. Darüber hinaus besaß Preußen eine besondere Vetoposition bei der Militärgesetzgebung und der Festlegung der Einnahmen des Reiches (vgl. Art. 5, Abs. 2 RV). Hinzu kam die notwendige personelle Verknüpfung, die zwischen dem preußischen Königtum und dem Amt des deutschen Kaisers bestand (Art. 11 RV). Sie bedeutete, daß der preußische König nicht nur über den Staatsapparat seines Landes, sondern auch über den des Reichs verfügte. Er hatte die Personalhoheit und Organisationsgewalt über die preußische und die Reichsverwaltung. Er allein – und nicht mehr die anderen Monarchen mit Ausnahme des bayerischen – unterhielt noch auswärtige Beziehungen und kommandierte das Militär. Der preußische König war damit als einziger noch Monarch im vollen Sinne.

Nun genügte diese eine Personalunion freilich nicht, um die gewünschte und für das Funktionieren der Reichsorganisation notwendige Verbindung zu Preußen herzustellen. Daher ist auch der Reichskanzler – meist ein Preuße – in der Regel zugleich preußischer Ministerpräsident, also Chef zweier Regierungen gewesen. Auch die Reichsbeamten, vor allem die Staatssekretäre, stammten überwiegend aus der preußischen Beamtenschaft.

Als Vorsitzender des Bundesrats, der gleichzeitig die preußischen Stimmen führte, kontrollierte der Reichskanzler-Ministerpräsident die zentrale Institution des Reichs. Als Vorsitzende seiner Ausschüsse nahmen die preußischen Bundesratsbevollmächtigten ebenfalls eine leitende Stellung im Bundesrat ein. Auch wenn Preußen in ihm nur über 17 Stimmen verfügte, reichte das in der Regel aus, um den Rat zu beherrschen, zumal die von Preußen abhängigen Kleinstaaten und Städte kaum in der Lage waren, sich seinen Wünschen zu widersetzen. Das Reich war somit tatsächlich über den Bundesrat von Preußen regierbar, besonders in den ersten Jahren, in denen es selbst noch keinen größeren bürokratischen Apparat besaß und seine Gesetze daher in den preußischen Ressorts entworfen und im preußischen Staatsministerium beraten wurden. Aber auch später blieb das Reich auf den loyalen Vollzug seiner Anordnungen durch das größte Bundesland angewiesen. Gegen Unbotmäßigkeiten anderer Staaten hätte es sich zur Wehr setzen können, Preußen gegenüber war das undenkbar.

Diese Abhängigkeit des Reiches von Preußen begünstigte indessen nicht nur preußische Herrschaftsintentionen, sondern konnte sich für Preußen auch als nachteilig erweisen. So, wenn der Reichskanzler oder sein Stellvertreter im Bundesrat die preußischen Stimmen im Reichs- und nicht im Landesinteresse verwandte, oder wenn Reichsstaatssekretäre zur besseren Abstimmung des Vorgehens zu preußischen Staatsministern ernannt wurden, um an den Beratungen dieses Gremiums teilzunehmen, und dort Reichsbelange durchzusetzen versuchten. Zwar ist es sicherlich übertrieben gewesen, in dem Zusammenhang von einer »Staatssekretarisierung Preußens« zu sprechen, wie es die preußischen Konservativen taten, doch zeigt es, daß man nicht ohne weiteres von einer Interessenidentität zwischen Preußen und dem Reich und von einer selbstverständlichen Dominanz der preußischen Seite ausgehen darf. Desungeachtet bleibt das Faktum bestehen, daß das Wohl und Wehe seines größten Gliedstaates die Reichspolitik nicht unberührt lassen konnte, daß, was Preußen bedrohte, zugleich auch das Reich gefährdete, und daß auch die auswärtige Politik des Reichs, z.B. in der polnischen Frage, kaum anders als durch die preußische Brille gesehen werden konnte. Diese unbestreitbar preußische Färbung der Reichspolitik verstärkte sich noch dadurch, daß der Reichskanzler als preußischer Ministerpräsident neben dem Reichstag auch dem preußischen Landtag Rede und Antwort zu stehen hatte und sich nur schwer dem Druck dieses, im Abgeordnetenhaus aufgrund des unterschiedlichen Wahlrechts, im Herrenhaus ohnehin ganz anders als der Reichstag zusammengesetzten Parlamentes zu entziehen vermochte. Nicht zu Unrecht hat man daher den preußischen Landtag die »heimliche« zweite Kammer des Reiches genannt; preußische und Reichsangelegenheiten ließen sich nun einmal nicht streng voneinander trennen.

2. Zur Verfassungsentwicklung im Kaiserreich

I.

Man kann die Reichsverfassung als einen liberal-gouvernementalen Kompromiß auffassen, einen Kompromiß zwischen den nach einer nationalstaatlichen Ordnung Deutschlands in einem freiheitlichen Sinne verlangenden liberal-demokratischen Kräften und den Regierungen der deutschen Staaten, vor allem Preußens. Dieser Kompromiß war echt, kein dilatorischer Formelkompromiß, der eine Nichteinigung nur überdeckte und die zu fällenden Entscheidungen lediglich aufschob. Solches läßt sich allenfalls von der nicht geregelten Frage, wie bei einem Dissens über das Militärbudget zu verfahren sei, sagen und möglicherweise vom Verzicht auf eine nähere Ausgestaltung der Verantwortlichkeit des Reichskanzlers nach Art. 17 RV. Allerdings handelte es sich dabei um zwei nicht ganz unwesentliche Punkte. Sein Fundament besaß der Kompromiß in einer weitgehenden Übereinstimmung der nationalen und machtstaatlichen Interessen der Reichsgründer: Bismarcks, Preußens und des deutschen Nationalliberalismus. Wie weit man sich einander annähern konnte, zeigte sich an der schon im Norddeutschen Bund beginnenden Reformgesetzgebung der »Ära Delbrück«.

Durch diese Reformgesetzgebung wurde die von der Verfassung geforderte Rechtseinheit in Deutschland hergestellt. Sie basierte auf einer engen Zusammenarbeit zwischen dem Leiter des Reichskanzleramtes, Rudolf von Delbrück, und den im Reichstag über eine Mehrheit verfügenden Parteiführern der Liberalen und der reichisch gesinnten Konservativen, der Deutschen Reichspartei. Zu den dem Reich eine liberale Ordnung gebenden Gesetzen gehörten u.a. das Freizügigkeitsgesetz von 1867, die Gewerbeordnung von 1869 mit ihrem Bekenntnis zur Gewerbefreiheit und der Aufhebung des Koalitionsverbotes, das Reichsstrafgesetzbuch von 1870, das Reichspreßgesetz von 1874 sowie die Reichsjustizgesetze von 1877: das Gerichtsverfassungsgesetz, die Zivilprozeßordnung, die Strafprozeßordnung und die Konkursordnung. Hinzu kamen verschiedene Währungsgesetze und Gesetze zum Schutz des Gewerbes im Bereich des Urheber- und Patentrechts. Eine Zentralnotenbank (Reichsbank), ein oberstes Reichsgericht in Leipzig und ein Reichspatentamt wurden eingerichtet. Etwas später, im Jahre 1900, folgte das Bürgerliche Gesetzbuch (BGB).

Das liberal-gouvernementale Zusammenspiel setzte sich auf Länderebene fort: Hier ist vor allem die von den Ideen Rudolfs von Gneist stark beeinflußte Reform der Selbstverwaltung in Preußen mit ihren neuen Gemeinde-, Kreis- und Provinzialordnungen zu nennen, die sich zum Teil nur durch einen, den Widerstand intransigenter Konservativer im preußischen Herrenhaus brechenden Pairsschub verwirklichen ließ. Zum anderen ist auf den nun auch in Preußen ausbrechenden »Kulturkampf« gegen die Kirche und den sich damals im Zentrum formierenden politischen Katholizismus hinzuweisen. Dieser von Bismarck eher aus Besorgnis vor einer antideutschen, aus Reichskatholiken, Österreichern und Frankreich gebildeten Front als um der Säkularisierung des modernen Staates willen geführte Kampf gipfelte in zahlreichen repressiven Maßnahmen, u.a. den »Kampfgesetzen« in Preußen und im Reich, in der Einführung der obligatorischen Zivilehe, im preußischen Schulaufsichtsgesetz zur Reglementierung des Unterrichts auch katholischer Schulen, in dem gegen die politische Agitation Geistlicher gerichteten Kanzelparagraphen des Strafgesetzbuches sowie im Verbot der Jesuiten im Reich und anderer Orden in Preußen.

Das Zusammenspiel von Liberalismus, Reichsleitung und preußischer Regierung wurde mit der Zeit immer enger, und eine allmähliche Parlamentarisierung des Reichs, seine Verwandlung in eine liberale parlamentarische Monarchie nach dem englischen Westminstermodell, beruhend auf einer Mehrheitskoalition der reichisch gesinnten Konservativen und der Nationalliberalen sowie anderer liberaler Gruppierungen war trotz der entgegenstehenden Passagen in der Reichsverfassung offenbar nicht mehr undenkbar. Doch wurde diese Entwicklung durch einen politischen Kurswechsel Ende der siebziger Jahre abrupt gestoppt.

II.

Die nun eintretende konservative Wende in der Reichspolitik ist durch eine auf den Boom der Gründerjahre folgende wirtschaftliche Depression veranlaßt worden, durch eine konjunkturelle Krise der seit Beginn der Industrialisierung florierenden Schwerindustrie und eine strukturelle der Landwirtschaft, vornehmlich Ostelbiens, die sich scharfer ausländischer Konkurrenz ausgesetzt sah. Großgrundbesitz und Schwerindustrie riefen in einer neuartigen Koalition von »Roggen und Eisen« nach dem Schutz des Staates. Bismarck war diese Entwicklung nicht unangenehm, schien sich doch unter Berufung darauf die Prädominanz des Staates bzw. der Regierung über einen Parlamentarismus liberaler Prägung wiederherstellen zu lassen. Der von ihm eingeleitete Übergang vom Freihandel zum Schutzzoll ist daher nicht nur als situationell bedingter Kurswechsel in der Wirtschaftspolitik zu verstehen, sondern stellte den Versuch einer grundsätzlichen Neuorientierung des politischen Systems dar – die Einleitung eines Verfassungswandels, der für die deutsche Verfassungsgeschichte von erheblicher Bedeutung wurde.

Intendiert war von jener »zweiten Reichsgründung« (Böhme) in den Jahren 1878 bis 1880 die Wiederherstellung der führenden Rolle von Staat und Regierung gegenüber Parlament und Parteien, allgemeiner gesprochen: die Dominanz des »Staates« gegenüber der »Gesellschaft« durch Übernahme einer neuartigen Ordnungsfunktion, die im Schutz und Ausgleich der in der Gesellschaft vertretenen wirtschaftlichen und sozialen Interessen bestand, wobei die Einführung von Schutzzöllen im Jahre 1879 nicht nur die nationale Wirtschaft absichern, sondern zugleich auch zu einer fiskalischen Stärkung des Staates führen sollte. Auf diese Weise ließ sich, ebenso wie durch Begründung neuer staatlicher Monopole (z.B. das Tabakmonopol), Geld für die notwendig werdenden staatlichen Subventionen und vor allem für eine soziale Sicherung der Arbeiterschaft aufbringen.

Diese Neuorientierung zum gouvernementalen Interventionsstaat wurde in Preußen durch eine dezidiert konservative Personalpolitik ergänzt (sog. System Puttkamer). Sie war verbunden mit der Hoffnung auf eine, sich dem Führungsanspruch der Regierung unterordnende Parlamentsmehrheit, mit der sich die als »Reichsfeinde« abgestempelte Opposition eliminieren ließ: das Zentrum, das seit dem Kulturkampf Objekt staatlicher Repressionspolitik war, die Sozialdemokraten, die nun mit dem »Sozialistengesetz« attackiert wurden, und schließlich auch die Linksliberalen, deren Eintreten für Freihandel und eine Stärkung des Parlamentes den neuen Vorstellungen grundlegend widersprach. Als wünschenswert erschien eine Reduzierung der parlamentarischen Mitbestimmung auf ein Wirtschaftsinteressen vertretendes, die Regierung sachverständig beratendes Parteienforum oder die Einsetzung eines Volkswirtschaftsrates für derartige Aufgaben neben dem Reichstag. Auch Bismarcks zeitweilige Überlegungen, das Parlament in eine berufsständische Interessenvertretung umzuwandeln, standen in diesem Kontext. All das war davon bestimmt, die sich neu formierenden wirtschaftlichen und sozialen Interessen der Gesellschaft politisch präsent zu machen, zugleich aber der Regierung die politische Führung sowie Ausgleich und Schutz dieser Interessen durch staatliche Intervention zu überlassen.

Die neue Politik ist insoweit erfolgreich gewesen, als sie ab 1876 in der deutschkonservativen Partei einen Rückhalt auch in den Bismarck bis dahin distanziert gegenüberstehenden Kreisen des Konservativismus fand. Doch gelang es nicht, die parlamentarische Opposition auszuschalten. Sozialdemokratie und Zentrum gingen aus dem Kulturkampf bzw. aus der Verfolgung durch das Sozialistengesetz – trotz der Gegengründung einer christlich-sozialen Arbeiterpartei 1878 – eher gestärkt hervor. Nationalliberale, die dem neuen Kurs nicht folgen wollten, bildeten mit der liberalen Linken die nicht unbeachtliche neue Fraktion des Freisinns. Der Nationalliberalismus büßte infolge dieser Sezession seine Rolle als Mehrheitsbeschaffer ein. Fortan wurde, ganz im Gegensatz zu den ursprünglichen Intentionen, das Zentrum für die Mehrheitsbildung im Reichstag im allgemeinen unentbehrlich.

Der Reichstag verweigerte denn auch die von der Reichsleitung gewünschte Finanzierung der Ausgaben durch Einrichtung von Monopolen und Erhöhung der indirekten Steuern. Zwar bewilligte er eine Tabaksteuer und Schutzzölle, er verlangte aber in der sog. Franckensteinschen Klausel, daß die Einnahmen daraus nur bis in Höhe von 130 Millionen Mark dem Reich verblieben: ein Überschuß sollte den Ländern abgetreten werden. Auf diese Weise blieb das Reich auch künftig auf Matrikularbeiträge der Gliedstaaten angewiesen. Das war für das Parlament wichtig, denn anders als einmal bewilligte Zoll- und Steuereinnahmen unterlagen die Beiträge aufgrund ihrer jährlichen Ausschreibung seiner ständigen Kontrolle.

Die restriktive Finanzpolitik des Reichstags, die in der Verweigerung des Ausbaus der Tabaksteuer zu einem staatlichen Tabakmonopol gipfelte, hatte zur Folge, daß die Reichsleitung ihre ursprüngliche Intention, die soziale Vorsorge für die Arbeiterschaft seitens des Staates zu treffen, aufgeben mußte, und daß an die Stelle des geplanten »Staatssozialismus« die als Selbstverwaltung organisierte Sozialversicherung mit hohen Beitragszahlungen der beteiligten Arbeitgeber und Arbeitnehmer trat. Ungeachtet dieser Verwässerung der ursprünglichen Absichten des Reichskanzlers hatte jedoch die liberale Ära in der Reichspolitik nun ein Ende. Überhaupt war die Zeit der Dominanz liberaler Ideen, die dem 19. Jahrhundert bis dahin sein Gepräge gegeben hatten, nun vorbei.

III.
Die einmal eingeschlagene Richtung wurde auch in den neunziger Jahren beibehalten, trotz Erholung der Wirtschaft und »Neuem Kurs«, der zur Aufhebung des Sozialistengesetzes und zum partiellen Abbau des Schutzzollsystems führte. Das Deutsche Reich trat in die nun folgende, sich seit den achtziger Jahren mit dem Erwerb von Kolonien ankündigende Ära imperialistischer Weltpolitik mit ihrer wirtschaftlichen, politischen und militärischen Konkurrenz unter den großen Industriestaaten als »Obrigkeitsstaat«, als Staat mit einer weder parlamentarisierten, noch demokratisierten Führung ein. Der seit Ende der siebziger Jahre und besonders im letzten Jahrzehnt des vorigen Jahrhunderts deutliche Konturen gewinnende gesellschaftliche Wandel und die zunehmende außenpolitische Verflechtung des Reiches wirkten sich dabei auch auf das Verfassungssystem aus.

In der Zeit von 1871 bis 1913 wuchs die Bevölkerung des Reichs von rund 41 Millionen auf etwa 67 Millionen an. Dabei nahm der Anteil der Stadtbewohner auf über 60 Prozent zu. Insbesondere waren es die industriereichen Großstädte, die Arbeitssuchende anzogen und 1913 schließlich mehr als 20 Prozent der Bevölkerung aufgenommen hatten. Wie grundsätzlich der Wandel von einer dörflichen Agrargesellschaft zur städtischen Industriegesellschaft war, zeigt der relative Rückgang der Beschäftigten in der Landwirtschaft, in der nach der Jahrhundertwende weniger Arbeitnehmer tätig waren als im industriellen Sektor. Gleichzeitig nahm die Zahl der Lohnarbeiter zu, ging die der Selbständigen auf rund 20 Prozent zurück. Auffällig ist auch die Zunahme von Großbetrieben in jener Zeit, die sich zu Konzernen und Kartellen zusammenschlossen. Mit Hilfe von Aktiengesellschaften, Großbanken, Konzernen und Kartellen fand die sich rasch entwickelnde industriell-kapitalistische Wirtschaftsweise eine neue Ordnung, der man die allerdings stark umstrittene Bezeichnung »organisierter Kapitalismus« gegeben hat. Derartige, die regellose Konkurrenz zurückdämmende Ordnungsformen bildeten sich nicht nur in der älteren Schwerindustrie, sondern auch in jenen neuen Industriezweigen der Chemie und Elektroindustrie heraus, denen Deutschland schon vor dem Weltkrieg seine führende Rolle im Welthandel verdankte.

Trotz fortschreitender Auflösung überkommener ständischer Strukturen und deutlicher Ausbildung einer modernen Klassengesellschaft mit einem überwiegenden Anteil von Lohnabhängigen, blieb die gesellschaftliche Schichtung komplex. Es hielt sich ein bürgerlicher Mittelstand. Nicht alle kleineren und mittleren Betriebe wurden von der Großindustrie aufgesogen. Die Arbeiterschaft differenzierte sich. Schon zu Beginn des neuen Jahrhunderts trat neben den typischen Fabrikarbeiter das Millionenheer der Angestellten. Ein wachsendes Sozialprodukt brachte spürbare Einkommensverbesserungen auch für die unteren Schichten. Der mit der Bevölkerungsexplosion seit Ende des 18. Jahrhunderts einhergehende Verelendungsprozeß wurde gestoppt. Infolgedessen begannen sich auch in der Arbeiterschaft, in den Gewerkschaften und in der sozialdemokratischen Partei die stärker auf Integration und eine Verbesserung der Lage der Arbeiter innerhalb des vorhandenen Systems zielenden Strategien des sog. Reformismus und Revisionismus durchzusetzen. Ihren Ausdruck fanden die recht heterogenen Interessen der einerseits stark verstädterten und vom modernen Industriewesen geprägten, andererseits vielfach noch an älteren Traditionen und Lebensweisen festhaltenden Bevölkerung in zahlreichen Interessenverbänden. In deren Gründung spiegelt sich die neue Formierung der Gesellschaft ebenso wider wie in der gleichzeitigen Modernisierung der Parteien.

IV.

Neue Berufsvereinigungen waren an die Stelle ständischer Korporationen schon zu Beginn des 19. Jahrhunderts getreten. Die seit jener Zeit aufkommenden Innungen und Kammern nahmen als Organisationen der wirtschaftlichen Selbstverwaltung auch quasi staatliche Aufgaben der Ordnung und Aufsicht in verschiedenen Wirtschaftszweigen wahr, so wie sie heute noch von den Industrie- und Handelskammern, den Handwerks- und Landwirtschaftskammern erfüllt werden. Seit der Jahrhundertmitte – und vermehrt seit den neunziger Jahren – traten neben sie auch private Interessenvereinigungen, die Interessenverbände im engeren Sinne. Sie entstanden meist aus speziellem Anlaß, bildeten aber dauerhafte Organisationen aus. So der Centralverband Deutscher Industrieller, der seit 1876 die Schutzzollinteressen der Industrie vertrat, so der 1893 gegründete Bund der Landwirte, der gegen den Abbau der Getreidezölle protestierte, oder der Hansabund für Gewerbe, Handel und Industrie von 1909 und, als Gegengründung zum protektionistischen Centralverband, der Bund der Industriellen von 1895. Ähnlich vielfältig war die Organisierung der Arbeiterschaft in unterschiedlichen Richtungsgewerkschaften. Außer den der Sozialdemokratie nahestehenden Freien Gewerkschaften gab es christliche und liberale sowie erste Ansätze zu einer besonderen Vertretung der Angestellten. Neben den wirtschaftlichen Interessenvereinigungen traten ideelle auf, wie der Alldeutsche Verband von 1894, der mit seinen nationalen und imperialistischen Zielsetzungen die für Deutschland so folgenschwere Ära eines neuen, rechten Nationalismus einleitete.

Alle diese Vereinigungen sind Großverbände mit Tausenden von Mitgliedern gewesen, die Freien Gewerkschaften überschritten sogar die Millionengrenze. Sie übten vielfach einen erheblichen Druck auf Regierung und Parteien aus, wobei es zwischen Regierung und Verband durchaus auch zur wechselseitigen Förderung kommen konnte, wie z.B. beim Deutschen Flottenverein, dessen Flottenbauforderungen vom Reichsmarineamt nachhaltig unterstützt wurden. Immer mehr wurde auch der sachverständige Rat der Verbände von Regierungsseite gesucht. Die Parteien, denen die Verbände z.B. bei Wahlen wertvolle finanzielle und agitatorische Hilfe angedeihen ließen, gerieten zunehmend unter ihren Einfluß, wenngleich die massive Abhängigkeit der Deutschkonservativen vom Bund der Landwirte ein Einzelfall blieb. Eine gewisse Selbständigkeit wahrten sich die Parteien dadurch, daß sie unter dem Druck des allgemeinen Wahlrechts seit den neunziger Jahren selber zu Massenorganisationen mit relativ heterogenen Mitgliederinteressen anwuchsen und eigene bürokratische Formen ausbildeten.

Das Parteiensystem des Kaiserreichs ist in den sechziger Jahren entstanden, in einer ersten Welle der Organisierung älterer politischer Richtungen, wie wir sie seit der achtundvierziger Zeit kennen, und in Reaktion auf die Bismarcksche Politik. So trennten sich 1866 die Freikonservativen der Deutschen Reichspartei von den, Bismarck mit Vorbehalten begegnenden Altkonservativen in Preußen. Zur gleichen Zeit schwenkte der größte Teil der Liberalen in der 1867 gegründeten Nationalliberalen Partei auf einen Bismarck wohlgesinnten, die preußische Reichspolitik unterstützenden Kurs ein. Ein kleiner Teil, der in betonter Weise den Ausbau des Verfassungsstaates verlangte und auch nach 1879 an der Idee des Freihandels festhielt, verharrte in einer parteienmäßig aufgesplitterten Opposition. Aus ihr entstand 1910 die stärker sozialliberal orientierte Fortschrittliche Volkspartei. Auch die ersten Arbeiterparteien sind in den sechziger Jahren gegründet worden: 1863 der Allgemeine

Deutsche Arbeiterverein durch Lassalle, 1869 die Sozialdemokratische Arbeiterpartei durch Bebel und Liebknecht. Beide Parteien fusionierten 1875 zur Sozialistischen Arbeiterpartei Deutschlands, die sich ab 1890, nach der Aufhebung des Sozialistengesetzes, Sozialdemokratische Partei Deutschlands nannte. Schließlich formierte sich in der Zeit der Reichsgründung auch der politische Katholizismus im sogenannten »Zentrum«.

Neben diesen größeren Gruppierungen gab es kleinere, regional beschränkte, wie die in Süddeutschland beheimatete Deutsche Volkspartei, oder nationale Minderheiten wie die ebenfalls im Reichstag vertretenen Polen und Dänen. Der Organisierungsgrad der Parteien nahm angesichts der nunmehr in die Millionen gehenden, in wachsendem Maße politisierten Wählerschaft zu. Die Honoratiorenparteien verloren an Boden, Mitgliederparteien mit Parteifunktionären bzw. Parteien unterstützende Vereinigungen traten in den Vordergrund. Interessenvertretung und Politik wurden zum Beruf.

Bezeichnend für die zunehmende Politisierung der Bevölkerung war die steigende Wahlbeteiligung; während sie bei Reichstagswahlen in den siebziger Jahren nur etwa 60 Prozent betrug, erhöhte sie sich zu Beginn des 20. Jahrhunderts auf über 80 Prozent. Dabei ergab sich ein unaufhaltsamer Trend zugunsten der Sozialdemokratie, der mit der Entwicklung zur städtischen Arbeitnehmergesellschaft korrespondierte. Die SPD konnte trotz des für sie ungünstigen Wahlrechts bei den Reichstagswahlen 1912 über ein Drittel aller Wählerstimmen auf sich vereinigen, während selbst das Zentrum, die relativ stabile Mitte des Parteiensystems im Kaiserreich, damals beträchtlich unter 20 Prozent blieb.

V.

Dieser hier nur skizzierte gesellschaftliche Wandel wirkte sich auf der staatlichen Ebene zum einen in einer Zunahme der Staatsaufgaben aus, zum andern in einem wachsenden Druck der Bevölkerung auf die Politik. Durch den Ausbau des Sozialstaats und den Eintritt in die Weltpolitik mit all den rüstungspolitischen Implikationen, vor allem im Flottenbau, ist insbesondere das Reich mit seinen Organen der neuen Entwicklung ausgesetzt gewesen. Die Bedeutung der Gliedstaaten trat dagegen hinter der Reichspolitik mehr und mehr zurück. Deutlich ablesbar ist das Anwachsen der Reichsaufgaben an der Zunahme der Reichsämter. Wurden die Reichsangelegenheiten mit Ausnahme der auswärtigen zunächst vom Reichskanzleramt (später: Reichsamt des Innern) allein erledigt, so gliederten sich aus ihm bis 1880 sechs, bis 1918 insgesamt elf weitere Ämter, quasi selbständige Ministerien, wie das Reichsjustizamt oder das Reichsschatzamt, aus. Die Reichsleitung verselbständigte sich auf diese Weise gegenüber den verbündeten Regierungen im Bundesrat, aber auch gegenüber dem sie bis dahin dominierenden preußischen Staatsministerium. Die meisten Gesetzesinitiativen kamen jetzt als sog. »Präsidialvorlagen« aus den Reichsämtern. Im Bundesrat übernahmen die Staatssekretäre den Vorsitz in den Ausschüssen.

Hand in Hand mit der Verselbständigung der Reichsleitung ging die Aufwertung des Reichstags als der Vertretung des sich politisch mehr und mehr in Parteien organisierenden Volkes. Allmählich begann die Reichsleitung Absprachen über ihre Initiativen mit den Parteiführern im Parlament schon zu treffen, bevor sie den Bundesrat damit befaßte. Das politische Gewicht des Reichstags äußerte sich nicht nur bei der Gesetzgebung und der jährlichen Haushaltsdebatte, in der es um die Finanzierung der Reichspolitik ging, sondern auch in zahlreichen Interpellationen, auf die ihm die Reichsleitung Rede und Antwort stehen mußte – ein Vorgang, der mit dem Antrag auf Mißbilligung der Regierungspolitik abgeschlossen werden konnte. Zu solchen Mißbilligungsvoten ist es auch gekommen. Allerdings hatten sie, im Gegensatz zum Mißtrauensvotum im parlamentarischen System, keinen Sturz der Regierung zur Folge.

Obwohl der durch den Reichstag vermittelte gesellschaftliche Einfluß auf die Reichsleitung zunahm, kam es nicht, wie in anderen europäischen Verfassungsstaaten, zu ihrer Parlamentarisierung. Es blieb im Deutschen Reich vielmehr bei der herkömmlichen monarchisch-bürokratischen Regierungsweise. Zwar verlor die ursprüngliche föderative Konstruktion allmählich an Bedeutung, dafür nahm das Reich aber nicht die Züge einer parlamentarischen, sondern die einer traditionellen konstitutionellen Monarchie an: Während der Bundesrat die ihm zugedachte zentrale Position einbüßte und mehr und mehr zu einem schwerfälligen, unter Zeitdruck arbeitenden Gremium degenerierte, in dem nicht die Minister der Länder eine gemeinsame Politik betrieben, sondern sich weisungsabhängige Bürokraten tummelten, wurde der Kaiser, nicht das Parlament, zum Integrationssymbol des neuen Staates, zum »Reichsmonarchen«, was im »persönlichen Regiment« Wilhelms II. seinen sinnfälligen Ausdruck fand. Neben den Kaiser traten Reichskanzler und Reichsstaatssekretäre als Reichsleitung, die nun deutlichere Konturen gewann. Ihnen stand der Reichstag als Volksvertretung und der Bundesrat, nunmehr als eine Art zweiter föderativer Kammer, gegenüber. Auch das Reich war so, wie seine Gliedstaaten, zur »deutschen konstitutionellen Monarchie« geworden.

3. Die deutsche konstitutionelle Monarchie

Seit den Tagen der konservativen Wende im Kaiserreich ist die Unterscheidung von »konstitutioneller und parlamentarischer Regierung« (so Max von Seydel 1887) für die deutsche Staatsrechtslehre grundlegend geworden. Sie verstand darunter nicht einfach nur einen Unterschied in der Regierungsweise, sondern auch in der Staatsform und stellte die »deutsche konstitutionelle Monarchie« den autoritären Staaten des Ostens wie den parlamentarischen des Westens gern als überlegenen Staatstyp gegenüber. Die Debatte über diesen Staatstyp, seine Bedingtheit, seine Ausformung wie seine Vorzüge und Nachteile ist auch nach seinem Verschwinden aus der Geschichte bis heute fortgesetzt worden. Im folgenden Resümee versuchen wir, ihn insbesondere in seiner Ausprägung, die er im Kaiserreich erfahren hat, zu umreißen.

I.

Unter »konstitutioneller Monarchie« versteht man ganz allgemein im Gegensatz zur absoluten eine verfassungsmäßig beschränkte Monarchie, die auch, wie in Frankreich 1791, auf dem Prinzip der Gewaltenteilung beruhen kann. In England wird sogar die parlamentarische Monarchie, also eine Monarchie mit parlamentarischem Regierungssystem, in dem der Monarch nur noch repräsentative Aufgaben besitzt, als »constitutional« bezeichnet. Nach der Auffassung der deutschen Staatslehre besitzt die konstitutionelle Monarchie dagegen eine monarchische und keine parlamentarische Regierung. In ihr gilt das sog. monarchische Prinzip, wie es sich seit Beginn des 19. Jahrhunderts herausgebildet hat: Der Monarch ist der Souverän im Staat, Quelle und Inhaber aller Staatsgewalt; eine Gewaltenteilung, die ihn auf bestimmte Staatsfunktionen beschränkt, findet nicht statt. Gelegentlich hat man jedoch auch in der deutschen Staatslehre eine Unterscheidung zwischen den älteren vormärzlichen Monarchien mit ausgeprägtem monarchischen Prinzip und späteren gemacht, in denen, wie in der preußischen Verfassung von 1850, der Dualismus von monarchischer Regierung und parlamentarischer Repräsentation des Volkes deutlicher hervortrat, und man hat nur die letztere als »konstitutionelle Monarchie« im engeren Sinne bezeichnet. Das war nicht unwichtig, denn auf diese Weise ließ sich auch die Reichsverfassung von 1871, die das monarchische Prinzip ja nicht mehr kennt, dem Typ der konstitutionellen Monarchie zuordnen.

Das Festhalten am Gedanken der monarchischen Souveränität, wie er im berühmten Art. 57 der Wiener Schlußakte von 1820 zum Ausdruck gekommen ist, bedeutete nun freilich nicht, daß die Fürsten in ihren Verfügungen völlig frei gewesen wären. Sie waren, wie es die Juristen gern formulierten, zwar auch weiterhin im Besitz der gesamten Staatsgewalt geblieben, in deren Ausübung jedoch beschränkt worden. Diese Beschränkung bezog sich zum einen auf die Verfassung selbst. Obwohl die deutschen konstitutionellen Verfassungen in der Regel einseitig von den Fürsten gegeben worden sind, konnten sie nach allgemeiner Rechtsauffassung nicht mehr ebenso einseitig aufgehoben oder geändert werden. Die Staatsrechtslehre jener Zeit drückte die darin liegende Beeinträchtigung souveräner Machtvollkommenheit gern so aus, daß sie von einer »Souveränität des Staates« sprach, dessen »Organ« der Fürst – als Verfassungsmonarch – nur noch sei, was seine funktionelle Bindung an das vorgegebene Staatswesen und dessen Verfassung deutlich machte. Der dadurch heraufbeschworenen Gefahr einer Gleichstellung des Staatsorgans »Monarch« mit anderen Staatsorganen, insbesondere dem Parlament, suchte man dadurch zu entgehen, daß man die Organstellung des Monarchen als eines »Staatsoberhauptes« heraushob und ihn als »Träger« der Staatsgewalt bezeichnete. Alle diese Konstruktionen konnten jedoch nicht darüber hinwegtäuschen, daß die Fürsten im konstitutionellen Zeitalter in ihrer Tätigkeit nicht nur faktisch oder durch allgemeine Naturrechtsgrundsätze, sondern auch positiv rechtlich eingeschränkt waren, und dies nicht nur im Hinblick auf die rechtlichen Grenzen ihres Tuns, sondern auch im Hinblick auf Mitbestimmungsrechte anderer.

II.

An sich stand dem konstitutionellen Monarchen aufgrund der ihm zukommenden Personalhoheit und Organisationsgewalt der gesamte Staatsapparat zur Verfügung. Er konnte Beamte einstellen und entlassen, war aber hierin an Qualifikationen und wohlerworbene Rechte der Beamtenschaft gebunden. Vor allem übte der konstitutionelle Monarch keine Rechtsprechungsfunktionen mehr aus. Während das Verwaltungspersonal seinen Befehlen und Anordnungen Folge zu leisten hatte, räumte der Grundsatz ihrer Unabhängigkeit und ihrer alleinigen Gesetzesgebundenheit den Richtern eine Stellung ein, die sie zwar noch im Namen des Königs, aber nicht mehr nach seinen Direktiven Recht sprechen ließ. Die Idee des Rechtsstaats hatte hier den Anspruch monarchischer Machtvollkommenheit am deutlichsten überwunden. Bis auf das Recht zur Begnadigung war den Monarchen in diesem Bereich die Ausübung hoheitlicher Gewalt überhaupt aus den Händen genommen worden.

Aber auch in den zentralen politischen Angelegenheiten blieb ein konstitutioneller Fürst auf die Mitwirkung Dritter angewiesen, seitdem er nicht nur wegen des Umfangs der Regierungsgeschäfte die Zuarbeit von Fachministern benötigte, sondern auch durch die allgemeine Gegenzeichnungspflicht für seine Anordnungen und Verfügungen an ihre Zustimmung gebunden war. Ursprünglich als Übernahme der juristischen Verantwortung für Handlungen des Monarchen gedacht, wurde die Gegenzeichnung bald zu einem politischen Instrument, mit dem die Bürokratie in ihrer ministeriellen Spitze die Willkür des Monarchen einschränkte, indem sie die Kontrasignatur nicht nur aus rechtlichen, sondern auch aus politischen Gründen verweigerte. Zwar konnte der Monarch einen renitenten Minister entlassen, er mußte dann aber einen anderen, gefügigen, finden, und das war nicht immer einfach. Zumal dann nicht, wenn das gesamte Ministerium »solidarisch« gegen seinen Herrn Stellung bezog. So konnte die Demissionsdrohung in den Händen eines unverzichtbaren Ministers, wie z. B. Bismarcks, den Monarchen veranlassen, seinerseits einzulenken und die Politik seiner Regierung zu akzeptieren.

Grundsätzlich war der Monarch auch in der konstitutionellen Monarchie durchaus berechtigt, selber Politik zu betreiben, ein »persönliches Regiment« auszuüben, wie es z. B. in Frankreich der Bürgerkönig Louis Philippe und – freilich ohne großen Erfolg – im Deutschen Reich Wilhelm II. versucht haben. Es gab keine Verfassungsbestimmung, die ihm das verboten hätte, wenn er sich dabei nur der vorgeschriebenen Mitwirkung seiner Minister bediente. Faktisch freilich war es einem Monarchen in der gesellschaftlichen und politischen Situation des 19. Jahrhunderts noch viel weniger möglich als seinem absolutistischen Vorgänger, persönlich zu regieren, weil es ihm dazu an einem hinreichenden Überblick über die komplizierten Staatsangelegenheiten gebrach. So blieb er grundsätzlich auf das Urteil seiner Minister, die »Fachminister« nicht nur als Ressortschefs, sondern in der Regel auch von ihrer Ausbildung und Herkunft her waren, angewiesen. Er konnte es zwar vorziehen, Politik mit Hilfe einer »Nebenregierung«, einer »Kamarilla«, oder eines *ministère occulte*, d.h. mit Leuten seines besonderen Vertrauens zu machen, doch auch dafür blieb sein Ministerium verantwortlich. Und da ein konstitutioneller Minister für die Taten seines Herren zumindest theoretisch durch Ministeranklage zur Verantwortung gezogen werden konnte, ließ sich einem Ministerium kaum mehr der Vollzug monarchischer Anordnungen einfach befehlen. Aus all den Gründen ist die Ministerregierung zum Charakteristikum der konstitutionellen Monarchie geworden, ohne daß die Minister dabei ihre eigenartige Doppelstellung, »Staatsdiener« zu sein und zugleich Diener eines Monarchen, der einen politischen Führungsanspruch geltend machen konnte, verloren. Die doppelte Verantwortlichkeit gegenüber Öffentlichkeit und Parlament einerseits und dem Monarchen andererseits blieb für den konstitutionellen Minister typisch.

III.

Bedeutsamer noch als die Bindung des Monarchen an seine Minister war jedoch die an das Parlament. Was auch immer das Parlament in der konstitutionellen Monarchie darstellte – eine Repräsentation von »Besitz und Bildung«, d. h. den tragenden Schichten der neuen Gesellschaft, gewählt nach einem Wahlzensus, oder aber eine »Volksvertretung« nach allgemeinem Wahlrecht mit parteimäßig gebundenen Abgeordneten anstelle von Honoratioren –, immer ist es ein unverzichtbares Element der Mitbestimmung bei der Staatswillensbildung gewesen. Wie weit seine Mitbestimmungsbefugnis ging, war indessen nicht von vornherein und ein für allemal festgelegt. Im einzelnen regelten das die Verfassungen. Fest stand nur, daß »nichts ohne, nichts gegen den Monarchen« geschehen dürfe. Mit dieser Formulierung waren aber nur das Mitbestimmungs- und das Vetorecht des Monarchen als unverzichtbar reklamiert. Einer umfassenden Erweiterung der parlamentarischen Mitsprache stand sie nicht im Wege.

Autoren wie Friedrich Julius Stahl, die in dieser heiklen Frage die Position des Monarchen zu stärken trachteten, haben sich vielfach bemüht, der Mitwirkung des Parlamentes eine feste Grenze zu geben. Wenigstens bei der Regierungsbildung und den eigentlichen Regierungsgeschäften sollte eine parlamentarische Mitsprache in einer konstitutionellen Monarchie nicht möglich sein. Andere, wie Robert von Mohl, die im Parlament nicht nur eine Instanz zur Abwehr allzuweit gehender Eingriffe des Staates in die Freiheits- und Eigentumssphäre der Bürger sahen, traten dagegen, gerade um das für die konstitutionelle Monarchie notwendige Zusammenspiel von Monarch und Volksvertretung zu fördern, für eine von beiden Seiten bestimmte Regierung ein – ähnlich wie ja auch die Gesetze parlamentarischer und monarchischer Zustimmung unterlagen. Die Frage, ob der Monarch eine (alleinige) Kompetenz besaß oder nicht, beantworteten die Juristen im Zweifelsfall mit »in dubio pro rege«. Aber diese Vermutungsregel löste nicht das politische Problem, das sich ergab, wenn parlamentarische Kompetenzen überhaupt erst einmal festgelegt werden sollten. Sie löste auch das Problem nicht, das dann auftauchte, wenn in einem unstreitigen Fall von Mitbestimmung beide Parteien sich nicht auf ein gemeinsames Vorgehen einigen konnten. Denn dann galt in der konstitutionellen Monarchie natürlich nicht die Regel, daß es im Zweifelsfall allein auf den Willen des Monarchen ankäme.

IV.

Streitfälle solcher Art aber hat es oft genug gegeben. Sie waren in der konstitutionellen Monarchie nicht vermeidbar. Was aber war dann zu tun? Natürlich konnte eine monarchische Regierung, wenn sie für ein bestimmtes Gesetzesvorhaben keine Mehrheit im Parlament fand, darauf verzichten, es weiter zu verfolgen. Das war aber bei dringlichen politischen Angelegenheiten nicht möglich, und schon gar nicht bei der Verabschiedung des Staatshaushalts, denn der Haushalt mußte ja – jedenfalls im Reich – jährlich festgestellt werden. Je stärker daher die Haushaltsrechte des Parlaments wurden, je größer und dringender die Gesetzesvorhaben der Regierung, desto weniger Chancen boten sich, die parlamentarische Mitsprache zu umgehen. Das ist zwar im Vormärz noch gang und gäbe gewesen, doch mit dem Reichstag des Deutschen Reiches konnte man auf diese Weise nicht mehr verfahren. Auch in der konstitutionellen Monarchie war die Regierung daher genötigt, Kompromisse zu schließen und eine parlamentarische Mehrheit für ihre Vorhaben zu finden. Allerdings war das in einem modernen Großparlament mit vielen heterogenen Fraktionen wie im Reichstag schwieriger als in den älteren Parlamenten, die trotz intransigenter liberaler Opposition eine starke konservative Gefolgschaft besessen hatten. Nach der liberalen Ära gelang es der Reichsleitung nur noch zweimal, durch Neuwahlen eine feste Majorität im Reichstag zu etablieren, das »Kartell« von 1887 und den »Bülow-Block« von 1907. Im übrigen blieb sie auf ein Regieren mit wechselnden Mehrheiten angewiesen, mußte sie sich eine Mehrheit von Fall zu Fall durch Verhandlungen und Konzessionen suchen.

Anders als zu Zeiten Walpoles in England oder Louis Philippes in Frankreich wurde im Reich nicht versucht, eine parlamentarische Mehrheit durch Korruption der Abgeordneten herzustellen. Noch um die Jahrhundertmitte hatte das als einzige realistische Alternative zu einer Parlamentarisierung der Regierung gegolten. Im Deutschen Reich ist es jedoch zur Abgeordnetenpatronage in größerem Umfang nicht mehr gekommen. In der Regel blieben bürokratischer Regierungsbereich und parlamentarische Sphäre voneinander abgeschottet – mit der Ausnahme freilich, daß Beamte ein Abgeordnetenmandat erwerben konnten und dies auch vielfach taten. Selten aber wechselte ein Abgeordneter – unter Verlust seines Mandates – in ein Ministeramt über, obwohl es auch das gegeben hat.

Ließ sich in wichtigen Fragen kein Ausgleich mit dem Parlament erzielen, so blieb nur der Weg seiner vorzeitigen Auflösung, wobei sich die Regierung selber dem Wahlkampf aussetzte, wenn sie eine ihr genehme Zusammensetzung des Parlamentes erreichen wollte, ohne daß sie dabei die Sicherheit hatte, daß ihr dies gelingen würde. Kein Wunder, daß gerade in solchen Situationen immer wieder Staatsstreichüberlegungen angestellt und zuweilen Wahlrechtsänderungen in einer nicht gerade legalen Weise vorgenommen wurden. Auch Bismarck hat mit solchen Gedanken gespielt.

V.

Wenn indessen ein Staatsstreich ausgeschlossen war und gefügige Mehrheiten sich im Wahlkampf nicht erreichen ließen, stellte sich die Frage, ob ein weiteres Ausgreifen des Parlamentes in den Regierungsbereich, der Übergang zur parlamentarischen Regierung überhaupt noch verhindert werden konnte. Schon sehr bald haben konservative Gemüter an der Existenzfähigkeit der konstitutionellen Monarchie gezweifelt. Ihnen schien ein solches System nur eine historische Übergangserscheinung zwischen der absoluten Monarchie und der Republik zu sein. Auch heute noch wird die »Eigenständigkeit« der konstitutionellen Monarchie in Frage gestellt, weil sie sich weder eindeutig zur monarchischen noch zur Volks-Souveränität bekannte, sondern im Erbmonarchen und seiner Regierung einerseits und im vom Volk gewählten Parlament andererseits zwei unterschiedliche Legitimationsweisen miteinander verband. Indessen können dualistische Systeme durchaus Bestand haben, wie der ältere Ständestaat zeigt. Daß ein derartiger Dualismus ein eigenständiges Formprinzip zu verkörpern vermag und im Falle der konstitutionellen Monarchie verkörpert hat, läßt sich kaum bestreiten. So gesehen stellte die konstitutionelle Monarchie ein diffiziles Zusammenspiel heterogener Kräfte dar, deren unterschiedliche Legitimation zumindest dann miteinander zu vereinbaren war, wenn einerseits am Recht des Volkes zur politischen Mitbestimmung durch seine Interessenvertretung, durch Parteien und Parlament, festgehalten wurde, und andererseits Monarch und Regierung als nicht vom Volk abgeleitete Institutionen deswegen akzeptiert wurden, weil und soweit sie in der Lage waren, die aus dem Volk kommende Vielfalt parteiischer Interessen als »überparteiische« Instanz auszugleichen. Genau diese Vorstellung lag nun aber der im 19. Jahrhundert geläufigen Unterscheidung von »Staat und Gesellschaft« zugrunde. Solange daher an eine gesellschaftlich ausgleichende Kraft der konstitutionellen Monarchie geglaubt werden konnte, verkörperte sie keine widersprüchliche Idee. Andererseits ist damit die Frage, ob diese Staatsform auch in der Realität ein stabiles und auf Dauer funktionstüchtiges Gebilde darstellte, noch nicht beantwortet. Das hing offenbar davon ab, inwieweit eine monarchische Regierung tatsächlich imstande war, die ihr angetragene führende und ausgleichende Rolle im Parteienstaat zu spielen, oder ob nicht die recht hatten, die die Behauptung von der Überparteilichkeit der Monarchie und ihres Beamtenapparates lediglich für eine »Lebenslüge« des »Obrigkeitsstaats« hielten.

Die Möglichkeit der konstitutionellen Monarchie beruhte mithin darauf,

– daß Bevölkerung und Parteien die Führungsrolle der Regierung akzeptierten und ihr die Prätention, »überparteilich« zu sein, abnahmen;

– daß sich die Parteien auf ein bloßes Mitspracherecht, auf ein Verhandeln mit der Regierung beschränkten, und sich keine dauerhafte Mehrheit unter ihnen fand, die selbst regieren wollte;

– daß die Regierung leistungskräftig genug war, die ihr angetragenen Aufgaben zu erfüllen.

War all das gegeben, konnte sich eine Regierung auch gegen ein starkes Parlament und starke Parteien behaupten. Die Parteien mochten zwar im Einzelfall am Sturz einer Regierung mitwirken, indem sie ihr die Unterstützung verweigerten, sie waren unter den gegebenen Voraussetzungen dann aber weder willens noch in der Lage, selbst eine Regierung zu bilden.

Dies aber war die Situation im Deutschen Reich. Zum einen hat es hier immer an einer Parteienmehrheit, die entschlossen war, die Regierungsmacht an sich zu reißen, gefehlt. Das hat u.a. offenbar an der Zersplitterung des Parteienwesens hierzulande gelegen, an der frühen Abspaltung der Arbeiterbewegung vom Liberalismus in den sechziger Jahren und an der für Deutschland charakteristischen Spaltung der Wählerschaft in konfessioneller Hinsicht, was beides der Bildung großer und stabiler parlamentarischer Mehrheiten entgegenwirkte. Auch der frühe und dramatische Übergang zum Sozialstaat hat anscheinend die Bildung einer liberalen, allmählich in die Regierungsverantwortung hineinwachsenden Mehrheit verhindert. Doch auch dort, wo es parlamentarische Mehrheiten gab, wie in den sechziger Jahren in Baden oder in Preußen, ist es mangels eines Interesses, selbst zu regieren, oder aufgrund der Unfähigkeit, dauerhaft die Regierungsgeschäfte zu führen, oder wegen der allgemeinen Überlegenheit der monarchischen Regierung nicht zu einem parlamentarischen Regiment gekommen.

Das aber führt zum anderen Punkt: Man muß auch das hohe Ansehen berücksichtigen, das die Bürokratie und ihre ministerielle Leitung in der Bevölkerung und bei den Parteien genossen. Für das Volk war der erste Kanzler und nicht das Parlament der Reichsgründer, war der Kaiser der Heerkönig, der

Deutschland geeint hatte und war die Reichsregierung die anerkannte Obrigkeit, die für wirtschaftliches Prosperieren und soziales Auskommen sorgte und das nationale Prestige in der Weltpolitik mehrte. Unter diesen Umständen ist es einsichtig, daß die Parteien im Reichstag, wie z.B. das Zentrum, zwar an einer Stärkung des Parlamentes interessiert waren, um aus einer möglichst starken Position heraus mit der Regierung verhandeln zu können, dies jedoch keineswegs zum Wunsch nach einer Regierungsübernahme führte. Denn dabei war ja ganz ungeklärt, welche Parteien die Regierung bilden würden, und ob man – dabei unberücksichtigt – nicht in eine schlechtere Position geriet, als wenn man die Zwangslage der monarchischen Regierung ausnutzte, bei der Durchsetzung ihrer Vorhaben auf die Interessen der Parteien, deren Stimmen sie benötigte, Rücksicht zu nehmen. So blieb die monarchische Regierung unangefochten, zugleich aber genötigt, im Volk und bei den Parteien um Unterstützung zu werben.

VI.

Man hat die sich unter diesen Umständen entfaltende Regierungsweise oft als »Bonapartismus« oder »Cäsarismus« bezeichnet. Darunter verstand man im 19. Jahrhundert an sich die Herrschaft eines Mannes, der seine monarchische Stellung nicht der Tradition, sondern dem Volk verdankte. Nicht ein Erbanspruch machte den bonapartistischen »Kaiser«, sondern das Volk, das ihm seinen charismatischen Führungsanspruch plebiszitär bestätigte. Von konservativen Kritikern ist der Bonapartismus, wie man die neue Regierungsweise nach dem Vorbild Napoleons I. und später Napoleons III. nannte, daher immer als ein Produkt der Revolution und des von ihr propagierten Prinzips der Volkssouveränität angesehen worden. Tatsächlich folgte dem Machtantritt des Cäsaren in der Regel eine volksfreundliche Reformpolitik. Mehr noch als durch sein persönliches Charisma legitimierte sich der bonapartistische Herrscher durch die von ihm erwartete Leistung. Im fortschreitenden 19. Jahrhundert erhoffte man von ihm insbesondere die Lösung der sozialen Frage, die »extinction du pauperisme«. Insoweit läßt sich der Bonapartismus auch als eine Spielart des damals viel diskutierten »Königtums der sozialen Reform« (Lorenz von Stein) bezeichnen, dessen ausgleichende Politik die Ausgrenzung innerer, sich dem intendierten Integrationsprozeß widersetzender »Feinde« nicht ausschloß, wie man sich andererseits auch nicht scheute, durch Beschwörung äußerer Feinde den nationalen Zusammenhalt zu fördern.

Da es dieser Regierungsweise um den Ausgleich zwischen den Klassen und nicht um die Überwindung der Klassengesellschaft schlechthin ging, und da sie sich nicht nur aufgrund ihrer revolutionären Herkunft als »Säbelherrschaft« etablierte, sondern ihr ein militantes Gepräge auch weiterhin anhaftete, ist sie von der linken Kritik oft als konterrevolutionär, als letzte Ausflucht des Bürgertums gegenüber dem revolutionären Ansturm des Proletariats oder als eine Art Übergangserscheinung vor dem prophezeiten Machtwechsel der Klassen interpretiert worden. Tatsächlich jedoch war die sich zuerst in Frankreich als Ausweg aus der unbefriedigenden Alternative – restaurative Monarchie oder rote Republik – anbietende Herrschaftsform in gesellschaftlicher Hinsicht ambivalent. Sie zielte einerseits auf den sozialen Ausgleich auf Kosten traditioneller Eliten, an deren Stelle sie die neue Führungsschicht der napoleonischen »Notabeln« stellte, stoppte damit zugleich aber den Fortgang der Revolution. Gegenüber Parlament und Parteien spielte der Bonapartismus seine eigene, durch Plebiszit erworbene demokratische Legitimation aus.

Die Vorstellung von einer solchen Regierungsweise läßt sich nun offensichtlich nicht ohne weiteres auf die Verhältnisse im Deutschen Reich anwenden. In Deutschland herrschte keine revolutionäre, sondern eine traditionell legitimierte Erbmonarchie mit konservativen Führungsschichten. Dennoch gab es auch hier ein Legitimationsproblem, je weniger die traditionellen Legitimationsweisen der Monarchie, wie z. B. die Idee ihres Gottesgnadentums, noch überzeugte. Auch der Erbmonarch und seine Regierung kamen nicht umhin, in der modernen Gesellschaft durch Leistung Anerkennung zu erwerben. Und dies ließ auch die traditionelle Monarchie bonapartistische Züge annehmen, etwa indem auch sie eine fortschrittliche Sozialpolitik betrieb oder imperialistische Ziele verfolgte und dabei ihre Gegner als innere und äußere »Reichsfeinde« abstempelte, die Katholiken und den Papst, die sozialistischen Arbeiter und den »Erbfeind« Frankreich. Auch wenn das Deutsche Reich – ungeachtet seiner kriegerischen Begründung – keineswegs auf einer »Säbelherrschaft« beruhte, kam es auf diese Weise gerade in ihm zu einer beachtlichen Militarisierung breiter Bevölkerungsschichten, zum sog. deutschen Militarismus, der auf einer Hochschätzung des Soldatentums und der Übernahme militärischer Wertvorstellungen und Verhaltensweisen durch das Bürgertum beruhte. Auch die politische Kultur wurde dadurch im Sinne einer einseitigen und übertriebenen Fixierung auf »Machtpolitik« beeinflußt.

Bonapartistische Züge trug vor allem aber auch die gegenüber Parlament und Parteien verfolgte Politik mit ihren zahlreichen vorzeitigen Auflösungen des Reichstags und Wahlkämpfen, die, auf bestimmte Fragestellungen konzentriert, einen stark plebiszitären Charakter annahmen. Mehr als früher setzte die Regierung jetzt propagandistische Mittel ein und versuchte, ihr genehme Wahlergebnisse zu erzielen. Die Bindung zwischen ihr und der Bevölkerung war dank des Charismas des Reichsgründers und »Eisernen Kanzlers« Bismarck enger geworden. In den Prätentionen Wilhelms II. vereinten sich »Demokratie und Kaisertum« (Friedrich Naumann) in neuer Weise. Auch die Etablierung direkter Kontakte zwischen Regierung und Verbänden gehört in dieses Bild. Dadurch wurde das alte Verhältnis von Parlament und Regierung erheblich modifiziert. Je enger der direkte Kontakt zwischen Monarch, Regierung und Volk (Verbände) war, desto mehr konnte auf das Parlament und die Parteien als Lieferant von Informationen aus der Gesellschaft und als Sprachrohr des Volkswillens verzichtet werden.

Dennoch hat das nie dazu geführt, daß die Wahlen im Reich den Charakter bloßer plebiszitärer Akklamationen annahmen; die nicht seltenen Niederlagen der Regierung beweisen das Gegenteil. Parlament und Parteien sind nie völlig überspielt und ausgeschaltet worden, sie blieben eine nicht zu unterschätzende politische Kraft. Und insofern ist die Regierungsweise des Reichs eben doch keine bonapartistische gewesen, sondern bis zum Ende die einer konstitutionellen, auf dem Dualismus von Parlament und Regierung basierende Monarchie geblieben, freilich mit modernistischen Zügen. Das macht die Eigenart des Deutschen Reichs im Verhältnis zu den westlichen parlamentarischen Systemen aus. Daß sich auf diese Weise in Deutschland Alternativen der Verfassungsentwicklung abzeichneten, die nicht unbedingt in einer Parlamentarisierung seiner Regierung enden mußten, und die nach der Einführung des parlamentarischen Systems 1918/19 ab 1930 wieder zu seinem raschen Abbau führten, das läßt sich in der Tat – verfassungsgeschichtlich gesehen – als »deutscher Sonderweg« bezeichnen, der 1933 zwar nicht zwangsläufig, aber doch mit einiger Konsequenz in die totalitäre Diktatur mündete.

Im Kaiserreich hat man das allerdings ganz anders empfunden. Da galt die »deutsche konstitutionelle Monarchie« als die vollendete Verbindung der beiden, für die europäische Staatsentwicklung konstitutiven Prinzipien der monarchischen Obrigkeit und der parlamentarischen Selbstbestimmung des Volkes (Otto von Gierke). Da wurde nicht nur das Unterbleiben einer Parlamentarisierung der Regierung als notwendig angesehen für einen Staat, der sich in einer geographisch prekären Mittellage befand und deshalb seine Verfassungsentwicklung den Geboten der Außenpolitik unterordnen mußte, sondern es wurde die monarchische Überwölbung des parlamentarischen Parteienstaats geradezu als ein großer Vorteil der deutschen Verfassung gepriesen. Man glaubte, daß sie den deutschen Staat gegenüber allen anderen Staaten auszeichne, weil durch den einen Monarchen Einheitlichkeit der Politik und Raschheit der Entschlußfassung verbürgt seien und dadurch eine besondere Schlagkräftigkeit staatlichen Handelns gesichert werde. Die fällige Probe aufs Exempel wurde im Ersten Weltkrieg gemacht.

4. Kriegsverfassung und Verfassungsreform im Oktober 1918

I.

Für den Glauben an die Überlegenheit Deutschlands und seiner Monarchie stellte der Erste Weltkrieg in der Tat eine Probe aufs Exempel dar. Verfassungsgeschichtlich ist der Krieg nicht nur deswegen bedeutsam geworden, weil es an seinem Ende mit der Änderung der Reichsverfassung vom 28. Oktober 1918 zur Parlamentarisierung des Reichs kam, der im November der Zusammenbruch der Monarchie folgte, sondern weil gerade durch den Kriegsausbruch Eigenart und Schwächen des Systems deutlich zu Tage traten.

Diese Schwächen lagen vor allem in einer ungenügenden Koordinierung von militärischer und ziviler Gewalt. Preußischen Ansätzen folgend hat man im Reich zwischen der zivilen Regierungsgewalt und einer militärischen Kommandogewalt unterschieden. Während für die kaiserlichen Anordnungen und Verfügungen im zivilen Bereich nach Art. 17 RV der Reichskanzler durch seine Gegenzeichnung die Verantwortung zu übernehmen hatte, galten die Anordnungen, die der Kaiser als militärischer Oberbefehlshaber traf, also insbesondere solche, die sich auf die Organisation von Heer und Marine, die Besetzung der Stellen, die Mobilisierung und den Einsatz der Truppen bezogen, als nicht gegenzeichnungspflichtig. Der Zweck dieser im Zusammenhang mit der Verfassungsgebung in Preußen 1848–1850 aufkommenden und sich im preußischen Verfassungskonflikt festigenden Unterscheidung war, die militärischen Anordnungen des preußischen Königs und späteren deutschen Kaisers der parlamentarischen Kontrolle zu entziehen. Der preußische Kriegsminister respektive der Reichskanzler sollten durch ihre Gegenzeichnung nicht genötigt werden, die getroffenen Maßnahmen vor dem Parlament rechtfertigen zu müssen.

Indem auf diese Weise der militärische Befehlsbereich vor parlamentarischen Interventionen geschützt wurde, verminderte sich jedoch gleichzeitig die Möglichkeit für die Regierung, auf ihn Einfluß zu nehmen. Der Gegenzeichnungspflicht ledig, war sie nur noch zuständig für die Angelegenheiten der Militärverwaltung, für die Dinge, die Geld kosteten und daher vom preußischen Kriegsminister bzw. dem Reichskanzler bei den Haushaltsverhandlungen vor dem Reichstag vertreten werden mußten. Nicht nur dem Parlament waren auf diese Weise Kontrollmöglichkeiten verweigert worden, sondern auch der preußische Kriegsminister verlor so seine leitende Stellung im militärischen Bereich, die er ursprünglich, wie die Kriegsminister in anderen Staaten, besessen hatte. Das Militär wurde damit aus seiner Unterordnung unter die Regierung gelöst.

Die Regelung entsprach der allgemeinen, sich allmählich in Deutschland durchsetzenden Auffassung, daß das Militär der zivilen Gewalt nicht untergeordnet, sondern nebengeordnet sei, daß insbesondere die Kriegführung eine Angelegenheit der Soldaten und nicht der Zivilisten in der Reichsleitung sei. Nun ist es sicherlich richtig, daß es kaum sinnvoll gewesen wäre, wenn die zivile Reichsleitung im Kriege in einzelne militärische Operationen eingegriffen oder sie gar selbst angeordnet hätte. Ebenso unbestreitbar aber ist, daß Maßnahmen der militärischen Kriegführung oft auch politische Implikationen hatten, deren Berücksichtigung und Beurteilung nicht einfach den Heerführern überlassen bleiben konnte, wie die militärstrategische Entscheidung im deutschen Kriegsplan von 1914, die französischen Truppen unter Verletzung der belgischen Neutralität anzugreifen, beweist. Indem in diesen Fragen eine Unterordnung des Militärs unter die Regierungsgewalt nicht mehr stattfand, war der Konflikt zwischen militärischer und politischer Führung vorprogrammiert.

Solche Konflikte, die aus verschiedenen Anschauungen über den Kriegszweck, die Kriegsziele und die politischen Auswirkungen militärischer Maßnahmen erwuchsen, hatte es schon zu Bismarcks Zeiten in den Kriegen 1866 und 1870/71 gegeben. Sie tauchten im Ersten Weltkrieg in vermehrtem Maße auf. Ihre Beilegung konnte nur durch den Kaiser erfolgen. Er war nach dieser Verfassungskonstruktion der einzige Koordinator zwischen beiden Bereichen. Beim Kaiser, und niemand anderem, lag die letzte Entscheidung. Das verlangte von ihm eine intime Kenntnis der anstehenden politischen und militärischen Probleme und die Übernahme der Führung zumindest im Kriege; denn wie sonst hätte er den ihm angetragenen Aufgaben gerecht werden können?

Dies galt um so mehr, als dem Kaiser zur Wahrung seiner Kommandogewalt allein im militärischen Bereich eine Fülle von Immediatstellen untergeordnet waren, die unmittelbar von ihm Weisungen empfingen, und man mit Bedacht davon Abstand genommen hatte, ein einheitliches Kommando zu errichten, das dem Monarchen die militärische Führung hätte aus der Hand nehmen können. Bei diesen Immediatstellen handelte es sich zum einen um die für die Militärverwaltung zuständigen Kriegsministerien und das Reichsmarineamt der Kriegsmarine, zum anderen um Generalstab und Admiralstab, um die kommandierenden Generäle und die Flottenkommandeure, sowie um die Chefs des Militär- und des Marinekabinetts, die – neben dem Zivilkabinett – dem preußischen König und deutschen Kaiser zur Beratung und Erledigung von Personalangelegenheiten dienten. Hinzu kamen im Krieg noch die zahlreichen Militärbefehlshaber des in der Heimat gemäß Art. 68 RV verhängten Kriegszustands.

Bei diesem Kriegszustand des Art. 68 RV handelte es sich um eine Reihe von außerordentlichen Maßnahmen, die bei Bedrohung der öffentlichen Sicherheit im Reichsgebiet – außer in Bayern, für das eine eigene Regelung bestand – angeordnet werden konnten. Durch die Erklärung des Kriegs- oder Belagerungszustandes ging nach dem hierfür maßgeblichen preußischen Gesetz von 1851 die vollziehende Gewalt auf sog. Militärbefehlshaber (im Weltkrieg auf die stellvertretenden kommandierenden Generäle in den Armeekorpsbereichen, die Gouverneure größerer Festungen und die Festungskommandanten) über. Ihren Anordnungen und Aufträgen hatte die zivile Verwaltung Folge zu leisten. Mit der Erklärung des Kriegszustandes wurde das Strafrecht verschärft. Bestimmte Grundrechte der preußischen Verfassung bzw. die entsprechenden Rechtsverbürgungen der Reichsgesetze konnten suspendiert, Personen z.B. in Schutzhaft genommen und die Presse unter Vorzensur gestellt werden. Auch war es erlaubt, zur Aburteilung bestimmter Delikte besondere »Kriegsgerichte« einzurichten. Die ganze Regelung war auf den klassischen Ausnahmezustand eines Aufruhrs berechnet. In ihm kam traditionellerweise dem Militär die Aufgabe zu, von den engen Schranken des Rechts befreit, einzugreifen, um in einem bestimmten lokalen oder regionalen Bereich, notfalls mit Waffengewalt, gegen Aufrührer vorzugehen und die öffentliche Ordnung rasch wiederherzustellen.

Im Ersten Weltkrieg wurde der Ausnahmezustand jedoch über das ganze Reichsgebiet verhängt und für die gesamte Zeit des Krieges aufrechterhalten, ohne daß überall und jederzeit die öffentliche Sicherheit in akuter Weise bedroht gewesen wäre. Dadurch veränderte sich der ursprüngliche Zweck der Kriegszustandserklärung grundlegend. Sie wurde nun von militärischer Seite dazu benutzt, eine Fülle von Verordnungen kriegswirtschaftlicher Art zu erlassen, Streiks zu unterbinden, die Arbeiter zur Wiederaufnahme der Arbeit in kriegswichtigen Betrieben zu veranlassen, die Presse einer Zensur zu unterwerfen, das Vereins- und Versammlungswesen zu reglementieren, ja in manchen Fällen sogar den Briefverkehr unter Umgehung des Briefgeheimnisses zu kontrollieren. Kurzum, man versuchte damit, das gesamte öffentliche Leben auf den Krieg und seine Erfordernisse auszurichten. Auch in diesem Fall war letztlich nur der Kaiser befugt, die Tätigkeit seiner Militärbefehlshaber zu regeln und mit der Zivilverwaltung abzustimmen.

Fassen wir zusammen: Aufgabe des Kaisers war es mithin, die zahlreichen militärischen Immediatstellen zu koordinieren und für eine einheitliche Leitung des Krieges an der Front und unter den Militärbefehlshabern in der Heimat zu sorgen. Deren Tätigkeit war außerdem mit der politischen Reichsleitung in den hochpolitischen Fragen der Kriegführung abzustimmen und – soweit es sich um die Militärbefehlshaber handelte – mit den Vorstellungen der Zivilverwaltung in Einklang zu bringen. Dabei kam erschwerend hinzu, daß auch im zivilen Bereich durch die föderative Gliederung des Reiches, insbesondere durch das Rivalitätsverhältnis zwischen Preußen und der Reichsleitung, zusätzliche Anstrengungen der Koordination notwendig wurden. Dies alles war zu leisten angesichts einer kriegsbedingten Zunahme der Staatstätigkeit überhaupt, die zu einer beachtlichen Aufblähung des Behördenapparats führte, u.a. zu neuen Reichsämtern wie dem Kriegsernährungsamt 1916, dem Reichswirtschaftsamt 1917 und dem Reichsarbeitsamt 1918.

Es war ganz offensichtlich, daß eine Person allein diese gewaltige Koordinationsleistung nicht erbringen konnte. Man hat sich daher bemüht, neue Zentralstellen zu schaffen, um die Einheitlichkeit des Vorgehens wenigstens partiell zu sichern. So wurde die operative Führung des Feldheeres einer Obersten Heeresleitung übertragen und den Militärbefehlshabern des Kriegszustandes 1916 der preußische Kriegsminister als Obermilitärbefehlshaber übergeordnet. Aber diese Maßnahmen erfolgten zum Teil nur ansatzweise – so war der Obermilitärbefehlshaber zunächst lediglich eine Aufsichts- und Beschwerdestelle, die in Einzelfällen eingreifen, generell jedoch nur Empfehlungen geben konnte – zum Teil erfolgten sie sehr spät: Erst im August 1918 wurde eine allgemeine oberste Seekriegsleitung eingerichtet, erst im Oktober desselben Jahres, also unmittelbar vor Kriegsende, erhielt der Obermilitärbefehlshaber das Recht, gegenüber dem militärischen Verwaltungsapparat in der Heimat verbindliche Anordnungen zu treffen. Vor allem aber kam es zu einer wirklichen Koordinierung der militärischen und zivilen Gewalt bis zum Ende des Krieges nicht. Anders als in den westlichen Demokratien, in denen es anfangs ebenfalls Friktionen zwischen Staatsleitung und Militär gegeben hat, errang die deutsche Reichsleitung nie eine dem Militär übergeordnete Position. Das Nebeneinander von militärischen Immediatstellen, insbesondere der Obersten Heeresleitung, und der Reichsleitung mit der dadurch heraufbeschworenen Rivalität bei der Entscheidung politischer Fragen der Kriegführung blieb ebenso bestehen wie die zahlreichen Überschneidungen in der militärischen und zivilen Verwaltung im Innern des Reiches. Nur in Bayern, das ein eigenes Ausnahmezustandsrecht besaß, waren die Militärbefehlshaber dem Kriegsminister und damit der Regierung unterstellt.

Man wird die Ursache für diese seltsame Kompetenzregelung mit all ihren Unklarheiten und Reibungsverlusten kaum in einem mangelnden organisatorischen Talent der Deutschen suchen dürfen. Vielmehr offenbarte sich darin die Eigenart der konstitutionellen Monarchie preußisch-deutschen Zuschnitts.

In ihr war es seit den Tagen des preußischen Verfassungskonfliktes undenkbar, daß das Militär ziviler politischer Leitung unterstellt wurde. In ihr richtete man auch militärische Zentralstellen, die den kaiserlichen Oberbefehl tangieren konnten, ungern ein. Auf diese Weise wurde dem Monarchen eine Führungsaufgabe zugemutet, der er nicht gerecht werden konnte und die er – wenn überhaupt – nur mit seinen, in der Verfassung nicht vorgesehenen Kabinetten und einem »Kronrat« zu erfüllen vermochte, den er in schwierigen Fällen aus Personen seines Vertrauens und den höchsten politischen Positionsinhabern bildete, was letztlich nur einmal mehr die verfehlte Konstruktion des Systems verdeutlicht. Sehr bald stellte sich heraus, daß der weitverbreitete Glaube an die Überlegenheit der deutschen konstitutionellen Monarchie, die, im Gegensatz zur Parteienvielfalt der westlichen Demokratien, in der Person des einen Monarchen die Einheitlichkeit der Führung und Raschheit des Handelns gewährleisten sollte, schlichtweg auf einem Irrtum beruhte.

II.

Noch deutlicher wird dies, wenn man nicht nur das Verhältnis von Militär und ziviler Reichsleitung betrachtet, sondern auch den für die konstitutionelle Monarchie preußisch-deutscher Prägung charakteristischen Gegensatz von Regierung und Parlament in die Überlegung einbezieht. An sich ist in Deutschland, wie auch in anderen kriegführenden Staaten, bei Kriegsausbruch aller Streit zunächst einmal im sog. Burgfrieden beigelegt worden. Zur Vereinfachung und Beschleunigung der Kriegsgesetzgebung wurde der Bundesrat am 4. August 1918 durch ein Ermächtigungsgesetz in die Lage versetzt, während des Krieges, ohne den Reichstag konsultieren zu müssen, diejenigen gesetzlichen Maßnahmen zu ergreifen, die zur Abhilfe wirtschaftlicher Schädigungen notwendig waren. Vom Bundesrat sind aufgrund dessen insgesamt 825 Verordnungen, die diesem Zweck dienten, erlassen worden. Der Reichstag trat dagegen zunächst kaum mehr in Erscheinung.

Mit zunehmender Dauer des Krieges erwies es sich aber für die Volksvertretung als unmöglich, zu den vielen nunmehr auftauchenden Fragen und Problemen zu schweigen, kamen Parteien und Abgeordnete nicht umhin, im Streit um die Kriegsziele Stellung zu nehmen, Friedensmöglichkeiten zu debattieren, Beschwerden über das Vorgehen des Militärs im Ausnahmezustand aufzugreifen, erneut Kriegskredite zu bewilligen und sich an einer Kriegsgesetzgebung zu beteiligen, bei der, wie z.B. beim sog. Hilfsdienstgesetz von 1916, Militär und Reichsleitung eine Mitarbeit des Parlaments wünschten; denn nur auf diese Weise konnte man auf eine erhöhte Bereitschaft der Bevölkerung hoffen, neue Lasten zu übernehmen. In dem Moment jedoch, in dem der Reichstag wieder stärker in die politische Debatte eingriff – was, um die Regierung zu Rede und Antwort zwingen zu können, vor allem in seinen nichtöffentlich tagenden Ausschüssen, wie dem Hauptausschuß, geschah –, traten die Nachteile des konstitutionellen Systems erneut hervor. Anders als in den parlamentarischen Demokratien des Westens gelang es der Reichsleitung auch jetzt nicht, eine feste parlamentarische Mehrheit um sich zu scharen. Es blieb vielmehr bei der herkömmlichen oppositionellen Haltung der Parteien, die insofern noch an Brisanz gewann, als sich die Gegensätze unter ihnen selbst zuspitzten, und sich 1917 auf der einen Seite die Unabhängige Sozialdemokratische Partei (USPD), die gegen die Bewilligung weiterer Kriegskredite und für einen Verständigungsfrieden eintrat, von der SPD abspaltete, während auf der anderen Seite sich eine überparteiliche Sammelbewegung, die Vaterlandspartei, bildete und gegen einen Verständigungsfrieden agitierte.

Eingezwängt zwischen der Obersten Heeresleitung und anderen, ihre eigenen kriegspolitischen Vorstellungen verfolgenden Militärstellen auf der einen Seite sowie den Parteien und Fraktionen des Reichstags auf der anderen, versuchte der erste Reichskanzler im Krieg, Bethmann Hollweg, die Regierung mit einer »Politik der Diagonale« hindurchzulavieren. Das wurde jedoch immer schwieriger, je extremer die Forderungen wurden, die Militärs und Politiker an ihn herantrugen. Vollends unmöglich, eine eigene politische Linie zu verfolgen, wurde es für den Kanzler, als mit Hindenburg und Ludendorff zwei Generäle die Oberste Heeresleitung übernahmen, die im Volk höchstes Vertrauen genossen, und der Reichstag seinerseits begann, in neu konstituierten Ausschüssen auf eigene Faust Politik zu machen – so in einem Verfassungsausschuß, in dem Fragen der politischen Neugestaltung Deutschlands debattiert wurden, und in einem Interfraktionellen Ausschuß, in dem die führenden Fraktionen des Parlaments, die Nationalliberalen, die Fortschrittliche Volkspartei, das Zentrum und die SPD, sich zusammenfanden, um gemeinsam einen stärkeren Druck auf die

Regierung ausüben zu können. Über diese militärische und politische Opposition stürzte Bethmann Hollweg.

Bemerkenswerterweise führte der Kanzlersturz im Juli 1917 aber weder zu einer Diktatur der Obersten Heeresleitung, obwohl es Überlegungen gab, General Ludendorff in eine derartige Position zu bringen, noch führte er zur Parlamentarisierung der Reichsregierung. Zwar konnte die Oberste Heeresleitung fortan ihren Willen gegenüber Regierung und Parlament fast unumschränkt durchsetzen, diktatorische Vollmachten, die die anderen Institutionen des Reichs zum Schweigen gebracht hätten, sind ihr jedoch zu keiner Zeit eingeräumt worden. Umgekehrt war der Reichstag zwar in der folgenden Zeit in der Lage, einen Kanzlersturz herbeizuführen, sowie neue Kanzler zu programmatischen Absprachen zu nötigen und Abgeordnete aus den eigenen Reihen als Vertrauensleute in die Regierung zu entsenden, doch gab es keine feste Mehrheit im Parlament, die mit einem eigenen Kanzlerkandidaten die Regierung hätte übernehmen können. Bis in den September 1918 hielten sich die in Schlüsselposition befindlichen Parteien, das Zentrum und die SPD, die mit der Fortschrittlichen Volkspartei zusammen über die Mehrheit der Stimmen im Reichstag verfügten, zurück – die SPD allein schon deshalb, um nicht zur Geburtshelferin einer möglicherweise rechtslastigen Koalitionsregierung zu werden. So kam es, daß erst die Zuspitzung der Kriegssituation im September 1918 zu einer wirklichen Parlamentarisierung der Reichsleitung führte, der aber immer noch ein über die Oberste Heeresleitung lancierter Kanzler, Prinz Max von Baden, vorstand. Nicht einfach das Drängen der Parteien auf Regierungsübernahme, sondern das Verlangen der Obersten Heeresleitung nach einer Umbildung der Reichsregierung, die für ein Ersuchen um Waffenstillstand und bei künftigen Friedensverhandlungen mit den Gegnern verhandlungsfähig sein sollte, gab den Anstoß zur letzten Regierungsbildung im Krieg. Am 30. September willigte der Kaiser nach einer Sitzung des Kronrates ein, daß »Männer, die vom Vertrauen des Volks getragen sind«, sich an der Regierung des Reichs »in weitem Umfang« beteiligten.

Das am 3. Oktober nach längeren Verhandlungen zwischen dem Kanzlerkandidaten und den Mehrheitsfraktionen im Reichstag gebildete Kabinett war noch keine reine Parteienregierung, wurde aber vom Vertrauen der Reichstagsmehrheit getragen. Der Regierungsumbildung schloß sich am 28. Oktober eine Änderung der Reichsverfassung an, durch die die Parlamentarisierung der Reichsregierung und eine weitgehende Unterstellung der militärischen unter die zivile Gewalt nun auch verfassungsmäßig festgeschrieben wurde. Auch die Änderung des preußischen Dreiklassenwahlrechts in ein nicht nur allgemeines, sondern auch gleiches Wahlrecht wurde jetzt endgültig in die Wege geleitet.

Das verfassungsändernde Gesetz vom 28. Oktober 1918 betraf folgende Artikel der Reichsverfassung:

Art. 11 beteiligte den Reichstag an der Kriegserklärung und unterwarf den Abschluß von Friedens- und anderen Verträgen der Zustimmung von Reichstag und Bundesrat.

Art. 15 legte fest, daß der Reichskanzler des Vertrauens des Reichstags bedürfe und für alle Handlungen des Kaisers von politischer Bedeutung, also auch für die entsprechenden Akte der Kommandogewalt, die Verantwortung trage. Außerdem wurde bestätigt, daß der Reichskanzler und seine Stellvertreter für ihre eigene Amtsführung Bundesrat und Reichstag verantwortlich seien.

Art. 9 wurde nicht geändert, wohl aber im Stellvertretergesetz vorgesehen, daß Staatssekretäre als Stellvertreter des Reichskanzlers, auch ohne Mitglied des Bundesrats zu sein, im Reichstag ein Rederecht erhielten.

Art. 21, Abs. 2 wonach ein Mitglied des Reichstags bei Annahme eines Staatsamtes sein Mandat verlor, wurde gestrichen.

Art. 53, Abs. 1 band die Ernennung, Versetzung, Beförderung und Verabschiedung der Offiziere und Beamten der Marine an die Gegenzeichnung des Reichskanzlers.

Art. 66, Abs. 3 unterwarf analog dazu die entsprechenden Maßnahmen im Heer der Gegenzeichnung der Kriegsminister der einzelnen Kontingente. Für die Verwaltung ihres Kontingentes wurden die Kriegsminister überdies Bundesrat und Reichstag gegenüber verantwortlich gemacht (Art. 66, Abs. 4).

Art. 64, Abs. 2 band die vom Kaiser vorzunehmende Besetzung der höchsten Kommandostellen im Heer an die Gegenzeichnung des Reichskanzlers.

Schon am 15. Oktober 1918 war verfügt worden, daß die Anordnungen des Obermilitärbefehlshabers für die Militärbefehlshaber im Ausnahmezustand verbindlich seien. Diese Anordnungen waren im Einvernehmen mit dem Reichskanzler zu treffen.

III.

Es ist oft argumentiert worden, daß die Parlamentarisierung der Reichsgewalt, die zum ersten Mal den Weg zu einer demokratisch legitimierten Regierung in Deutschland öffnete, nur äußeren Umständen zu verdanken sei. In der Tat haben die westlichen Alliierten durch Noten des Präsidenten der USA, Woodrow Wilson, im Oktober 1918 mehrfach darauf hingewiesen, daß sie über Waffenstillstand und Frieden nur mit einer Regierung zu verhandeln gedächten, die eine echte Vertretung des deutschen Volkes darstelle. Doch war zu dieser Zeit die Parlamentarisierung der Reichsregierung und die Umbildung der Reichsverfassung schon in Gang gekommen. Den letzten Anstoß dazu hatte das bereits erwähnte Verlangen der Obersten Heeresleitung nach einer vom Reichstag unterstützten Regierung für die kommenden Waffenstillstands- und Friedensverhandlungen gegeben. Aber auch dies hat nur den Eintritt der Parlamentarisierung im konkreten Fall ausgelöst, war letztlich nicht mehr entscheidend, denn selbst wenn die Heeresleitung sich weiterhin gegen eine von den Parteien getragene Regierung gesträubt hätte, wäre diese von ihr nicht mehr zu verhindern gewesen. Nachdem der Krieg verloren war, hatte die Oberste Heeresleitung nicht mehr die Macht, sich mit Erfolg gegen eine Parlamentarisierung zu stemmen. Zu diesem Schritt aber hatten sich Ende September die im Interfraktionellen Ausschuß vereinten Parteien schon entschlossen, bevor sie von der militärischen Niederlage, dem Einschwenken der Heeresleitung und den Forderungen der westlichen Alliierten Kenntnis erhielten. Zwar sind die Parteien bei den Verhandlungen über die Regierungsbildung nicht mit allen ihren Forderungen durchgedrungen, doch kann wohl kaum bezweifelt werden, daß angesichts der Kriegslage niemand mehr in der Lage war, ihren Wünschen bei der Regierungsbildung auf Dauer entgegenzutreten.

Es scheint daher, daß es in erster Linie dem Kriegsverlauf zu verdanken war, wenn es zu einer Parlamentarisierung in Deutschland gekommen ist. Tatsächlich haben sich im Laufe dieser Entwicklung die Parteien im Reichstag, mit Ausnahme der Konservativen, erst allmählich und mehr von den Ereignissen gestoßen als sich ihnen bietende Chancen zielstrebig nutzend, auf ein Regierungsprogramm geeinigt. Und in der Tat hat weniger ihre Politik als der Verlauf des Krieges und am Ende die drohende militärische Niederlage alle einer Parlamentarisierung entgegenstehenden Machtfaktoren aus dem Wege geräumt.

Das wiederum ist freilich nicht so zu interpretieren, daß das konstitutionelle System nur durch ein ihm äußerliches Schicksal, durch einen in einer Niederlage endenden Krieg überwältigt wurde; denn es hat ja nicht der Krieg ein an sich funktionstüchtiges System zum Einsturz gebracht, sondern er hat die ihm inhärenten organisatorischen und funktionellen Schwächen lediglich offenbart. Diese Schwächen, der Mangel an einer von einer breiten und stabilen Koalition getragenen Politik, der Mangel an einer Koordination der staatsleitenden Institutionen, insbesondere von Militär und politischer Führung, war in Friedenszeiten nicht so deutlich zu Tage getreten und hatte nicht so gravierende Ausmaße gehabt wie im Krieg. Das bedeutet aber nicht, daß das System sich nicht schon damals im Wandel befand, wobei das Ausbleiben einer durchgreifenden Änderung vor 1914 weniger auf seine Stabilität als auf eine allgemeine Funktionsschwäche, die sogar notwendige Reformen verhinderte, zurückzuführen ist. Ob allerdings der einzige Ausweg für das Überleben des konstitutionellen Systems die Parlamentarisierung der Regierung war, bleibt fraglich, denn es gibt selten Geschichtsverläufe ohne Alternativen.

Im übrigen ging die Entwicklung schnell über die Parlamentarisierung der Monarchie hinweg. Nicht die Regierungsweise, sondern die Staatsform selbst war seit Ende Oktober 1918 in Frage gestellt, nachdem die westlichen Alliierten in einer Note des Präsidenten Wilson am 23. Oktober 1918 festgestellt hatten, daß sie mit den militärischen Beherrschern und monarchischen Autokraten Deutschlands nicht verhandeln würden, und nachdem sich seit Ende des Monats, ausgehend von einem Aufstand der Matrosen in Kiel, über ganz Deutschland hinweg Arbeiter- und Soldatenräte bildeten, die eine rasche Beendigung des Krieges und einen revolutionären Wandel der Herrschaftsverhältnisse anstrebten. Am 7. November forderte daher auch die SPD die Abdankung des Kaisers. Am 9. November 1918 wurde sie vom Reichskanzler erklärt, noch bevor er die Zustimmung des Monarchen dazu erhalten hatte. Max von Baden übergab anschließend das Reichskanzleramt dem Führer der Mehrheitssozialisten, Friedrich Ebert. Der Sozialdemokrat Philipp Scheidemann proklamierte daraufhin die Deutsche Republik. Der nach Holland ins Exil gegangene Kaiser erklärte am 28. November offiziell seinen Thronverzicht. Mit ihm hatten in jenen Tagen auch die anderen deutschen Monarchen ihren Platz geräumt. Aus Deutschland war gleichsam über Nacht eine Republik geworden.

Literaturhinweise

Deutsche Verfassungsgeschichte, Bd. 3: Bismarck und das Reich. Stuttgart 1963; Bd. 4: Struktur und Krisen des Kaiserreichs. Stuttgart 1969; Bd. 5: Weltkrieg, Revolution und Reichserneuerung 1914–1918. Stuttgart 1978; Deutsche Verwaltungsgeschichte, Bd. 3: Das Deutsche Reich bis zum Ende der Monarchie. Stuttgart 1984; Dokumente zur Deutschen Verfassungsgeschichte, Bd. 2: Deutsche Verfassungsdokumente 1851–1918. Stuttgart 1964; Reich und Länder, S. 449ff.

Allgemeines, Wirtschaftsgeschichte

Literatur zur Reichsgründung s. 9. Kapitel.

Literatur und Forschungsstand verzeichnen Lothar Gall, Europa auf dem Weg in die Moderne 1850–1890. München, Wien 1984, und Gregor Schöllgen, Das Zeitalter des Imperialismus. München 1986. Überpointiert ist Hans-Ulrich Wehler, Das Deutsche Kaiserreich 1871–1918, 4. Aufl. Göttingen 1980. Neuestens s. Hans-Jürgen Puhle, Das Kaiserreich. Liberalismus, Feudalismus, Militärstaat. München 1988.

Verfassungsgeschichtlich wichtige Aufsätze enthalten Michael Stürmer (Hrsg.), Das kaiserliche Deutschland. Politik und Gesellschaft 1870–1918. Darmstadt 1970; Otto Pflanze (Hrsg.), Innenpolitische Probleme des Bismarck-Reiches. München, Wien 1983; s. auch ders., Bismarcks Herrschaftstechnik als Problem der gegenwärtigen Historiographie. In: HZ 234 (1982), S. 561–589; Gerhard A. Ritter (Hrsg.), Gesellschaft, Parlament und Regierung im 19. und 20. Jahrhundert. Düsseldorf 1974; ders. (Hrsg.), Regierung, Bürokratie und Parlament in Preußen und im Reich von 1848 bis zur Gegenwart. Düsseldorf 1983.

Texte zur politischen Entwicklung wurden ausgewählt von Hans Fenske (Hrsg.), Im Bismarckschen Reich 1871–1890. Darmstadt 1978, und ders. (Hrsg.), Unter Wilhelm II. 1890–1918. Darmstadt 1982.

Zur Wirtschaftsgeschichte des Kaiserreichs vgl. Hermann Aubin und Wolfgang Zorn (Hrsg.), Handbuch der deutschen Wirtschafts- und Sozialgeschichte. Bd. 2: Das 19. und 20. Jahrhundert. Stuttgart 1976; Gustav Stolper, Karl Häuser und Knut Borchardt, Deutsche Wirtschaft seit 1870. 2. Aufl. Tübingen 1966; Knut Borchardt, Die industrielle Revolution in Deutschland. München 1972; Wal-

TER G. HOFFMANN (Hrsg.), Untersuchungen zum Wachstum der deutschen Wirtschaft. Tübingen 1971; HEINRICH-AUGUST WINKLER (Hrsg.), Organisierter Kapitalismus. Voraussetzungen und Anfänge. Göttingen 1974.

Reichsverfassung

EMIL BEZOLD (Hrsg.), Materialien zur Deutschen Reichsverfassung. Sammlung sämtlicher auf die Reichsverfassung, ihre Entstehung und Geltung bezüglichen Urkunden und Verhandlungen. 4 Bde. Berlin 1872/73. ND Glashütten i. Ts. 1976; HEINRICH TRIEPEL, Quellensammlung zum Deutschen Reichsstaatsrecht. 5. Aufl. Tübingen 1931.

Das führende Lehrbuch des Reichsstaatsrechts stammt von PAUL LABAND, Das Staatsrecht des Deutschen Reiches. 4 Bde. 5. Aufl. Tübingen 1911–1914, ND Ahlen 1964; der führende Kommentar von GEORG MEYER und GEORG ANSCHÜTZ, Lehrbuch des deutschen Staatsrechts. 7. Aufl. München, Leipzig 1919.

Zu den Verfassungsproblemen des Kaiserreichs vgl. HANS BOLDT, Deutscher Konstitutionalismus und Bismarckreich, in: STÜRMER (Hrsg.), Das kaiserliche Deutschland, S. 119–142, und WOLFGANG J. MOMMSEN, Die Verfassung des Deutschen Reiches von 1871 als dilatorischer Herrschaftskompromiß, in: PFLANZE (Hrsg.), Innenpolitische Probleme, S. 195–216.

Die Länderverfassungen findet man bei KARL BINDING, Die deutschen Staatsgrundgesetze in diplomatisch getreuem Abdruck. 9 Bde. Leipzig 1893–1915. Darstellungen des Staatsrechts der Länder enthält das Handbuch des Öffentlichen Rechts der Gegenwart, hrsg. von Heinrich Marquardsen. Tübingen 1883 ff.; s. auch das Öffentliche Recht der Gegenwart, hrsg. von HUBER, JELLINEK, LABAND und PILOTY u. a. Tübingen 1907 ff.

Einzelfragen

Zur Grundrechtsproblematik s. ERNST RUDOLF HUBER, Grundrechte im Bismarckschen Reichssystem, in: Festschrift für Ulrich Scheuner zum 70. Geburtstag, hrsg. v. HORST EHMKE und JOSEPH H. KAISER u. a. Berlin 1973, S. 163–181. Zur Reichsgesetzgebung vgl. HEINRICH GETZ, Die Deutsche Rechtseinheit im 19. Jahrhundert als rechtspolitisches Problem. Bonn 1966, und STEPHAN BUCHHOLZ, Zur Rechtsvereinheitlichung in Deutschland in der 2. Hälfte des 19. Jahrhunderts, in: Rabels Zeitschrift für ausländisches und internationales Privatrecht 50 (1986), S. 77–107. Zu den Reichsinstitutionen vgl. ELISABETH FEHRENBACH, Wandlungen des deutschen Kaisergedankens 1871–1918. München, Wien 1969; MICHAEL STÜRMER (Hrsg.), Das kaiserliche Deutschland. Politik und Gesellschaft 1870–1918. Darmstadt 1970; RUDOLF VIERHAUS, Kaiser und Reichstag zur Zeit Wilhelms II., in: Festschrift für Hermann Heimpel, Bd. 1. Göttingen 1971, S. 257–281; RUDOLF MORSEY, Die oberste Reichsverwaltung unter Bismarck 1867–1890.

Münster 1957; OTTO BÜSCH u.a. (Hrsg.), Wählerbewegung in der deutschen Geschichte. Analysen und Berichte zu den Reichstagswahlen 1871–1933. Berlin 1978; HANS-OTTO BINDER, Reich und Einzelstaaten während der Kanzlerschaft Bismarcks 1871–1890. Tübingen 1971, sowie MANFRED RAUH, Föderalismus und Parlamentarismus im wilhelminischen Reich. Düsseldorf 1973. Zum Verhältnis von Preußen zum Reich s. OSWALD HAUSER (Hrsg.), Zur Problematik »Preußen und das Reich«. Köln, Wien 1984.

Parteien und Verbände

Einen Überblick über die deutsche Parteiengeschichte enthalten LUDWIG BERGSTRÄSSER, Geschichte der politischen Parteien in Deutschland. 11. Aufl. München 1965, und HELGA GREBING, Geschichte der deutschen Parteien. Wiesbaden 1962.

Zu den Anfängen des deutschen Parteienwesens und zum Kaiserreich vgl. GERHARD A. RITTER, Die deutschen Parteien 1830–1914. Parteien und Gesellschaft im konstitutionellen Regierungssystem. Göttingen 1985, und ders. (Hrsg.), Deutsche Parteien vor 1918. Köln 1973, sowie THOMAS NIPPERDEY, Die Organisation der deutschen Parteien vor 1918. Düsseldorf 1961.

Speziell problemorientiert sind HANS FENSKE, Strukturprobleme der deutschen Parteiengeschichte. Frankfurt a.M. 1974, und M. RAINER LEPSIUS, Parteiensystem und Sozialstruktur. Zum Problem der Demokratisierung der deutschen Gesellschaft. In: Wirtschaft, Geschichte und Wirtschaftsgeschichte. Festschrift für F. Lütge, hrsg. v. WOLFGANG ABEL u.a., Stuttgart 1966, S. 371–393.

Eine Sammlung der Parteiprogramme bieten WILHELM MOMMSEN (Hrsg.), Deutsche Parteiprogramme. Eine Auswahl vom Vormärz bis zur Gegenwart. 2. Aufl. München 1960, und WILHELM TREUE (Hrsg.), Deutsche Parteiprogramme von 1861 bis zur Gegenwart. 4. Aufl. Göttingen, Berlin, Frankfurt a.M. 1968.

Zu den Verbänden s. jetzt HANS-PETER ULLMANN, Interessenverbände in Deutschland. Frankfurt a.M. 1988; FRITZ BLAICH, Staat und Verbände in Deutschland 1871–1945. Wiesbaden 1979; KLAUS SCHÖNHOVEN, Die deutschen Gewerkschaften. Frankfurt a.M. 1987, und HEINRICH-AUGUST WINKLER, Pluralismus oder Protektionismus? Verfassungspolitische Probleme des Verbandswesens im Deutschen Kaiserreich. Wiesbaden 1972.

Zur Entwicklung des Sozialstaats: ALBIN GLADEN, Geschichte der Sozialpolitik in Deutschland. Wiesbaden 1974; FLORIAN TENNSTEDT, Sozialgeschichte der Sozialpolitik in Deutschland. Vom 18. Jahrhundert bis zum Ersten Weltkrieg. Göttingen 1981; GERHARD A. RITTER, Der Sozialstaat. Entstehung und Entwicklung im internationalen Vergleich. München 1989.

Konstitutionelle Monarchie, Bonapartismus, Parlamentarisierung
Eine grundsätzliche Unterscheidung von konstitutioneller und parlamentarischer Monarchie trifft MAX VON SEYDEL, Constitutionelle und parlamentarische Regierung, in: Hirth's Annalen des Deutschen Reichs 1887, S. 237–250. Er folgte dabei dem klassischen Abgrenzungsversuch von FRIEDRICH JULIUS STAHL, Das monarchische Prinzip. Heidelberg 1845. 1911 folgt mit einer historischen Abhandlung OTTO HINTZE, Das monarchische Prinzip und die konstitutionelle Verfassung, in: ders., Staat und Verfassung. Gesammelte Abhandlungen, hrsg. von GERHARD OESTREICH. 2. Aufl. Göttingen 1962, Bd. 1, S. 359–389. Erneut wurde die Eigenständigkeit der konstitutionellen Monarchie betont von ERNST-RUDOLF HUBER, Das Wesen der konstitutionellen Monarchie, im 3. Band seiner Deutschen Verfassungsgeschichte, S. 3–26. Dagegen wandte sich ERNST-WOLFGANG BÖCKENFÖRDE, Der Verfassungstyp der deutschen konstitutionellen Monarchie im 19. Jahrhundert, in: ders. (Hrsg.), Moderne deutsche Verfassungsgeschichte (1815–1918). Köln 1972, S. 146–170; s. dazu wiederum ERNST RUDOLF HUBER, Die Bismarcksche Reichsverfassung im Zusammenhang mit der Deutschen Verfassungsgeschichte, in: Theodor Schieder und Ernst Deuerlein (Hrsg.), Die Reichsgründung 1870/71. Stuttgart 1970, S. 164–196, sowie HANS BOLDT, Ernst Rudolf Huber. Deutsche Verfassungsgeschichte seit 1789, Rezension in: Geschichte und Gesellschaft 11 (1985), S. 252–271. Zur Legitimationsproblematik der modernen Monarchie vgl. OTTO BRUNNER, Vom Gottesgnadentum zum monarchischen Prinzip. Der Weg der europäischen Monarchie seit dem hohen Mittelalter, in: HANS HUBERT HOFMANN (Hrsg.), Die Entstehung des modernen souveränen Staates. Köln, Berlin 1967, S. 115–136; speziell zur Ministerverantwortlichkeit s. FRIEDRICH GREVE, Die Ministerverantwortlichkeit im konstitutionellen Staat unter besonderer Berücksichtigung des Verfahrens gegen den Minister von Scheele im Herzogtum Holstein 1855/56. Berlin 1977.

Zum Bonapartismus s. KARL HAMMER und PETER CLAUS HARTMANN (Hrsg.), Der Bonapartismus. München 1977. Zur Parlamentarisierung s. MANFRED RAUH, Die Parlamentarisierung des Deutschen Reiches. Düsseldorf 1977, und dagegen DIETER GROSSER, Vom monarchischen Konstitutionalismus zur parlamentarischen Demokratie. Die Verfassungspolitik der deutschen Parteien im letzten Jahrzehnt des Kaiserreiches. Den Haag 1970, sowie DIETER LANGEWIESCHE, Das deutsche Kaiserreich, Bemerkungen zur Diskussion über Parlamentarisierung und Demokratisierung Deutschlands, in: AfS 19 (1979), S. 628–642.

Kriegsverfassung und Verfassungsentwicklung im Krieg
Allgemein s. GUNTHER MAI, Das Ende des Kaiserreichs. Politik und Kriegführung im Ersten Weltkrieg. München 1987. Speziell zum Ausnahmezustand vgl. HANS BOLDT, Rechtsstaat und Ausnahmezustand.

Eine Studie über den Belagerungszustand als Ausnahmezustand des bürgerlichen Rechtsstaates im 19. Jahrhundert. Berlin 1967. Die Dokumente zum Ausnahmezustand im Weltkrieg sind gesammelt von Wilhelm Deist (Hrsg.), Militär und Innenpolitik im Weltkrieg 1914–1918. 2 Bde. Düsseldorf 1970. Zum Verhältnis von militärischer und ziviler Gewalt vgl. Gerhard Ritter, Staatskunst und Kriegshandwerk. Das Problem des »Militarismus« in Deutschland. 4 Bde. München 1954–1968. Zur Parlamentarisierung vgl. Reinhard Schiffers, Der Hauptausschuß des Deutschen Reichstags. Formen und Bereiche der Kooperation zwischen Parlament und Regierung. Düsseldorf 1979, sowie Udo Bermbach, Vorformen parlamentarischer Kabinettsbildung in Deutschland. Der interfraktionelle Ausschuß 1917/18 und die Parlamentarisierung der Reichsregierung. Köln, Opladen 1967.

11. Kapitel
Die Weimarer Republik

1. Rätesystem oder parlamentarische Demokratie?

Die überraschende militärische Niederlage und die damit verbundenen Enttäuschungen angesichts der langjährigen Anspannung, die auf der Bevölkerung gelastet hatte, führten in den Novembertagen 1918 zu einem raschen Autoritätsverlust der Repräsentanten des alten Regimes und zur Übernahme der öffentlichen Gewalt durch sich spontan in Betrieben und Kasernen bildende Arbeiter- und Soldatenräte. Sie ergriffen ohne Verzug auch die Regierungsgewalt in Reich und Ländern, in Bayern bereits am 7. November. Am 9. November wurde in Berlin ein Rat der Volksbeauftragten als neue Reichsregierung gebildet, zusammengesetzt aus je drei Mitgliedern der SPD und der USPD. Er wurde einen Tag später von einer Versammlung Berliner Räte bestätigt und der Kontrolle des Vollzugsausschusses der Groß-Berliner Arbeiter- und Soldatenräte unterstellt. Auch in den Einzelstaaten etablierten sich überall von Räten abhängige Regierungen. In Preußen wurden die Ministerien paritätisch von je einem Mitglied der SPD und der USPD besetzt; in anderen Ländern kam es teilweise zu Regierungsbildungen aus Vertretern der SPD und bürgerlicher Parteien.

Die Räte besaßen kein bestimmtes politisches Programm. Sie hatten sich gebildet, um angesichts des Zusammenbruchs der alten Gewalten die Ordnung im Lande zu wahren und die Kontrolle über die weiterhin tätigen Behörden zu übernehmen. Auch wollte man die Errungenschaften der Revolution, d.h. die nach Aufhebung des Ausnahmezustandes wiedergewonnenen Freiheiten und den Sieg über die monarchische Obrigkeit sichern. Auf der äußersten Linken, im sog. Spartakusbund, gab es Vorstellungen von der Etablierung einer Rätediktatur unter Aufhebung der Gewaltenteilung und rechtsstaatlicher Sicherungen (»Alle Macht den Räten«). Gemäßigtere Linke propagierten dagegen ein »reines Rätesystem«, aufbauend auf einer sozialistischen Basis, als Alternative zur parlamentarischen Parteiendemokratie. Wieder andere wollten Räte nur als eine Art moderne berufsständische Vertretung neben einem Parlament einrichten. Die verschiedenen Vorstellungen prallten in der

USPD, jenem kriegsbedingten Bündnis von Sozialdemokraten unterschiedlicher politischer Einstellung, aufeinander. Die Regierungsmitglieder der Partei verschlossen sich indessen im Gegensatz zum linken Flügel dem Argument nicht, daß man eine Nationalversammlung einberufen und damit für eine vom ganzen Volk getragene Regierung sorgen müsse. Sie versuchten jedoch, den Termin für die Wahlen hinauszuschieben, um Zeit für sozialistische Reformen zu gewinnen. Die SPD trat dagegen für eine möglichst rasche Einberufung der Nationalversammlung ein, für eine Absicherung des freiheitlich-demokratischen Rechtsstaats gegen rechts und links. Sie wollte die Frage durchgreifender wirtschafts- und sozialpolitischer Reformen, wie etwa die einer Vergesellschaftung ganzer Industriezweige, vertagen. Die Verantwortung für die durch den Krieg ruinierte Wirtschaft zu übernehmen, erschien ihr nicht opportun.

Die SPD befand sich dabei in einer ungleich stärkeren Position als ihr Partner in der Regierung. Sie konnte sich der Unterstützung der Gewerkschaften sicher sein, die sich am 15. November im sog. Stinnes-Legien-Abkommen mit Arbeitgeberverbänden zu einer »Zentralarbeitsgemeinschaft« zusammengeschlossen hatten. Diese Arbeitsgemeinschaft fußte auf einer gegenseitigen Anerkennung der Arbeitgeber- und Arbeitnehmerverbände als Tarifpartner und versuchte, die Sozialpolitik im Rahmen der überkommenen Wirtschaftsordnung, durch Einführung des Achtstundentages und die Einrichtung von Arbeiterausschüssen in größeren Betrieben, fortzuentwikkeln. Schon vorher, am 10. November, hatte sich Ebert, einer der beiden Vorsitzenden im Rat der Volksbeauftragten, der Unterstützung durch die Armee versichert, indem er auf Eingriffe in ihre Befehlsstruktur bei der Rückführung der Truppen und der Demobilmachung verzichtete. Ebert kam es dabei zustatten, daß er – unbeschadet seines Vorsitzes in einer revolutionären Regierung – weiterhin als der von der alten Autorität eingesetzte »Reichskanzler« galt.

Auch der zivile Staatsapparat ordnete sich den Volksbeauftragten unter. Von diesen wurden zur Leitung der Reichsämter auch bürgerliche Staatssekretäre ernannt, die als »Fachminister« unter der politischen Führung des Rats arbeiten sollten. Ihnen gab man, wie schon in der letzten Kriegsregierung, »parlamentarische Unterstaatssekretäre« der beiden Regierungsparteien zur Durchsetzung der Regierungspolitik bei.

Praktisch liefen diese Maßnahmen auf eine Ergänzung der sozialistischen Regierung durch bürgerliche Kräfte hinaus.

Die stärkste Unterstützung erfuhr die SPD-Politik indessen durch die Räte selbst. Zwar kam es zu Reibereien zwischen dem Rat der Volksbeauftragten und dem ihn kontrollierenden Vollzugsrat der Berliner Arbeiter- und Soldatenräte, der das Recht, die Volksbeauftragten zu berufen und zu entlassen, beanspruchte. Dies wurde ihm auch in einer »Vereinbarung« am 22. November zugestanden. Desungeachtet aber lag die Macht weiterhin in den Händen der Regierung, d.h. der Parteiführer der SPD und USPD. Als endlich am 16. Dezember eine Reichsversammlung von Delegierten der Arbeiter- und Soldatenräte nach Berlin einberufen wurde, um endgültige Regelungen, u.a. durch Einsetzung eines Zentralrates der Räte, zu treffen, fiel die Entscheidung, ob das Rätesystem beibehalten und ausgebaut oder eine Nationalversammlung einzuberufen sei, eindeutig zugunsten der parlamentarischen Alternative aus. Mit einer Mehrheit von 344 zu 98 Stimmen votierten die Räte gegen den Ausbau des Rätesystems und für ein vom ganzen Volk gewähltes Parlament. Die Wahlen zur Nationalversammlung wurden kurzfristig auf den 19. Januar 1919 anberaumt. Damit war die an der Wiege der deutschen Republik stehende zentrale Verfassungsfrage entschieden.

Allerdings war damit der Streit um die künftige Gestaltung Deutschlands nicht beigelegt. Vielmehr wurden die Gegensätze jetzt unversöhnlich. Ende Dezember schied die USPD aus der Reichsregierung aus. Zum Jahreswechsel konstituierte sich der aus ihr abgespaltene linke Flügel als Kommunistische Partei Deutschlands. Er versuchte im Januar, im sog. Spartakusaufstand, mit anderen über die Entwicklung enttäuschten Linksradikalen die Regierung zu stürzen. Zu weiteren Aufständen kam es bis in den Juni hinein. Im Kampf gegen die Verfassungsgebung durch allgemein gewählte Parlamente und für die Beibehaltung des Räteregimes sowie für eine Sozialisierung der Großbetriebe wurden Massenstreiks veranstaltet und mancherorts, wie z.B. in Bayern, von militanten Minderheiten Räterepubliken ausgerufen. Alle Unruhen wurden jedoch militärisch, z.T. von sog. Freikorps, Freiwilligenverbänden, die an die Stelle der alten demobilisierten Truppeneinheiten getreten waren, niedergeschlagen. Damit fand die Revolution in Deutschland ihr Ende.

2. Die Weimarer Nationalversammlung
Vorentscheidungen über die Verfassung

I.

Man hat oft bedauert, daß der Zusammenbruch des alten Regimes nicht zu einer durchgreifenden staatlichen und gesellschaftlichen Umwälzung genutzt wurde, daß es zu keiner Sozialisierung der Großindustrie und zu keiner Demokratisierung der Wirtschaft, zu keiner Mitbestimmung der Arbeiter und zu keiner Demokratisierung des Heeres gekommen ist und auch die alte Beamtenschaft nicht durch überzeugte Republikaner ausgewechselt wurde. In der Tat hat sich das mangelnde Engagement der vielfach noch der monarchischen Tradition verhafteten Offiziere, Beamten und Richter für die Republik mehrfach als nachteilig erwiesen. Aber abgesehen davon, daß es der neuen Regierung im November 1918 an fachlich geschultem Personal fehlte, um den alten, zur loyalen Pflichterfüllung bereiten Apparat zu ersetzen – die Republik ist am Ende nicht an dessen mangelnder Loyalität, sondern aus anderen Gründen gescheitert. Fraglich ist auch, was revolutionäre gesellschaftspolitische Maßnahmen erbracht hätten. Sie mußten nicht unbedingt eine Stabilisierung der inneren Situation des Reichs zur Folge haben. Es konnte daher in jenen Tagen als vorteilhaft angesehen werden, daß sich Regierung und Militär, Gewerkschaften und Arbeitgeber so schnell zusammenfanden und daß es gelang, die Gefahr einer Gegenrevolution und eines Bürgerkriegs im November 1918 zu bannen. Wohl führte die von SPD und Gewerkschaften eingeschlagene Politik der Verständigung zu einer Radikalisierung der Linken und weiter Teile der Arbeiterschaft und damit schließlich doch zu bürgerkriegsähnlichen Situationen. Aber hätte die Reichsregierung durch Sozialisierungsmaßnahmen, wie sie nicht einmal von den Gewerkschaften verlangt wurden, den Versuch der Linksradikalen, durch Aufstände eine Rätediktatur zu errichten, verhindern können? Wohin hätte es geführt, wenn sie die im November gefundenen Kompromisse aufgekündigt hätte? Die von der Reichsregierung verfolgte Politik, eine Nationalversammlung so bald wie möglich einzuberufen und die weitere Bestimmung des deutschen Schicksals in die Hände von Repräsentanten des ganzen deutschen Volks zu legen, war vom demokratischen Standpunkt aus konsequent und zeugte möglicherweise von mehr Verantwortung als eine riskante Politik des Umsturzes, deren Folgen nicht abzuschätzen waren.

In dieser gespannten und unklaren Situation fanden am 19. Januar 1919 die Wahlen zur Nationalversammlung statt. Es sind die ersten wirklich allgemeinen Wahlen in Deutschland gewesen; an ihnen nahmen auch die Frauen teil. Wahlberechtigt waren alle Bürger ab zwanzig Jahren. Gewählt wurde nach dem Verhältniswahlrecht, da nur dies eine Zusammensetzung des Parlaments getreu den im Volk vorhandenen politischen Einstellungen versprach. Das bis dahin geltende Mehrheitswahlrecht galt aufgrund der ungleichgewichtigen Wahlkreiseinteilungen und der Benachteiligung der Linken durch gegen sie gerichtete Stichwahlen im zweiten Wahlgang als nicht mehr akzeptabel. Die Wahlbeteiligung betrug über 80 Prozent. Mit 36 Millionen lag die Zahl der Wahlberechtigten um mehr als das Doppelte über der im Kaiserreich.

Das Wahlergebnis machte die regierende SPD, die 165 von insgesamt 423 Mandaten errang, zur stärksten Partei. Die in die Opposition gegangene USPD erhielt nur 22 Mandate; die KPD beteiligte sich nicht. Auch das Zentrum und die sich in der Deutschen Demokratischen Partei sammelnden Linksliberalen erzielten mit 90 bzw. 75 Mandaten beachtliche Erfolge, während der nunmehr durch die Deutsche Volkspartei vertretene Rechtsliberalismus nur auf 22, der von der Deutschnationalen Volkspartei repräsentierte Nationalkonservativismus auf 43 Mandate kam. Alles in allem war das ein deutlicher Vertrauensbeweis für die Politik der SPD und für die vorbehaltlos eine parlamentarische Demokratie anstrebenden Parteien, das Zentrum und die Deutschen Demokraten. Das Wahlergebnis war zugleich ein klares Votum gegen die Fortsetzung einer sozialistischen Koalition.

Die Nationalversammlung trat am 6. Februar 1919 zum ersten Mal zusammen, aus Sicherheitsgründen in Weimar. Diesem Umstand verdankt die Weimarer Republik ihren Namen. Wie die erste deutsche Nationalversammlung von 1848 war die Weimarer nicht nur zur Beratung der Verfassung einberufen worden, sondern konzentrierte die höchste Gewalt im Reich auf sich. Im Gegensatz zu ihrer Vorgängerin von 1848 hatte sie dabei die Macht etablierter Gegengewalten nicht zu fürchten. Sie konnte die neue Verfassung vielmehr aus eigener souveräner Machtvollkommenheit allein erlassen.

Zunächst wurden von der Nationalversammlung durch Gesetz über die vorläufige Reichsgewalt vom 10. Februar die Regierungsverhältnisse im Reich für eine Übergangszeit geregelt.

Unter der Bezeichnung »Reichspräsident« wurde der bisherige Vorsitzende der Reichsregierung, Friedrich Ebert, als vorläufiges Staatsoberhaupt eingesetzt. Zur Vertretung der Länder wurde ein Staatenausschuß gebildet. Die vorläufige Reichsregierung setzte sich aus Mitgliedern der Sozialdemokraten, des Zentrums und der Deutschen Demokraten unter dem Vorsitz von Philipp Scheidemann (SPD) zusammen (sog. Weimarer Koalition). Diese Koalition, die fast identisch mit den Parteien war, die im Kaiserreich wenige Monate zuvor die erste parlamentarische Regierung Deutschlands gestützt hatten, besaß eine deutliche Mehrheit von mehr als 70 Prozent der Sitze. Für kurze Zeit schien es, als würde sich in der neuen Republik die liberal, sozial und katholisch geprägte demokratische Tradition einer linken Mitte, wie sie sich im Kaiserreich herausgebildet hatte, fortsetzen lassen.

Ähnlich wie ihre Vorgängerin, die Nationalversammlung von 1848, geriet die Weimarer Nationalversammlung vor allem durch außenpolitische Ereignisse in Schwierigkeiten. Mitten in die Verfassungsberatungen fiel der Abschluß des Friedensvertrages mit den Kriegsgegnern aus dem Weltkrieg. Die Frage der Annahme oder Ablehnung des Vertrages sprengte die erste Koalitionsregierung. Sie wurde anschließend nur noch von der SPD und dem Zentrum fortgesetzt. Einer starken Minderheit in der Nationalversammlung schien der Vertrag mit seinen Bestimmungen über zahlreiche Gebietsabtretungen, den Verzicht auf die Kolonien, mit Beschränkungen im militärischen Bereich auf ein 100000-Mann-Heer ohne allgemeine Wehrpflicht, mit Beschränkungen auch im Rüstungswesen und mit Reparationsverpflichtungen in unbestimmter Höhe sowie der Erklärung im Art. 231, wonach Deutschland durch seinen Angriff den Kriegsgegnern den Krieg aufgezwungen hatte und daher für alle entstandenen Schäden verantwortlich gemacht wurde (sog. Kriegsschuldartikel), unannehmbar. Doch gab es keine andere Wahl, als zu unterzeichnen. Am 9. Juli wurde der Versailler Vertrag von der Nationalversammlung ratifiziert.

II.

Inzwischen waren die Verfassungsberatungen fast zum Abschluß gekommen. Bereits im Februar hatte die neue Reichsregierung der Nationalversammlung einen Verfassungsentwurf zur Beratung vorgelegt. Er fußte auf Vorarbeiten, die schon im November 1918 von dem damals in das Reichsamt des Innern berufenen linksliberalen Staatsrechtler Hugo Preuß begonnen worden waren. Preuß hatte von Anfang an für das Reich ein parlamentarisches Regierungssystem mit einem starken Reichspräsidenten vorgesehen und war darin auch von beigezogenen Sachverständigen, wie dem berühmten Soziologen Max Weber, bestätigt worden. Anstelle der Gliedstaaten wollte Preuß sechzehn Gebiete mit untergeordneten Befugnissen setzen; das Reich sollte keine föderative Staatenverbindung mehr sein, sondern ein dezentralisierter Einheitsstaat. Auf einen Grundrechtskatalog glaubte Preuß verzichten zu können, um nicht ähnlich wie 1848 eine lange Grundsatzdebatte heraufzubeschwören und die in der revolutionären Situation prekäre Einheit des Volkes zu gefährden. Das Beispiel des Bismarckreiches schien überdies zu lehren, daß auch ohne einen solchen Katalog der rechtsstaatliche Charakter des Staates gewahrt bleiben konnte.

Gegen diese ersten Vorstellungen hatte sich der Rat der Volksbeauftragten gewandt. Er hatte ein Bekenntnis zu den Grundrechten gefordert; auch die Abschaffung des föderativen Systems schien ihm nicht akzeptabel zu sein. Tatsächlich hatte ja die revolutionäre Entwicklung keineswegs zu einer Aufhebung der föderativen Gliederung Deutschlands geführt, im Gegenteil. Von den Räten waren Landesregierungen gebildet worden, die energisch auf ihre Eigenständigkeit pochten. Die Reichsregierung kam daher nicht umhin, eine Länderkommission zur Beratung des Verfassungsentwurfes zuzulassen, die diesen u. a. durch die Wiedereinführung des nunmehr »Reichsrat« genannten Bundesrats in beachtlichem Umfang reföderalisierte.

Der auf diese Weise zustandegekommene Regierungsentwurf wurde im Februar 1919 einem inzwischen eingerichteten Staatenausschuß vorgelegt und gelangte mit Ergänzungen versehen ins Parlament. Dort wurde er nach einer Ersten Lesung einem eigens gebildeten Verfassungsausschuß überwiesen, der ihn vom März bis Juni vor allem im Grundrechtsteil stark überarbeitete. Im Juli 1919 wurde der Entwurf im Plenum in Zweiter und Dritter Lesung beraten. Dabei kam es in einzelnen Fragen zu Zusammenstößen zwischen den Regierungsparteien SPD und Zentrum. Doch gelang es beiden, sich zu einigen und die Verabschiedung der Verfassung am 31. Juli zu sichern. Sie wurde vom Reichspräsidenten am 11. August als Gesetz ausgefertigt und am 14. August 1919 verkündet.

III.

Auch wenn die Weimarer Nationalversammlung über die neue Reichsverfassung allein in eigener Machtvollkommenheit hatte entscheiden können, waren ihre Beschlüsse doch von einer Reihe von Gegebenheiten abhängig, die die rechtliche Souveränität dieses nach demokratischer Staatsbegründungslehre die Nation repräsentierenden *pouvoir constituant* de facto einschränkten. So war die Entscheidung für die Republik schon im November 1918 gefallen. Sie hätte von keinem Gremium in Deutschland 1919 wieder rückgängig gemacht werden können, obwohl es damals noch viele Anhänger der Monarchie gab und die Sozialdemokraten noch bei der Regierungsübernahme am 9. November 1918 gehofft hatten, einen bruchlosen Übergang zu neuen staatlichen und gesellschaftlichen Verhältnissen über die parlamentarische Monarchie finden zu können.

Praktisch vorgegeben war auch die parlamentarisch-repräsentative Demokratie; denn die Entscheidung im Dezember 1918, eine Nationalversammlung einzuberufen, hatte ja nichts anderes als eine Absage an das Rätesystem bedeutet. Auch daß in Zukunft die Parlamente nach allgemeinem und gleichem, die Frauen einschließendem Wahlrecht unter Beachtung der Prinzipien der Verhältniswahl gewählt werden würden, war damals selbstverständlich. Ebenso ist bereits am 25. November 1918 auf einer Konferenz der Reichsregierung mit den Ländern entschieden worden, daß das Reich eine föderative Ordnung haben werde. Mit dem Gesetz über die vorläufige Reichsgewalt am 10. Februar 1919 hatte die Nationalversammlung nicht nur dies anerkannt, sondern sich zugleich für die Beibehaltung des parlamentarischen Regierungssystems und für ein persönliches Staatsoberhaupt, den Reichspräsidenten, ausgesprochen.

In Fragen der Gesellschaftsgestaltung scheint die Nationalversammlung dagegen mehr Spielraum besessen zu haben, wie der reichhaltige Katalog diesbezüglicher Bestimmungen im zweiten Hauptteil der neuen Verfassung zeigt. Doch muß man sich darüber klar sein, daß nach Bildung der Zentralarbeitsgemeinschaft und der Übernahme ihrer Vereinbarungen in erste arbeitsrechtliche Regelungen durch den Rat der Volksbeauftragten die Grundlinien der Wirtschafts- und Sozialverfassung ebenfalls festlagen. Dasselbe gilt für das Beamtenrecht und für das Militär, das von Anfang an eine gewisse Selbständigkeit zu behaupten wußte; in beiden Fällen war etwas anderes als die Bewahrung der traditionellen Strukturen kaum denkbar.

Schließlich ist bei alldem auch die Rolle der Siegermächte zu berücksichtigen. Das gibt zu einer grundsätzlichen Bemerkung Anlaß: Seit 1648, seit dem Dreißigjährigen Krieg und dem Westfälischen Frieden, war eine grundlegende Neugestaltung der deutschen Verhältnisse ohne Rücksichtnahme auf die Nachbarn und ohne ihre Einflußnahme nicht mehr vorstellbar. Das galt nicht nur für besondere Schwächeperioden deutscher Politik wie 1648 und 1918, sondern war allgemein dem Umstand zu verdanken, daß bei steigendem gegenseitigen Druck der bevölkerungsmäßig wachsenden und technisch wie wirtschaftlich zu einem weiteren Ausgreifen immer fähigeren Staaten Deutschland und Mitteleuropa zu einem besonders interessanten und für die angrenzenden Länder wichtigen Gegenstand internationaler Politik wurden. Das zeigt der Wiener Kongreß 1815 ebenso wie die Friedensverträge 1919 und unter ihnen insbesondere der Versailler Vertrag. Nur Bismarck war es 1867–1871 gelungen, durch eine geschickte, auf die ausländischen Mächte Rücksicht nehmende Politik die deutschen Verhältnisse ohne Einflußnahme von außen zu ordnen.

Die im Laufe des 20. Jahrhunderts weiter wachsende Abhängigkeit Deutschlands von den internationalen Konstellationen ist freilich nicht einfach ein Resultat seiner geographischen Mittellage, der »Geopolitik«, gewesen, wie man meinen könnte. Denn derartige Konstellationen entstehen nicht zwangsläufig ohne menschliches Zutun. Wie das Deutsche Reich 1918, war ein gutes Jahrhundert früher Polen, lange Zeit ein starker und unangefochtener Staat, in eine noch bedrohlichere Lage geraten, die zu seiner Aufteilung geführt hatte. Noch früher hatte sich Frankreich – ungeachtet seiner anscheinend soviel glücklicheren geographischen Lage – eingekreist gefühlt und – nicht ohne eigenes Verschulden – gegen einen Ring von Feinden kämpfen müssen. Wenn es später in eine günstigere »Randlage« geriet, so war dies offensichtlich nicht das Ergebnis geographischer Verschiebungen, sondern die Folge des Niedergangs der spanischen Großmacht und einer erfolgreichen Entente-Politik mit England. Umgekehrt geriet Deutschland, wie vor ihm Polen, erst infolge der Entwicklung der europäischen Machtverhältnisse im 18. und 19. Jahrhundert, insbesondere aufgrund des Aufkommens der russischen Großmacht und ebenfalls nicht ohne eigenes Verschulden in eine Situation internationaler Abhängigkeit. In welch starkem Maße dies der Fall war, hatten am Ende des Weltkriegs die Forderungen der Alliierten nach einer politischen Neuordnung im Reich gezeigt. Auch sie haben die künftigen Möglichkeiten der deutschen Verfassungsentwicklung mit abgesteckt.

3. Die Weimarer Reichsverfassung

I.

1. Aus dem Zusammenbruch der Monarchie im November 1918 hat die Weimarer Verfassung (WV) vom 14. August 1919 die klare und einzig mögliche Konsequenz gezogen, das Deutsche Reich in ihrem Artikel 1 zur Republik zu erklären. Dem entsprach es, wenn sich die Verfassung mit der traditionellen Formulierung, daß die Staatsgewalt vom Volk ausgehe, zum Prinzip der Volkssouveränität bekannte. Schon in der Präambel war, im deutlichen Gegensatz zu der Reichsverfassung von 1871, betont worden, daß das »deutsche Volk« selbst sich die neue Verfassung gegeben habe. Damit hatte man nicht nur unmißverständlich mit der monarchistischen Tradition Deutschlands gebrochen, sondern zugleich die nationale Einheit betont. Die Staatsangehörigkeit im Reich und in den Ländern war daher einheitlich durch Reichsgesetz zu regeln (Art. 110, Abs. 1).

2. Das Reichsgebiet war mit rund 470000 Quadratkilometern deutlich kleiner als vor dem Kriege, auch die Bevölkerungszahl war mit 63 Millionen (1930) geringer als im Kaiserreich. Viele Grenzgebiete mit einer zum großen Teil nicht-deutschen Bevölkerung mußten aufgrund des Versailler Friedensvertrages abgetreten werden, so Elsaß-Lothringen, das Memelland, die Provinzen Posen und Westpreußen. Andere Gebiete schieden zum Teil nach Volksabstimmungen aus, wie Eupen-Malmedy, Teile von Oberschlesien und Nordschleswig. Danzig und das Saarland wurden unter den Schutz des Völkerbundes gestellt, die Kolonien des Reichs in Völkerbundsmandate umgewandelt. Eine Aufnahme Deutsch-Österreichs, das nach der Auflösung der Habsburger Monarchie ein selbständiger Staat mit starken Tendenzen zu einem Anschluß an das Deutsche Reich geworden war, hatten die Kriegsgegner ungeachtet der Vorkehrungen in der Reichsverfassung (vgl. Art. 2 und 61, Abs. 2) untersagt.

3. Trotz der Betonung der nationalen Einheit blieb der bundesstaatliche Charakter des Reichs erhalten. Das brachte schon der Zusatz in der Präambel »das deutsche Volk einig in seinen Stämmen« zum Ausdruck. Deutlicher wurde es noch im Art. 5

ausgesprochen, der die Staatsgewalt des Reichs von der der »Länder«, wie die Gliedstaaten analog zur Reichsverfassung von 1849 jetzt offiziell hießen, unterschied. Die Länder hatten eigene Staatsorgane und eine eigene Zuständigkeit zur Erledigung ihrer Angelegenheiten. Sie besaßen eigene Verfassungen. Allerdings war ihre Verfassungsautonomie durch Art. 17, Abs. 1 eingeschränkt worden: Ein Land durfte sich nur eine »freistaatliche«, d.h. nicht-monarchische Verfassung geben. Darüber hinaus galten auch die Grundsätze des Reichstagswahlrechts als verbindlich. Da die Reichsverfassung außerdem die Abhängigkeit der Landesregierungen vom Vertrauen der Volksvertretung verlangte, kam für die Länder nur die Einführung einer repräsentativ-parlamentarischen Demokratie in Frage. Die Landesverfassungen der Weimarer Zeit sind sich daher sehr ähnlich gewesen. Sie alle bekannten sich zum parlamentarischen Regierungssystem; daneben spielten in ihnen plebiszitäre Verfahrensweisen eine Rolle. Alle Länder wiesen Parteienregierungen auf, oft in abweichender Zusammensetzung gegenüber dem Reich.

4. Trotz der unterschiedlichen Größe der Länder – auf der einen Seite Kleinstaaten und Stadtstaaten mit weit weniger als einer Million Einwohner, auf der anderen Seite der Großstaat Preußen – hat der Verfassungsgeber von einer Neugliederung Abstand genommen und sie in Art. 18 nur für die Zukunft vorgesehen. Zur Diskussion stand neben der Vereinigung von Kleinstaaten und ihrer Angliederung an größere Nachbarn eine Aufgliederung des übermächtigen Preußens, das immer noch drei Fünftel des Reichsgebiets und seiner Bevölkerung umfaßte. Doch ist es außer der Gründung des Landes Thüringen im Jahre 1920 und einigen geringfügigeren Änderungen zu einer größeren territorialen Umgestaltung des Reichs in der Weimarer Zeit nicht mehr gekommen.

5. Die Verteilung der Zuständigkeiten auf Reich und Länder folgte dem aus der Reichsverfassung von 1849 stammenden, von der alten Verfassung 1871 weitgehend übernommenen Schema: Die Gesetzgebung stand in einem noch über die alte Reichsverfassung hinausgehenden Umfang dem Reich zu, allerdings nur zu einem geringen Teil ausschließlich (vgl. Art. 6). In der Mehrzahl der Fälle besaß das Reich eine »konkurrierende« Kompetenz, d.h. es konnte die in Art. 7 und 9 aufgezählten Materien selbst regeln, mußte dies aber nicht tun. Soweit es nicht selbst Gesetze erließ, blieben die Länder zu eigenen Rege-

lungen befugt (Art. 12). In einigen wenigen Fällen beschränkte sich die Kompetenz des Reiches darauf, Grundsätze aufzustellen (sog. Richtliniengesetzgebung, Art. 10, 11).

6. Die Gesetzgebungsbefugnis des Reiches erstreckte sich auch auf die Steuern und sonstigen Abgaben, die es für sich in Anspruch nehmen wollte (Art. 8). Der Verfassungsgeber ging davon aus, daß das Reich – anders als in der Vorkriegszeit – von dieser Möglichkeit Gebrauch machen würde und sah daher seine Alimentierung durch Matrikularbeiträge der Länder nicht mehr vor. Statt dessen wurde der Reichsgesetzgeber ermahnt, bei der Inanspruchnahme der Finanzen auf die Erhaltung der Lebensfähigkeit der Länder Rücksicht zu nehmen. Desungeachtet hat das Reich in der folgenden Zeit den weitaus größten Teil der Steuererträge auf sich konzentriert, um für die Kriegslasten und Reparationen aufkommen zu können. Anders als im Kaiserreich ist der Reichshaushalt weit größer als der Gesamthaushalt der Länder gewesen. Am Ertrag einiger Steuern, wie der Einkommen-, Körperschaft- und Umsatzsteuer, wurden die Länder beteiligt; bei anderen Steuern stand ihnen der Ertrag allein zu; aber nur noch wenige gestalteten sie am Ende in eigener Regie. Vielmehr waren die Länder, schon in der Weimarer Zeit auf finanzielle Dotationen des Reiches angewiesen, zu seinem Kostgänger geworden. Das macht ihre völlig veränderte Situation im Verhältnis zum Reich deutlich.

7. Die Verwaltung und die Ausführung der Reichsgesetze ist dagegen auch in der Weimarer Republik grundsätzlich in den Händen der Länder geblieben (vgl. Art. 14). Allerdings hatte man in den Art. 78ff. eine umfangreiche Reichsverwaltung vorgesehen. Hinzu kam durch die sog. Erzbergersche Reichsfinanzreform im Jahre 1919 die Einrichtung einer eigenen Reichsfinanzverwaltung.

8. Wie die Verwaltung ist auch die Rechtspflege grundsätzlich Ländersache geblieben; für die Einheitlichkeit der Rechtsprechung im gesamten Reichsgebiet sorgte im Bereich der sog. ordentlichen Gerichtsbarkeit, d.h. des Zivil- und Strafrechts, das 1879 in Leipzig eingerichtete Reichsgericht (vgl. Art. 102ff.), das auch ein Recht zur Überprüfung der Verfassungsmäßigkeit von Gesetzen beanspruchte.

9. Im Gegensatz zu der alten Reichsverfassung wurde für die Regelung von Streitigkeiten zwischen den Ländern sowie zwischen Reich und Ländern wieder der Weg des gerichtlichen Austrags gewählt (vgl. Art. 13, 15, 18, 19). In der Regel war in

diesen Fällen der beim Reichsgericht in Leipzig errichtete Staatsgerichtshof zuständig (vgl. Art. 108). Erfüllte ein Land die ihm nach der Reichsverfassung oder nach den Reichsgesetzen obliegenden Pflichten nicht, konnte es vom Reichspräsidenten im Wege der Reichsexekution dazu angehalten werden (Art. 48, Abs. 1). Das Reich griff insgesamt viermal zu diesem Mittel, 1920 bis 1923 gegen linksradikale Regierungen in Thüringen und Sachsen, 1932 in einem besonders umstrittenen Fall gegen die sozialdemokratische Regierung in Preußen (sog. Preußenschlag).

10. Vertreten wurden die Länder im Reich durch den Reichsrat (vgl. Art. 60ff.). Er war insofern dem alten Bundesrat nachgebildet, als es sich bei ihm ebenfalls um ein Gremium weisungsgebundener Mitglieder der Landesregierungen handelte (Art. 63). Auch auf die unterschiedliche Größe der Länder hat man bei seiner Zusammensetzung Rücksicht genommen, allerdings nicht mehr wie früher durch eine starre Stimmenzuteilung, sondern durch ein flexibles System, das auf der Zuschreibung einer Stimme pro einer Million (später 700000) Einwohner beruhte. Da unter diesen Umständen Preußen, in dem etwa drei Fünftel aller Einwohner des Reiches beheimatet waren, außerordentlich begünstigt worden wäre, verfügte die Verfassung in ihrem Art. 61, daß kein Land mehr als zwei Fünftel der Stimmen auf sich vereinigen dürfe. Außerdem war die Hälfte der preußischen Stimmen nicht von der preußischen Staatsregierung, sondern von den dortigen Provinzialverwaltungen zu bestellen (Art. 63, Abs. 1, Satz 1). Sie konnten auch gegen die Stimmen der preußischen Staatsregierung abgegeben werden, was das Gewicht Preußens im Reichsrat erheblich minderte. Nach der Volkszählung von 1925 betrug die Gesamtzahl der Stimmen im Reichsrat 66. Von ihnen entfielen auf Preußen 26, Bayern 11, Sachsen 7, Württemberg 4, Baden 3, Thüringen, Hessen und Hamburg je 2 und auf die restlichen Länder je eine Stimme.

11. Die Funktion des Reichsrats war gegenüber der des Bundesrats im Kaiserreich erheblich gemindert worden. Zwar nahm der Reichsrat noch an der Gesetzgebung und Verwaltung des Reiches teil, doch stellte er nicht mehr das zentrale Reichsorgan dar. Seine Mitsprache bei der Gesetzgebung beschränkte sich auf ein suspensives Einspruchsrecht gegenüber dem Reichstag (Art. 74). Von seiner Zustimmung abhängig blieben jedoch die allgemeinen Verwaltungsvorschriften, welche die Reichsregie-

rung zur Ausführung der Reichsgesetze durch die Länder erließ. Man konnte nunmehr den Reichsrat als eine Vertetung der Landesregierungen verstehen, denen eine Wahrnehmung von Länderinteressen auf Reichsebene deshalb eingeräumt worden war, weil die Länder in der Mehrzahl der Fälle die Reichsgesetze auszuführen hatten. Aus diesem Grunde mußten die Landesregierungen ein Interesse an der Gesetzgebung des Reiches haben, wie sich umgekehrt die besonderen Eingriffsmöglichkeiten des Reiches nach Art. 16 und 48, Abs. 1 WV aus seinem Interesse an einer effizienten Durchführung seiner Anordnungen durch die Länder erklären lassen.

12. Daß es allein schon aufgrund der Möglichkeit unterschiedlicher Regierungsbildungen zu erheblichen, nicht nur administrativen, sondern auch politischen Reibereien zwischen Reich und Ländern kommen konnte, zeigt die Geschichte der Weimarer Republik zur Genüge. Am spektakulärsten war die Situation im Jahre 1932, als die konservative Reichsregierung von Papen die sozialdemokratische Regierung Preußens mit Hilfe des Art. 48, Abs. 1 abzusetzen versuchte. Dieser Vorgang verweist zugleich auf ein weiteres grundsätzliches Problem der föderativen Struktur in der Weimarer Republik: Nach wie vor gab es einen übermächtigen Gliedstaat, Preußen. Der war aber nicht mehr durch ein System von Personalunionen mit dem Reich verklammert. Das bedeutete einerseits, daß Preußen seine hegemoniale Stellung verloren hatte, andererseits aber immer noch stark genug war – wie in mancher Situation übrigens auch Bayern –, die Politik des Reichs zu konterkarieren, was nun infolge unterschiedlicher Regierungsbildungen im Lande und im Reich leicht eintreten konnte. Zu einer Lösung dieses Problems ist man in der Weimarer Republik genausowenig wie in anderen Fragen der sog. Reichsreform, der Neugliederung der Länder und einer Neubestimmung der Zuständigkeiten zwischen ihnen und dem Reich, gekommen. Vermutlich hätte die Neuordnung noch unitarischer ausgesehen, als dies ohnehin nach der Reichsverfassung, nach ihrer Kompetenz- und Finanzverteilung sowie aufgrund der Rückstufung des Reichsrats, der Fall war.

13. Zentrales Organ des Reiches war in der Weimarer Republik nicht der Reichsrat, sondern der Reichstag (vgl. Art. 20ff.). Ihn nannte die Reichsverfassung an erster Stelle. Das unterstrich den parlamentarisch-demokratischen Charakter des neuen Regierungssystems. Für den Reichstag galt das Wahlrecht

zur Nationalversammlung: Wahlberechtigt waren alle über 20 Jahre alten Männer und Frauen. Gewählt wurden die Abgeordneten jeweils auf vier Jahre nach den Grundsätzen der Verhältniswahl (Art. 22f.). Das Reichswahlgesetz vom 27. April 1920 sah darüber hinaus vor, daß auf je 60000 für einen Wahlvorschlag abgegebene Stimmen ein Sitz im Reichstag entfallen sollte. Demgemäß wechselte die Zahl der Abgeordneten von Wahl zu Wahl.

Der Reichstag gab sich seine Geschäftsordnung selbst und besaß im Gegensatz zu seinem Vorgänger im Kaiserreich ein Selbstversammlungsrecht (Art. 24). Ein Selbstauflösungsrecht stand dagegen auch ihm nicht zu. Er konnte – wenn auch nur einmal aus dem gleichen Anlaß – vom Reichspräsidenten aufgelöst werden (Art. 25, Abs. 1). Die Rechtsstellung der Abgeordneten war verbessert worden; sie besaßen nunmehr sogar ein Zeugnisverweigerungsrecht. Beamte konnten ohne weiteres Abgeordnete werden und bleiben. Der schon im Kaiserreich deutliche Trend zum parteiabhängigen Abgeordneten und Berufsparlamentarier verstärkte sich. Auch kam es zu Versuchen, unter Verletzung des Art. 21, Satz 2 WV von Abgeordneten Mandatsverzichtserklärungen für den Fall zu fordern, daß sie gegen ihre Partei oder Fraktion votierten. Das imperative Mandat wurde nun nicht mehr wie früher verlangt, um Abgeordnete an ihre Wählerschaft, sondern um sie an die Partei, der sie ihre Aufstellung verdankten, zu binden.

14. Da der Reichsrat auf ein bloßes Einspruchsrecht bei der Gesetzgebung beschränkt worden war und die in der Verfassung vorgesehene Möglichkeit, Gesetze durch Volksentscheide herbeizuführen, nie eine Rolle gespielt hat (es gab in der Weimarer Republik sieben Volksbegehren, die alle erfolglos blieben), war der Reichstag praktisch der alleinige Gesetzgeber im Reich (vgl. Art. 68ff.). Auch seine Kontrollbefugnisse gegenüber der Regierung hat man durch die Möglichkeit zur Einsetzung von Untersuchungsausschüssen nach englischem Vorbild beträchtlich erweitert (Art. 34). Wie weit das in die Repräsentation des Volkes gesetzte Vertrauen ging, zeigt Art. 76. Nach ihm war die Änderung der Verfassung mit einer Zweidrittelmehrheit (bei einem Quorum, d.h. bei Anwesenheit von ebenfalls Zweidritteln der Mitglieder des Reichstags) in beliebiger Weise möglich. Auch durch Volksentscheid konnte die Verfassung jederzeit abgeändert werden. In diesen Regelungen fand das im Art. 1 ausgesprochene Prinzip der Volkssouveränität sei-

nen augenfälligsten Ausdruck. Gegen eine Minderheitsmeinung hat die Staatsrechtslehre in der Weimarer Republik stets daran festgehalten, daß mit entsprechender Mehrheit die Verfassung auch in ihr Gegenteil verkehrt und z. B. die Monarchie wieder eingeführt werden könne. Dies entsprach der seit den Zeiten des Kaiserreichs herrschenden Auffassung des sog. Rechts- oder Gesetzespositivismus, derzufolge es keine übergesetzlichen Einschränkungen der legislativen Gewalt gab.

15. Dem Reichstag standen Reichspräsident und Reichsregierung gegenüber (Art. 41 ff.). Wie der Reichstag, war auch der Reichspräsident vom Volk zu wählen, und zwar auf sieben Jahre. Wiederwahl war zulässig (Art. 43, Abs. 1). Die Position des Reichspräsidenten ähnelte der des Kaisers in der alten Reichsverfassung. Man hat ihn daher gelegentlich als »Ersatzkaiser« bezeichnet, was treffend eine weitverbreitete Ansicht zum Ausdruck brachte, über die Erfüllung rein repräsentativer Aufgaben hinaus müsse das Staatsoberhaupt in der Lage sein, dem Parlament und der Vielfalt wechselnder Parteimeinungen Paroli zu bieten. Wie früher der Kaiser, so hatte auch der Reichspräsident das Reich völkerrechtlich zu vertreten. Er ernannte die Reichsbeamten und Offiziere und besaß den Oberbefehl über die Wehrmacht. Er konnte das Begnadigungsrecht ausüben und den Reichstag auflösen. Bei einer erheblichen Störung der öffentlichen Sicherheit und Ordnung im Reich hatte er die erforderlichen Abhilfemaßnahmen zu treffen. Zu diesem Zweck durfte er Militär einsetzen und bestimmte Grundrechte suspendieren (sog. Diktaturgewalt des Art. 48, Abs. 2). Neben der Befugnis, gegen unbotmäßige Länder vorzugehen (vgl. Art. 48, Abs. 1), kam ihm mithin die Aufgabe zu, einen Aufruhr oder Aufstand im Reich niederzuschlagen, wie überhaupt außerordentliche Maßnahmen zur Abwendung von Notlagen zu treffen. Dagegen besaß der Reichspräsident ebensowenig wie seinerzeit der Kaiser einen Anteil an der Gesetzgebung. Gesetze hatte er lediglich auszufertigen, d. h. ihren Wortlaut verbindlich festzustellen und zu verkünden (Art. 70). Die Gesetzesbeschlüsse des Reichstags konnte er jedoch einem Volksentscheid unterwerfen (vgl. Art. 73 ff.). Das ist allerdings nie vorgekommen.

16. Alle Anordnungen und Verfügungen des Reichspräsidenten – auch die »auf dem Gebiete der Wehrmacht« (vgl. Art. 50) – bedurften der Gegenzeichnung durch den Reichskanzler oder zuständigen Reichsminister, die dafür die parlamentarische

Verantwortung übernahmen. Das band den Reichspräsidenten auch im Bereich der militärischen Kommandogewalt an die von der Reichsregierung verfolgte Politik.

Die Reichsregierung setzte sich laut Art. 52 WV aus Reichskanzler und Reichsministern zusammen. Obwohl die Bezeichnung »Reichskanzler« beibehalten wurde, folgte die Weimarer Verfassung dem Kanzlerprinzip nicht mehr. Die Regierungsgeschäfte waren nicht länger in einer Person konzentriert, sondern wurden kollegial erledigt. In der neuen Kollegialregierung kam es allerdings dem Kanzler zu, die Richtlinien der Politik zu bestimmen (Richtlinienkompetenz des Art. 56). Innerhalb dieser Richtlinien hatte jeder Reichsminister seinen Bereich selbständig und eigenverantwortlich zu leiten (Ressortprinzip). Für grundsätzliche Entscheidungen, wie die Verabschiedung von Gesetzesentwürfen, den Erlaß von Verwaltungsvorschriften oder die Beilegung von Meinungsverschiedenheiten zwischen den Ministern, war dagegen die Regierung insgesamt zuständig (Kabinettsprinzip des Art. 57).

17. Ernannt und entlassen wurden der Reichskanzler und auf seinen Vorschlag hin die Reichsminister vom Reichspräsidenten (Art. 53). Andererseits bedurften sie nach der ausdrücklichen Verfassungsvorschrift des Art. 54 auch des Vertrauens des Reichstages. Ein jeder von ihnen mußte zurücktreten, wenn ihm das Parlament das Vertrauen entzog. Durch ein solches Mißtrauensvotum konnte also sowohl die ganze Regierung als auch ein einzelner Minister gestürzt werden. Es ist diese Regelung gewesen, durch die das parlamentarische Regierungssystem in die Weimarer Republik eingeführt wurde. Ihr entsprach auch die Praxis. Bis 1930 ist die Reichsregierung, parlamentarischem Brauch entsprechend, von Reichstagskoalitionen nach interfraktionellen Absprachen gebildet worden, wobei der Reichspräsident in Sondierungsgesprächen feststellte, welchem Abgeordneten er das Reichskanzleramt antragen konnte. Obwohl Minister nicht unbedingt Abgeordnete sein mußten, war dies der Regelfall. Die Regierungen in der Weimarer Republik, im Reich wie in den Ländern, waren parlamentarische Parteienregierungen und keine Beamtenregierungen mehr – ein Novum in der deutschen Verfassungsgeschichte.

18. Allerdings hat die Verfassung dem Reichstag im Reichspräsidenten ein starkes Gegengewicht gegenübergestellt. Der Reichspräsident ist nicht nur aufgrund seiner Volkswahl genauso demokratisch legitimiert gewesen wie das Parlament, er be-

saß auch in Gestalt des Rechts, Gesetze des Reichstags zum Volksentscheid vorzulegen, und im Recht, den Reichstag aufzulösen, zwei Befugnisse, die ihn als deutlichen Gegenspieler des Parlaments auswiesen. Ganz unverkennbar ist hier das Prinzip der Gewaltenteilung, der *checks and balances*, gegen die reine Parlamentsherrschaft ins Spiel gebracht worden, wie es auch in der doppelten Abhängigkeit der Reichsregierung vom Präsidenten und vom Parlament zum Ausdruck kam. In gewisser Weise war die Stellung des Reichspräsidenten dabei noch stärker als die des Präsidenten der USA, an den man bei dieser Konstruktion erinnert wird. Denn der Präsident der USA besitzt gegenüber Gesetzen des Kongresses nur ein suspensives Vetorecht und kann das Repräsentantenhaus nicht auflösen. Der Reichspräsident konnte dagegen nicht nur notfalls eine Regierung selbst bilden, sondern sie kraft seiner Diktaturgewalt sogar mit einer Art Notgesetzgebungsrecht ausstatten – so wurde jedenfalls der Art. 48, Abs. 2 interpretiert – und ein dagegen opponierendes Parlament nach Hause schicken. Es ist insbesondere die Kombination der Art. 25, 48 und 53 gewesen, die ihm neben seiner plebiszitären Legitimation eine verfassungsrechtlich starke Stellung verschaffte.

Dennoch wäre es verfehlt zu meinen, der Reichspräsident hätte mit Hilfe dieser Verfassungsartikel eine »Kampfregierung« gegen den Reichstag bilden und diesen einfach beiseite schieben können. Präsident und Regierung blieben ihrerseits ja immer auch vom Reichstag abhängig. Dabei kam es weniger darauf an, daß Präsident, Kanzler und Minister wegen schuldhafter Verletzung der Reichsverfassung vom Reichstag vor dem Staatsgerichtshof angeklagt werden konnten (Art. 59), oder daß der Reichspräsident auf Antrag des Reichstags im Wege der Volksabstimmung absetzbar war (vgl. Art. 43, Abs. 2), sondern Präsident und Regierung waren schon allein dadurch an den Willen der Reichstagsmehrheit gebunden, daß sie ihre Notmaßnahmen laut Abs. 3 des Art. 48 dem Parlament zur Kenntnis zu bringen und auf dessen Verlangen außer Kraft zu setzen hatten. Dagegen mochten sie sich zwar mit einer vorzeitigen Auflösung des Reichstags wehren, sie mußten aber gewärtig sein, daß Neuwahlen, die spätestens 60 Tage nach der Auflösung stattzufinden hatten, wiederum zu einer oppositionellen Zusammensetzung des Reichstags führten. Insofern war die Situation in der Weimarer Republik nicht anders als in der konstitutionellen Monarchie. Ebensowenig wie damals eine monarchische Regierung, konnte nunmehr eine präsidentielle das Parlament auf Dauer zur Seite schieben. Das System war offensichtlich – selbst in Notsituationen, in denen der Ausnahmezustand regierte – auf ein Zusammenspiel von Präsident, Regierung und Parlament hin angelegt.

Gegen eine stabile Reichstagsmehrheit mit einem festen politischen Willen konnte der Reichspräsident, so wie die Verfassung ihn konzipiert hat, ohnehin nichts ausrichten. Gegen einen sich in einer solchen Mehrheit manifestierenden »Parlamentsabsolutismus« war er, obwohl als Gegenmacht gedacht, machtlos. Ein stabiles parlamentarisches System hätte auch in Weimar nur durch eine interne parlamentarische Kontrolle zwischen Regierungsmehrheit und Opposition balanciert werden können. Erfolgreich eingreifen konnte der Reichspräsident daher im Grunde nur als Nothelfer einer schwachen Volksvertretung, die nicht in der Lage war, funktionsfähige Regierungen zu bilden. In dieser Situation schlug in der Tat seine Stunde, da er einer Regierung den Rückhalt geben konnte, den sie im Parlament nicht fand. Mit seiner Notgesetzgebungsgewalt des Art. 48 konnte er aushelfen, solange sich keine starke parlamentarische Opposition dagegen formierte. Für diese Fälle, für ein vorübergehendes Parlamentsversagen, hat eine präsidentielle Regierung in Weimar tatsächlich einen Ausweg geboten. Dafür war die Institution des Reichspräsidenten, so wie man sie 1919 geschaffen hat, sinnvoll. Freilich, und auch das zeigt Weimar, kommt es in der Verfassungsgeschichte nicht nur auf die Einrichtung sinnvoller Institutionen an, sondern auch darauf, daß sie mit Personen besetzt werden, die sie entsprechend ausfüllen. Institutionen sind wichtig, ersetzen aber Personen nicht. Ein Parlamentsversagen konnte deshalb in Weimar für eine gewisse Zeit überbrückt werden. Ein zusätzliches Präsidentenversagen aber mußte die Republik ruinieren.

II.

An die Behandlung des Verhältnisses von Reich und Ländern, der Organe des Reiches und ihrer Funktionen, schloß die Weimarer Verfassung einen zweiten Hauptteil über »Grundrechte und Grundpflichten der Deutschen« an. Mit 57 Artikeln war dieser Teil außerordentlich umfangreich. Neben Grundrechten sind darin auch Grundpflichten aufgenommen worden, so z. B. die allgemeine Schulpflicht (Art. 145) oder ein Hinweis in Art. 163, Abs. 1, daß jeder Deutsche »die sittliche Pflicht« habe,

»seine geistigen und körperlichen Kräfte so zu betätigen, wie es das Wohl der Gesamtheit erfordert«. In solchen Formulierungen lebte noch die alte Überzeugung fort, daß bürgerliche Freiheit und Selbstbestimmung nur gedeihen können, wenn man bereit ist, auch Pflichten zu übernehmen. Im übrigen war anerkannt, daß entgegen dem Wortlaut die grundsätzlichen Freiheitsverbürgungen der Verfassung auch für Ausländer galten.

Nicht alle Grundrechte standen im zweiten Hauptteil. So gewährte die Verfassung judizielle Grundrechte, z.B. daß niemand seinem gesetzlichen Richter entzogen werden dürfe, im Abschnitt über die Rechtspflege (Art. 102ff.). Andererseits enthielt der zweite Hauptteil nicht nur Rechte im engeren Sinne, sondern auch Garantien gesellschaftlicher Institutionen wie des Eigentums, der Ehe oder des Schulwesens. Diese sog. institutionellen Garantien zeigten, daß es dem Verfassungsgeber nicht nur um die Freiheit des einzelnen, sondern um eine freiheitliche Gestaltung des Gesellschaftslebens überhaupt und die Bewahrung der sie schützenden Einrichtungen ging. Insoweit knüpfte der Grundrechtsteil der Weimarer Verfassung in moderner, von Friedrich Naumann initiierter Weise an das ältere Rechtsverständnis der deutschen Reformzeit zu Beginn des 19. Jahrhunderts an, dem es um die gesellschaftliche Freiheit des Menschen und nicht nur um einklagbare Rechte des einzelnen gegenüber dem Staat gegangen war. Viele Bestimmungen des zweiten Hauptteils waren deshalb auch nicht als gerichtlich einklagbare Rechtspositionen ausgestaltet, sondern beinhalteten – wie man zuweilen etwas abschätzig sagte – »bloße« Programmsätze für den Gesetzgeber.

Wie weit der Gesetzgeber diese verfassungsrechtlichen Grundsätze zu beachten hatte, ob z.B. das Gebot der Gleichbehandlung nach Art. 109, Abs. 1 (»Gleichheit vor dem Gesetz«) nur die gesetzesvollziehende Verwaltung und die Rechtsprechung oder auch den Gesetzgeber selbst band, war in der Weimarer Zeit heftig umstritten. In der spätkonstitutionellen Ära hatte man sich daran gewöhnt, die Grundrechte lediglich als verschiedenartige Rechte gegenüber dem Staat zu verstehen, als Abwehrrechte im Namen der Freiheit, als Leistungsansprüche sozialer Art u.ä.m. Ihre Ausgestaltung wurde dabei völlig dem Gesetzgeber überlassen, der sie zugunsten der Rechte anderer oder allgemeiner staatlicher Erfordernisse beliebig einschränken konnte. Daß der Gesetzgeber in dieser Weise Herr über die Grundrechte sei, wurde in der Weimarer Republik jedoch in

Zweifel gezogen. Grundrechtliches Anspruchsdenken und demokratischer Souveränitätsanspruch des gesetzgebenden Parlaments gerieten dadurch in ein bis heute nachwirkendes, schwierig zu fassendes und kaum auflösbares Spannungsverhältnis zueinander.

Im einzelnen regelte die Weimarer Verfassung in einem ersten Abschnitt ihres zweiten Hauptteils die Rechte der Einzelperson (Art. 109ff.). Hier wurden die klassischen Freiheitsrechte des Individuums, wie z.B. die Meinungsfreiheit, verbürgt. Daran schloß sich ein Abschnitt über »das Gemeinschaftsleben« (Art. 119ff.) an, mit grundsätzlichen Bestimmungen über Ehe und Familie, Erziehung und Jugendschutz, aber auch über die Vereins- und Versammlungsfreiheit, das Petitionsrecht, die Gemeindeselbstverwaltung und die Rechte der Beamtenschaft. In einem dritten Abschnitt über »Religion und Religionsgesellschaften« (Art. 135ff.) wurde die Glaubens- und Gewissensfreiheit neben der Freiheit, Religionsgesellschaften zu bilden, und deren Recht, sich zu betätigen, garantiert. Der vierte Abschnitt »Bildung und Schule« (Art. 142ff.) brachte ein Bekenntnis für die Freiheit von Kunst und Wissenschaft sowie Regelungen des Schulwesens. Der fünfte Abschnitt »das Wirtschaftsleben« (Art. 151ff.) war ähnlich wie die anderen aus individuellen Freiheitsverbürgungen und institutionellen Garantien zusammengesetzt und enthielt die Handels- und Gewerbefreiheit, die Vertrags- und Koalitionsfreiheit, die Garantie des Eigentums und des Erbrechts, den Schutz der Arbeitskraft und das Recht zur Vergesellschaftung privater wirtschaftlicher Unternehmen. Die Verteilung und Nutzung des Bodens sollte überwacht werden, um jedem Deutschen eine Wohnmöglichkeit zu sichern (Art. 155).

Viele Artikel – das wird aus dieser Übersicht deutlich – verdankten ihre Aufnahme in die Verfassung weniger einem bestimmten Konzept für eine gesellschaftliche Neuordnung, wie man es nach dem Umbruch 1918/19 hätte erwarten können, als dem Druck von Parteien, Verbänden und Interessengruppen, die an bestimmten sozialen Garantien interessiert waren, so z.B. der selbständige Mittelstand (vgl. Art. 164) oder die Gewerkschaften, die Beamten, Kirchen oder Unternehmer. Das kann wohl in einer modernen, von einer Gesellschaft mit heterogenen Gruppeninteressen getragenen Verfassung kaum anders sein.

Zuweilen ließen sich widersprüchliche gesellschaftliche Ansprüche nur durch Kompromisse befriedigen, in denen eine endgültige Regelung auf einen späteren Zeitpunkt vertagt wurde, um das Regierungsbündnis zwischen Sozialdemokratie und Zentrum nicht zu gefährden. Ein typischer, den Streit vertagender »dilatorischer Formelkompromiß« war z. B. der Weimarer Schulkompromiß. In ihm einigte man sich, das öffentliche Schulwesen »organisch« auszugestalten. Regelschule sollte die Gemeinschaftsschule sein (Art. 146, Abs. 1), doch sollten auf Antrag der Erziehungsberechtigten auch Bekenntnisschulen nach Maßgabe eines Reichsschulgesetzes eingerichtet werden können (Art. 146, Abs. 2). Bis zu seinem Erlaß sollte es in den Ländern bei der bisherigen Rechtslage bleiben, d.h. in der Mehrzahl der Fälle bei der Bekenntnisschule als Regelschule (vgl. Art. 174). Da das Reichsschulgesetz nie zustande kam, blieb es auch auf Dauer dabei.

Signifikant für die Reichspolitik war auch der kirchenrechtliche Kompromiß (Art. 137). Er enthielt einerseits eine Absage an das Staatskirchentum, andererseits behielten die etablierten Religionsgesellschaften jedoch ihren Status einer Körperschaft des öffentlichen Rechtes bei, was ihnen staatliche Privilegien wie das Recht, eine Kirchensteuer zu erheben, sicherte. In beiden Fällen, dem Schul- wie dem Kirchenkompromiß, zeigte es sich, wie stark die religiösen Streitfragen des 19. Jahrhunderts noch im 20. nachwirkten.

Einen ähnlichen Kompromiß fand man in der Frage der wirtschaftlichen Mitbestimmung. So wurde in Art. 165 die Bildung von Arbeiterräten vorgesehen. Sie sollten allerdings keine Mitbestimmungsfunktionen im unternehmerischen Bereich ausüben, sondern lediglich die sozialen und wirtschaftlichen Interessen der Arbeitnehmer zur Geltung bringen. Arbeiterräte und Vertretungen der Unternehmer wurden außerdem zu Wirtschaftsräten zusammengefaßt. Einem so gebildeten Reichswirtschaftsrat hatte die Verfassung eine gutachterliche Funktion bei der Vorbereitung sozial- und wirtschaftspolitischer Gesetze zugedacht. In dieser Form fand am Ende auch der Räte-Gedanke in die Weimarer Verfassung Eingang. Dabei ist man allerdings über die Bildung eines vorläufigen Reichswirtschaftsrats mit beschränkten Kompetenzen nie hinausgekommen.

4. Zur Verfassungsentwicklung in der Weimarer Republik

I.

Man hat die Weimarer Verfassung wegen der vielen Programmsätze und auszufüllenden Kompromisse in ihrem zweiten Hauptteil, aber auch wegen der unbeschränkten Möglichkeit ihrer Änderung nach Art. 76 eine »offene Verfassung« genannt. Tatsächlich boten sich einer festen und mit einem entsprechenden Reformprogramm auftretenden Reichstagsmehrheit große Chancen zur Gestaltung von Staat und Gesellschaft. Wenn sie nicht genutzt wurden, so lag dies nicht nur an den besonderen Schwierigkeiten, mit denen man in der Nachkriegszeit zu kämpfen hatte, sondern auch an einer für die Weimarer Republik eigentümlichen Funktionsschwäche des politischen Systems, die große Lösungen im allgemeinen nicht zuließ. Zwar hat es auch in Weimar beachtliche Entwicklungen gegeben, so wurde z. B. 1927 die Arbeitslosenversicherung eingeführt – ein Schlußstein im Gebäude der Bismarckschen Sozialversicherung –, doch blieb, im ganzen gesehen, die Problemlösungskapazität des Systems hinter den Erfordernissen der Zeit zurück. Das lag vor allem im Parteiensystem und im Parteienverhalten begründet.

Zwischen Kaiserreich und Republik hat es eine bemerkenswerte Kontinuität des Parteiensystems gegeben. Zwar bildeten sich im November 1918 eine Reihe neuer Parteien, doch standen hinter ihnen in der Regel die alten politischen Strömungen. So formierte sich der zu Beginn des 20. Jahrhunderts vor allem von den Alldeutschen und der Vaterlandspartei gespeiste Nationalkonservativismus schon zu Beginn der Republik in der Deutschnationalen Volkspartei (DNVP) neu. Der Rechtsliberalismus fand in der stark von schwerindustriellen Interessen beeinflußten Deutschen Volkspartei (DVP) seine Heimat. Die liberale Linke gründete nach dem Scheitern liberaler Einigungsbemühungen die Deutsche Demokratische Partei (DDP). Einen stärker nationalen Akzent erhielt sie 1930 durch die Gründung der Deutschen Staatspartei. Das Zentrum blieb erhalten. Aus ihm löste sich allerdings die betont föderalistische Bayerische Volkspartei (BVP) mit einer eigenen Reichstagsfraktion heraus. Neben dem politischen Katholizismus wies vor allem die in der Sozialdemokratischen Partei Deutschlands (SPD) konzentrierte Arbeiterbewegung eine starke Kontinuität auf. Allerdings blieb die schon im Krieg erfolgte Abspaltung der Unabhängigen Sozialdemokraten (USPD) zunächst bestehen. Von ihr trennten sich die Befürworter einer Rätediktatur des Proletariats Ende 1918. Sie gründeten die Kommunistische Partei Deutschlands (KPD), die sich in der kommunistischen Internationale (Komintern) bald dem Führungsanspruch der russischen Bolschewisten unterordnete. 1922 fand der rechte Flügel der USPD in die SPD zurück, der linke trat in die KPD über, so daß, wie in vielen anderen Staaten, es nun auch in Deutschland zwei Arbeiterparteien gab. Der Rechtsextremismus spielte im Parteienspektrum anfangs keine bedeutende Rolle. Allerdings eroberten die Nationalsozialisten 1924 bereits 32 Reichstagsmandate. Der Siegeszug der Nationalsozialistischen Deutschen Arbeiterpartei (NSDAP) begann indessen erst 1930. Durch das Verhältniswahlrecht wurden Splitterparteien zweifellos begünstigt. Unter ihnen konnte die mittelständische Wirtschaftspartei mit je 23 Mandaten 1928 und 1930 zeitweise größere Erfolge erringen. Von diesen beiden Wahlen abgesehen, in denen sich die Zahl der für sie abgegebenen Stimmen auf annähernd 15 Prozent belief, blieben die Splitterparteien jedoch bedeutungslos.

Desungeachtet war die Regierungsbildung in der Weimarer Republik schwierig. Keine Partei verfügte jemals allein über die absolute Mehrheit. Daran war nicht einfach das neue Verhältniswahlrecht schuld; auch im Kaiserreich, in dem nach den Prinzipien der absoluten Mehrheitswahl gewählt worden war, sind die Ergebnisse nicht anders gewesen. Ob die zur Abhilfe geforderte Einführung der englischen relativen Mehrheitswahl zu stabilen Mehrheiten geführt hätte, muß dahingestellt bleiben. Möglicherweise wies das überkommene deutsche Parteiensystem zu viele Schattierungen und Brüche auf, um – unter welchem Wahlrecht auch immer – zu klaren Mehrheitsbildungen kommen zu können.

Das zeigte sich auch an den Koalitionen. In Frage kamen eine sozialistische Koalition zwischen SPD und USPD am Anfang der Republik, die Weimarer Koalition zwischen SPD und DDP sowie dem Zentrum, die Mitte-Rechts-Koalition, die (mit oder ohne DDP) die DNVP einschloß, und schließlich die große Koalition von der SPD bis zur DVP. Doch erwies sich bei den Koalitionsbildungen die Überwindung der Parteibarrieren stets als schwierig. Das war schon im Verhältnis von DDP und DVP der Fall und galt in verstärktem Maße bei einer Einbeziehung der SPD oder der DNVP in eine Regierungsbildung durch die bürgerliche Mitte. Breite Koalitionen mit vielen Parteien wurden aber aufgrund der Wahlergebnisse, die in zunehmendem Maße die extremen Parteien begünstigten und für die liberale Mitte ruinös ausfielen, immer notwendiger. Die Möglichkeit einer sozialistischen Koalition war seit 1919 nicht mehr gegeben. Der Weimarer Koalition hatten die Wähler 1920 bei den auf die Nationalversammlung folgenden Wahlen eine Absage erteilt; sie kehrte 1921 nur kurzfristig, von der USPD unterstützt, wieder. Auch die bürgerlichen Koalitionen brachten zum großen Teil nur Minderheitskabinette zuwege und waren davon abhängig, daß die SPD sie tolerierte. Unter den 20 Regierungen, die Weimar von den Wahlen zur Nationalversammlung bis 1932 erlebt hat, sind nur acht Mehrheitskabinette gewesen. Ungeachtet des Umfangs ihres parlamentarischen Rückhalts stürzten die Regierungen meist schon nach kurzer Zeit, und zwar bemerkenswerterweise selten über Mißtrauensvoten der Opposition (sie hat es nur 1926 und 1932 gegeben). Vielmehr brach in der Regel die sie tragende Koalition auseinander. Neue Regierungsbildungen in der Hoffnung, daß sie auch von den sich nicht daran beteiligenden Parteien – wenigstens eine Zeitlang – toleriert würden, waren die Folge. Oder man löste den Reichstag vorzeitig auf und schrieb Neuwahlen aus, die mit der Ausnahme von 1928 indessen die Möglichkeiten für eine Regierungsbildung nicht verbesserten.

Schon in der Mitte des 19. Jahrhunderts ist die Ansicht vertreten worden, daß sich angesichts der Parteienvielfalt die Einführung des parlamentarischen Regierungssystems in Deutschland als schwierig erweisen würde, doch lag dies sicherlich nicht nur an der Zahl der im Parlament vertretenen Parteien. Auch ein ihre Anzahl mindernder Wahlrechtsfilter, etwa eine Fünfprozentklausel, hätte ihre Bereitschaft, politische Kompromisse einzugehen, um stabile Koalitionen zu bilden, kaum gefördert. Dazu fehlte den stark ideologisch orientierten, mit Verbänden und paramilitärischen Vereinigungen (Stahlhelm, Reichsbanner Schwarz-Rot-Gold, Roter Frontkämpferbund, SA) eng liierten Parteien in Weimar ein gehöriger Schuß Pragmatismus. Ihre über die Vertretung einer engen Interessenten-Klientel hinausgehende Kraft zur umfassenderen Integration der Bevölkerung, etwa im Stil moderner Volksparteien, war gering, wenn überhaupt vorhanden. Man war vom Kaiserreich her auch nicht an die Übernahme der Regierungsverantwortung gewohnt, sondern – ebenso wie die Verbände – darauf eingestellt, eine Regierung zu tolerieren, solange sie etwas bot, andernfalls aber ihr die Unterstützung zu versagen. Wie sehr in der Weimarer Zeit in parlamentarischen Kreisen die Regierung als etwas Fremdes, Parteien und Parlament Gegenüberstehendes empfunden wurde, macht der Umstand deutlich, daß Minister von ihrer Fraktion gezwungen werden konnten, als Abgeordnete im Plenum gegen ihren eigenen Regierungsbeschluß zu votieren.

II.

Die Schwierigkeiten, die sich bei der Installierung der parlamentarischen Regierungsweise ergaben, lagen indessen nicht nur im Parteiensystem und im Parteiverhalten. Nicht zu übersehen ist, daß die Republik von Beginn an einer Fülle von Problemen ausgesetzt war, mit deren Lösung auch eingespielte und gut funktionierende parlamentarische Regierungen ihre Not gehabt hätten. Da waren die Kriegsfolgen, die Umstellung der Kriegswirtschaft auf Friedenszeiten, die Wiedereingliederung von Millionen von Soldaten in das Berufsleben und das Problem der Abschöpfung einer durch gewaltige Kriegsanleihen des Staates aufgeblähten Geldmenge. Hinzu kamen die umfangreichen, in ihrer Höhe zunächst gar nicht überschaubaren Reparationsforderungen und schließlich eine sich aus dem Zusammenbruch und dem politischen Wandel ergebende, nicht enden wollende Reihe von Unruhen und Streiks, Putschversuchen von rechts, Aufständen von links. Schließlich die Besetzung der Ruhr durch Franzosen und Belgier zur Sicherung der Reparationen, auf die man mit einem kostspieligen passiven Widerstand reagierte. An dessen Ende hatte die Inflation die Währung völlig entwertet und viele Angehörige des Mittelstands um ihr Vermögen gebracht.

Die genannten Probleme hat man verfassungstechnisch auf zweierlei Weise zu lösen versucht: Zum einen durch die Verhängung des Ausnahmezustandes mit Hilfe der dem Reichspräsidenten bei einer erheblichen Störung oder Gefährdung der öffentlichen Sicherheit und Ordnung zu Gebote stehenden außerordentlichen Anordnungsgewalt nach Art. 48, Abs. 2 WV. Das führte zum Einsatz von Militär gegen Aufruhr und Unruhen. Zum anderen griff man, ebenfalls gestützt auf Art. 48, Abs. 2 WV, zum Erlaß von sog. Notverordnungen. Der Wortlaut des Art. 48 wurde dabei so interpretiert, daß man unter den »Maßnahmen«, die der Reichspräsident zur Wiederherstellung der öffentlichen Sicherheit und Ordnung treffen durfte, auch Verordnungen mit Gesetzeskraft verstand. Art. 48 war bei dieser Interpretation auch als Instrument der Legislation anwendbar. Diese weite Auslegung hatte den Vorzug, daß man ihn nun auch im Falle eines wirtschaftlichen Notstands benutzen konnte, der sich mit den klassischen Mitteln des Ausnahmezustands, mit Militäreinsatz, Grundrechtssuspensionen und Strafverschärfungen nicht beheben ließ.

Notverordnungen hat auch das Verfassungsrecht der konstitutionellen Monarchie gekannt. Im 19. Jahrhundert war es darum gegangen, in dringenden Fällen den Monarchen ein gesetzgeberisches Eingreifen ohne parlamentarische Zustimmung zu ermöglichen, wenn das Parlament nicht versammelt war. Solche Notverordnungen waren dem Parlament nach seinem Zusammentritt vorzulegen und aufzuheben, wenn sie von ihm abgelehnt wurden. Indem man in der Weimarer Republik auf diese Einrichtung zurückgriff, brachte man sie jedoch in einen neuen Zusammenhang. Notverordnungen wurden jetzt nicht mehr erlassen, weil der eigentliche Gesetzgeber, das Parlament, nicht zur Stelle war, sondern auch während es tagte. Mit ihrer Hilfe konnte man rasch eingreifen, ohne sich einer langwierigen Gesetzgebungsprozedur unterziehen zu müssen. So geschah es z.B. 1923, um die desolate Wirtschaft und Währung zu stabilisieren. Mit anderen, auf Art. 48, Abs. 2 WV gestützten Verordnungen hatte man schon vorher, 1921, nach verschiedenen Attentaten auf republikanische Politiker versucht, Maßnahmen zum Schutz der Republik zu treffen. Aus ihnen war 1922 das Republikschutzgesetz hervorgegangen, mit scharfen Strafandrohungen gegen republikfeindliche Handlungen und der Möglichkeit, Versammlungen und Vereinigungen – auch politische Parteien – zu verbieten.

Dem Reichstag, der nicht so schnell reagieren konnte und in dem es schwieriger war, Gesetze mit einschneidenden Maßnahmen durchzubringen, ist diese Vorgehensweise nicht unlieb gewesen. Er unterstützte sie dadurch, daß er von sich aus die Regierung ermächtigte, an seiner Stelle Verordnungen mit Gesetzeskraft, z.B. zur Ordnung der Übergangswirtschaft, zu erlassen. Insgesamt hat die Reichsregierung zwischen 1920 und 1923 durch fünf solcher Ermächtigungsgesetze unterschiedlich weite legislative Vollmachten erhalten. Wie die Notverordnungen nach Art. 48, Abs. 2 WV waren auch die aufgrund einer solchen Ermächtigung getroffenen Maßnahmen dem Parlament zur Kenntnis zu bringen und auf sein Verlangen aufzuheben. Die der Reichsregierung gewährten Ermächtigungen waren überdies stets befristet. Dennoch hat die Reichsregierung auf diesem Wege nicht nur kurzfristige Maßnahmen zur Abhilfe akuter wirtschaftlicher und finanzieller Notstände getroffen, sondern vielfach auch Regelungen, die das Wirtschaftsleben auf Dauer gestalteten, wie z. B. 1923 mit der Kartellverordnung gegen den Mißbrauch wirtschaftlicher Machtstellungen. Sogar notstandsfremde Bereiche wie die Gerichtsverfassung und die Strafrechtspflege wurden 1924 auf diesem Wege neu geregelt.

III.

Auch wenn in der Zeit zwischen 1924 und 1930 das Staatsleben in der Weimarer Republik sich wieder normalisierte, blieb doch aus den frühen Jahren der Eindruck zurück, daß es, um die Ordnung im Reich zu gewährleisten, in erster Linie auf den Präsidenten und die Regierung ankäme. Diese Einstellung verstärkte sich noch, jedenfalls bei der Rechten, als 1925 der Generalfeldmarschall von Hindenburg, das Kriegsidol aus dem Ersten Weltkrieg, zum Reichspräsidenten gewählt wurde. Die Idee von einem nicht-parlamentarischen Präsidialkabinett, von einer Regierung, die nicht von den Parteien gebildet und bestimmt wurde, begann Gestalt anzunehmen. Sie wurde nach der Auflösung der letzten großen Parteienkoalition von SPD, DDP, Zentrum, BVP und DVP Schritt für Schritt verwirklicht.

Die Große Koalition brach im März 1930 über einen klassischen Dissens ihrer beiden Flügelparteien in der Wirtschafts- und Sozialpolitik auseinander. Während die Rechte in erster Linie die seit dem Ersten Weltkrieg investitionsschwache und kreditabhängige Wirtschaft, die gerade erst das Produktionsniveau der Vorkriegszeit wieder erreicht hatte, stärken und einen hochverschuldeten Staatshaushalt sanieren wollte, zu diesem Zweck auch einen Abbau der Sozialleistungen in Kauf nahm, ging es der Linken darum, diese Leistungen angesichts der hereinbrechenden Wirtschaftskrise – Anfang 1930 betrug die Zahl der Arbeitslosen bereits 3,5 Millionen – um jeden Preis in voller Höhe beizubehalten. Da sich die wirtschaftliche und finanzielle Lage zuspitzte, erwies sich ein weiteres Zusammengehen der beiden Flügelparteien als unmöglich. Die Koalition wurde aufgekündigt, obwohl man sich darüber klar war, daß ihr keine neue, von den Parteien gebildete, parlamentarische Regierung folgen würde. Die Regierungsbildung ist damals von der

Rechten sogar bewußt dem Reichspräsidenten überlassen worden, in der Annahme, daß das angestrebte Präsidialkabinett eine Politik in ihrem Sinne betreiben werde.

Die folgenden Regierungen wurden vom Reichspräsidenten ohne Absprache mit den Parteiführern berufen und ohne Rücksicht auf ihre parlamentarische Basis gebildet. Sie wurden zunächst unter dem Reichskanzler Brüning, einem Zentrumsmann, noch mit Abgeordneten besetzt, später jedoch ausschließlich aus parteiunabhängigen Fachleuten rekrutiert. Die sog. Präsidialkabinette waren vom Reichspräsidenten völlig abhängig. Der ernannte sie gemäß Art. 53 WV und konnte sie wieder entlassen; er bot ihnen die Möglichkeit, mit Hilfe des Art. 48, Abs. 2 WV ohne das Parlament zu regieren. Gegen den Reichstag vermochten sie sich zu schützen, indem sie ihn mit präsidentieller Hilfe auflösten. Das wurde mehrmals notwendig, weil – anders als in den Anfangsjahren der Republik – Präsident und Regierung der parlamentarische Rückhalt fehlte. Damals hatten die Regierungen zwar auch mit Notverordnungen gearbeitet, sie sind dabei aber vom Reichstag unterstützt und zur eigenständigen Gesetzgebung sogar ermächtigt worden. Daß ein Präsidialkabinett nach 1930 eine solche Ermächtigung bekommen hätte, war dagegen ausgeschlossen. Regierung und Parlament standen sich erneut in Opposition gegenüber, was die Präsidialkabinette, die sich bei ihrer legislativen Tätigkeit ja nicht völlig aus der Abhängigkeit von der Volksvertretung lösen konnten, in zusätzliche Schwierigkeiten stürzte.

Das zeigte sich schon im Juli 1930, als der Reichstag die Aufhebung von Notverordnungen verlangte, mit denen die Regierung die finanzielle, wirtschaftliche und soziale Notlage zu beheben suchte. Der Reichspräsident löste daraufhin den Reichstag auf; die angegriffene Notverordnung wurde erneut erlassen. Die anschließenden Wahlen brachten der Regierung indessen nicht den erhofften Rückhalt durch Stärkung der Mittelparteien. Im Gegenteil, fast 6,5 Millionen Wähler wählten die NSDAP, die nunmehr mit 107 Abgeordneten – statt wie bisher mit 12 – in den Reichstag einzog. Auch die KPD nahm zu; sie brachte es auf 77 Sitze. Unter diesen Umständen war die Regierung darauf angewiesen, daß die nach wie vor größte Partei im Parlament, die SPD, sie »tolerierte« und damit das Zustandekommen eines Mißtrauensvotums verhinderte. So gedeckt, konnte das Kabinett Brüning für eine Weile noch eine umfangreiche Notverordnungstätigkeit entfalten und umfassende Regelungen im Bereich der Finanz-, Wirtschafts- und Sozialpolitik treffen, um der sich verschärfenden Wirtschaftskrise Herr zu werden. Der Reichstag schaltete sich selbst durch Vertagungen immer häufiger aus. Während er 1930 noch 94 Sitzungen abgehalten hatte, waren es 1931 nur noch 41 und 1932 ganze 13. Dagegen nahm die Zahl der Notverordnungen von fünf im Jahre 1930 auf 44 (gegenüber 19 parlamentarischen Gesetzen) 1931 und 59 (bei fünf Parlamentsgesetzen) im Jahre 1932 zu.

Immerhin hatte der Konflikt im Juli 1930 gezeigt, wie abhängig nach der Verfassung eine Regierung vom Parlament selbst dann noch blieb, wenn sie sich ganz auf das Vertrauen des Reichspräsidenten stützen konnte. Wollte man diese Abhängigkeit beseitigen – und gerade das war ja das Ziel der Propagatoren eines von der Rücksichtnahme auf Parteien befreiten Präsidialregimes –, dann mußte die Verfassung geändert werden. Dafür gab es allerdings kaum konkrete und einfach realisierbare Konzepte. Man stellte sich auf der Rechten einen »konservativen« Staat vor, mit starken, korporativ zusammengeschlossenen Verbänden anstelle von Parteien, und dachte auch an die Herstellung der Monarchie, ohne freilich die Frage, wer eigentlich den Hohenzollernthron besteigen sollte, beantworten zu können. Wie aber hätte sich eine in diese Richtung gehende Verfassungsreform bewerkstelligen lassen? Mit Hilfe des Reichstags, oder gegen ihn, also durch Staatsstreich?

Da man den Staatsstreich scheute, mußte man weiterlavieren. Und solange die Regierung Brüning sich der Tolerierung durch die Reichstagsmehrheit sicher sein konnte, funktionierte das Notstandsregime. Brüning ist auch nicht über den Reichstag gestürzt, sondern wurde mit seinem Kabinett im Frühjahr 1932 vom Reichspräsidenten entlassen, dem die eingeschlagene politische Richtung aus mehrerlei Gründen nicht zusagte. Vor allem wünschte Hindenburg eine Stärkung der nationalen Rechten. Es zeigte sich, daß eine Notstandsregierung in Weimar bei Parlamentsversagen zwar funktionieren konnte, solange das Parlament sie gewähren ließ, daß sie ohne positiven parlamentarischen Rückhalt aber völlig den wechselnden Stimmungen des Präsidenten ausgeliefert war. Das von der Verfassung geschaffene institutionelle Arrangement der Notstandsvorsorge hatte sich in den Anfangsjahren der Weimarer Republik bewährt. Auch jetzt hätte es sich bewähren können, wenn der Reichspräsident nicht, den Vorstellungen seiner Ratgeber folgend, eine neue Regierung konservativen Zuschnitts mit dem Reichskanzler von Papen und zum größten Teil parteilosen Fachministern berufen hätte – eine Regierung, die überhaupt keinen Rückhalt mehr im Reichstag besaß.

Es war vollkommen klar, daß eine solche Regierung keine Chance hatte, sich auch nur für kurze Zeit zu behaupten. Daher sind von ihr Fäden zur NSDAP gesponnen worden, um eine neue rechte Basis im Reichstag zu bekommen. In dem Zusammenhang wurden Neuwahlen ausgeschrieben, die den Nationalsozialisten einen weiteren spektakulären Erfolg brachten. Sie zogen mit 230 (von insgesamt 609) Abgeordneten als stärkste Partei in den Reichstag ein. Da die Kommunisten ihrerseits 89 Sitze errangen, waren die beiden extremistischen Parteien nunmehr in der Lage, jede Regierung zu stürzen, auch wenn sie als sog. negative Mehrheit eine eigene Koalition nicht dagegen setzen konnten und wollten.

Die Gefahr, einer solchen Mehrheit zu unterliegen, zeichnete sich für das Kabinett Papen sehr bald ab, als sich seine Versuche, die Nationalsozialisten mit in die Regierung aufzunehmen und sie auf diese Weise zu »zähmen« und zu einer konstruktiven Mitarbeit zu bewegen, fehlschlugen. Hitler, der Führer der NSDAP, forderte schon damals, im Hochsommer 1932, das Kanzleramt für sich. Der Reichspräsident war indessen nicht bereit, es ihm anzuvertrauen. Vor dem darauf folgenden Mißtrauensvotum rettete sich die Regierung Papen durch eine abermalige Auflösung des Reichstags; die Neuwahlen im November 1932 brachten allerdings keine nennenswerte Verbesserung der Situation. Daraufhin übernahm General von Schleicher aus dem Reichswehrministerium, einer der politischen Berater des Reichspräsidenten und seit 1930 der eigentliche Drahtzieher hinter den Kulissen, selbst die Regierung in der Hoffnung, mit einem stärker sozial orientierten Programm eine Front quer zur Parteienkonstellation vom Militär bis zu den Gewerkschaften bilden zu können. Sie sollte auch den sozialistischen linken Flügel der NSDAP umfassen. Er erhielt indessen weder von der SPD noch von der NSDAP die gewünschte Unterstützung. In dieser Lage schien der einzige Ausweg darin zu bestehen, den Reichstag erneut aufzulösen und durch eine Verschiebung der Wahlen über den von der Verfassung vorgesehenen Termin hinaus Zeit zu gewinnen. Vor diesem nicht-legalen und politisch riskanten Vorgehen, das mit einem Verbot der NSDAP und der KPD, sowie der Verhängung des militärischen

Ausnahmezustands gegen einen denkbaren Aufruhr verbunden werden sollte, schreckte der Reichspräsident jedoch zurück, zumal ihm ein anderer Vertrauter, der Ex-Kanzler von Papen, eine neue Lösung anbot.

Sie bestand darin, daß Papen ein Kabinett unter Einbeziehung der NSDAP und unter der Führung Hitlers offerierte, in dem Hitler von Angehörigen der DNVP und von Papen selbst »eingerahmt« und neutralisiert werden sollte. Die Hoffnung war, damit eine Regierung zu erhalten, die sich auf die größte Fraktion im Reichstag und die nationale Rechte stützte, ohne den Nationalsozialisten die Regierungsmacht wirklich ausliefern zu müssen. Das Konzept versprach einen legalen und »nationalen« Ausweg aus der Regierungskrise, so daß es auch für den Reichspräsidenten akzeptabel war. Es beruhte allerdings auf einer völligen Verkennung der politischen Kräfteverhältnisse. Die Ernennung Hitlers zum Reichskanzler am 30. Januar 1933 brachte daher nicht die Rettung des Staates, sondern führte zum Untergang der Weimarer Republik und ein paar Jahre später auch des Deutschen Reiches.

IV.

Die in diesem Zusammenhang oft aufgeworfene Frage nach der »Schuld« am Untergang der ersten deutschen Republik läßt sich nicht einfach beantworten. Wie häufig in der Geschichte, ist es auch hier ein Geflecht struktureller Bedingungen und in dieser Konstellation möglicher, aber nicht notwendig aus ihr folgender Handlungen gewesen, die für das Ergebnis am Ende ausschlaggebend waren. Sicherlich kommt der Weltwirtschaftskrise – mit über 6 Millionen Arbeitslosen 1932 in Deutschland – große Bedeutung zu. Anders als durch diese Krise ist die rasche Radikalisierung der Wählerschaft nicht zu erklären. Daß sie aber gerade den Rechtsextremismus begünstigte, hängt mit weitverbreiteten nationalen Einstellungen zusammen, die älter waren als die Krise und die man mitberücksichtigen muß, will man die um sich greifende Distanzierung von der Weimarer Republik und ihren Parteien verstehen. Zugleich war dieses Verhalten der Wählerschaft aber auch eine Folge des Versagens der Parteien vor der Krise selbst, wie umgekehrt der Entzug der Wählerstimmen dieses Versagen potenzierte. Die Parteien waren 1930, vom Wahlergebnis her gesehen, keineswegs genötigt, das Schicksal des Staates in die Hände des Reichspräsidenten und von ihm ausgewählter Kabinette zu legen; auch das muß man mitbedenken. Anders war die Lage für sie erst in der späteren Zeit. Doch bedeuteten weder die beginnende Abwendung von Weimar, noch die Einführung des Präsidialregimes schon das endgültige Ende der Republik, wenngleich manche Autoren meinen, daß seit 1930 nur noch die Frage anstand, was an ihre Stelle treten sollte.

In dieser krisenhaften Konstellation kam es vielmehr auf das Verhalten der Personen in den entscheidenden Positionen an. Jetzt machte es in der Tat etwas aus, daß das Reichspräsidentenamt mit einem monarchistischen General fehlbesetzt war, daß dessen unglückliche, wenn auch verständliche Vorliebe für ein nicht-parlamentarisches Regime und für die nationale Rechte die ihm überlassene Regierungsbildung in die falsche Richtung trieb, daß am Ende eine vom Ex-Kanzler von Papen inszenierte Intrige den Präsidenten umstimmte und Hitler zur Macht verhalf. So gesehen ist die Machtergreifung der Nationalsozialisten tatsächlich das Resultat einer republikanischen Hofkabale gewesen. Denn hätte man einen anderen Weg der Krisenbewältigung gewählt, wären die Nationalsozialisten nie an die Regierung gelangt. Darüber waren sie sich auch selbst im klaren.

Indessen greift eine Betrachtung, die in den Papenschen Manipulationen die alleinige Ursache der Machtergreifung Hitlers sieht, zu kurz. Denn der Erfolg des Ex-Kanzlers beruhte ja eben darauf, daß er dem Reichspräsidenten die (Schein-)Alternative einer Regierung mit Massenbasis bieten konnte. Ohne die massenhafte Unterstützung, die die NSDAP von der Wählerschaft erfahren hatte, und ohne die Wirtschaftkrise, die das bewirkt hatte, wäre es zu der den letzten Ausschlag gebenden Intrige gar nicht gekommen. Nur eine Zusammenschau aller genannten Faktoren gibt daher ein zutreffendes Bild von den Ursachen dieses fatalen Geschehens. Der Untergang der Weimarer Republik und Hitlers Machtergreifung waren, so verstanden, weder ein bloßer Betriebsunfall noch ein unausweichliches schicksalhaftes Ereignis, sondern das Resultat einer einzigartigen, höchst komplexen Bedingungskonstellation. Im übrigen sollte man über der »Schuldzuweisung« an den Reichspräsidenten, an seine Berater, an die versagenden Parteien und an eine »falsch« wählende Bevölkerung nicht die Schuld der Extremisten selbst übersehen. Ohne Hitlers Intransigenz, ohne sein Vabanquespiel um den Reichskanzlerposten, ohne seinen festen Willen, die errungene Position zum Ausbau einer Diktatur zu nutzen, wäre es natürlich auch nicht zum Untergang der Republik gekommen. Umgekehrt: Hätte sich die Bereitschaft mancher Kreise in der NSDAP, eine echte Koalition einzugehen, gegen Hitler durchgesetzt, hätte das zu Hitlers Ende, und nicht zu dem der Republik geführt.

Gewiß, für eine deterministische Betrachtungsweise mußte alles so kommen, wie es kam, denn die unwahrscheinlichsten Ereignisse sind für sie ebensolche Resultate eines Zusammenwirkens von Bedingungen wie die, die man landläufig für »unvermeidlich« hält. Dennoch sind die Fragen danach, unter welchen Bedingungen das Geschehen einen anderen Verlauf genommen hätte, nicht müßig. Denn nur auf diese Weise läßt sich feststellen, was alles notwendigerweise hinzukommen mußte, damit am Ende das Geschehene eintrat. Es macht durchaus einen Unterschied, ob ein Ereignis aufgrund einer solchen Analyse als etwas Unvermeidlich-Schicksalhaftes, als sozusagen zwangsläufiges Ergebnis der historischen Entwicklung angesehen werden muß, oder ob es – bei allen Tendenzen und strukturellen Gegebenheiten, die seinen Eintritt begünstigten – das Resultat einer höchst spezifischen Konstellation war. Diese Erkenntnis sollte den Betrachter nicht verführen, jene Tendenzen und Einstellungen, die das Aufkommen des Nationalsozialismus und seine Durchsetzung begünstigten, zu bagatellisieren – wo Wiederkehr in alter Weise unwahrscheinlich ist, kann sich dennoch Ähnliches ereignen –, aber sie gibt ihm die Gewißheit, daß Maßnahmen gegen solche Entwicklungen möglich und nicht von vornherein zum Mißerfolg verurteilt sind. So läßt sich in einem allgemeinen Sinne aus der Geschichte lernen.

Literaturhinweise

Deutsche Verfassungsgeschichte, Bd. 5: Weltkrieg, Revolution und Reichserneuerung 1914–1919. Stuttgart 1978; Bd. 6: Die Weimarer Verfassung. Stuttgart 1981; Bd. 7: Ausbau, Schutz und Untergang der Weimarer Republik. Stuttgart 1984. Deutsche Verwaltungsgeschichte, Bd. 4: Das Reich als Republik und in der Zeit des Nationalsozialismus. Stuttgart 1985. Dokumente zur Deutschen Verfassungsgeschichte, Bd. 3: Dokumente der Novemberrevolution und der Weimarer Republik 1918–1933. Stuttgart 1966. Reich und Länder, S. 481 ff.

Allgemeine Darstellungen

Literatur und Forschungsstand findet man bei EBERHARD KOLB, Die Weimarer Republik. 2. durchges. u. erg. Aufl. München, Wien 1988; s. neuestens auch HANS MOMMSEN, Die verspielte Freiheit. Der Weg der Republik von Weimar in den Untergang 1918–1933, Berlin 1989. Einen knappen Überblick gibt HORST MÖLLER, Weimar. Die unvollendete Demokratie. München 1985.

Wichtige Aufsätze zur Verfassungsgeschichte der Weimarer Republik enthalten die Sammelbände von KARL DIETRICH ERDMANN und HAGEN SCHULZE (Hrsg.), Weimar. Selbstpreisgabe einer Demokratie. Düsseldorf 1980; MICHAEL STÜRMER (Hrsg.), Die Weimarer Republik. Königstein 1980; KARL-DIETRICH BRACHER, MANFRED FUNKE und HANS-ADOLF JACOBSEN (Hrsg.), Die Weimarer Republik. Bonn 1987; GERHARD A. RITTER (Hrsg.), Regierung, Bürokratie und Parlament in Deutschland von 1848 bis zur Gegenwart. Düsseldorf 1983.

Entstehung der Republik

Zur Entstehung der Weimarer Republik vgl. EBERHARD KOLB (Hrsg.), Vom Kaiserreich zur Weimarer Republik. Köln 1972; ERICH MATTHIAS, Zwischen Räten und Geheimräten. Die deutsche Revolutionsregierung 1918–1919. Düsseldorf 1970; REINHARD RÜRUP, Probleme der Revolution in Deutschland 1918/19. Wiesbaden 1968; GERHARD A. RITTER, Kontinuität und Umformung des deutschen Parteiensystems. 1918–1920, in: ders., Arbeiterbewegung, Parteien und Parlamentarismus. Göttingen 1976, S. 116–157.

Reichsverfassung und Verfassungsentwicklung

Materialien zur Entstehung der Reichsverfassung enthält EDUARD HEILFRON (Hrsg.), Die deutsche Nationalversammlung im Jahre 1919 in ihrer Arbeit für den Aufbau des neuen deutschen Volksstaates. 9 Bde. Berlin 1919/20. Der führende Kommentar zur Verfassung ist der von GERHARD ANSCHÜTZ, Die Verfassung des Deutschen Reiches vom 11. August 1919. 14. Aufl. Berlin 1933 (ND 1968). Im einzelnen wird die Verfassung dargestellt bei: GERHARD ANSCHÜTZ und RICHARD THOMA (Hrsg.), Handbuch des Deutschen Staatsrechts. 2 Bde. Tübingen 1930–1932. Eine spezielle Diskussion der Grundrechte findet sich bei HANS CARL NIPPERDEY, Die Grundrechte und Grundpflichten der Reichsverfassung. Kommentar zum 2. Teil der Reichsverfassung. 3 Bde. Berlin 1929/30.

Zur Verfassungsentwicklung s. FRITZ POETZSCH-HEFFTER, Vom Staatsleben unter der Weimarer Verfassung, in: Jahrbuch des öffentlichen Rechts der Gegenwart, Bd. 13 (1925); Bd. 17 (1929); Bd. 21 (1933/34); ferner WILLIBALD APELT, Geschichte der Weimarer Verfassung. 2. Aufl. 1964; GERHARD SCHULZ, Zwischen Demokratie und Diktatur. Verfassungspolitik und Reichsreform in der Weimarer Republik. Bd. 1: 1919–1930. Berlin 1963; LUDWIG BIEWER, Reichsreformbestrebungen in der Weimarer Republik. Frankfurt a. M., Bern 1980. Die Länderverfassungen findet man bei OTTO RUTHENBERG (Hrsg.), Verfassungsgesetze des Deutschen Reiches und der deutschen Länder. Berlin 1926. Das Staatsrecht der Länder wird in Einzeldarstellungen geschildert im Jahrbuch des Öffentlichen Rechts 1920ff.

Einzelfragen
Zu den Parteien der Weimarer Republik s. die klassische Darstellung von SIEGMUND NEUMANN, Die Parteien der Weimarer Republik. 4. Aufl. Stuttgart 1977. Zu den Wahlen s. BERNHARD VOGEL, DIETER NOHLEN und RAINER-OLAF SCHULZE, Wahlen in Deutschland 1848 bis 1970. Berlin 1971, und OTTO BÜSCH, MONIKA WÖLK und WOLFGANG WÖLK (Hrsg.), Wählerbewegung in der deutschen Geschichte. Analysen und Berichte zu den Reichstagswahlen 1871–1933. Berlin 1978. Die Frage Mehrheitswahl oder Verhältniswahl behandelt HANS FENSKE, Wahlrecht und Parteiensystem. Frankfurt a. M. 1972. Zum Reichstag und Reichspräsidenten vgl. MICHAEL STÜRMER, Koalition und Opposition in der Weimarer Republik 1924–1928. Düsseldorf 1967, und PETER HAUNGS, Reichspräsident und parlamentarische Kabinettsregierung. Eine Studie zum Regierungssystem der Weimarer Republik in den Jahren 1924 bis 1929. Köln 1968. Zu Preußen vgl. HORST MÖLLER, Parlamentarismus in Preußen 1919–1932. Düsseldorf 1985, und HAGEN SCHULZE, Otto Braun oder Preußens demokratische Sendung. Frankfurt a. M. 1977. Zum Staatsverständnis in Weimar s. NORBERT SCHÜRGERS, Politische Philosophie der Weimarer Republik. Das Staatsverständnis zwischen Führerdemokratie und bürokratischem Sozialismus. Stuttgart 1989.

Staat und Wirtschaft
Allgemeiner Überblick bei HERMANN AUBIN und WOLFGANG ZORN (Hrsg.), Handbuch der deutschen Wirtschafts- und Sozialgeschichte, Bd. 2. Stuttgart 1976. Vgl. außerdem KNUT BORCHARDT, Wachstum, Krisen, Handlungspielräume der Wirtschaftspolitik. Göttingen 1982; HANS-HERMANN HARTWICH, Arbeitsmarkt, Verbände und Staat 1918 bis 1933. Die öffentliche Bindung unternehmerischer Funktionen in der Weimarer Republik. Berlin 1967; HANS MOMMSEN, DIETMAR PETZINA und BERND WEISBROD (Hrsg.), Industrielles System und politische Entwicklung in der Weimarer Republik. 2 Bde. 2. Aufl. Kronberg, Düsseldorf 1977.

Das Ende der Weimarer Republik
KARL DIETER BRACHER, Die Auflösung der Weimarer Republik. Eine Studie zum Problem des Machtverfalls in der Demokratie. 5. Aufl. Villingen 1971; KLAUS REVERMANN, Die stufenweise Durchbrechung des Verfassungssystems der Weimarer Republik in den Jahren 1930–33. Münster 1959; ERICH MATTHIAS und RUDOLF MORSEY, Das Ende der

Parteien 1933. 2. Aufl. Düsseldorf 1979; DIETER GESSNER, Das Ende der Weimarer Republik. Fragen, Methoden und Ergebnisse interdisziplinärer Forschung. 2. Aufl. Darmstadt 1986.

12. Kapitel
Die nationalsozialistische Diktatur

1. Die »Machtergreifung«

I.

Die Regierungsbildung am 30. Januar 1933, dem »Tag der Machtergreifung«, wie ihn die Nationalsozialisten genannt haben, machte zunächst alles andere als den Eindruck einer Machtübernahme. Berufen wurde ein neues Präsidialkabinett, in dem die NSDAP zwar den Reichskanzler stellte, außer ihm aber nur zwei Minister, einen für das Reichsinnenministerium (Frick) und einen (Göring) ohne Geschäftsbereich, verbunden mit der kommissarischen Leitung des preußischen Innenressorts. Die anderen Ministerien wurden von Deutschnationalen und parteilosen Fachleuten übernommen. Im Kabinett besaß der Vizekanzler von Papen, der gleichzeitig Reichskommissar für Preußen war, eine starke Stellung und neben ihm der Parteivorsitzende der DNVP, Hugenberg, der die beiden bedeutsamen Ressorts der Wirtschaft und Ernährung in seiner Hand vereinte. Er galt als der kommende »Wirtschaftsdiktator«. Allem Anschein nach war das eine Kabinettsbildung ganz auf jener nationalkonservativen Linie, die man unter dem Präsidialregime von Hindenburg seit 1930 verfolgte. Die Einbeziehung der NSDAP erschien dienlich, weil sie dem Regime eine Massenbasis verschaffte, und in der Art und Weise, wie sie vorgenommen wurde, ungefährlich.

Dies sollte sich jedoch bald als Irrtum erweisen. Denn beim neuen Koalitionspartner handelte es sich nicht um eine Partei, die zur Zusammenarbeit mit anderen Parteien bereit war, sondern um eine Weltanschauungs- und Kampfgemeinschaft, die Anspruch auf ausschließlichen Machtbesitz erhob. Das ging weniger aus ihrem Parteiprogramm hervor, mit dem sie sich den Wählern vorgestellt hatte, als aus ihrer Ideologie, die ihren prägnantesten Ausdruck in den Schriften des Parteiführers Adolf Hitler, insbesondere in ›Mein Kampf‹, gefunden hatte. Kennzeichnend für die NSDAP war eine betont nationalistische Weltanschauung, die sich gegen den westlichen Liberalismus und Kapitalismus ebenso wie gegen den russischen Bolschewismus wandte, die imperialistische und kampfbetonte sozialdarwinistische Züge besaß und starke antisemitische Töne anschlug. Insoweit entsprach der Nationalsozialismus der nationalistischen deutschen Tradition, wie sie sich in der Vorkriegszeit, im Zeitalter des sog. Imperialismus, in Deutschland entfaltet und mit starken Ressentiments gegen die »Erbfeinde« und »Novemberverbrecher« sowie die »nationale Schmach« des Versailler Vertrags über den Weltkrieg hinübergerettet hatte. Er überbot diesen landläufigen Nationalismus jedoch durch seine rassistische Zuspitzung, mit dem Glauben an eine besondere germanische Rasse und an die sog. »Arier«, mit seiner militanten Ideologie des »Kampfs ums Dasein« und mit der Verfemung des »nicht-arischen« Judentums. Dem Individualismus und Egoismus wurde eine romantisch gefärbte »sozialistische« Vorstellung von Volksgemeinschaft gegenübergestellt, in der »Führer« und »Gefolgschaft« eine im Denken und im Empfinden übereinstimmende Einheit bildeten. Die Vorstellungsweise gipfelte in einer Verherrlichung echten Bauerntums (»Blut und Boden«) und eines neuen, kämpferischen Menschentyps, der die künftige Gesellschaft formen und über andere Völker herrschen sollte.

Militante national-autoritäre Bewegungen sind in Europa in der Zwischenkriegszeit, einer Zeit der Krise der Demokratie, weit verbreitet gewesen. Aufgrund ihrer Ähnlichkeiten in der äußeren Erscheinung, den Verhaltensweisen und Einstellungen ihrer Mitglieder hat man sie unter der Sammelbezeichnung »faschistisch« zusammengefaßt – eine Benennung, die von der ersten erfolgreichen Bewegung dieser Art, dem italienischen Faschismus, herrührt. Man kann den deutschen Nationalsozialismus als eine eigenständige und sich in vielerlei Hinsicht nicht unerheblich vom italienischen Pendant unterscheidende Spielart des Faschismus auffassen. Wie den italienischen ging es aber auch den deutschen Faschisten nicht einfach um eine Beteiligung an der Macht im Staat, sondern um seine vollständige Übernahme mit dem Ziel, eine neue Gemeinschaft des Volkes zu schaffen. Eine solche Machtübernahme hatte man am 30. Januar 1933 offensichtlich noch nicht erreicht. Im Grunde ist dies daher nicht der »Tag der Machtergreifung« gewesen, sondern erst der Auftakt dazu.

Trotz der Propagierung einer neuen Ordnung haben die Nationalsozialisten weder 1933 noch später eine präzise Vorstellung von dem, was sie schaffen wollten, zu entwickeln vermocht. Sie dachten eher in machtpolitischen als in ordnungspolitischen Kategorien. Dem entsprach der Zugriff auf die Ressorts, die sie sich beim Regierungseintritt ausbedungen hatten: Mit dem Reichsinnenministerium und dem preußischen Innenministerium hielten sie zwei Schlüsselpositionen in der Hand, durch die sich der Verwaltungsapparat im Reich und die Polizei im größten Gliedstaat kontrollieren ließen. War dies erst einmal erreicht, konnte man schnell zur Verfolgung und Ausschaltung der politischen Gegner schreiten. Die Nationalsozialisten gingen daher sofort daran, die Polizeiführung in Preußen auszuwechseln und eine 50000 Mann starke »Hilfspolizei« aus Mitgliedern der SA, der SS und des deutschnationalen Stahlhelms aufzustellen, die für »Ordnung« beim Machtwechsel sorgen sollten und dafür zum rücksichtslosen Gebrauch der Schußwaffe ermuntert wurden. So ausgerüstet, begann man schon im Februar das Land mit einer Welle des Terrors zu überziehen.

Rechtlich gedeckt wurde diese Vorgehensweise durch Notverordnungen, die der Reichspräsident der neuen Regierung zur Aufrechterhaltung von Sicherheit und Ordnung gewährte. Bei diesen Verordnungen vom Februar 1933, insbesondere bei der am 28. Februar erlassenen ›Verordnung zum Schutz von Volk und Staat‹, für die der Reichstagsbrand zum Vorwand einer Abwehr »kommunistischer staatsgefährdender Staatsakte« diente, handelte es sich nicht mehr wie vordem um Maßnahmen zur Abwendung der wirtschaftlichen Not, sondern um globale Eingriffsermächtigungen, die es erlaubten, politische Versammlungen aufzulösen, Zeitungen zu verbieten und Personen zu verhaften sowie die Behörden der Länder und Gemeinden der Reichsregierung direkt zu unterstellen, um überall eine zügige Durchführung der zentralen Anordnungen zu sichern. Ganz Deutschland wurde durch sie in Ausnahmezustand versetzt. Etwa 4000 Kommunisten wurden sofort verhaftet, das Vermögen der KPD beschlagnahmt; die Partei war damit praktisch ausgeschaltet. Auch viele andere Gegner der neuen Machthaber wurden in »Schutzhaft« genommen. Zu ihrer Verwahrung wurden die ersten Konzentrationslager errichtet, in denen bereits im Frühjahr 1933 etwa 30000 Häftlinge einsaßen. Auch sind in jenen Tagen an die hundert Zeitungen verboten worden, ohne daß der Reichstag hätte eingreifen und die Aufhebung der Notverordnungen verlangen können; denn sofort nach der Regierungsneubildung ist er auf Hitlers Verlangen hin aufgelöst worden, und es wurden Neuwahlen ausgeschrieben.

Die Wahlen am 5. März 1933 brachten der neuen Regierung

eine knappe Mehrheit von 52 Prozent; 44 Prozent der Stimmen waren für die Nationalsozialisten abgegeben worden. Diesen Erfolg machte sich die Reichsregierung zunutze, um in den noch nicht unter ihrer Kontrolle stehenden Ländern Reichskommissare einzusetzen und sich auch dort die Polizei zu unterstellen. Neben die »Revolution von oben« trat mehr und mehr eine »von unten«: Angehörige der NSDAP, SA-Leute und Mitglieder der Nationalsozialistischen Betriebszellen-Organisation (NSBO) drangen in Behörden und Betriebe ein, maßten sich Befehlsgewalt an und verlangten die Entlassung mißliebiger Personen. Es gab die ersten Ansätze zu einer allgemeinen und regellosen Machtübernahme; der Terror breitete sich aus. Doch nicht das war das Entscheidende. Entscheidend wurde vielmehr, daß unter diesem Druck und in der Hoffnung, sich mit den Nationalsozialisten arrangieren zu können, die Parteien im Reichstag – mit Ausnahme der SPD (die Kommunisten waren bereits von den Parlamentssitzungen ausgeschlossen) – die Regierung mit Zweidrittel-Mehrheit zu einer selbständigen, erforderlichenfalls auch die Verfassung ändernden Gesetzgebung ermächtigten. Aufgrund dieses ›Gesetzes zur Behebung der Not von Volk und Staat‹ vom 24. März 1933 erhielt die Reichsregierung zunächst für vier Jahre unbegrenzte Vollmachten zur Umgestaltung der staatlichen und gesellschaftlichen Verhältnisse. Nur die obersten Institutionen des Reichs, der Reichstag, der Reichsrat und die Rechte des Reichspräsidenten sollten unangetastet bleiben.

Das Ermächtigungsgesetz, das an die Weimarer Staatspraxis anschloß, aber viel weiter ging als seine Vorgänger in den zwanziger Jahren, befreite die Reichsregierung aus der Abhängigkeit vom Reichspräsidenten. Bis dahin war sie auf das Plazet des Präsidenten angewiesen, wenn sie außerordentliche Maßnahmen ergreifen wollte, denn nur der Präsident verfügte über die Ausnahmegewalt nach Art. 48 WV. Nun aber konnte sie Anordnungen in eigener Regie geben, ohne ihn um weitere Vollmachten bitten zu müssen.

Gestützt auf das Ermächtigungsgesetz ging die Regierung zu einer umfassenden Neugestaltung der öffentlichen Verhältnisse über. Neben die Ausschaltung von Personen trat jetzt die »Gleichschaltung« von Institutionen, ihre Umformung im Sinne der neuen Machthaber, ihre Besetzung mit zuverlässigem Personal sowie die Eliminierung derjenigen Einrichtungen, die der neuen Politik im Wege standen. Gleichgeschaltet wurden auf diese Weise zum einen die Länder. Im April 1933 mußten die Landtage sich dem Ergebnis der Reichstagswahl entsprechend neu bilden; zur Kontrolle der Landesregierungen wurden Reichsstatthalter bestellt.

Gleichgeschaltet wurde auch die Beamtenschaft. Das ›Gesetz zur Wiederherstellung des Berufsbeamtentums‹ vom 7. April ermöglichte es, politisch unzuverlässige und vor allem jüdische Beamte aus dem Staatsdienst zu entfernen. Von den Maßnahmen aufgrund dieses Gesetzes wurden allein in Preußen 25 Prozent der Beamten des höheren Dienstes betroffen. Zur »Gleichschaltung der Justiz« wurde ein besonderer Reichskommissar eingesetzt.

An die Gleichschaltung der Länder und Beamten schloß sich die der Verbände an. Ein Tag nach dem zum »Nationalen Feiertag« erklärten 1. Mai wurden die Büros der Freien Gewerkschaften besetzt und ihre Funktionäre verhaftet. Die anderen Gewerkschaften wurden bald danach aufgelöst. An ihre Stelle trat die nationalsozialistische Deutsche Arbeitsfront. Sie übernahm das Gewerkschaftsvermögen. Die Arbeitgeberverbände gingen in den sog. Reichsständen auf, in denen Handwerk, Handel und Industrie zusammengefaßt wurden. Schließlich wurden auch die Parteien beseitigt. Nachdem die KPD schon im Februar in die Illegalität gedrängt worden war, wurde die SPD am 26. Juni verboten. Die anderen Parteien samt dem Koalitionspartner in der Regierung, der DNVP, lösten sich selbst auf.

Mit diesen Vorgängen ging eine tiefgreifende Umgestaltung der Regierung einher. Dem schon im März geschaffenen Reichsministerium für Volksaufklärung und Propaganda unter Josef Goebbels folgten rasch andere für die Luftfahrt, für die Wissenschaft, Erziehung und Volksbildung sowie für Forsten. Sie wurden mit Nationalsozialisten besetzt. Am 29. Juni resignierte Hugenberg, der Vorsitzende der gerade aufgelösten DNVP. Zwar blieben noch von Papen und eine Anzahl parteiloser Fachminister im Kabinett, doch war ab dieser Zeit die Regierung faktisch eine nationalsozialistische geworden. Die Machtergreifung hatte ihr erstes Ziel erreicht; die Revolution konnte nun als beendet erklärt werden, was im Juli 1933 mehrfach geschah – nicht zuletzt um die »Revolution von unten«, die den nationalsozialistischen Führern aus den Händen zu gleiten drohte, wieder unter Kontrolle zu bekommen. Am 14. Juli wurde die NSDAP zur einzigen Partei in Deutschland erklärt. Deutschland war damit zum Einparteienstaat geworden.

II.

Die folgende Phase ist stärker von Aufbaumaßnahmen gekennzeichnet gewesen. Programme zur Verminderung der Arbeitslosigkeit wurden im Juni und im September 1933 verabschiedet. Soziale Maßnahmen zur Sicherung der Rentenversicherung und zum Kündigungsschutz schlossen sich 1934 an. Auch der ständische Aufbau der Gesellschaft setzte sich mit der Einsetzung einer Reichskulturkammer für alle geistig Schaffenden und mit der Zusammenfassung aller in der Landwirtschaft Tätigen im Reichsnährstand fort. Ebenfalls im Herbst wurde der Versuch einer Gleichschaltung der am 11. Juli zur Deutschen Evangelischen Kirche zusammengefaßten protestantischen Glaubensgemeinschaften durch Wahl eines Vertreters der Deutschen Christen zum Reichsbischof unternommen. Die Gleichschaltung scheiterte jedoch an der innerkirchlichen Opposition, die sich besonders ab 1934 um die Bekennende Kirche bildete. Mit der katholischen Kirche war schon am 20. Juli ein vorübergehender Modus vivendi durch Abschluß eines Reichskonkordats gefunden worden.

Eine Neuwahl des Reichstags, nunmehr mittels einer Einheitsliste, ergab am 12. November 1933 ein rein nationalsozialistisch zusammengesetztes Parlament. Gleichzeitig mit der Wahl wurde eine Volksabstimmung über Deutschlands Austritt aus dem Völkerbund veranstaltet. Die plebiszitäre Legitimation sollte den Einklang von Führung und Volk auch in dieser Frage deutlich machen. Der neue Reichstag erließ am 30. Januar 1934 einstimmig ein weiteres, grundlegendes ›Gesetz über den Neuaufbau des Reichs‹. Mit diesem zweiten Ermächtigungsgesetz befreite sich die Regierung von den wenigen Fesseln, die das erste ihr noch auferlegt hatte. Sie erhielt nun die Befugnis, grundsätzlich neues Verfassungsrecht zu setzen. Jetzt wurden auch die Volksvertretungen der Länder aufgehoben, wenig später der Reichsrat. Damit hatten die Länder ihre Eigenstaatlichkeit vollends eingebüßt. (Ein weiteres Gesetz vom 5. Juli 1939 machte ihre Behörden zu Reichsinstitutionen, aus den Länderbeamten Reichsbeamte.) Das ›Gesetz zur Ordnung der nationalen Arbeit‹ ordnete am 20. Januar 1934 die Arbeiter als »Gefolgschaft« den Unternehmern als »Betriebsführern« unter. Ihm folgte das ›Gesetz zur Vorbereitung des organischen Aufbaus der deutschen Wirtschaft‹, das den Reichswirtschaftsminister ermächtigte, Unternehmen von ihm geleiteten Wirtschaftsverbänden zu unterstellen.

Die Gesetzgebung im Übergang von 1933 auf 1934 zeigt die Nationalsozialisten auf einem ersten Höhepunkt ihrer Macht. Gefahr drohte jetzt weniger von Gegnern des Regimes als aus den eigenen Reihen, von den enttäuschten Massen der SA, der militanten Saalschutz- und Wahlkampftruppe der NSDAP, die sich nach der Erklärung der Beendigung der Revolution funktionslos sah und die erhofften Positionen in Staat und Gesellschaft nicht erhalten hatte. Rufe nach einer »zweiten Revolution« wurden laut. Es zeichnete sich die klassische Situation ab, in der eine Revolution von ihren radikalen Kräften weitergetrieben und die erste Führungsgarde beiseitegedrängt wird. Wie weit der Radikalismus ging, zeigt die Forderung einer Verschmelzung von Reichswehr und SA in einer neuen nationalsozialistischen Wehrmacht unter dem Kommando des SA-Führers Ernst Röhm.

Die Reichswehr sah sich dadurch in eine prekäre Lage gebracht. Ihre Führung hatte schon in der Weimarer Zeit mit dem für militärische Zwecke recht brauchbar erscheinenden »Menschenmaterial« der SA geliebäugelt. Nicht zuletzt das hatte General von Schleicher seinerseits veranlaßt, einen Modus vivendi mit den Nationalsozialisten zu suchen. Gedacht war dabei freilich an eine Übernahme von brauchbaren SA-Leuten in das Heer, nicht daran, daß die zahlenmäßig sehr viel stärkere SA die Reichswehr aufnehmen sollte. Die Reichswehr war vielmehr darauf bedacht, der einzige Waffenträger der Nation zu bleiben.

In der sich nun zuspitzenden Situation, in der in der Öffentlichkeit Gerüchte über einen Militärputsch umgingen, schlug sich Hitler auf die Seite der Reichswehr, auf deren Loyalität und tatkräftige Unterstützung er wegen seiner Kriegspläne angewiesen war. Unter dem Vorwand, sie hätten einen Putsch geplant, wurden am 30. Juni 1934 die führenden SA-Leute um Röhm von der Geheimen Staatspolizei (Gestapo) und der SS verhaftet und erschossen, mit ihnen zugleich andere nationalkonservative Gegner des Regimes, wie General von Schleicher. Die SA war damit als politischer Faktor eliminiert. Im ganzen fielen der Mordaktion über hundert Personen zum Opfer.

Die Reichswehr hatte das Vorgehen gegen den angeblichen Putsch logistisch unterstützt, doch profitierte sie am Ende weniger davon als Hitler. Er hatte die Personen, die ihm noch hätten gefährlich werden können, beseitigt und sich dabei der Unterstützung des Militärs versichert, ohne jedoch dessen Wunsch, einziger Waffenträger der Nation zu bleiben, zu honorieren, wie der allmähliche Aufbau einer nationalsozialistischen Militärformation, der Waffen-SS, zeigt.

Für die Reichswehr stellten die Ereignisse um den 30. Juni dagegen einen ersten Schritt zur völligen Unterordnung unter das Hitler-Regime dar. Das wurde deutlich, als kurze Zeit darauf, am 2. August 1934, der Reichspräsident von Hindenburg starb. Sein Tod gab Hitler die Gelegenheit, das Amt des Reichspräsidenten mit dem des Reichskanzlers zu vereinigen. Hitler hielt damit praktisch die gesamte Staatsmacht in seinen Händen. Noch am Todestag des alten Reichspräsidenten wurde die Reichswehr auf ihn als den »Führer des Deutschen Reiches und Volkes« vereidigt. Nicht mehr der Verfassung und ihren Institutionen galt fortan die Treue der Soldaten, sondern einem Mann, dem Diktator Deutschlands.

III.

Mit den Vorgängen im Juli/August 1934 war die Phase der sog. Machtergreifung im staatsrechtlichen wie im machtpolitischen Sinne abgeschlossen. Sie ist hier wegen der Einzigartigkeit des Vorgangs mit einiger Ausführlichkeit wiedergegeben worden. In nur eineinhalb Jahren – sehr viel schneller als die Faschisten in Italien – hatten die Nationalsozialisten die Macht im Staate errungen, hatten sie Rechtsstaat, Föderalismus, Parteien und Demokratie, alle jene Traditionen, die Deutschland mit der europäischen Verfassungsentwicklung verbanden, abgeschafft. 1934 war auch der letzte mögliche Gegenspieler, das Militär, dem neuen System eingegliedert worden. Zwar hat es später noch bedeutsame Maßnahmen des weiteren Machtausbaus und der Machtsicherung gegeben, so 1938, als das Auswärtige Amt mit einem Nationalsozialisten (Ribbentrop) besetzt wurde, Hitler die gegen seine Kriegspläne opponierenden Generäle entfernte und den direkten Befehl über die Wehrmacht selbst übernahm, oder 1936, als mit der Einrichtung des Beauftragten für den sog. Vierjahresplan weite Teile der Wirtschaft Görings Kommando unterstellt wurden. Aber die feste Installierung des Systems und die Besetzung der staatsrechtlich relevanten Positionen mit eigenen Leuten war bereits 1934 erreicht.

Das zeigt sich auch, wenn man eine außenpolitisch orientierte Periodisierung der Entwicklung vornimmt. Die Jahre 1933 und 1934 erscheinen in dieser Perspektive als Phase der Beschwichtigung, in der es Hitler darum ging, seine Friedensbereitschaft nach außen zu demonstrieren, um seine Macht im Innern ungestört konsolidieren zu können. Erst danach setzen die weiteren Phasen der Revisionspolitik und ab 1938 der Aggressionspolitik, der Übergriffe auf andere Staaten und die Entfesselung des Zweiten Weltkriegs, ein.

Verblüffend ist, daß die Etablierung der nationalsozialistischen Herrschaft so rasch gelang. Hatten doch die Politiker, die mit Hitler im Januar 1933 koalierten, angenommen, daß sie seine Machtergreifung überhaupt verhindern könnten, und hatte auf der anderen Seite die KPD in jenen Tagen allen Ernstes geglaubt, daß die nationalsozialistische Herrschaft in wenigen Wochen zusammenbrechen werde und daß sie selbst im anschließenden Durcheinander der lachende Erbe sein könnte. Was hat Hitler und seine Anhänger so schnell zum Erfolg gebracht?

Die Durchsetzung der nationalsozialistischen Herrschaft ist sicherlich nicht nur mit dem von ihr ausgeübten Terror und mit der Einschüchterung der Bevölkerung zu erklären. Aufkommen und Erfolg des Nationalsozialismus läßt sich auch nicht darauf zurückführen, daß die Nationalsozialisten, wie gelegentlich behauptet wurde, »Agenten« des allmächtigen Kapitals gewesen seien. Es gab keine Industriebosse als Hintermänner, und die finanzielle Förderung durch Industrielle war nicht größer als die anderer Parteien. Auch die allgemeineren Erklärungsversuche der sog. Faschismustheorien befriedigen nicht. Sie gehen in der Regel davon aus, daß der Faschismus die letzte Etappe des Kapitalismus vor seinem endgültigen Zusammenbruch und dem Übergang zum Sozialismus sei. Doch abgesehen davon, daß dies offensichtlich nicht der Fall ist, erklären sie nicht das Aufkommen des Nationalsozialismus gerade in Deutschland. Die in diesem Zusammenhang vertretene Gleichgewichtstheorie schließlich, wonach der Faschismus sich dort durchsetzt, wo eine politische Pattstellung zwischen den Kapitalisten und dem Proletariat herrscht, entbehrt schon deswegen der Plausibilität, weil von einem »Gleichgewicht« zwischen Unternehmern und Arbeitern in Deutschland spätestens seit der Einrichtung von Präsidialkabinetten im Jahr 1930 nicht mehr die Rede sein konnte. Zu überzeugenderen Aussagen kommt man dagegen, wenn man berücksichtigt, daß faschistische Bewegungen zwar in ausgesprochenen Krisensituationen Erfolg gehabt haben, so in Italien nach dem Ersten Weltkrieg und in Deutschland nach 1930 im Verlauf der Weltwirtschaftskrise, daß sie sich aber nicht in den ebenfalls krisengeschüttelten, dennoch stabilen Demokratien wie Frankreich, Großbritannien oder den USA durchsetzen konnten, sondern nur in Staaten ohne festgefügte demokratische Traditionen, in denen wirtschaftliche Probleme auf eine nicht akzeptierte politische Situation trafen.

Die Bedingungen, die zu einem Übergang zur nationalsozialistischen Herrschaft in Deutschland führten, sind daher recht spezifischer Art gewesen. Unter ihnen spielt die Bereitschaft der Bevölkerung, Hitler und seinen Anhängern eine Chance zu geben, die bedeutsamste Rolle. Das hängt mit der längst vollzogenen Abkehr weiter Bevölkerungskreise von der Weimarer Republik und den »Systemparteien« (damit letztlich auch der DNVP) zusammen, denen man eine Bewältigung der allmählich an Schwere zunehmenden Wirtschaftskrise nicht zutraute. Die Republik, von vielen als ein dem deutschen Wesen fremdes, ihm durch den verlorenen Krieg aufgepfropftes System verstanden, deren Politiker den Versailler »Schandvertrag« unterschrieben hatten, wurde zunehmend unbeliebter. In der Wirtschaftskrise mischten sich die älteren nationalen Empfindungen mit antikapitalistischen; die Bereitschaft wuchs, neuen Leuten, die Deutschland aus der Misere zu führen versprachen, die Macht anzuvertrauen. Die Wähler der NSDAP, Mittelständler wie Arbeiter, Bauern wie nationalkonservative Protestanten, Kleinhändler wie Arbeitslose und die vielen, um ihren Arbeitsplatz fürchtenden Angestellten, waren zumeist keine überzeugten Nationalsozialisten. Und die meisten sind es auch nicht geworden, wie sehr sie auch bald aus opportunistischen Gründen in die Partei drängten. Aber sie waren willens, den Nationalsozialisten Kredit zu geben und ihren Versprechungen Glauben zu schenken.

Für die Nationalsozialisten war es in diesem Zusammenhang von größter Bedeutung, daß sie sich, im Gegensatz zu den Kommunisten, ganz die nationalen Empfindungen im Volk zu eigen machen konnten und mit großer Überzeugungskraft nationale Töne anzuschlagen vermochten, so z.B. in dem eigens zu diesem Zweck inszenierten »Tag von Potsdam« am 21. März 1933, der die Verbindung von Preußentum und Nationalsozialismus dokumentieren sollte. Auf diese Weise neutralisierten sie auch den Koalitionspartner, ja erreichten es sogar, daß die Angehörigen aus der DNVP und dem Stahlhelm scharenweise zur NSDAP überliefen; denn offensichtlich hatte sich diese Partei als der erfolgreichere Teil der nationalen Front bewährt. Der DNVP blieb somit nichts anderes übrig, als sich, trotz des Erfolges der Regierung, an der sie beteiligt war, selbst aufzulösen. Für die anderen Parteien und für die Gewerkschaften gab es in dieser Situation überhaupt keine Chance, sich zu behaupten, weder durch Gegenwehr, noch durch Versuche, sich mit den neuen Mächten zu arrangieren.

Hinzu kam indessen noch etwas anderes, dessen Bedeutung für die Bereitschaft, den Nationalsozialisten zu folgen, man nicht unterschätzen sollte: die Legalitäts- und Friedenstaktik der Regierung. Indem Hitler vor dem Ausland anfänglich die friedlichen Absichten seiner Regierung betonte, so in seiner Friedensrede vom 17. Mai 1933, baute er möglichen Interventionen von dieser Seite vor. Indem er auf die Legalität seiner Vorgehensweise abhob, sicherte er sich die Unterstützung des Staatsapparates, der gewohnt und bereit war, einer legalen Regierung und deren legalen Anweisungen zu folgen. Für Hitler war es daher wichtig zu betonen, daß er »legal« an die Macht gekommen sei und seine Handlungen eine legale Grundlage besäßen. Dadurch ergab sich allerdings eine eigenartige Situation: Auf der einen Seite betonten die Nationalsozialisten die Kontinuität des Rechts, anerkannten sie den von der Weimarer Republik geschaffenen Rechtsrahmen. Auf der anderen Seite stellten sie für ihre auf einen Umsturz erpichten Anhänger den revolutionären Charakter der Vorgänge in den Vordergrund, die Absage an das alte System und die Gründung eines neuen »Dritten Reichs«.

Tatsächlich ließ sich aufgrund der eigenartigen Verfassungskonstruktion der Weimarer Republik beides mit einer gewissen Plausibilität zugleich behaupten. So ließen sich aufgrund des weiten Spielraums, den Art. 48 WV für Handlungen der Regierung bot, auch schwere Eingriffe in das Rechtsleben als Maßnahmen zur Wiederherstellung der Ordnung rechtfertigen. Zwar war das in der Regel nur ein Vorwand, den politischen, die öffentliche Ordnung gar nicht störenden, sondern ihre Einhaltung verlangenden Gegner mundtot zu machen – die Kommunisten, denen man eine Revolutionsabsicht nachsagte, oder später die Sozialdemokraten –, doch blieb auf diese Weise der Schein gewahrt. Auch 1934 bemühte man sich, die Ermordungen im Zusammenhang mit der Röhm-Affäre als »Akt der Staatsnotwehr« zu rechtfertigen.

Vor allem aber bot das Ermächtigungsgesetz vom März 1933 einen vorteilhaften Ansatz, den intendierten Umsturz als rechtens erscheinen zu lassen. Das Gesetz, das immer wieder verlängert wurde, hat daher – neben der ebenfalls nie mehr aufgehobenen Notverordnung vom 28. Februar 1933 – als Staatsgrundgesetz des neuen Reichs gegolten. Denn mit seiner Hilfe ließen sich Verfassungsänderungen weitesten Umfangs völlig legal vornehmen. Das lag daran, daß die Weimarer Verfassung selbst in ihrem Art. 76, auf dem die Ermächtigung basierte, die Möglichkeit der Verfassungsänderung nicht begrenzt hatte, trotz Mahnungen der Staatsrechtslehre, eine solche Beschränkung vorzunehmen, da eine Verfassung, die eine bestimmte Ordnung für das Staatsleben darstelle, sinnvollerweise doch keine Bestimmung enthalten könne, mit der sie sich selbst aufhebe. Diese Auffassung vermochte sich indessen nicht durchzusetzen. Vielmehr hat die herrschende Meinung in der Staatsrechtslehre damals an der Vorstellung festgehalten, daß der demokratische Gesetzgeber mit verfassungsmäßig vorgeschriebener Mehrheit alles anordnen dürfe, was er wolle; denn der Wille des Volkes könne durch Verfassungsbestimmungen nicht begrenzt werden.

Nun hatte der Gesetzgeber zwar im Ermächtigungsgesetz selbst der Regierung bestimmte Grenzen gezogen, doch erwies sich dies als irrelevant, denn sie ließen sich mit einem einfachen »legalen« Trick überspringen. Es mußte nur der Reichstag, der Ermächtigungsgeber, formell unangetastet bleiben. Seine Zusammensetzung ließ sich dagegen durch das Verbot von Parteien wie der SPD und die Auflösung der anderen Parteien verändern. Auf diese Weise konnte sich die Regierung nach einer Neuwahl vom neuen Parlament ein weiteres Ermächtigungsgesetz geben lassen, das ihr auch die letzten Tore zur Verfassungsänderung öffnete. Am Ende hatte sie dann die Revolution in der Tat »legal« durchgeführt, war aus der Republik scheinbar ohne Rechtsbruch eine Diktatur geworden.

2. Die Struktur des nationalsozialistischen Herrschaftssystems

Vorbemerkung

So wie es sich bis 1934 herausgebildet hat, ist das nationalsozialistische Herrschaftssystem nicht planvoll nach einem bestimmten Konzept entstanden, sondern eher Produkt des Machtwandels und reinen Machtstrebens gewesen. Es ist auch später immer wieder Änderungen unterworfen worden, die nicht von der Suche nach einer endgültigen Gestaltung diktiert waren, sondern Ausdruck sich wandelnder Machtverhältnisse blieben.

Überhaupt, so muß man wohl sagen, ist nationalsozialistischem Denken der Begriff einer festen, dauerhaften Ordnung und eine entsprechende Vorstellung vom Recht etwas zutiefst Fremdes gewesen. Derartige althergebrachte Ansichten vertrugen sich schlecht mit einer Weltanschauung, die das Leben als einen Kampf ums Dasein auffaßte, als ein dauerndes Ringen um Positionen, in denen der Stärkere sich durchsetzt, als ewige Veränderung in einem »lebensphilosophischen« Sinne, in dem starre Regelungen und endgültige Fixierungen Zeichen der Unbeweglichkeit, des sich ankündigenden Unterganges und des Todes sind. In dieser Vorstellungsweise, in der das Recht nichts Dauerhaftes mehr an sich hatte, nicht nur verändert, sondern jederzeit auch durchbrochen werden konnte, und jede Regel letztlich nur etwas um des Lebens willen zu Überwindendes darstellte, in der Recht das Recht des Stärkeren oder das, was dem Volke nützt, war, gab es für eine grundlegende Organisation des Staates und für eine seine Handlungen in feste und begrenzte Bahnen lenkende Verfassungsordnung, wie sie der traditionellen Auffassung vom Verfassungsstaat entsprach, keinen Platz mehr. Hitler hat daher alle Ansätze in dieser Richtung, die das Reichsinnenministerium verfolgte, unterbunden. Dennoch läßt sich das Herrschaftssystem der Nationalsozialisten im Grundsätzlichen umreißen, denn es hat sich ja nicht fortwährend alles verändert, und es gab auch in dieser Anti-Ordnung Überzeugungen und Regeln, die allgemein anerkannt waren.

I.

Seiner Idee nach stellte der nationalsozialistische Staat eine »völkische« Ordnung dar. Unterschieden wurde in ihm nicht mehr einfach nur zwischen Staatsangehörigen und Ausländern, sondern unter den Statsangehörigen zusätzlich noch zwischen Reichsbürgern »deutschen und artverwandten Blutes« und anderen, vor allem Juden, denen die Ausübung politischer Rechte versagt war und mit denen nach den Nürnberger Rassengesetzen vom 15. September 1935 auch keine Ehe geschlossen werden durfte. Das in dieser Weise »artgemäß« oder rassenmäßig definierte Volk besaß zwar noch ein Stimmrecht und konnte laut Gesetz vom 14. Juli 1933 von der Reichsregierung befragt werden, ob es einer beabsichtigten Maßnahme zustimme. Tatsächlich aber übte es keinerlei Funktionen mehr bei der Neugestaltung von Staat und Gesellschaft aus. Zwar sind Volksabstimmungen gelegentlich vorgenommen worden, so z.B. 1938 über den Anschluß Österreichs, sie hatten aber nur den Charakter einer Akklamation, bestätigten lediglich vor dem Ausland im nachhinein die Übereinstimmung von Regierungshandeln und Volksmeinung.

Auch der Reichstag spielte in der folgenden Zeit keine andere Rolle mehr. Während man die Landtage und die alten Gemeindevertretungen ganz aufgelöst hat, wurde das Reichsparlament samt dem Ritus der Reichstagswahlen beibehalten. Doch gab es nun nur noch auf einer »Liste des Führers« zusammengestellte Kandidaten, die in der Wahl zu bestätigen waren und die die Aufgabe hatten, den ihnen vorgelegten Gesetzen beizupflichten. Eine echte parlamentarische Gesetzgebung oder gar Regierungskontrolle existierte nicht mehr. Die eigentliche Gesetzgebung oblag den ministeriellen Führungsgremien. Zahllosen Regierungsgesetzen standen im Dritten Reich noch nicht einmal zehn Reichstagsgesetze gegenüber, einstimmig beschlossen von einem Parlament, das bis zum 26. April 1942 nur noch 16 Mal zum Zweck politischer Kundgebungen zusammengetreten ist.

Die gesamte Leitung des Staates war nach dem neuen Staatsrecht auf den »Führer« übergegangen, der sie ausübte, ohne auf irgendwelche Organe der Mitbestimmung Rücksicht nehmen zu müssen. Er stand unangefochten an der Spitze des Staates. Das Prinzip der autoritären Führung war der Organisation der NSDAP entnommen worden. Dort hatte sich Hitler schon zu Beginn der zwanziger Jahre eine entsprechende Position verschafft. Seit 1934 taucht der Begriff »Führer« auch im staatlichen Bereich auf, so zunächst im Gesetz vom 1. August, wo vom »Führer und Reichskanzler« die Rede ist. Etwas später heißt es »Führer des Deutschen Reichs und Volkes« und seit 1939 einfach »der Führer«. Gemeint war damit nicht nur das Staatsoberhaupt, das seit 1934 die Funktionen des Reichskanzlers und Reichspräsidenten in sich vereinigte, sondern sehr viel mehr. Die Führergewalt, so wurde betont, erstrecke sich nicht nur auf die Staats- und Parteiorganisation, sondern über das ganze Volk. Der Führerwille galt als Ausdruck des Volkswillens, sogar in einem höheren Sinne als die Bekundungen der Bevölkerung selbst; denn der Führerwille konnte vom Volk nur per Akklamation bestätigt, nicht korrigiert werden. Volksabstimmungen besaßen, so die herrschende Staatslehre, für die Führung keine Verbindlichkeit.

Der Führer allein »setzte das Recht«. Seine Rechtssetzungsgewalt erstreckte sich in gleicher Weise auf Staat, Partei und Gesellschaft. Eine Gewaltenteilung gab es nicht mehr. Der Führer war Gesetzgeber, Regierungschef, militärischer Oberbefehlshaber und schließlich auch oberster Gerichtsherr in einer Person. Er herrschte unumschränkt und unverantwortlich. Im Gegensatz zum absoluten Monarchen des 16. und 18. Jahrhunderts gab es für ihn kein überpositives Recht, das seine Willkür beschränkt hätte. (Die beibehaltene Institution der Gegenzeichnung bedeutete in diesem Zusammenhang nur noch, daß der gegenzeichnende Minister die Verantwortung für den Inhalt der von ihm kontrasignierten Anordnungen vor dem Führer selbst übernahm.)

Der Führerwille konnte sich in herkömmlicher Weise in Form eines Gesetzes äußern, als Reichstags- oder Regierungsgesetz. Da er aber einer solchen Form grundsätzlich nicht bedurfte, konnte er auch die Gestalt eines einfachen Führererlasses annehmen, der – wie im übrigen auch die Gesetze – einer Veröffentlichung nicht mehr bedurfte, um gültig zu sein. Auch geheime Führererlasse konnten geltendes Recht darstellen, was die Gerichte bei der Rechtsfindung gelegentlich in Schwierigkeiten stürzte, wenn beklagte Verwaltungsbehörden sich auf solche Anordnungen beriefen.

Wie es keine Instanz gab, die den Führer zu kontrollieren vermochte, so gab es auch niemanden, der ihn einsetzen oder gar absetzen konnte. Der Führer wurde nicht gewählt, sondern mußte seinen Nachfolger selbst bestimmen. So war es in einem nicht veröffentlichten Gesetz aus dem Jahre 1934 festgelegt worden, und so wurde es von Hitler 1945 vor seinem Tode durch Einsetzung des Großadmirals Dönitz als neuem Reichspräsidenten praktiziert.

II.

Das Führerprinzip diente indessen nicht nur dazu, die Position des obersten Machthabers im nationalsozialistischen Herrschaftssystem zu fixieren und seine Gewaltausübung zu legitimieren, sondern es galt darüber hinaus als zentrales Organisationsprinzip für die gesamte neue Ordnung, die auf diese Weise dem Parteiapparat der NSDAP entsprechend aufgebaut wurde. Das Prinzip trug monokratische Züge: Der Führer allein, und nicht ein Kollegium, hatte zu entscheiden. Der Führer setzte Unterführer ein. Diese wurden nicht gewählt, sondern ernannt und entlassen. Der Ernannte war dem Ernennenden und den höheren Vorgesetzten gegenüber zu striktem Gehorsam verpflichtet: »Autorität von oben, Verantwortung von unten«. Doch handelte es sich nach nationalsozialistischer Auffassung dabei nicht um ein formales Befehls- und Gehorsamsverhältnis zwischen Vorgesetztem und Untergebenen, sondern um eine persönliche, in der Vereidigung der Amtsträger auf den »Führer Adolf Hitler« zum Ausdruck kommende Treuebeziehung des »Führers« zu seiner »Gefolgschaft«. Sie beruhte nicht auf Rechtsregeln und beschränkten Befehlsermächtigungen wie in der traditionellen Bürokratie, sondern in einer eher bündischem Erleben entsprechenden Weise auf der Gemeinsamkeit der Anschauungen und des Empfindens. Gehorsam wurde deshalb in erster Linie nicht aufgrund von Rechtsvorschriften geleistet, sondern aus »Treue«. Der Gefolgsmann galt nicht einfach als Befehlsempfänger und ausführendes Organ. Mit dem Führerprinzip war vielmehr die Vorstellung einer weitgehenden Gestaltungsfreiheit des Gefolgsmannes bei der Erledigung der ihm übertragenen Aufgaben verbunden, was für das Verständnis der noch zu erörternden Funktionsweise des Systems wichtig ist. Auf die befriedigende Erledigung dieser Aufgaben, nicht auf die Berücksichtigung von Kompetenzregeln und von entgegenstehenden Rechten Dritter kam es an. Im Gegenzug bewies der Führer seine Treue, wenn er den erfolgreichen, aber Rechtsvorschriften verletzenden Gefolgsmann »deckte«.

Dieses eigenartige Amalgam bündischer und bürokratisch-hierarchischer Vorstellungen, die in jener Zeit als »germanisch« und deswegen als völkisch-artgemäß empfunden wurden, hat in unterschiedlicher Weise Eingang in die Praxis gefunden – sehr viel stärker z.B. im Apparat der SS als in der normalen Bürokratie, in der das herkömmliche Hierarchieverhältnis weiterhin überwog. Doch haben die neuen Vorstellungen die Zentralisierung des Staatsaufbaus, wie ansatzweise auch der gesellschaftlichen Ordnung, fraglos gefördert und vorhandene autoritäre Einstellungen verstärkt. Das kam auch in den Vorschriften des neuen Beamtenrechts zum Ausdruck, denen zufolge Beamte, an deren Loyalität gezweifelt wurde, entlassen werden konnten.

Vor allem wurde das neue Organisationsverständnis deutlich im Funktionswandel der Reichsregierung. Dieses zentrale staatliche Leitungsorgan fiel nunmehr als Beschlußgremium aus. Mehrheitsentscheidungen hat es im Kabinett offenbar seit der Machtübernahme nicht mehr gegeben. An die Stelle der Kollegialentscheidung trat die Alleinentscheidung des Führers. Auch als Beratungsorgan trat das Kabinett immer seltener in Erscheinung. Seine Aufblähung auf über zwanzig Mitglieder durch Ernennung zahlreicher Reichskommissare für Sonderaufgaben mit Kabinettsrang machte es dafür auch ziemlich ungeeignet. Während im Jahre 1934 noch neunzehn Kabinettssitzungen anberaumt wurden, waren es 1935 nur noch zwölf, 1936 vier und 1937 sechs. Die letzte Sitzung der Reichsregierung fand am 5. Februar 1938 statt. Engere Gremien tagten weiter, erlangten jedoch keine Bedeutung.

Mehr und mehr wurden die Reichsminister zu ressortleitenden »Unterführern« des Führers, dem sie Treue und Gehorsam und als Parteigenossen auch Parteidisziplin schuldeten. Die Gesetzgebung, die nach dem Ermächtigungsgesetz von 1933 der Reichsregierung oblag, wurde im Umlaufverfahren erledigt. Die Gesetze waren kurz; sie wurden inhaltlich durch Verordnungen des für ihre Ausführung zuständigen Reichsministers ausgefüllt – auch das ein Zeichen des neuen Führungsstils. Die notwendige Koordination zwischen den Ressorts erbrachte die Reichskanzlei, deren Chef in den Rang eines Reichsministers aufstieg. Über ihn lief die Verbindung zum Führer. Das ganze Regierungssystem nahm Züge eines absolutistischen Kabinettsystems an, in dem der Frage des Zugangs zum Staatsoberhaupt für die Durchsetzung politischer Vorstellungen entscheidende Bedeutung zukam. Dieser Zugang war für die Gauleiter und die »alten Kämpfer« unter den Reichsministern leichter als für andere, die keine Immediatstellung besaßen. Sie wurden in besonderem Maße von den Kabinettchefs abhängig. Genaugenommen hatte das System nicht nur einen Kanzleizugang zum Führer, sondern fünf: neben der Reichskanzlei die unbedeutende Präsidialkanzlei des ehemaligen Reichspräsidenten, das Oberkommando der Wehrmacht (OKW) für den militärischen Bereich, die Kanzlei des Führers der NSDAP und die 1941 aus dem Stab des Stellvertreters des Führers hervorgegangene Parteikanzlei, deren Leiter Bormann es im Kriege gelang, den Zugang zu Hitler im Führerhauptquartier weitgehend allein zu kontrollieren, und der damit am Ende des Krieges zu einer zentralen Figur im nationalsozialistischen Machtapparat wurde.

Auch der weitere Staatsaufbau ist nach der Aufhebung der föderativen Eigenständigkeit der Länder stark zentralisiert worden. Alle staatlichen Kompetenzen waren nunmehr auf Reichsebene vereinigt, die Länderregierungen – abgesehen von dem Göring unterstellten und mit dem Reich vereinigten Preußen – über die Reichsstatthalter der Reichsregierung untergeordnet. Die Länder besaßen nur noch den Charakter potenzierter Selbstverwaltungskörper. Sie hatten kaum noch Gesetzgebungsbefugnisse und fungierten als eine Art Mittelinstanz im weiterhin bürokratisch-hierarchischen Verwaltungsaufbau. An die Stelle der gemeindlichen Selbstverwaltung traten in der Deutschen Gemeindeordnung von 1935 vom Staat ernannte Bürgermeister. Die Gemeinderäte übten nur noch beratende Funktionen aus; sie wurden ebenfalls ernannt. Auch die Unabhängigkeit anderer Lenkungsorgane, wie z. B. der Reichsbank, wurde damals beseitigt.

III.

Die autoritäre Neuordnung ist nicht auf die Staatsorganisation beschränkt geblieben. Sie wirkte sich auch auf den Bereich der Gesellschaft aus – am spürbarsten im Abbau rechtsstaatlicher Garantien. Seit 1933 galt in Deutschland der Ausnahmezustand. Die zur Dauer gewordene Suspension von Grundrechten erlaubte einen willkürlichen Eingriff in die Freiheitssphäre der Bürger zu jeder Zeit. Zwar blieb die alte Rechtsordnung weitgehend erhalten – es gab keine neuen Gesetzbücher –, doch konnte sie im »Doppelstaat« beliebig durch Maßnahmen des Ausnahmerechts durchbrochen werden.

Seit 1933 tagten Sondergerichte. 1934 wurde der berüchtigte Volksgerichtshof für Hoch- und Landesverratsdelikte eingerichtet. Die Geheime Staatspolizei inhaftierte auch ohne richterliche Anordnung und ohne gerichtliche Kontrolle. Sie nahm Personen in Vorbeugehaft und in Schutzhaft. Tausende von Gegnern des Regimes wurden auf diese Weise in Konzentrationslager verbracht. Der Anspruch auf den gesetzlichen Richter entfiel. Strafen wurden entgegen dem Grundsatz *nulla poena sine lege* auch ohne vorhergehende gesetzliche Strafandrohung verhängt. Die Rechtssicherheit wurde durch weite und unscharfe Rechtsauslegungen unterminiert, wie z. B. durch den Grundsatz, daß nach dem »gesunden Volksempfinden« zu urteilen sei. Auffällig ist die Zunahme von Todesurteilen, die im Krieg schon beim Abhören von Rundfunksendungen aus dem feindlichen Ausland drohten.

In der Staatsrechtslehre wurde die Auffassung vertreten, daß die nach Art. 48 WV zunächst aufgrund der sog. Reichstagsbrandverordnung suspendierten Grundrechte generell und auf Dauer aufgehoben seien, da der nationalsozialistische Staat die ihnen zugrundeliegende Unterscheidung von Staat und Gesellschaft überwunden habe. Nicht um die Berücksichtigung individueller Freiheit gehe es nunmehr, sondern um die Einordnung der Volksgenossen in das Ganze der Volksgemeinschaft. Die darin liegende Abwendung von der traditionell-rechtsstaatlichen, nun als »individualistisch« abqualifizierten Denkweise und die Propagierung einer Volksgemeinschaft mit »Gliedern«, die vor allem Pflichten gegenüber dem Ganzen besitzen, dem sie ihre Existenz verdanken, hatte Konsequenzen für die Gestaltung der Wirtschaft wie der Gesellschaft überhaupt.

Im wirtschaftlichen Bereich ist das Prinzip der freien Verbandsbildung durch die Errichtung von Zwangskorporationen abgelöst worden. Deren Bezeichnung als »Stände« wies auf ältere konservative Gesellschaftsvorstellungen und faschistische Vorbilder hin. Von nationalsozialistischer Seite wurden damit zum Teil aus der Bürokratie stammende und für einen künftigen autoritären Staat entwickelte Ordnungsbilder übernommen und für eigene Zwecke benutzt. Man ist dabei jedoch nie so weit gegangen, ernsthaft an die Einführung eines Ständestaats mit einem berufsständischen Parlament zu denken. Gesprochen wurde vielmehr von »Selbstverwaltung der Wirtschaft«. Was sich als solche ausgab, erweist sich bei näherem Hinsehen als Versuch, Berufe und ganze Wirtschaftszweige durch Ausbau und Umwandlung des überkommenen Kammersystems einer schärferen Kontrolle zu unterwerfen. So wurden die gewerbliche Wirtschaft und die Verkehrswirtschaft in einer Reichswirtschaftskammer zusammengefaßt, in deren regionale Untergliederungen man die vorhandenen Industrie- und Handelskammern einfügte. In ähnlicher Weise wurden die Kulturschaffenden in einer Reichskulturkammer und die in der Landwirtschaft Tätigen im Reichsnährstand zusammengeschlossen. Weitere Kammern der sog. freien Berufe, wie z.B. die Rechtsanwaltskammer oder die Reichsärztekammer, rundeten den Versuch, eine durchgehende berufsständische Organisation zu schaffen, ab.

Alle diese Kammern galten als Körperschaften des öffentlichen Rechts mit Zwangsmitgliedschaft. Sie wurden von den für sie zuständigen Ministerien organisiert, die gewerbliche Wirtschaft z.B. vom Reichswirtschaftsministerium, der Kulturbereich vom Reichspropagandaministerium. Auch in ihnen herrschte das Führerprinzip. Demzufolge waren die zuständigen Ministerien nicht auf eine bloße Rechtsaufsicht beschränkt, sondern sollten die neuen Organisationen »führen«. Gelegentlich waren Ministeramt und Leitungsfunktion im berufsständischen Bereich in Personalunion miteinander verbunden; so fungierte z.B. der Reichsminister für Volksaufklärung und Propaganda, Josef Goebbels, zugleich als Präsident der Reichskulturkammer.

Der Grad der Reglementierung war in den einzelnen Organisationen allerdings unterschiedlich stark. In der Presse, in der schon 1933 das Schriftleitergesetz die Möglichkeit des Berufsverbots für Journalisten durch Löschung aus der Berufsliste vorgesehen hatte, lag er sichtlich höher als in der gewerblichen Wirtschaft, in der man sich mit indirekten Lenkungsmaßnahmen begnügte. Doch darf man bei aller Betonung des Umstandes, daß der »deutsche Sozialismus« keine staatliche Planwirtschaft kannte und die Unternehmer grundsätzlich ihre Dispositionsfreiheit behielten, nicht übersehen, daß diese Freiheit ihnen nicht aus prinzipiellen Gründen gewährt blieb, sondern rein instrumental als geeignetes Mittel zur Wirtschaftsbelebung verstanden wurde. Die gewährte »Selbstverwaltung« wurde dann auch sofort eingeschränkt, wenn Unternehmerinteressen und staatliche Wirtschaftspolitik in Widerspruch zueinander gerieten.

Am 20. Januar 1934 ist durch das ›Gesetz zur Ordnung der nationalen Arbeit‹ das Führerprinzip auch in den Betrieben eingeführt und damit die Gestaltung der Arbeitsbedingungen den Unternehmern als »Betriebsführern« überlassen worden. Die Tarifgestaltung oblag sog. staatlichen »Treuhändern der Arbeit«. Der Deutschen Arbeitsfront, die die Gewerkschaften beerbt hatte, blieb im wesentlichen eine auf erzieherisch-propagandistische und wohltätige Zwecke (Freizeitorganisation »Kraft durch Freude«) ausgerichtete Tätigkeit überlassen.

IV.

Mit diesem Eingliederungsversuch der klassischen Freiheitsbereiche der Wirtschaft und Kultur in eine gesamtstaatliche Ordnung ist diese indessen noch nicht vollständig charakterisiert. Zu berücksichtigen ist vielmehr noch die dritte Säule in der damals viel beschworenen neuen politischen Trias von »Staat – Bewegung – Volk«, die Partei. Ihr kamen als der »Bewegung«, als der politischen Innovationskraft oder dem »Motor« im Gesamtgefüge, die Aufgaben der Erziehung im Sinne der nationalsozialistischen Weltanschauung, der Führerauslese und der politischen Willensbildung sowohl gegenüber dem Volk als auch gegenüber dem Staat zu.

Für eine Übernahme dieser Funktionen war die Partei in ihrem äußeren Aufbau an sich gut gerüstet. Mit ihrer Gliederung über Führer und Reichsleitung, Gauleiter und Kreisleiter bis hinab zu den Ortsgruppen-, Zellen- und Blockleitern verfügte die NSDAP über eine politische Organisation, mit deren Hilfe sich die verschiedenen staatlichen Ebenen und die Bevölkerung bis in die Wohnbezirke hinein lückenlos kontrollieren ließen. Weitere »Gliederungen« der Partei mit relativer Selbständigkeit, wie die SA, die SS oder die Hitler-Jugend, banden breite Bevölkerungskreise, insbesondere die Jugend, ideologisch in den nationalsozialistischen Machtapparat ein. Darüber hinaus dienten sog. angeschlossene Verbände, die selbständig organisiert waren, der weltanschaulichen Infiltration bestimmter gesellschaftlicher Bereiche, so z.B. der NS-Rechtswahrerbund, der NS-Ärztebund, der NS-Lehrerbund oder die schon genannte Deutsche Arbeitsfront.

Staatliche Stellen und Parteifunktionen waren häufig in Personalunion bzw. durch Ämterverbindung miteinander verbunden. Das begann beim »Führer und Reichskanzler« und setzte sich über die Verbindung von Reichsleiterfunktionen in der NSDAP mit der Position eines Reichsministers und möglicherweise auch der eines Leiters einer berufsständischen Organisation fort (klassisches Beispiel: Joseph Goebbels als Reichspropagandaleiter der NSDAP, Reichsminister für Volksaufklärung und Propaganda sowie Präsident der Reichskulturkammer). In der Regel waren auch die Funktionen eines Gauleiters und die des Reichsstatthalters miteinander verknüpft. Auf diese Weise unterlag die staatliche Verwaltung in den Ländern der Parteiaufsicht. Während die Partei sich darüber hinaus im allgemeinen damit begnügte, die Ernennung und Beförderung im höheren Staatsdienst zu kontrollieren, wurde die Polizei nach ihrer Übernahme durch den Reichsführer der SS, Heinrich Himmler, mit der SS auch institutionell verbunden. Auf Gemeindeebene schließlich hatte ein vom Stellvertreter des Führers bestimmter »Beauftragter der NSDAP« das Recht, den staatlichen Behörden Bürgermeister und Beigeordnete vorzuschlagen, im Benehmen mit dem Bürgermeister die Gemeinderäte zu ernennen und der Verabschiedung der kommunalen Hauptsatzung zuzustimmen.

Die hier an einigen Beispielen beschriebene Verflechtung von

Staat und NSDAP war indessen für die Partei nicht ohne Probleme. Es fehlte ihr an Mitgliedern, die für die Übernahme staatlicher Ämter qualifiziert waren. Quereinstiege und bevorzugte Beförderungen von Parteigenossen schufen Unruhe in der Beamtenschaft, auf deren loyale Mitarbeit man angewiesen war. Bis zu einem gewissen Grad ließ sich das Problem der Verbindung von Partei und Staat dadurch lösen, daß man die Beamten selbst in die Partei übernahm, wie z.B. seit 1937 die Mitglieder der Reichsregierung; sie waren dann zumindest formell der besonderen Parteidisziplin unterworfen. Auf der anderen Seite konnte ein Ansturm von Staatsfunktionären auf die Partei, wie er 1933 zur Sicherung der Position und Aufstiegschancen eintrat (»Märzgefallene«), das Profil der Partei durch eine Überfülle von Mitläufern von Grund auf verändern. So sah man sich denn auch gezwungen, am 1. Mai 1933 eine Aufnahmesperre zu verkünden. Umgekehrt konnte die Übernahme staatlicher Ämter durch Parteifunktionäre dazu führen, daß der Funktionär sich der Partei entfremdete und staatliche Belange als vorrangig erachtete oder aber die Partei für Mißerfolge staatlicher Maßnahmen unmittelbar verantwortlich gemacht wurde. Beides sprach gegen eine rigorose Durchführung des Systems der Ämterverbindung. Verbindungen solcher Art, z.B. der Ämter des Kreisleiters und Landrats, sind deshalb später oft wieder rückgängig gemacht worden.

Dennoch ist der Anspruch der NSDAP auf die politische Führung nie aufgegeben worden. Nachdem die konkurrierenden Parteien beseitigt worden waren und ein Gesetz ihre Neubildung untersagt hatte, wurde schon 1933 die Einheit von Partei und Staat gesetzlich fixiert und die NSDAP in den Rang einer Körperschaft des öffentlichen Rechts erhoben. Ihren Amtsleitern kamen damit öffentliche Befugnisse zu; staatliche Stellen hatten ihnen Amtshilfe zu leisten.

Im einzelnen blieb freilich auch dann noch vieles im Verhältnis von Staat und Partei unklar und mußte es bleiben, da die Einflußnahme auf den Staat nicht von einer einheitlichen Parteileitung aus gesteuert wurde. Die NSDAP hat nie so etwas wie ein Politbüro besessen, das imstande gewesen wäre, Staat und Partei zentral zu lenken. Die auf dem Führerprinzip aufbauende Organisationsweise erwies sich dazu weitgehend als ungeeignet, wie ein Blick auf die Funktionsweise des Systems lehrt.

V.

Wendet man den Blick von den Ordnungsprinzipien des Systems auf seine tatsächliche Funktionsweise, so läßt sich feststellen, daß die ihm eigentümlichen machtpolitischen Züge, die schon bei der Machtergreifung hervorgetreten waren, auch nach der Etablierung der Herrschaft erhalten blieben und ordnungspolitische Ansätze zurückdrängten. Am besten faßbar wird diese Eigenart des Systems, wenn man die Art und Weise betrachtet, in der Zuständigkeitsfragen gelöst wurden. Eine Staatsorganisation beruht ja, wie jede andere Organisation auch, im wesentlichen auf Kompetenzregelungen, auf der zweckmäßigen und dauerhaft fixierten Verteilung und Abgrenzung von Befugnissen, Rechten und Pflichten. Sie herzustellen ist bei komplexen Gebilden wie modernen Staaten, die flexibel auf immer neue Herausforderungen reagieren müssen, nicht immer leicht. Doch hatte die Überlegenheit des bürokratischen Systems des neuzeitlichen Staates mit seinen hierarchischen Ordnungsmustern darauf beruht, daß es die damit verbundenen Schwierigkeiten in sachgerechter Weise zu lösen wußte. Dieses System gewährleistete die Leistungsfähigkeit des modernen Staates, auch wenn gelegentlich die Gefahr einer bürokratischen Erstarrung auftreten konnte. Vom Nationalsozialismus wurden hingegen die klassisch-bürokratischen Ordnungsmaximen weitgehend ignoriert. Die neue Ordnung entsprach daher trotz ihrer hierarchischen Anlage dem bürokratischen Staatstyp nur bedingt. Aufgaben wurden nunmehr vielfach ad hoc vergeben und ihre Träger mit umfassenden Vollmachten versehen, ohne daß man auch nur versuchte, die neuen Tätigkeitsfelder gegenüber den alten abzugrenzen. Es wimmelte bald von Sonderbevollmächtigten und Reichskommissaren, die, wie z. B. der »Beauftragte für den Vierjahresplan« im Bereich der Wirtschaft, bestimmte Aufbau- und Kontrollaufgaben erhielten und deren Kompetenzen sich mit denen schon bestehender Ressorts überschnitten, so vor allem später im Krieg.

Dieses »vorläufig noch wohlgeordnete Chaos«, wie man es in der Reichskanzlei nannte, rührte nur zum Teil aus einer Unfähigkeit der neuen Machthaber her, komplexe Problemfelder systematisch zu organisieren, oder aus der allgemeinen Schwierigkeit, neue Aufgaben sinnvoll in einen schon bestehenden Apparat einzufügen. Mehr noch resultierte es aus einem Mißtrauen gegenüber dem alten Verwaltungsapparat und seinem Personal, was Hitler z. B. häufig bewog, neue Aufgaben Leuten seines Vertrauens zu übertragen, die ihm direkt untergeordnet waren und sich eine eigene Behörde aufzubauen hatten. Zum Teil spielte dabei sicherlich auch das *divide et impera*-Prinzip eine Rolle, die Sorge Hitlers, keine Machtkonkurrenten aufkommen zu lassen. Davon war seine Personal- und Organisationsstrategie schon früher in der Partei bestimmt gewesen. Gefolgsleute des Führers erhielten deshalb nicht nur jeweils eine beschränkte Zuständigkeit, sondern eine Aufgabe, die sie in unklarer Kompetenzabgrenzung und infolgedessen in Konkurrenz mit anderen zu erledigen hatten. Wollten sie dabei reüssieren, kam es darauf an, sich gegen die Konkurrenten durchzusetzen und die eigene Machtstellung mit Hilfe von Vergünstigungen des Führers auszubauen. Die unklare Kompetenzlage führte auf diese Weise nicht zu den für eine Bürokratie typischen negativen Kompetenzkonflikten, in denen keine Behörde sich für zuständig erklärt, sondern zu Machtkämpfen um die Verfügung über das, was nicht klar zugeteilt war. Das war offenbar so gewollt, entsprach es doch der sozialdarwinistischen Vorstellungsweise der Nationalsozialisten, nach der der Bessere im Kampfe siegt, und ließen sich dadurch machthungrige Funktionäre zu besonderen Leistungen stimulieren.

Der Erfolg stellte sich in der Tat bis zu einem gewissen Grade ein; die Strategie führte aber auch zu erheblichen Reibungsverlusten – und zur erwünschten vollkommenen Abhängigkeit der Paladine von ihrem Führer. Alles hing in diesem System von dessen Gunst und Entscheidung ab. Zu ihm mußte man Zugang haben. Neben ihm funktionierende Beschlußgremien gab es nicht, wie der Zerfall der Reichsregierung in eine Vielzahl vom Führer abhängiger Ressortleiter zeigt. Es herrschte dadurch eine Art »persönliches Regiment«, mit dem aber – angesichts der Vielfältigkeit der Aufgaben in einem modernen Staat – schon die absoluten Fürsten des 17. und 18. Jahrhunderts und später Wilhelm II. gescheitert waren. Ein solches Regiment hätte einen sehr viel größeren Arbeitseinsatz Hitlers erfordert, als dieser zu leisten willens war. Übereinstimmend wird berichtet, daß es ihm an Übersicht fehlte und seine Erlasse oft widersprüchlich waren. Seine Entscheidungsscheu und Entscheidungsunwilligkeit, die ihm in vielerlei Hinsicht wohl zu Recht nachgesagt werden, dramatisierten den Machtkampf unter seinen Gefolgsleuten. Sie konnten auch dazu führen, daß man sich in privaten Abmachungen zu arrangieren versuchte, wie es z. B. in den sog. Leipziger Vereinbarungen von 1935 das Reichswirtschaftsministerium und die Deutsche Arbeitsfront in grundlegenden wirtschafts- und sozialpolitischen Fragen taten. Im allgemeinen aber neigten die Unterführer dazu, ihre Herrschaftsansprüche durchzusetzen und Konkurrenten beiseite zu drängen.

Man hat das, was auf diese Weise entstand, eine »Polykratie der Ressorts« genannt, doch handelte es sich eigentlich weniger um eine Vielherrschaft voneinander unabhängiger Ressorts, die nur unter dem Führer zusammengefaßt waren und denen dabei eine sinnvolle Koordination fehlte, als vielmehr um eine Polykratie der Paladine oder »Satrapen«, von Hitlers Günstlingen, welche ihre Herrschaft unter Akkumulation von Zuständigkeitsbereichen, von parteilichen und staatlichen Machtquellen in Konkurrenz zueinander ausübten; die überkommenen Ressorts konnten dagegen bis zur Funktionslosigkeit verkümmern. Solche Machtakkumulationen gab es im Bereich von Kultur und Propaganda durch Goebbels, vor allem aber bei Göring, der in regelloser Weise militärische, wirtschaftliche und politische Kompetenzen an sich gezogen hatte. Sehr viel systematischer wurde dagegen die Zusammenfassung der SS und Polizei, der machtmäßig wichtigsten Ressourcen von Partei und Staat, von Himmler betrieben. Er machte am Ende durch den Ausbau der SS, ursprünglich der Leibgarde Hitlers und anderer Funktionäre, zur Waffen-SS sogar der Wehrmacht Konkurrenz. Meist sind es dabei nicht die Parteiämter gewesen, denen die neuen Machthaber ihren Aufstieg verdankten, sondern staatliche Positionen. Ohne über eine wichtige staatliche Machtressource zu verfügen, konnte man sich gegen Konkurrenten im allgemeinen nicht durchsetzen. Aber es gab auch andere Fälle.

Von einer polykratischen Form des Herrschaftssystems wird in der Literatur noch in anderer Weise gesprochen, unter Hinweis darauf, daß die Nationalsozialisten gar nicht so unumschränkt geherrscht hätten, wie es auf den ersten Blick erscheint und wie es die damals schon entwickelte Theorie der »totalitären Diktatur« von solchen Systemen vermuten ließ. Tatsächlich sind lange Zeit die staatliche Bürokratie, die Reichswehr und die Großindustrie beachtliche Machtfaktoren im Herrschaftsgefüge geblieben. Dennoch ist es problematisch, in diesem Zusammenhang von einer »Polykratie« zu reden. Reichswehr und Industrie, auch die staatliche Bürokratie, besaßen insofern gewisse Mitbestimmungschancen, als die neuen Herrschaftsträger auf sie und ihren Sachverstand angewiesen waren. Das hat ihnen Möglichkeiten der Einflußnahme gegeben. Desungeachtet waren sie nicht die Träger oder auch nur Mitträger grundsätzlicher politischer Entscheidungen. Allgemein wurde vielmehr, so z. B. von der Reichswehr, die politische Führungsrolle der Partei betont. Man hat in der Wehrmachtsführung Hitlers Kriegspläne durchaus mißbilligt, sich den Anweisungen des Führers dennoch gefügt. Auch gegenüber der Wirtschaft hat die Partei den »Primat der Politik« durchzusetzen gewußt. Dies wird vor allem in den Fällen deutlich, in denen sich Wirtschaftsführer vergeblich gegen die Forcierung der Rüstungswirtschaft wandten. Je mehr es nötig wurde, desto rücksichtsloser ersetzten die Nationalsozialisten die Dispositionsfreiheit der Unternehmer gerade in diesem Bereich durch eine gelenkte »Kommandowirtschaft«.

Sich gegenüber Reichswehr und Industrie durchzusetzen, mußte den neuen Politikern um so leichter fallen, als zunächst eine weitgehende Konvergenz der Ziele, nämlich: Aufrüstung, Überwindung der Beschränkung der militärischen Stärke und Etablierung einer nationalen, militärischen und wirtschaftlichen Großmachtstellung, vorhanden war. Über diese Gemeinsamkeit der Zielsetzung ließ sich die Unterordnung der »Partner« zwanglos erreichen, und sie ließ sich durch Korrumpierung verstärken, wie das Beispiel des Militärs zeigt, das seit 1934 immer tiefer in die verbrecherischen Taten der Politiker hineingezogen wurde. Eine echte Polykratie war das nicht.

VI.

Versucht man das eigenartige nationalsozialistische Herrschaftssystem auf den Begriff zu bringen, so begegnet man folgenden Schwierigkeiten: Zum einen entzieht es sich der herkömmlichen Begrifflichkeit. Es läßt sich weder als Demokratie noch als Monarchie bezeichnen, noch ist es ein parlamentarisches oder präsidentielles System gewesen. Aber auch spezifische Kennzeichnungen verfehlen seine Besonderheit, wenn man sie dichotomisch einander gegenübersetzt; denn das Regime ist nicht entweder ein »Führerstaat« oder eine »Polykratie« gewesen, so daß man nur das Eine oder das Andere von ihm behaupten könnte, wie viele meinen. Vielmehr sollte man diese Kategorien so benutzen, daß sie verschiedene Aspekte des Systems zum Vorschein bringen. Das Herrschaftssystem läßt sich dann wie folgt beschreiben:

1. Offensichtlich handelte es sich bei ihm um eine »Diktatur«. Mit diesem, dem römischen Sprachgebrauch entlehnten Begriff

bezeichnet man im aufkommenden 20. Jahrhundert Bestrebungen, den Verfassungsstaat, insbesondere die für ihn typische Teilung der Gewalten zu überwinden und die damit verbundenen Kontrollmechanismen zu beseitigen. Moderne Diktaturen konzentrieren die gesamte staatliche Gewalt in der Hand einer Person, eines politischen Leitungsgremiums oder einer Partei.

2. Sie sind außerdem »totalitär«; mit der Gewaltenteilung entfällt ein effektiver Grundrechtsschutz. Die rechtsstaatlichen Sicherungen gegen Eingriffe des Staates in die Freiheits- und Privatsphäre der Bürger werden systematisch abgebaut. Tendenziell sind alle Gebiete des gesellschaftlichen Lebens der staatlichen Reglementierung preisgegeben. Der staatliche Reglementierungsanspruch ist total, auch und gerade im kulturellen Bereich, was z. B. in der Gleichschaltung der Presse zum Ausdruck kommt. Staatsrechtlich gesehen hatte der diktatorische Charakter des nationalsozialistischen Regimes in dem fortwährenden Ausnahmezustand seine Grundlage, der aufgrund der Notverordnung vom 28. Februar 1933 in Deutschland herrschte.

3. Wie moderne Diktaturen es häufig sind, war auch der nationalsozialistische Staat ein »Einparteienstaat«. Er erwuchs aus der Überwindung der Parteienkonkurrenz und aus der Ausschaltung der im pluralistischen Mehrparteiensystem liegenden politischen Kontrollmöglichkeiten. Die einzige Partei beanspruchte dabei nicht nur ein Machtmonopol, sondern auch ein Weltanschauungsmonopol.

4. Ideologie und antibürokratische Tendenzen in Partei und Staat weisen die nationalsozialistische Diktatur als eine »faschistische« aus. Bei aller Schwierigkeit, »Faschismus« als einen Allgemeinbegriff für die vielen Bewegungen, die er erfassen soll, in zufriedenstellender Weise zu definieren, sollte man an ihm als genereller Kategorie für alle nationalautoritären und diktatorischen Bestrebungen, die im Gegensatz zu jener anderen bedeutsamen Spielart der modernen Diktatur, der kommunistischen, stehen, festhalten.

5. Wie es in den faschistischen Bewegungen die Regel ist (vgl. den »Duce« in Italien), spielte auch im Nationalsozialismus die Gestalt des »Führers« eine zentrale Rolle. Das System war sowohl staatsrechtlich als auch in seiner tatsächlichen Entscheidungsstruktur auf den einen Führer ausgerichtet. Auf ihn war nicht nur der in modernen Diktaturen häufig anzutreffende Personenkult bezogen, er diente nicht nur anstelle eines Monarchen als Integrationssymbol des Staates, sondern von ihm

gingen tatsächlich die grundsätzlichen Entscheidungen im System aus. Das nationalsozialistische System war daher rechtlich und tatsächlich ein »Führerstaat«, auch wenn der Führer nicht immer »führte«.

6. Dem Führerprinzip entsprechend gab es Spielraum für Unterführer und für Konkurrenzkämpfe zwischen ihnen. Daher konnten und mußten sich unter seiner Ägide eine Reihe weiterer Machtzentren und immer wieder neue Machtstrukturen herausbilden. Der Führerstaat war nicht, wie man es formuliert hat, »monolithisch«, keine einfache »Monokratie«, sondern so gesehen eine »Polykratie«. Das polykratische Element gehörte ebenso wie das Führerprinzip wesensmäßig zu ihm.

Insgesamt gesehen stellte dieses System einen Bruch mit allen rechts- und verfassungsstaatlichen Traditionen dar, welche die deutsche Staatsentwicklung bis dahin im Einklang mit der europäischen gekennzeichnet hatten. Es ist atemberaubend zu sehen, wie schnell in ganz knappgehaltenen Gesetzen, sozusagen mit einem Federstrich, in den Jahren 1933 und 1934 diese Traditionen ausgelöscht wurden. Das wäre kaum möglich gewesen, wenn es nicht auch andere Traditionen gegeben hätte, die das nationalsozialistische Regime in manchem nur als eine extreme Ausformung schon länger vorhandener Tendenzen erscheinen lassen. So stand es im Hinblick auf die Behandlung Preußens wie des Föderalismus überhaupt, oder in der zur Rückdrängung und Abschaffung der Parteien, in der Wendung vom Pluralismus zum Autoritarismus, durchaus in einer Entwicklungskontinuität, die schon in der Weimarer Republik immer stärker hervorgetreten war. Mit seiner chauvinistischen und rassistischen Zuspitzung des Nationalen setzte es Traditionen fort, die aus dem Kaiserreich herrührten. Manche Eigentümlichkeiten des Kaiserreichs tauchten wieder auf, so das in die absolutistische Regierungsweise zurückweisende preußische Kabinettsprinzip und die Vielzahl von Immediatstellen mit direktem Zugang zum Staatsoberhaupt im militärischen (und jetzt auch im Partei-)Bereich, oder das »persönliche Regiment« und die Auflösung der zur Gesamtleitung geeigneten Zentralstellen, und letztlich auch das organisatorische Chaos, das uns zuerst im Ersten Weltkrieg begegnet ist. Auch die bonapartistischen Züge des Plebiszits per Akklamation, der Antiparteieneffekt und die Bemühung um nationale Integration mit der Schaffung von »Feinden« und ihre Bekämpfung im Ausnahmezustand sowie die direkte Verbindung von Staat und Verbänden, verbrämt durch eine ebenfalls in das 19. Jahrhundert zurückreichende Ständeideologie – auch das verband das »Dritte Reich« mit Tendenzen, die sich schon in der wilhelminischen Phase des Kaiserreichs abgezeichnet hatten. Sicherlich waren das nur einige Ähnlichkeiten und es wäre töricht, behaupten zu wollen, daß das Kaiserreich ein Vorläufer des Dritten Reichs gewesen sei und daß dieses insofern nur einen deutschen Sonderweg fortgesetzt und zu Ende geführt habe. Indessen ist es auffällig und bedenkenswert, daß auch das Kaiserreich, ein bürokratischer Rechtsstaat par excellence, Züge aufwies, die kaum zufällig im Dritten Reich wiederkehrten.

Angesichts dieser in die Zeit der Jahrhundertwende zurückweisenden Traditionen, durch die Hitler und viele seiner Mitstreiter geprägt worden sind, fragt man sich häufig, inwieweit das nationalsozialistische System »modern« oder »traditionalistisch« gewesen ist. Die Antwort darauf ist für die Verfassungsgeschichte ebenso ambivalent wie für die Sozialgeschichte. Wie sich in der sozialen Entwicklung der dreißiger Jahre traditionelle Vorstellungen der Ständegesellschaft, des Bauerntums und der Mittelstandsförderung mit einer faktischen Modernisierung der Gesellschaft, ihrer ansatzweisen Nivellierung in der Volksgemeinschaft, mit der Entwicklung von Großbetrieben, des Abbaus von Handwerk und Kleinhandel und (vor allem im Krieg) mit der zunehmenden Verbreitung eines am Leistungsprinzip orientierten Technokratentyps mischten, so ist auch im Verfassungssystem die Durchsetzung des Führerprinzips etwas Neues gewesen, das in der Durchbrechung der bürokratischen Ordnung und der damit verbundenen Ersetzung fester Institutionen durch personale Treuebindungen zwar zunächst wie ein atavistischer Rückschritt in ein romantisch verzeichnetes »germanisches Mittelalter« anmutet, andererseits in seiner Tendenz, Untergebenen Handlungsspielräume zu geben und sie zur aktiven Gestaltung ihrer Aufgabe anzuregen, auch Züge moderner »Menschenführung« aufwies. In seiner nationalsozialistischen Zuspitzung ist es freilich nicht zukunftsweisend geworden, ebensowenig wie die rücksichtslose, »modernen« Zeittendenzen durchaus entsprechende machiavellistische Machtpolitik oder die Verdrängung der alten Vorstellungen von Recht und Ordnung durch eine ausgefeilte, auf manipulatorischen Maßnahmen beruhende Machttechnik. »Moderner« scheint vielmehr der damals als antiquiert abgeschriebene Rechtsstaat zu sein.

3. Zur Verfassungsentwicklung des Dritten Reichs

I.

Trotz der beschriebenen Friktionen wies das System, jedenfalls für kurze Zeit, eine außerordentliche Leistungsfähigkeit auf. Das mag weniger an seinen Eigentümlichkeiten gelegen haben als an dem erstaunlichen technischen, wissenschaftlichen und bildungsmäßigen Aufschwung, den Deutschland aufgrund seiner Reformen und der Rezeption ausländischer Vorbilder im 19. Jahrhundert erlebt hatte. Die Nationalsozialisten haben sich diese Ressourcen – z.B. die Ergebnisse der Wissenschaft – mit Erfolg zunutze gemacht. Häufig wird dabei angesichts der offensichtlichen Entscheidungsscheu Hitlers und der Entdeckung, daß er das auf ihn zugeschnittene Herrschaftssystem gar nicht planvoll lenkte, angenommen, daß es »selbstläufig« gewesen sei, ohne allgemein akzeptierte positive Zielvorstellungen, getrieben von den Mechanismen einer sich kumulierenden Radikalisierung, die am Ende zu Zugzwängen geführt habe, aus denen der Vernichtungskrieg gegen Rußland und die »Endlösung« der Judenfrage resultierten. Eine derartige mechanistische Annahme von Systementwicklung, in der geheimnisvolle »Triebfedern« eine negative Auslese der Möglichkeiten bewirkt haben, erscheint indessen wenig plausibel. Geht man, wie es geschieht, von dem organisatorischen Chaos der nationalsozialistischen Herrschaft aus, dann ist es wahrscheinlicher, daß das System sich eher selbst vollkommen blockiert als zügig radikalisiert hätte. Warum es auf Dauer eine bestimmte Entwicklung nahm, wird auf diese Weise nicht erklärt. Der Grund dafür liegt – ungeachtet allen organisatorischen Durcheinanders und ungeachtet aller Unklarheiten und Zufälligkeiten, die viele der gefällten Entscheidungen charakterisieren – darin, daß doch ein leitender Wille vorhanden war, der dem System seine Richtung gab.

Auch wenn Hitler nicht planmäßig führte, gab es doch eine von ihm über die Jahre hinweg verfolgte und von den ihm ergebenen Paladinen, aber auch von Reichswehr, Industrie und Beamtenschaft bis zu einem gewissen Grade geteilte Zielvorstellung. Man folgte ihm zunächst im Wunsche nach einer Revision der Ergebnisse des Ersten Weltkriegs, in der Planung einer militärischen und wirtschaftlichen Wiederaufrüstung und im Streben nach der Wiedererlangung einer Großmachtstellung. Diese Nahziele waren indessen für Hitler selbst nur Durchgangsstation zur Realisierung seiner Vision, Deutschland »Lebensraum« im Osten zu verschaffen, die dort lebenden Völker unter die germanische Herrenrasse zu unterjochen und die sich dieser Politik entgegenstellenden Feinde, insbesondere das internationale Judentum, zu »zermalmen«. Das klingt nicht nur abwegig und krankhaft, es war auch so und wurde trotzdem zur Leitlinie einer Politik, die insofern äußerst konsequent mit der Revision des Versailler Vertrags, mit der Remilitarisierung des Rheinlandes, der Reintegration des Saarlandes und einer zügig betriebenen, konsequenten militärischen Aufrüstung (auf die vor Kriegsausbruch bereits 50 Prozent aller staatlichen Ausgaben entfielen) begann, und die – nicht ohne Entgegenkommen der friedenswilligen und revisionsbereiten Nachbarn – mit der Annexion Österreichs, des Sudetenlandes und des Memellandes, mit der Errichtung eines Protektorats über Böhmen und Mähren und schließlich mit der Entfesselung des Zweiten Weltkrieges, der Okkupation Polens und fast ganz Europas fortgesetzt wurde.

Verfassungsgeschichtlich gesehen ist damals aus Deutschland das »Großdeutsche Reich« geworden, mit vielen annektierten Gebieten wie z.B. – schon vor Kriegsbeginn – Österreich und bereits im Krieg dem Elsaß, und mit vielen angegliederten Gebieten wie dem Protektorat Böhmen und Mähren oder dem polnischen »Generalgouvernement«. Diese vorübergehende Ausdehnung der deutschen Staatsgewalt, die sogar zur Errichtung eines »Reichsministeriums« für die besetzten Ostgebiete führte, hat die Staatsrechtslehre jener Tage (Carl Schmitt) mit der Konzeption hegemonialer Raummächte statt mit den herkömmlichen nationalstaatlichen Kategorien zu erfassen versucht. Die Reichsbildung ist – da rasch vergangen – hier nicht weiter zu erörtern. Nur eines ist zu sagen: Der Machtgewinn bildete die Ausgangsposition für die rigorose Ausbeutung der besetzten Gebiete, für den Einsatz von Fremdarbeitern in der Rüstungsindustrie und die Zwangsarbeit von Kriegsgefangenen. Er führte am Ende zur Vernichtung von Millionen von Menschen – Juden, Zigeunern, russischen Kriegsgefangenen, polnischer Intelligenz. Es wird schwerfallen, ein Regime zu finden, das ähnlich systematisch Rechtsbrüche und Kriegsverbrechen begangen hat.

II.

Obwohl nicht nur Nationalsozialisten und unter ihnen die sich zum Staat im Staate auswachsende SS an den Kriegsverbrechen beteiligt waren, ist ihr Ausmaß dem Volk vor Kriegsende nicht bekannt geworden. Allerdings reagierte man häufig auf das, was publik zu werden drohte, mit »Nicht-wissen-wollen«. Trotz des Vertrauens, das man – wenn nicht in das Regime, so doch in seinen offensichtlich erfolgreichen Führer setzte –, und trotz der am Kriegsende über 8 Millionen »Parteigenossen« kann man von einer Übernahme der nationalsozialistischen Ideologie durch die Bevölkerung nicht sprechen. Man tat seine Pflicht und nahm alles andere hin: den Krieg und seine Ausdehnung ebenso wie die um sich greifenden antisemitischen Ausschreitungen, an die man schrittweise gewöhnt wurde. Es gab aber auch Situationen weitgehender Identifikation zwischen dem Volk und »seinem« Führer, z.B. beim »Anschluß« Österreichs und nach dem Sieg über Frankreich 1940. Das machte es dem sich regenden Widerstand schwer, sich Gehör zu verschaffen und erfolgreich zu operieren.

An Widerstand hat es nicht gefehlt, angefangen bei den sofort mit der Machtergreifung in den Untergrund gedrängten Kommunisten oder in kirchlichen Kreisen, etwa in der Bekennenden Kirche, die sich gegen die Gleichschaltung des Protestantismus wehrte, und in der katholischen Kirche, dort vor allem, als das Regime dazu überging, »unwertes« Leben in sog. Euthanasieaktionen zu vernichten. Auch in nationalkonservativen Kreisen, die Hitler anfangs große Sympathien entgegengebracht hatten, regte sich allmählich die Gegnerschaft, wurden Attentatspläne und – traditionell konservativem Denken verhaftete – Verfassungspläne geschmiedet. Die seit der Etablierung des Verfassungsstaates totgesagte, weil anscheinend gegenstandslos gewordene Theorie des Widerstandsrechts gegen unrechtmäßige Gewalt erlebte ihre Renaissance. Der Widerstand der konservativen Kreise besaß dabei besondere Erfolgschancen, weil die vielfach noch im Amt, insbesondere in militärischen Kommandostellen befindliche alte Elite am ehesten einen Putsch gegen die Nationalsozialisten hätte durchführen können. Es gehört zur Tragik der preußischen Adelsschicht und des deutschen Militärs, eine Politik verfolgt zu haben, durch die sie zum Steigbügelhalter jener Machthaber wurden, die schließlich ihre Existenz wie die des deutschen Volkes überhaupt zu vernichten drohten, und daß die hervorragendsten Vertreter des Adels und des Militärs, die dieses Schicksal wenden wollten, scheiterten.

So ist das nationalsozialistische Regime am Ende nicht von

innen her zerstört worden. Das Regime hat sich auch nicht durch seine Selbstläufigkeit aufgelöst. Zwar hat es Auflösungstendenzen am Ende des Zweiten Weltkriegs gegeben, ebenso aber die Etablierung neuer Machtstrukturen, vor allem der SS. Der Zusammenbruch des Regimes kam indessen durch seine militärische Niederlage. Allenfalls läßt sich sagen, daß es sich, aufgrund der ihm innewohnenden militanten und expansionistischen Tendenzen, die es in einen nicht zu gewinnenden Krieg trieben, selbst zum Untergang verurteilte und in seinem Sog Volk und Reich mit sich riß.

Literaturhinweise

Deutsche Verwaltungsgeschichte, Bd. 4: Das Reich als Republik und in der Zeit des Nationalsozialismus. Stuttgart 1985; Reich und Länder, S. 547ff.

Gesamtdarstellungen, Machtergreifung

Allgemein, auch über den Forschungsstand orientiert Klaus Hildebrand, Das Dritte Reich. 3. Auflage München, Wien 1987. Weitere größere Darstellungen sind: Karl Dietrich Bracher, Die Deutsche Diktatur. Entstehung, Struktur, Folgen des Nationalsozialismus. Köln, Berlin 1969; Karl Dietrich Bracher, Manfred Funke und Hans-Adolf Jacobsen (Hrsg.), Nationalsozialistische Diktatur 1933–1945. Eine Bilanz. Düsseldorf 1983; Eberhard Jaeckel, Hitlers Herrschaft. Vollzug einer Weltanschauung. 2. Aufl. Stuttgart 1988; Hans-Ulrich Thamer, Verführung und Gewalt. Deutschland 1933–1945. Berlin 1986.

Zur Machtergreifung vgl. Karl Dietrich Bracher, Wolfgang Sauer und Gerhard Schulz, Die nationalsozialistische Machtergreifung. Studien zur Entstehung des totalitären Herrschaftssystems in Deutschland 1933/34, 3 Teile. Köln, Opladen 1963 (ND 1974, 1984); Der Weg in die Diktatur, hrsg. von Martin Broszat u.a. Berlin 1983; Erich Matthias und Rudolf Morsey (Hrsg.), Das Ende der Parteien 1933. Düsseldorf 1960; Martin Broszat, Die Machtergreifung. Der Aufstieg der NSDAP und die Zerstörung der Weimarer Republik. 3. Aufl. München 1990.

Staat und Herrschaft

Ältere, noch heute beachtete Darstellungen sind: Ernst Fraenkel, Der Doppelstaat. Frankfurt a. M., Köln 1974 (engl. 1940), schildert das Nebeneinander von überkommenem Gesetzesstaat und Maßnahme-Diktatur; Franz Neumann, Behemoth. Struktur und Praxis des Nationalsozialismus 1933–1944. Frankfurt a. M. 1977 (engl. 1944), macht auf die polykratische Struktur des Herrschaftssystems aufmerksam. Eine instruktive zeitgenössische Darstellung des Verfassungsrechts bietet Ernst Rudolf Huber, Verfassungsrecht des Großdeutschen Reichs. Hamburg 1939. Aus neuerer Zeit vgl. Martin Broszat, Der Staat Hitlers. Grundlegung und Entwicklung seiner inneren Verfassung. 12. Aufl. München 1989; ders. und Norbert Frei (Hrsg.), Das Dritte Reich. Ursprünge, Ereignisse, Wirkungen. Freiburg 1983; Hans Mommsen, Die innere Struktur des nationalsozialistischen Herrschaftssystems, in: Politische Bildung 5 (1972), S. 37–57; Albrecht Tyrell, Politische Herrschaft und politische Ordnung. Mainz 1983, sowie neuestens: Norbert Frei, Der Führerstaat. 2. Aufl. München 1989; Ian Kershaw, Der NS-Staat. Geschichtsinterpretation und Kontroversen im Überblick. Reinbek 1988; Dieter Rebentisch, Führerstaat und Verwaltung im 2. Weltkrieg. Verfassungsentwicklung und Verwaltungspolitik 1939–1945. Stuttgart 1989.

Einzelfragen

Zur polykratischen Struktur s. Peter Hüttenberger, Nationalsozialistische Polykratie, in: Geschichte und Gesellschaft 2 (1976), S. 417 bis 442; Peter Diehl-Thiele, Partei und Staat im Dritten Reich. Untersuchungen zum Verhältnis von NSDAP und allgemeiner innerer Staatsentwicklung 1933–1945. München 1969.

Die Meinungsverschiedenheiten über den Charakter der nationalsozialistischen Herrschaft (Führerstaat oder Polykratie, gesteuerte oder selbstläufige Entwicklung) werden in verschiedenen Sammelbänden dargestellt, vgl. Gerhard Hirschfeld und Lothar Kettenacker (Hrsg.), Der »Führerstaat« – Mythos und Realität. Studien zur Struktur und Politik des Dritten Reiches. Stuttgart 1981; Wolfgang Wippermann (Hrsg.), Kontroversen um Hitler. Frankfurt 1986. Neueste Behandlung des Themas bei Manfred Funke, Starker oder schwacher Diktator? Hitlers Herrschaft und die Deutschen. Düsseldorf 1989.

Totalitarismus, Faschismus, NS-Ideologie

Klassische Versuche, das Phänomen des Totalitarismus zu beschreiben, stammen von Hannah Arendt, Elemente und Ursprünge totaler Herrschaft. Frankfurt am Main 1955 (engl. 1951), und Carl Joachim Friedrich, Totalitäre Diktatur. Stuttgart 1958 (engl. 1957). Die ältere Diskussion ist aufgezeichnet von Bruno Seidel und Stefan Jenkner (Hrsg.), Wege der Totalitarismusforschung. Darmstadt 1968; s. dazu auch Karl Dietrich Bracher, Zeitgeschichtliche Kontroversen. Um Faschismus, Totalitarismus, Demokratie. München 1976, sowie Manfred Funke (Hrsg.), Totalitarismus. Düsseldorf 1978.

Eine breite Beschreibung des Faschismus-Phänomens bietet Ernst Nolte, Der Faschismus in seiner Epoche. Die Action française. Der italienische Faschismus. Der Nationalsozialismus. 9. Aufl. München

1984. Zu Deutungsversuchen des Phänomens vgl. WOLFGANG WIPPERMANN, Faschismustheorien. Zum Stand der gegenwärtigen Diskussion. 5. Aufl. Darmstadt 1989. Zur Ideologie des Nationalsozialismus vgl. EBERHARD JAECKEL, Hitlers Weltanschauung. Entwurf einer Herrschaft. 3. Aufl. Stuttgart 1986. Zu Hitler selbst s. die neueste Biographie von RAINER ZITELMANN, Hitler. Selbstverständnis eines Revolutionärs. 2. Aufl. Stuttgart 1989.

Wirtschaft, Recht, Widerstand
Einen Überblick über die nationalsozialistische Wirtschaftsordnung gibt AVRAHIM BARKAI, Das Wirtschaftssystem des Nationalsozialismus. Ideologie, Theorie, Politik 1933–1945. 2. Aufl. Frankfurt a. M. 1988. Zur sozialen Entwicklung s. DAVID SCHOENBAUM, Die braune Revolution. Eine Sozialgeschichte des Dritten Reiches. München 1980. Zur nationalsozialistischen Rechtsanschauung vgl. KLAUS ANDERBRÜGGE, Völkisches Rechtsdenken. Zur Rechtslehre in der Zeit des Nationalsozialismus. Berlin 1978; HUBERT ROTTLEUTHNER (Hrsg.), Recht, Rechtsphilosophie und Nationalsozialismus. Wiesbaden 1983; DIEMUT MAJER, Grundlagen des nationalsozialistischen Rechtssystems. Führerprinzip, Sonderrecht, Einheitspartei. Stuttgart u. a. 1987; sowie BERND RÜTHERS, Entartetes Recht. Rechtslehren und Kronjuristen im Dritten Reich. München 1988, und LOTHAR GRUCHMANN, Justiz im Dritten Reich 1933–1940. Anpassung und Unterwerfung in der Ära Gürtner. München, Wien 1988.

Einen Überblick über den Widerstand geben PETER HOFFMANN, Widerstand, Staatsstreich, Attentat. Der Kampf der Opposition gegen Hitler. Frankfurt a. M., Berlin, Wien 1974, und JÜRGEN SCHMÄDECKE und PETER STEINBACH (Hrsg.), Der Widerstand gegen den Nationalsozialismus. Die deutsche Geschichte und der Widerstand gegen Hitler. München, Zürich 1985.

13. Kapitel
Deutschland nach 1945

1. Die Zeit der Besatzungsherrschaft

I.

Der militärische Zusammenbruch des Deutschen Reichs führte am 7. Mai 1945 zur bedingungslosen Kapitulation der Wehrmacht gegenüber den westlichen Alliierten in Reims und einen Tag später gegenüber der Sowjetunion in Berlin-Karlshorst. Deutschland ist in jenen Tagen von den Siegermächten vollständig besetzt worden. Die USA und Großbritannien, die Sowjetunion und Frankreich übernahmen die Regierungsgewalt (»supreme authority«) im Reich. Der von Hitler testamentarisch als Nachfolger eingesetzte Großadmiral Dönitz und die von ihm ernannte Reichsregierung wurden am 23. Mai gefangengesetzt.

Diese Vorgänge bedeuteten indessen keine Annexion Deutschlands. Das haben die Alliierten in ihrer, die neue Situation klärenden ›Deklaration in Anbetracht der Niederlage Deutschlands und der Übernahme der obersten Regierungsgewalt hinsichtlich Deutschlands‹ am 5. Juni 1945 ausdrücklich festgestellt. Das Deutsche Reich blieb weiterhin existent mit Staatsangehörigen, eigenem Reichsvermögen und einem Reichsgebiet in den »Grenzen vom 31. Dezember 1937«, d.h. ohne die seit 1938 erfolgten Annexionen. Älteren, zuletzt auf der Konferenz der Regierungschefs in Jalta im Januar 1945 getroffenen Abmachungen zufolge teilten die Alliierten ihre Regierungstätigkeit gebietsmäßig auf: Es wurden vier Besatzungszonen gebildet und in der Hauptstadt Berlin vier Sektoren. In ihnen übernahmen die Militärbefehlshaber der vier Siegermächte die Anordnungsgewalt. Für ihr gemeinsames Vorgehen sollte ein in Berlin eingerichteter Alliierter Kontrollrat, bestehend aus den Militärbefehlshabern, sorgen. Für Berlin wurde eine entsprechende Alliierte Kommandantur errichtet. Der Kontrollrat fungierte als oberstes Regierungs- und Gesetzgebungsorgan in Deutschland und hat in dieser Eigenschaft zwischen 1945 und 1948 einige wesentliche Beschlüsse gefaßt, u.a. nationalsozialistisches Recht und das Land Preußen aufgehoben.

Die gemeinsamen Ziele der Besatzungspolitik sind zuletzt auf der Potsdamer Konferenz der alliierten Regierungschefs Ende

Juli 1945 festgelegt worden. An ihr hat Frankreich allerdings nicht teilgenommen. Das die Beschlüsse der Konferenz zusammenfassende Potsdamer Abkommen vom 2. August 1945 sah vor, Deutschland zu entmilitarisieren und zu entnazifizieren. Die Führer des Dritten Reichs sollten wegen ihrer Verbrechen vor einem Internationalen Gerichtshof zur Verantwortung gezogen werden. Beabsichtigt wurde der Wiederaufbau eines demokratischen Deutschlands mit lokaler Selbstverwaltung und politischen Parteien, zunächst allerdings ohne eine deutsche Zentralregierung. Vorerst sollten nur einige Zentralverwaltungsstellen, u. a. für Handel und Verkehr, nach den Direktiven des Kontrollrats tätig werden. Die deutsche Wirtschaft sollte dezentralisiert, Monopole, Konzerne und Kartelle sollten aufgelöst werden, doch die Wirtschaftseinheit gewahrt bleiben. Bestimmte Produktionsverbote sowie die Demontage von Fabriken zu Reparationszwekken waren ebenfalls vorgesehen. Auch aus der laufenden Produktion sollten Kriegsentschädigungen geleistet werden.

In territorialer Hinsicht stimmten die Konferenzteilnehmer einer Abtretung der Stadt Königsberg und Nordostpreußens an die Sowjetunion prinzipiell zu; die USA und Großbritannien erklärten, daß sie diesen Vorschlag der UdSSR beim Abschluß eines Friedensvertrags mit Deutschland unterstützen würden. Sie stimmten außerdem mit der Sowjetunion darin überein, daß der östlich der Oder und der Lausitzer Neiße gelegene Teil der sowjetischen Besatzungszone der polnischen Administration unterstellt werden sollte, unbeschadet einer endgültigen Festlegung der polnischen Westgrenze ebenfalls im künftigen Friedensvertrag. Damit war eine wichtige Vorentscheidung gefallen. Die deutsche Bevölkerung ist aus den östlichen Teilen des Reichs fast restlos geflüchtet bzw. vertrieben worden; polnische Siedler, vornehmlich aus den von der Sowjetunion in Besitz genommenen Gebieten Ostpolens, zogen ein. Die bis weit in das Mittelalter zurückreichende Ära der deutschen Besiedlung und der kulturellen und politischen Eindeutschung Schlesiens, Ostpreußens, Hinterpommerns und der östlichen Teile der Mark Brandenburg fand auf diese Weise ein abruptes Ende.

Hatte der Westen schon in der territorialen Frage einem von der Sowjetunion geschaffenen Zustand mehr nolens volens zugestimmt, als daß er darin mit ihr einig gewesen wäre, so zeigte sich noch deutlicher bei der Durchführung der Zielsetzungen des Potsdamer Abkommens, daß die Alliierten von verschiedenen Vorstellungen ausgingen. Da weder der Kontrollrat noch die Außenministerkonferenzen, die zur Fortführung der in Potsdam eingeschlagenen Politik einberufen wurden, in den entscheidenden Fragen eine Einigung zu erzielen vermochten, wurden die Entnazifizierung, die Demokratisierung, die Bodenreform und die wirtschaftliche Entwicklung in den einzelnen Zonen nach der Vorstellung der dortigen Militärbefehlshaber bzw. der ihnen übergeordneten Regierungen durchgeführt. Zur Einsetzung von deutschen Zentralverwaltungsstellen, die die wirtschaftliche Einheit Deutschlands wahren sollten, ist es erst gar nicht gekommen. Andererseits machte die politische Reorganisation Deutschlands rasche Fortschritte.

II.

Sehr bald kam es zu einem Wiederaufleben des Parteiwesens. Zum Teil kehrten die Führungsstäbe alter Parteien aus dem Exil zurück, zum Teil bildeten sich neue Gruppierungen, z.B. aus Widerstandskreisen. Schon am 10. Juni 1945 erlaubte die sowjetische Militäradministration in ihrer Zone die Gründung antifaschistisch-demokratischer Parteien und Gewerkschaften. Die Militärregierungen in den anderen Zonen zogen nach. Es kam zu einer lokal und regional zum Teil recht unterschiedlichen Ausbildung eines für Deutschland bis 1948/49 typischen Vierparteiensystems: Zum einen formierten sich die alten Arbeiterparteien der Weimarer Republik, SPD und KPD, neu. Dabei wurden Wünsche nach einer Vereinigung der Arbeiterbewegung von der KPD anfangs abgeblockt, da sie zunächst einen eigenen, linientreuen Apparat aufbauen wollte. Neben diesen beiden alten Parteien bildete sich mit der Christlich-Demokratischen Union (CDU) eine neue Parteirichtung heraus, die die konfessionelle Spaltung im deutschen Parteiwesen überwand; in ihr sammelten sich christlich-soziale und bürgerlich-konservative Kreise – ein politisch recht breites Spektrum. Wie schon in der Weimarer Republik die Bayerische Volkspartei gegenüber dem Zentrum, so formierte sich jetzt die christdemokratische Bewegung in Bayern als Christlich-Soziale Union (CSU) selbständig. Allmählich schlossen sich auch die wieder erstandenen Gruppen des Liberalismus zusammen, im Westen als Freie Demokratische Partei (FDP), in der sowjetischen Besatzungszone als Liberal-Demokratische Partei Deutschlands (LDPD). Auch das Zentrum kehrte neben einigen anderen kleineren Parteien wieder, gewann aber außerhalb des Rheinlands und Westfalens keine Bedeutung mehr. Die extreme Rechte fehlte zunächst – man muß dabei beachten, daß die Parteigründungen der Genehmigung der Besatzungsmächte unterlagen. Als betont national-konservative Partei spielte die 1947 aus der Niedersächsischen Landespartei hervorgegangene Deutsche Partei (DP) in der britischen Besatzungszone bis weit in die fünfziger Jahre eine gewisse Rolle.

Bereits im Januar 1946 wurden in der amerikanischen Besatzungszone Gemeindewahlen abgehalten; die anderen Zonen folgten im selben Jahr. Auch zu Landtagswahlen kam es bald. Alle Besatzungsmächte hatten im Hinblick auf einen dezentralisiert-föderativen Aufbau Deutschlands ihre Zonen ländermäßig gegliedert, was nach der Aufhebung des als Hort des deutschen Militarismus geltenden Preußen und angesichts einer zum Teil recht willkürlichen Einteilung der Besatzungsgebiete eine schwierige Angelegenheit war. Fast durchweg kam es zu Länderneugründungen, die das überkommene territoriale Bild Deutschlands stark veränderten. In der amerikanischen Besatzungszone blieben nur Bayern und der den Amerikanern als Nachschubhafen dienende Stadtstaat Bremen bestehen. Hessen-Darmstadt wurde mit den preußischen Teilen Hessens und Nassau zu einem neuen Staat Hessen, Nordbaden und Nordwürttemberg zu Württemberg-Baden vereinigt. In der französischen Zone bildeten Südbaden als Land Baden und (Süd-)Württemberg-Hohenzollern eigene Staaten; linksrheinische Teile Preußens, Bayerns und Hessens wurden zu Rheinland-Pfalz zusammengefaßt, das etwas vergrößerte Saarland schon Ende 1946 wirtschaftlich und währungsmäßig an Frankreich angeschlossen und durch eine Zollgrenze von Deutschland abgetrennt. In der britischen Besatzungszone wurde aus den ehemaligen preußischen Provinzen Rheinland und Westfalen sowie aus Lippe-Detmold das Land Nordrhein-Westfalen gebildet, nicht zuletzt, um dem Ruhrgebiet eine verwaltungsmäßige und politische Einheit zu geben. Der Stadtstaat Hamburg wurde wiederhergestellt, aus der Provinz Schleswig-Holstein mit der Hansestadt Lübeck ein selbständiges Land gebildet, der Rest der Zone (Hannover, Braunschweig, Oldenburg und Schaumburg-Lippe) zum Land Niedersachsen vereinigt. Die sowjetische Besatzungszone gliederte sich in fünf Länder: Mecklenburg (mit dem Deutschland verbliebenen Teil Vorpommerns), die Mark Brandenburg (ohne Berlin), Sachsen, Thüringen und Sachsen-Anhalt.

Die meisten Länder gaben sich schon vor 1949 Verfassungen, die sich an die Verfassungstradition der Weimarer Zeit anlehnten, mit Grundrechtskatalogen, die auch soziale Grundrechte, u.a. Bestimmungen über die Sozialisierung von Grundindustrien aufwiesen, mit einer auf dem Prinzip des parlamentarischen Systems gründenden Staatsorganisation und mit Vorkehrungen für Volksentscheide. In mancher Hinsicht, so z.B. mit der Abschaffung des Berufsbeamtentums und dem Bekenntnis zur Wirtschaftsplanung, gingen die Länder der sowjetischen Besatzungszone über das im Westen Übliche hinaus. Oberhalb der Länder haben die Militärregierungen zum Teil zonale Beiräte oder gar Zentralverwaltungen eingerichtet zur Erledigung der Angelegenheiten, die früher überregional vom Reich besorgt worden waren. Der Versuch, die wirtschaftliche Einheit wieder herzustellen, führte 1947 sogar zur Vereinigung der amerikanischen und britischen Besatzungszone, zur sog. Bizone. Die Einrichtung einer die Zonen übergreifenden deutschen Zentralverwaltung blieb allerdings auch damals aus. Trotz aller Ansätze zu einer Reorganisation Deutschlands stand am Ende nicht die Wiedererrichtung des Deutschen Reichs, sondern seine Auflösung in zwei Staaten.

III.

Die Spaltung Deutschlands ist nicht allein aus der deutschen Situation heraus zu verstehen. Zwar hat es von Anfang an Meinungsverschiedenheiten unter den Alliierten über die in Deutschland zu ergreifenden Maßnahmen gegeben. Vor allem stießen die sowjetischen Wünsche, an der Kontrolle des Ruhrgebiets beteiligt zu werden und Reparationen sofort auch aus der westdeutschen Industrieproduktion zu erhalten, auf Ablehnung. Für Reparationsleistungen wollten die Amerikaner landwirtschaftliche Erzeugnisse aus Mitteldeutschland zur Ernährung der westdeutschen Bevölkerung haben, anderenfalls die westdeutsche Produktion zunächst vorrangig zum Austausch gegen Nahrungsmittel aus dem Ausland einsetzen (»imports first«). In diesen Fragen wäre indessen eine Einigung vermutlich möglich gewesen, wenn sich nicht weltweit tiefgreifende Gegensätze zwischen dem Westen und der UdSSR herausgebildet hätten, die angesichts der Sowjetisierung Osteuropas, angesichts der Versuche der Kommunisten, in Griechenland und in Persien Fuß zu fassen, und angesichts des chinesischen Bürgerkriegs zu einer Eindämmung der sowjetrussischen Vorstöße durch die sog. Politik des *containment* führten und im Kalten Krieg gipfelten.

So entschlossen sich die Amerikaner, das westdeutsche Wirtschaftspotential in ihr Programm einer ökonomischen und politischen Stabilisierung Westeuropas, in den sog. Marshallplan, einzubeziehen. Nach Einrichtung der Organization of European Economic Cooperation (OEEC) vereinbarten die drei führenden westlichen Alliierten zusammen mit den Benelux-Staaten auf einer Londoner Sechs-Mächte-Konferenz im Frühjahr 1948 die Bildung eines westdeutschen Staates mit einer internationalen, durch die sechs Mächte ausgeübten Kontrolle des Ruhrgebiets. Diese Planung führte zur Beendigung der Tätigkeit des Alliierten Kontrollrats schon am 20. März 1948, zu einer die westlichen Besatzungszonen umgreifenden Währungsreform im Juni und zum fehlgeschlagenen Versuch der Sowjetunion, die Entwicklung durch eine Blockade Berlins aufzuhalten. 1949 wurden daraufhin, nicht dem Wunsch der Bevölkerung, sondern den Direktiven der Besatzungsmächte folgend, zwei Staaten in Deutschland errichtet; die Intervention der Siegermächte in die politische Entwicklung Deutschlands fand darin ihren Höhepunkt. Wie wenig die Deutschen sich damals selbst in der Lage sahen, eine eigene Politik gegenüber den alliierten Mächten durchzusetzen, zeigt das Scheitern der Münchener Ministerpräsidentenkonferenz im Juni 1947, auf der sich die Ministerpräsidenten der deutschen Länder, damals die höchsten politischen Repräsentanten Deutschlands, trafen, ohne sich auf ein einheitliches Vorgehen, eine gemeinsame Deutschlandpolitik, einigen zu können. Ob eine solche Politik gegenüber den Besatzungsmächten Erfolg gehabt hätte, mag zweifelhaft bleiben; es befremdet, daß sie gar nicht einmal angestrebt wurde.

IV.

Die Gründung zweier deutscher Staaten in den Westzonen und in der sowjetischen Besatzungszone, der Bundesrepublik Deutschland bzw. der Deutschen Demokratischen Republik, beendete die Besatzungsherrschaft indessen noch nicht. Erst 1954 wurden beide Staaten für souverän erklärt und die Herrschaftsbeziehungen zwischen ihnen und den Besatzungsmächten in vertragliche umgewandelt; Berlin, die ehemalige Hauptstadt des Reichs, behielt eine Sonderstellung.

Es fällt auf, daß beide Staaten die entstandene Situation nur als vorübergehend erachteten. Kaum getrennt, gingen sie von der Vorstellung einer »Wiedervereinigung« aus und behaupteten beide, das Deutsche Reich allein rechtmäßig fortzusetzen. Lange

Zeit erhob die Bundesrepublik aus diesem Grunde einen Alleinvertretungsanspruch gegenüber anderen Staaten und nahm nach der sog. Hallstein-Doktrin – außer im Fall der Sowjetunion – die Anerkennung der DDR und die Aufnahme diplomatischer Beziehungen zu ihr zum Anlaß, die eigenen Beziehungen zu dem betreffenden Staat abzubrechen. Die DDR ging hingegen bald von der Existenz zweier neuer Staaten auf deutschem Boden aus. Zahlreiche Wiedervereinigungs-, auch Konföderationspläne entstanden. Sie besaßen angesichts des Kalten Krieges und der Auseinanderentwicklung der beiden deutschen Staaten freilich keine Erfolgschancen. Schließlich gab der sog. Grundlagenvertrag, der ›Vertrag über die Grundlagen der Beziehungen zwischen der Bundesrepublik Deutschland und der Deutschen Demokratischen Republik‹, vom 21. Dezember 1972 dem Verhältnis beider Staaten zueinander eine neue Basis. Der besondere Status Berlins wurde durch ein Abkommen der vier Besatzungsmächte vom 3. September 1971 erneut bekräftigt.

Das eigenartige Verhältnis, in dem sich die beiden Staaten miteinander befanden – lange Zeit gingen sie von einer gemeinsamen Staatsangehörigkeit ihrer Bürger aus, beide Staaten hatten besondere Wirtschaftsbeziehungen zueinander im sog. Innerdeutschen Handel, der der DDR einen erleichterten Zugang zum bundesrepublikanischen Markt und auf diese Weise zur Europäischen Gemeinschaft bot, Berlin steht auch 1990 noch unter unmittelbarer Anordnungsgewalt und damit dem Schutz der Besatzungsmächte –, dieses eigenartige Verhältnis hat immer wieder die Frage nach einer Weiterexistenz des Deutschen Reichs, nach »Deutschlands Rechtslage«, aufgeworfen. Zweifellos hat das Reich nach 1945 trotz temporärer Fremdherrschaft noch weiterbestanden. Fraglich ist allerdings, ob nicht nach 1949 und vor allem nach der Herstellung ihrer Souveränität die beiden deutschen Staaten an seine Stelle getreten sind. Demgegenüber wurde von der Bundesregierung – auch vom Bundesverfassungsgericht in einer Entscheidung vom 31. Juli 1973 – die Ansicht vertreten, daß das Deutsche Reich noch weiter existiere, (teil-)identisch mit der Bundesrepublik oder beide deutsche Staaten überwölbend, wie ja auch die Besatzungsmächte nach wie vor für »Deutschland als Ganzes« zuständig blieben. Bei diesen Annahmen handelte es sich um Versuche, bestimmte rechtliche und politische Positionen zu begründen. Sie haben heute, angesichts der Wiedervereinigung, an Bedeutung verloren.

2. Die Deutsche Demokratische Republik

I.

Die auf dem Boden der sowjetischen Besatzungszone im Gegenzug zur westdeutschen Staatsgründung entstandene Deutsche Demokratische Republik umfaßte rund 108 000 Quadratkilometer mit ursprünglich über 18, später nur noch knapp 17 Millionen Einwohnern. Fast drei Millionen Menschen verließen die DDR bis zum Mauerbau in Berlin 1961. Die am 7. Oktober 1949 in Kraft getretene, von einem Volksrat ausgearbeitete Verfassung bezeichnete sich in der Präambel als »vom deutschen Volk« gegeben, erhob also noch einen gesamtdeutschen Anspruch. Sie enthielt in Art. 3 ein Bekenntnis zur Volkssouveränität und sicherte den Bürgern eine Reihe von Mitbestimmungsrechten zu. In dem auf die »Grundlagen der Staatsgewalt« (Art. 1–5) folgenden Abschnitt: »Inhalt und Grenzen der Staatsgewalt« (Art. 6–49) waren, wie in der Weimarer Reichsverfassung, neben einer Anzahl traditioneller »Rechte des Bürgers« auch Regelungen der Gemeinschaftsordnungen, der Wirtschaft und Familie, des Erziehungswesens und der Religionsgemeinschaften aufgenommen worden. Unter den Rechten des Bürgers führte die Verfassung eine bemerkenswerte Anzahl sozialer Grundrechte auf, wie das Recht auf Arbeit oder das Recht der Arbeitenden auf Erholung und Versorgung bei Krankheit und im Alter (Art. 15f.). Arbeitern und Angestellten wurde Mitbestimmung in den Betrieben zugesichert (Art. 17). Einen starken sozialistischen Einschlag enthielt die Verfassung im Abschnitt über die Wirtschaftsordnung (Art. 19–29). Laut Art. 21 hatte der Staat einen Wirtschaftsplan aufzustellen, dessen Durchführung von den Volksvertretungen zu überwachen war. Alle Monopolorganisationen (Kartelle, Syndikate, Konzerne und Trusts) galten als aufgehoben, der private Großgrundbesitz mit über hundert Hektar als aufgelöst (Art. 24f.). Bodenschätze und Grundindustrien waren in Volkseigentum zu überführen (Art. 25). In diesen Bestimmungen rekapitulierte die Verfassung im Grunde nur eine Entwicklung, die in der sowjetischen Besatzungszone mit der Enteignung des Großgrundbesitzes und der Verstaatlichung von Banken und Großbetrieben bzw. ihrer Überführung in »volkseigene Betriebe« (VEB) schon 1945 eingesetzt hatte.

Im dritten Abschnitt über den »Aufbau der Staatsgewalt« (Art. 50–144) erhielt die Volkskammer als Volksvertretung und höchstes Organ der Republik eine zentrale Stellung (Art. 50). Ihre 400 Abgeordneten (seit 1963: 500) waren nach den Grundsätzen des Verhältniswahlrechts (seit 1963: der Mehrheitswahl) auf die Dauer von vier Jahren zu wählen (Art. 51 f.). Die Regierung der Republik (Ministerpräsident und Minister) war von der Volkskammer zu bilden (Art. 92); sie konnte durch ein konstruktives Mißtrauensvotum gestürzt werden, wie auch jedes Regierungsmitglied bei einem Vertrauensentzug durch die Kammer zurückzutreten hatte (Art. 95 f.).

Neben Volkskammer und Regierung (seit 1954: Ministerrat) kannte die Verfassung einen Präsidenten der Republik (Art. 101 ff.) mit mehr repräsentativen Befugnissen und eine, allerdings noch über das Weimarer Vorbild hinaus reduzierte föderative Ordnung (Art. 109 ff.). Die Länder wurden zu Einheiten einer Selbstverwaltung zurückgestuft, die diesen Namen nicht mehr verdiente und in der Verfassung auch für die Gemeinden und Gemeindeverbände vorgesehen war. Art. 111 legte ausdrücklich fest, daß die Republik, d.h. der Gesamtstaat, auf allen Sachgebieten einheitliche Gesetze erlassen durfte, sich dabei zu Gunsten der Länder jedoch möglichst auf die Aufstellung von Grundsätzen beschränken sollte. Steuern und andere Abgaben waren vom Gesamtstaat zu erheben (Art. 119). Eine aus den Abgeordneten der Landtage nach Maßgabe der Einwohnerzahl gebildete Länderkammer (vgl. Art. 71 ff.) nahm zwar an der Gesetzgebung der Republik teil, besaß aber nur ein von der Volkskammer überstimmbares Einspruchsrecht (Art. 78, 84). Zentrales Organ der Gesetzgebung blieb die Volksvertretung, da auch das in der Verfassung vorgesehene Verfahren des Volksentscheides keine praktische Bedeutung erlangte.

Neben diesem, aus der Entwicklung der sowjetischen Besatzungszone erklärbaren sozialistischen Einschlag und dem stark reduzierten Föderalismus fallen zwei weitere Besonderheiten an der Verfassung auf. Da ist zum einen der Umstand, daß sie keine Gewaltenteilung mehr kennt. Nach Art. 63 gehörten zur Zuständigkeit der Volkskammer außer der Gesetzgebung und der »Bestätigung, Überwachung und Abberufung der Regierung« u.a. auch die »Bestimmung der Grundsätze der Regierungspolitik und ihrer Durchführung« sowie die »Bestimmung der Grundsätze der Verwaltung«. Dementsprechend konnte der Ministerpräsident die Richtlinien der Regierungspolitik nur nach Maßgabe der von der Volkskammer aufgestellten Grundsätze festlegen (Art. 98). Nicht nur die Regierung, auch die Mitglieder des Obersten Gerichtshofes und der Oberste Staatsanwalt waren von der Volkskammer zu wählen und konnten von ihr wieder abberufen werden (Art. 131f.). Darüber hinaus ist auch das Kernstück einer eigenständigen Exekutive, das Berufsbeamtentum, in der DDR aufgehoben worden. Der in alldem zum Ausdruck kommenden übergeordneten Stellung der Volkskammer entsprach es, daß nicht die Gerichte, sondern ein Verfassungsausschuß der Volksvertretung die Verfassungsmäßigkeit der Gesetze zu überprüfen und bei Verfassungsstreitigkeiten zwischen Republik und Ländern zu entscheiden hatte (Art. 66, 89).

Von ungleich größerer Bedeutung für die Funktionsweise der Verfassung ist jedoch ein Verfahren gewesen, das den Kommunisten die ihnen von der Besatzungsmacht zugedachte Herrschaft im neuen Staatswesen sichern sollte, aber in der Verfassung selbst nur an einer Stelle zum Ausdruck kam: Nach Art. 92, Abs. 1 hatte die stärkste Fraktion in der Volkskammer den Ministerpräsidenten zu benennen. Zwar waren alle anderen Fraktionen mit über 40 Mitgliedern nach Maßgabe ihrer Stärke ebenfalls in die Regierung einzubeziehen, auch konnte sich eine Fraktion aus der Regierungsbildung ausschließen (Art. 92, Abs. 2), doch macht diese Regelung klar, daß nicht die Bildung einer Mehrheitsregierung mit einer sie bekämpfenden Opposition intendiert wurde, sondern so etwas wie eine Allparteienregierung unter der Führung einer Partei. Das wird vollends am Wahlverfahren und der daraus folgenden Regelung für die Zusammensetzung der Volkskammer deutlich.

Schon die ersten Wahlen zur Volkskammer 1950 kannten keine Parteienkonkurrenz mehr. Gewählt wurde eine Einheitsliste der in der »Nationalen Front« zusammengeschlossenen Parteien und Massenorganisationen. Zu ihnen gehörte die bereits im April 1946 durch Zusammenschluß der KPD und SPD trotz Widerstands von sozialdemokratischer Seite gebildete Sozialistische Einheitspartei Deutschlands (SED). Sie verdankte ihre Entstehung einem Machtkalkül der Besatzungsmacht und der von ihr favorisierten Kommunisten, denen bis dahin eine Massenbasis fehlte. Ferner gehörten dazu die schon 1945 entstandene Ost-CDU und LDPD sowie die 1948 zur Repräsentation der Bauernklasse gegründete Demokratische Bauernpartei Deutschlands und die ebenfalls damals ins Leben gerufene National-Demokratische Partei Deutschlands, die Kleinbürger und ehemals nationale Kreise bzw. geläuterte Anhänger der NSDAP zu vertreten hatte. Als Massenorganisationen nahmen an den Wahlen der Freie Deutsche Gewerkschaftsbund (FDGB), die Freie Deutsche Jugend (FDJ), der Demokratische Frauenbund Deutschlands (DFD) und ab 1954 der Kulturbund (KB) teil. Sie alle erhielten auf der Einheitsliste eine bestimmte Zahl an Mandaten zugesprochen. (Die seit 1963 500 Abgeordnetensitze wurden bis 1986 auf die genannten Parteien und Organisationen wie folgt verteilt: SED 127, CDU/LDPD/DBD/NDPD je 52, FDGB 68, FDJ 40, DFD 35, KB 22). Da die Zusammensetzung der Volkskammer auf diese Weise von vornherein feststand und dem Wähler keine Auswahl geboten wurde, zudem die Stimmabgabe im Gegensatz zur Regelung in der Verfassung nicht geheim, sondern öffentlich erfolgte, hatten die Wahlen in der DDR nur den Charakter der Akklamation mit den bekannten Ergebnissen von über 99 Prozent Ja-Stimmen. Auf diese Weise besaß die SED, obwohl sie als Parteiorganisation nicht die absolute Mehrheit der Mandate beanspruchte, dennoch durch ihre über die Massenorganisationen ins Parlament gekommenen Mitglieder stets die Majorität. Als geborene stärkste Fraktion stellte sie den Ministerpräsidenten und die größte Anzahl der Minister.

II.

Diese Absicherung der SED-Herrschaft durch das Wahlverfahren kam einer Partei zugute, die spätestens seit 1948 die Züge einer demokratischen Massenpartei abgelegt und den Charakter einer bolschewistischen »Partei neuen Typs« ohne freien Zutritt, sondern mit einer längeren Kandidatenzeit zur Bewährung der Bewerber angenommen hatte. Waren anfangs noch die Parteipositionen mit ehemaligen Kommunisten und Sozialdemokraten paritätisch besetzt worden, so wurde nun die Partei vom »Sozialdemokratismus« gesäubert. Sie erhielt einen Aufbau nach dem leninistischen Prinzip des »demokratischen Zentralismus«: Wahl aller Parteiorgane von unten nach oben, Pflicht zur Berichterstattung und Rechenschaftslegung von oben nach unten, aber auch unbedingte Verbindlichkeit aller Beschlüsse der höheren Organe für die unteren und für die Parteimitglieder, sowie straffe Parteidisziplin und Unterordnung der Minderheit unter die Beschlüsse der Mehrheit und Verbot der parteiinternen Fraktionsbildung. Diese, seit Lenin für kommunistische Parteien bolschewistischen Typs übliche Organisationsweise hatte trotz des demokratischen Wahlprinzips eine zentralistische Steuerung der Partei durch eine sich praktisch selbst ergänzende, da auch für die Kaderpolitik, d.h. für die Besetzung der wichtigen Positionen mit Funktionären zuständige Elite zur Folge. Entscheidendes Gremium war nicht der alle vier bzw. fünf Jahre zusammentretende Parteitag, auch nicht das zwischen den Parteitagen amtierende ZK (Zentralkomitee), sondern sein wöchentlich tagendes Politbüro mitsamt dem, die laufenden Geschäfte erledigenden Sekretariat. An seiner Spitze stand der Erste Sekretär der Partei, der in der Regel die eigentliche Führungsfigur im Staat war (so in der Sowjetunion z.B. Stalin, in der DDR zunächst Walter Ulbricht, später Erich Honecker).

Durch den zentralistischen Parteiaufbau mit der Möglichkeit, opponierende Gruppen auszuschließen sowie durch die beschriebene Verknüpfung von Partei und Staat über den Mechanismus der Einheitswahlen, zugleich aber auch durch vielfältige Personalunionen von Staatsämtern und Parteimitgliedschaft, die Staatsbedienstete der harten Parteidisziplin unterwarf, ist von Anfang an die Herrschaft der SED in der DDR gesichert worden. Die Massenorganisationen und die anderen Parteien übernahmen dabei, dem leninistischen Aufbauprinzip von Staat und Gesellschaft folgend, die Rolle von »Transmissionsriemen« des Willens der herrschenden Partei in die Bevölkerung und die gesellschaftlichen Gruppierungen hinein. Bis 1990 ist die DDR kein demokratischer Mehrparteienstaat mit Parteienkonkurrenz gewesen, sondern sie war von Anfang an eine Einparteiendiktatur mit totalitärem Charakter, d.h. mit einer der SED bzw. ihrer Führung als dem eigentlichen Interpreten des Volkswillens unterworfenen und in ihrer Freiheitssphäre nach Parteiwillkür beschnittenen Bürgerschaft. Wie wenig dabei den Staatsorganen selbst leitende Funktionen zukamen, sieht man daran, daß die Volkskammer selten zusammentrat und sich ihre Sitzungen auf wenige, manchmal nur drei Tage im Jahr beschränkten, in denen eine Reihe von Gesetzen in der Regel einstimmig verabschiedet wurden. Auch bei der Volkskammer handelte es sich lediglich um ein Akklamationsorgan. Die Regierung aber ist in einem sozialistischen Staat ein viel zu schwerfälliges und personell aufgeblähtes Gebilde – da ihrer Leitung ja auch die einzelnen Zweige der staatlichen Wirtschaft unterstehen –, als daß sie mit ihren (bis 1989: 44) Mitgliedern als politisches Leitungsgremium fungieren konnte. Dazu war sie von der Verfassung auch nicht bestellt, sondern das war die Aufgabe der Volkskammer. De facto aber lag die politische Führung bei der SED, was sich z. B. in unmittelbaren Parteidirektiven, die an den Staatsapparat gerichtet wurden, äußerte.

III.
Der sich schon 1945 in den ersten Maßnahmen der Besatzungsmacht abzeichnende Aufbau einer sozialistischen Gesellschaft wurde 1952 offiziell zum Staatsziel erklärt. Er wurde trotz einer anhaltenden Fluchtbewegung der Bürger – Hunderttausende wechselten jährlich nach Westdeutschland hinüber – und trotz Massenstreiks und politischer Demonstration der Arbeiterschaft am 17. Juni 1953 mit der Kollektivierung der Landwirtschaft (Gründung landwirtschaftlicher Produktionsgenossenschaften, sog. LPGs), der Einführung von Produktionsgenossenschaften auch im Handwerk und genossenschaftlicher Organisationen im Handel (sog. HOs) durchgesetzt. Dabei richtete sich die SED nach Aufgabe einer anfangs entwickelten Theorie des besonderen Weges zum Sozialismus immer stärker nach dem sowjetischen Vorbild, sowohl in der Wirtschaftsplanung mit Fünfjahresplänen als auch in der Übernahme stalinistischer Herrschaftsmethoden, des Terrors gegen Andersdenkende und der Durchführung des Prinzips des demokratischen Zentralismus in Staat und Gesellschaft. Wie die anderen kommunistischen Parteien ordnete sich auch die SED der Führung der Kommunistischen Partei der Sowjetunion (KPdSU) unter. Die DDR wurde zu einem festen Bestandteil des Ostblocks. Seit 1950 gehörte sie dem Rat für gegenseitige Wirtschaftshilfe (RGW, auch COMECON: Council for Mutual Economic Assistance genannt) an, dem Gegenstück zu westeuropäischen Wirtschaftszusammenschlüssen. Nach ihrer Souveränitätserklärung 1955 trat sie dem Warschauer Pakt, dem östlichen Militärbündnis unter sowjetrussischer Führung, bei. Die militärisch ausgebildete kasernierte Volkspolizei wurde zur Nationalen Volksarmee umgebildet.

Nach dem Bau einer Mauer quer durch Berlin am 13. August 1961 und dem dadurch bewirkten Versiegen der Fluchtbewegung kam es zu einer vorübergehenden Konsolidierung der inneren Verhältnisse. Im Selbstverständnis der SED-Führung: zum umfassenden, vollständigen Aufbau des Sozialismus, u. a. durch Einführung eines neuen ökonomischen Systems der Planung und Leitung (NÖSPL) mit mehr Flexibilität bei den Entscheidungsvorgängen und mehr materiellen Arbeitsanreizen. Allerdings konnte weder durch diese noch durch später wieder andere Maßnahmen der wachsende Abstand zur westlichen Wirtschaftsproduktion überwunden werden.

Die Entwicklung zum Sozialismus hatte indessen nicht nur eine Reihe bedeutender Veränderungen der gesellschaftlichen Verhältnisse durch die schon genannte Kollektivierung zur Folge, sondern betraf auch die Verfassung im engeren Sinne, zum Teil durch Verfassungsdurchbrechungen, d.h. Verfassungsänderungen ohne ausdrückliche Kenntlichmachung im Verfassungstext. So wurden schon 1952 die Länder abgeschafft. An ihre Stelle traten 14 Bezirke; Ost-Berlin behielt seine Sonderstellung. Die Länderkammer wurde 1958 aufgehoben. 1954 wurde in der Geschäftsordnung der Volkskammer das imperative Mandat für die Abgeordneten eingeführt, 1960 ein Nationaler Verteidigungsrat gebildet und nach dem Tod des Staatspräsidenten Wilhelm Pieck, dem Vorbild des Präsidiums des Obersten Sowjets in der UdSSR folgend, ein kollektives Staatsoberhaupt, der Staatsrat, eingesetzt. Er erhielt nicht nur repräsentative Funktionen, sondern konnte als Leitungsorgan der Volkskammer auch Beschlüsse mit Gesetzeskraft erlassen und allgemeinverbindliche Auslegungen der Gesetze vornehmen (vgl. Art. 106 n.F. der DDR-Verfassung von 1949). 1963 wurde die Zahl der Abgeordneten der Volkskammer auf 500 erhöht und die Mehrheitswahl eingeführt, im selben Jahr die Führungsrolle der SED im Gesetz über den Ministerrat offiziell bestätigt. 1967 wurde für die Bürger der DDR eine selbständige Staatsbürgerschaft begründet.

IV.

Das Ende der Periode des Aufbaus des Sozialismus gipfelte in der Verabschiedung einer neuen, durch Volksentscheid bestätigten Verfassung vom 9. April 1968, die ein klares Bekenntnis zum sozialistischen Staat kommunistischer Prägung enthielt. Dabei brachte die neue Verfassung weniger wirkliche Neuerungen, als daß sie die bereits eingetretene Rechtsentwicklung kodifizierte. Nach kommunistischem Verständnis handelt es sich bei Recht und Verfassung ja nicht um die unverbrüchlichen und dauerhaften Grundlagen der gesellschaftlichen Beziehungen, sondern um Instrumente der planvollen Entwicklung von Staat und Gesellschaft im Rahmen eines in seiner Grundrichtung bekannten Geschichtsverlaufes hin zur sozialistischen und am Ende kommunistischen Gesellschaft. Das Recht, auch das Verfassungsrecht, ist ein politisches Instrument, dessen jeweilige Äußerungsform durch die zunehmende Annäherung an das geschichtliche Endziel und durch ihre Adäquatheit zur jeweils erreichten gesellschaftlichen Entwicklungsstufe legitimiert wird. Jede Verfassung spiegelt daher nur eine erreichte Entwicklungsstufe wider und ist offen gegenüber der zukünftigen Entwicklung, d.h. gegenüber dem manipulatorischen Zugriff durch die kommunistische Partei, die diese Entwicklung autoritativ vollzieht.

Schon bald nach dem Sturz Ulbrichts, der die Funktionen eines Ersten Sekretärs der SED, des Vorsitzenden im Staatsrat und im Nationalen Verteidigungsrat auf sich vereinigte, ist die neue Verfassung revidiert worden. Insbesondere sind bei dieser Gelegenheit die Aufgaben des Staatsrates noch stärker auf die repräsentativen Funktionen eines Staatsoberhaupts reduziert worden. Außerdem ist der Hinweis auf eine einheitliche Nation in Art. 1 und 8 der Verfassung von 1968 getilgt worden. Offenbar im Zusammenhang mit der Regelung der Beziehungen zur Bundesrepublik im Grundlagenvertrag vom Dezember 1972 sowie der anschließenden weltweiten völkerrechtlichen Anerkennung der DDR als Staat, die im Beitritt zur UNO im September 1973 gipfelte, ist von der DDR-Führung die Ansicht vertreten worden, daß es sich bei der Deutschen Demokratischen Republik nicht nur um einen selbständigen Staat handele, sondern dieser auch von einer eigenständigen sozialistischen Nation mit einer eigenen Kultur gebildet werde, was jeden, mit Hinweis auf die nationale Einheit der Deutschen vorgetragenen Wiedervereinigungsanspruch hinfällig mache. Im einzelnen sah die »sozialistische« Verfassung der DDR vom 9. April 1968 in ihrer revidierten Fassung vom 7. Oktober 1974 wie folgt aus:

Sie gliederte sich in fünf Abschnitte: »Grundlagen der sozialistischen Gesellschafts- und Staatsordnung« (Art. 1 – 18), »Bürger und Gemeinschaften in der sozialistischen Gesellschaft« (Art. 19 – 46), »Aufbau und System der staatlichen Leitung« (Art. 47 – 85), »Sozialistische Gesetzlichkeit und Rechtspflege« (Art. 86 – 104) und »Schlußbestimmungen« (Art. 105 – 106). Als Verfassungsgeber trat in der Präambel nicht mehr das deutsche Volk oder ein Teil von ihm auf, sondern das »Volk der Deutschen Demokratischen Republik«. Dem entsprach es, wenn in Art. 19, Abs. 4 von einer eigenen Staatsbürgerschaft der Deutschen Demokratischen Republik ausgegangen und jedes Bekenntnis zu einer staatsübergreifenden deutschen Nation vermieden wurde. In Art. 1 bezeichnete sich die DDR als »sozialistischer Staat der Arbeiter und Bauern«, der nach Art. 6, Abs. 2 »unwiderruflich mit der Union der sozialistischen Sowjetrepubliken verbündet« und »untrennbarer Bestandteil der sozialistischen Staatengemeinschaft« sei.

Der sozialistische Charakter des Staates kam vor allem im zweiten Kapitel über »ökonomische Grundlagen, Wissenschaft, Bildung und Kultur« (Art. 9–18) und im zweiten Abschnitt der Verfassung zum Ausdruck. Danach beruhte die Volkswirtschaft der DDR »auf dem sozialistischen Eigentum an den Produktionsmitteln« und entwickelte sich »gemäß den ökonomischen Gesetzen des Sozialismus« (Art. 9, Abs. 1). Auch in der neuen Verfassung fehlte das Bekenntnis zur Planwirtschaft nicht (vgl. Art. 12, Abs. 2); der Schutz des sozialistischen Eigentums wurde vor der Gewährleistung des »persönlichen Eigentums« der Bürger aufgeführt (Art. 10f.).

Der zweite Abschnitt der Verfassung handelte nicht mehr, wie 1949, von »Inhalt und Grenzen der Staatsgewalt«, sondern von »Bürger und Gemeinschaften in der sozialistischen Gesellschaft«. Dadurch wurde die Gemeinschaftsbezogenheit staatsbürgerlichen Verhaltens stärker herausgestellt. Dementsprechend wurden in den Art. 9–40 nicht nur Grundrechte, sondern auch Pflichten der Bürger aufgezählt. Im Vordergrund stand das Recht zur »Mitgestaltung der sozialistischen Gemeinschaft und des sozialistischen Staates«, das auch eine Verpflichtung zu entsprechendem Handeln einschloß (vgl. Art. 21). Die von der Verfassung gewährten Rechte und Freiheiten wurden nicht als Möglichkeiten zur Betätigung in einer staatsfreien Sphäre verstanden, sondern als Chance, sich in der sozialistischen Gemeinschaft zu entfalten, wobei Grad und Sicherung der individuellen Freiheit sich nach der Ausgestaltung des obersten, nicht näher definierten Rechtsprinzips der »sozialistischen Gesetzlichkeit« bemaßen.

Die Staatsorganisation im engeren Sinne baute auf dem Prinzip der Souveränität des »werktätigen Volkes« auf, nicht mehr des Volkes schlechthin (Art. 2, Abs. 1, Art. 47, Abs. 2). Sie folgte nicht dem Grundsatz der Gewaltenteilung, sondern tragendes Prinzip des Staatsaufbaus war der schon erwähnte »demokratische Zentralismus«. Oberstes staatliches Machtorgan war nach wie vor die Volkskammer, deren Rechte von niemandem eingeschränkt werden konnten (Art. 48). Sie wurde nunmehr auf fünf Jahre gewählt. Staatsrat und Ministerrat waren Organe der Volkskammer mit bestimmten, ihr untergeordneten Funktionen (vgl. Art. 66ff., 76ff.); sie waren der Kammer für ihre Tätigkeit verantwortlich. Wie der Vorsitzende des Nationalen Verteidigungsrats, die Mitglieder des Obersten Gerichts und der Generalstaatsanwalt wurden sie von der Volkskammer gewählt und konnten jederzeit von ihr abberufen werden (Art. 50). Abberufbar von den Wählern waren bei grober Pflichtverletzung auch die Abgeordneten, die eine enge Verbindung zu den Wählern zu halten hatten (Art. 56f.).

Der Vorsitzende des Ministerrats wurde nach wie vor – ebenso wie der Vorsitzende des Staatsrats – von der stärksten Fraktion in der Volkskammer vorgeschlagen (Art. 67, Abs. 3, Art. 79, Abs. 2), nach den geltenden Regeln des Wahlrechts also von der SED. Deren führende Rolle war ausdrücklich in der Verfassung festgeschrieben, in der es hieß, daß die DDR »die politische Organisation der Werktätigen in Stadt und Land unter der Führung der Arbeiterklasse und ihrer marxistisch-leninistischen Partei« sei (Art. 1, Abs. 1). Dem entsprach das Selbstverständnis der SED, die sich in ihrem Parteistatut als »führende Kraft der sozialistischen Gesellschaft« bezeichnete und die über das Zentralkomitee »die Arbeit der gewählten zentralen staatlichen und gesellschaftlichen Organe und Organisationen durch die in ihnen bestehenden Parteigruppen« lenken ließ. Gemeinsame Beschlüsse der obersten Parteiorgane und des Ministerrats kamen in der Verfassungswirklichkeit ebenso vor wie eine unmittelbare Einwirkung der Partei auf den Staatsapparat durch Beschlüsse und Direktiven. Eine Opposition war in diesem Staatswesen nicht vorgesehen. Parteien und Massenorganisationen waren zum gemeinsamen Handeln in der Nationalen Front zusammengefaßt (Art. 3) und gaben dadurch dem »festen Bündnis der Arbeiterklasse mit der Klasse der Genossenschaftsbauern, den Angehörigen der Intelligenz und den anderen Schichten des Volkes« Ausdruck, einem Bündnis, das neben dem »sozialistischen Eigentum an Produktionsmitteln« und der »Leitung und Planung der gesellschaftlichen Entwicklung nach den fortgeschrittensten Erkenntnissen der Wissenschaft« die »unantastbare Grundlage der sozialistischen Gesellschaftsordnung« bildete (Art. 2, Abs. 2).

V.

Die neue Verfassung hat die Verhältnisse in der DDR nicht grundlegend verändert, sondern nur »sozialistisch« verbrämt.

Tatsächlich blieb die DDR auch in den folgenden Jahren ein totalitäres Gebilde mit terroristischen Praktiken und einem die Bevölkerung fast lückenlos überwachenden Staatssicherheitsdienst. Wie sich herausstellte, war die ganz auf Entscheidungen einer sich selbst ergänzenden Parteielite zugeschnittene Staatsorganisation nicht einmal in der Lage, wenigstens die ökonomische und ökologische Existenz der ihrer Botmäßigkeit unterworfenen Menschen zu sichern. Auch im Fall der DDR wurde deutlich, daß eine nicht wirklich kontrollierte und durch echte Mitbestimmungsmöglichkeiten mit dem Volk in Verbindung stehende Staatsführung außerstande ist, Staat und Gesellschaft in effektiver Weise zu leiten, daß individuelle Freiheit und Rechtssicherheit unter solchen Verhältnissen Not leiden und daß auch der Gemeinschaft, dem »Ganzen«, daraus keine Vorteile – es sei denn kurzfristige für die herrschende »Nomenklatura« – erwachsen. In Verfolgung einer letztlich absolutistischen Tradition scheiterte der kommunistische Staat in Deutschland daher ebenso wie andere vor ihm, die glaubten, durch Forcierung obrigkeitsstaatlich-diktatorischer Maßnahmen an überlegener Gestaltungskraft gewinnen und auf die Beachtung der rechtsstaatlichen Prinzipien des europäischen Verfassungsstaats verzichten zu können.

Auf welch tönernen Füßen das Regime in der ehemals sowjetischen Besatzungszone stand, wurde in dem Augenblick klar, als es seinen Rückhalt in der Sowjetunion und im Ostblock verlor. Eine unblutige Revolution der enttäuschten und aufgebrachten, am Ende durch verfälschte Kommunalwahlen dupierten Bevölkerung führte im November 1989 zu seinem jähen Zusammenbruch. Die nach einer Übergangszeit im März 1990 abgehaltenen Neuwahlen zur Volkskammer – es waren die ersten rechtsstaatlichen in der DDR mit freier Parteibildung und Parteikonkurrenz – brachten ein eindeutiges Votum für eine rasche Wiedervereinigung und der Ost-CDU eine Mehrheit von über 40 Prozent der Stimmen (SPD 21,9 Prozent, SED, nunmehr als PDS: Partei des demokratischen Sozialismus, firmierend 16,4 Prozent). Der erste Schritt zur Wiedervereinigung der beiden deutschen Staaten erfolgte am 1. Juli mit einer Währungs-, Wirtschafts- und Sozialunion. Die politische Vereinigung ist für den 3. Oktober 1990 geplant, durch Beitritt der bis dahin in fünf Länder gegliederten DDR zur Bundesrepublik und gesamtdeutsche Parlamentswahlen am 2. Dezember. Das kommunistische Gesellschaftsexperiment in Deutschland wird damit endgültig Vergangenheit sein.

3. Die Bundesrepublik Deutschland

I.

Einen ganz anderen Verlauf hat die Verfassungsentwicklung in der Bundesrepublik genommen. Im Juni 1948 hatte die Londoner Sechs-Mächte-Konferenz mit der Empfehlung geendet, für die Westzone eine demokratisch-föderative Verfassung auszuarbeiten. Demzufolge forderten die Militärgouverneure der westlichen Besatzungszonen am 1. Juli ihre Ministerpräsidenten in Frankfurt auf, eine verfassunggebende Versammlung einzuberufen. In dem Zusammenhang sollten auch die Länderneugründungen in den Zonen überprüft und Vorschläge für Neuabgrenzungen gemacht werden. Verständlicherweise zögerten die Ministerpräsidenten, diesen Direktiven nachzukommen, denn sie bedeuteten offensichtlich eine Festschreibung der faktisch schon eingetretenen Teilung Deutschlands auf unabsehbare Zeit. Mit ihren Bedenken erreichten sie, daß anstelle einer vom Volk gewählten verfassunggebenden Nationalversammlung nur ein von den Landtagen entsandter »Parlamentarischer Rat« trat, der nur eine provisorische Verfassung, »Grundgesetz« genannt, bis zur Wiedervereinigung der beiden Teile Deutschlands zu entwerfen hatte. Dieses Grundgesetz sollte zudem nur von den Landtagen und nicht durch Volksentscheid angenommen werden. Durch diese herabgestufte Prozedur wollte man das Provisorische der zu treffenden Maßnahmen betonen.

Der Parlamentarische Rat trat am 1. September in Bonn zusammen. Er bestand gemäß den Stärkeverhältnissen der Parteien in den Landtagen aus je 27 Abgeordneten der CDU/CSU und der SPD, fünf Abgeordneten der FDP und je zwei Abgeordneten der DP, KPD und des Zentrums. Fünf Abgeordnete mit nur beratender Stimme kamen aus Berlin. Für die eigentliche Verfassungsarbeit wurde ein spezieller Verfassungsausschuß eingerichtet.

Von Anfang an bemühten sich die Ministerpräsidenten, auf die Verfassungsgebung Einfluß zu nehmen. Zu diesem Zweck hatten sie im August in Herrenchiemsee von Experten einen Verfassungsentwurf mit Alternativen ausarbeiten lassen, der dem Parlamentarischen Rat vorgelegt wurde. Auch von den Verbänden wurde eine Anzahl von Wünschen an den Verfassungsgeber herangetragen. Bei den Verfassungsberatungen gab es eine Reihe von Streitpunkten, die insbesondere die künftige föderative Ordnung des Staates betrafen. Vor allem süddeutsche Abgeordnete forderten, unterstützt von den Alliierten, eine stärkere Verankerung des föderativen Gedankens, als dies in der jüngsten deutschen Verfassungsentwicklung, in der Weimarer Republik, der Fall gewesen war. Andere Abgeordnete wollten dagegen, insbesondere im Hinblick auf die vom Bund zu tragenden Kriegsfolgelasten, stärker an den Weimarer Zentralismus anknüpfen. An dieser Frage, nicht an Fragen, die die künftige demokratische Ordnung betrafen – in dieser Hinsicht war man sich vielmehr ziemlich einig – wäre das Verfassungswerk beinahe gescheitert, als im März 1949 die Alliierten wegen der von der Mehrheit im Parlamentarischen Rat intendierten zentralistischen Regelung der Finanzordnung intervenierten. Mit einem Kompromiß in dieser Frage konnte das Grundgesetz indessen bis zum 8. Mai vollendet werden. Es wurde von den Abgeordneten des Parlamentarischen Rats mehrheitlich verabschiedet und von den Militärgouverneuren wie von den Landtagen, mit Ausnahme des bayerischen, genehmigt. Zu seiner Annahme genügte eine Zustimmung von zwei Dritteln der Länder (vgl. Art. 114, Abs. 1 GG). Am 23. Mai wurde das Grundgesetz verkündet. Mit ihm entstand ein neuer Staat unter der Bezeichnung »Bundesrepublik Deutschland«.

II.

In seiner Präambel bezeichnet sich das Grundgesetz als eine vom deutschen Volk in den westlichen Besatzungszonen »für eine Übergangszeit« gegebene Verfassung. Das gesamte deutsche Volk bleibt aufgefordert, »Einheit und Freiheit Deutschlands« in freier Selbstbestimmung zu vollenden. Der Zusammenschluß der drei Westzonen wurde mithin nur als ein Durchgangsstadium angesehen. Dementsprechend heißt es in Art. 146 GG, daß das Grundgesetz seine Gültigkeit an dem Tage verliert, an dem eine vom deutschen Volk in freier Entscheidung beschlossene Verfassung in Kraft tritt. Man hat aus diesen Passagen des Grundgesetzes eine Verpflichtung für seine Staatsorgane gefolgert, die Wiedervereinigung Deutschlands anzustreben (sog. Wiedervereinigungsgebot) – im Gegensatz zu früheren Auffassungen, nach denen Präambeln von Verfassungen und Gesetzen nur eine deklaratorische, keine normativverbindliche Bedeutung zukommt. Die Wiedervereinigung kann nach Art. 23, Satz 2 GG im übrigen auch durch den Beitritt anderer Teile Deutschlands zur Bundesrepublik erfolgen.

Auch das Grundgesetz baut auf einer Reihe von Vorentscheidungen auf. Die Alliierten gaben dabei nur den äußeren Anstoß zur Staatsgründung. Was den Inhalt der Verfassung betrifft, beschränkten sie sich auf die Forderung, daß eine demokratische und föderative Ordnung geschaffen werde. Die Ausgestaltung dieser Ordnung lag dagegen in den Händen der Abgeordneten des Parlamentarischen Rats, für die – gerade der nationalsozialistischen Diktatur entronnen – etwas anderes als eine demokratische Verfassung im westlichen Sinne nicht in Frage kam. Auch daß der künftige westdeutsche Staat einen föderativen Charakter haben werde, lag nicht nur an der diesbezüglichen alliierten Direktive, sondern auch darin begründet, daß wie 1867–1871 und 1918/19 die Länder schon vor dem Gesamtstaat vorhanden waren und dieser gleichsam von ihnen aus gegründet wurde.

Nicht entschieden war die Frage der Wirtschaftsverfassung. Hier hatte allerdings der Wirtschaftsdirektor der Bizone und spätere Wirtschaftsminister der Bundesrepublik, Ludwig Erhard, schon im Juni 1948, unmittelbar nach der Währungsreform, mit der sogar von den Alliierten skeptisch beurteilten, gleichwohl nach einiger Zeit von Erfolg gekrönten Aufhebung der Bewirtschaftung vieler Güter und einer raschen Rückkehr zur Marktwirtschaft die Weichen gestellt. Überhaupt spielte die 1947 geschaffene Bizone nach ihrer Reorganisation im Jahre 1948 institutionell und personell die Rolle eines Vorläufers der Bundesrepublik. Letztlich entscheidend für die Verfassungsarbeit aber wurde die Stellung der Abgeordneten des Parlamentarischen Rats zur nationalsozialistischen Diktatur und zur Weimarer Reichsverfassung: Man wollte, soweit es durch eine Verfassung überhaupt möglich ist, verhindern, daß eine Diktatur auf deutschem Boden noch einmal entstünde, und man wollte dies dadurch erreichen, daß man die »Fehler« der Weimarer Verfassung vermied. So ist das Grundgesetz mit seiner dezidiert repräsentativ-demokratischen, rechtsstaatlichen und föderativen Organisation des Staates vor allem in Auseinandersetzung mit der ersten republikanisch-demokratischen Verfassung Deutschlands entstanden.

III.

1. Das ursprünglich 146, heute durch Einschübe einige Artikel mehr umfassende Grundgesetz ist wie folgt gegliedert: Ein erster Abschnitt handelt von den Grundrechten. Dem schließen sich in den folgenden Abschnitten staatsorganisatorische Bestimmungen an. Im zweiten Abschnitt wird das Verhältnis von Bund und Ländern grundlegend behandelt, in den folgenden Abschnitten die obersten Organe des Bundes, dann die Staatsfunktionen (Gesetzgebung, Ausführung, Rechtsprechung, Finanzwesen). Den Beschluß machen einige Übergangs- und Schlußbestimmungen.

Laut Art. 20, Abs. 1 GG, mit dem der staatsorganisatorische Teil der Verfassung beginnt, ist die Bundesrepublik Deutschland »ein demokratischer und sozialer Bundesstaat«. Sie besteht aus elf in Art. 23 GG genannten Ländern, zu denen 1957 das Saarland wieder hinzugetreten ist. Die drei baden-württembergischen Länder der französischen und amerikanischen Besatzungszone wurden 1952 zum Land Baden-Württemberg vereint. Die Zugehörigkeit der ehemaligen Reichshauptstadt zur Bundesrepublik wurde durch alliierten Vorbehalt suspendiert. Berlin, auf das auch die DDR Anspruch erhob, blieb der unmittelbaren Kontrolle der Besatzungsmächte unterstellt. Mit der Zeit wurde der Ostteil faktisch zur Hauptstadt der DDR; West-Berlin übernahm in der Regel durch einfache Transformation die Gesetze der Bundesrepublik und war im Bundestag mit 22 vom West-Berliner Abgeordnetenhaus entsandten Abgeordneten, im Bundesrat mit vier vom Berliner Senat bestellten Bevollmächtigten vertreten (Art. 144, Abs. 2 GG). Die Vertreter Berlins hatten nur eine beratende Stimme.

2. Das Gebiet des Bundes umfaßt etwa 248000 Quadratkilometer. Die Bevölkerung – nach dem Krieg noch unter 50 Millionen – vermehrte sich vor allem durch Zuzug von über 9 Millionen Flüchtlingen und Vertriebenen aus den deutschen Ostgebieten und von fast 3 Millionen Flüchtlingen aus der DDR auf über 60 Millionen. Nach der Volkszählung von 1987 sind es rund 61 Millionen. Von der Einführung einer besonderen bundesrepublikanischen Staatsangehörigkeit wurde Abstand genommen. Hierin vor allem kommt der provisorische, auf die Wiedervereinigung des deutschen Volkes gerichtete Charakter der Weststaatsgründung zum Ausdruck. Da durch die Ausbürgerungs- und Annexionspolitik der Nationalsozialisten die Zugehörigkeit von Personen zum Deutschen Reich teils unklar,

teils in einer nicht hinnehmbaren Weise geregelt worden war, hat der Art. 116 GG den über die deutsche Staatsangehörigkeit hinausreichenden Begriff der »Deutschen« eingeführt, die nach dem Grundgesetz ebenfalls Träger von Rechten, insbesondere der meisten Grundrechte, sind.

3. Die durch die Besatzungspolitik entstandenen Länder sind echte Gliedstaaten mit eigenem Staatsgebiet und eigenen Staatsorganen; allerdings hat man nach 1945 auf die Begründung einer eigenen Staatsangehörigkeit in ihnen verzichtet. Ihre verfassungsmäßige Ordnung muß den »Grundsätzen des republikanischen, demokratischen und sozialen Rechtsstaats« im Sinne des Grundgesetzes entsprechen; die Länder müssen den Gemeinden das Recht auf Selbstverwaltung einräumen und eine Vertretung haben, die aus allgemeinen, unmittelbaren, freien, gleichen und geheimen Wahlen hervorgegangen ist (Art. 28 GG). Anders als in der Weimarer Republik ist ihnen aber weder das Verhältniswahlrecht noch die Einrichtung des parlamentarischen Regierungssystems vorgeschrieben. Dennoch besitzen alle Länder, auch die Stadtstaaten, von der gewählten Vertretung der Bürger abhängige Regierungen. Ihre Verfassungen unterscheiden sich im wesentlichen nur dadurch, daß die vor 1949 gegebenen über einen umfangreichen Grundrechtekatalog verfügen, während die nach Gründung der Bundesrepublik entstandenen angesichts der vorrangigen Bundesgrundrechte in der Regel auf eigene Grundrechte verzichtet haben.

4. Auch die neuen Länder sind, trotz ihrer verringerten Anzahl, sehr unterschiedlich in ihrer Größe, Wirtschaftskraft und Tradition. Das Grundgesetz hat daher 1949 die Neugliederung des Bundesgebietes vorgesehen, um Länder zu schaffen, die »nach Größe und Leistungsfähigkeit die ihnen obliegenden Aufgaben wirksam erfüllen können« (vgl. Art. 29 GG). Da die vielen Flüchtlinge und Vertriebenen die landsmannschaftlichen Unterschiede in Westdeutschland einebneten, die Ländergrenzen überdies teilweise recht willkürlich gezogen waren, schien eine Neugliederung nach rationalen, d.h. vorwiegend wirtschaftlichen Gesichtspunkten und ohne Rücksicht auf alte kleinstaatliche Traditionen geboten zu sein. Tatsächlich sind in den fünfziger und in den siebziger Jahren zwei Anläufe zur Neugliederung gemacht worden, jedoch ist man über kleinere Grenzkorrekturen nicht hinausgekommen. Auch die neuen Länder und vor allem ihre Regierungen haben ein starkes Ei-

genleben entwickelt. Das Neugliederungsgebot des Art. 29 GG ist daher 1976 in eine Kann-Vorschrift verwandelt worden.

5. Welche Bedeutung der Verfassungsgeber dem föderativen Prinzip zumaß, macht Art. 79, Abs. 3 GG deutlich. Ihm zufolge darf die Gliederung des Bundes in Länder und die grundsätzliche Mitwirkung der Länder bei der Gesetzgebung durch keine Verfassungsänderung aufgehoben werden. Von Anfang an galt in der Bundesrepublik die föderative Ordnung als unantastbar, weniger aus Achtung vor dem Bestand der Länder als aus der Erfahrung mit der Diktatur. Die »vertikale« Aufteilung der Staatsgewalt galt und gilt als ein Instrument, das absolutistische Machtzusammenballung, gar eine Rückkehr der Diktatur, verhindern und mehr Mitbestimmung der Bürger ermöglichen soll.

6. Trotz der auch in der Wiedererrichtung des Bundesrats zum Ausdruck kommenden Betonung des föderativen Prinzips fehlt dem Grundgesetz die traditionelle unitarische Komponente nicht. Zwar ist die Erfüllung staatlicher Aufgaben grundsätzlich Sache der Länder (Art. 30 GG, vgl. Art. 70, Abs. 1 GG), doch hat das den Bund nicht gehindert, weitaus die meisten und wichtigsten Gesetzgebungsmaterien an sich zu ziehen. Neben einer ausschließlichen Gesetzgebungskompetenz für den Bund, zu der Materien wie die auswärtigen Beziehungen oder das Währungs- und Geldwesen gehören (vgl. Art. 73 GG), weist das Grundgesetz, wie schon frühere Verfassungen, einen umfassenden Katalog sog. »konkurrierender« Zuständigkeiten auf, in denen der Bund anstelle der Länder tätig werden kann (Art. 74 GG). Dazu zählen alle wichtigen Rechtsgebiete wie das Bürgerliche Recht, das Strafrecht, das Arbeits- und Wirtschaftsrecht oder die nach 1945 wichtige Regelung der Kriegsschäden und der Wiedergutmachung. Hier gilt bei Tätigwerden des Bundes, daß Bundesrecht Landesrecht bricht (Art. 31 GG). Zwar sind Eingriffe des Bundes in diesem Bereich vorsichtshalber an die Voraussetzung gebunden worden, daß tatsächlich ein Bedürfnis nach bundesgesetzlicher Regelung besteht (vgl. Art. 72, Abs. 2 GG), doch hat dies den Bund bislang nicht gehindert, um der »Wahrung der Einheitlichkeit der Lebensverhältnisse« im Bundesgebiet willen von seinem Gesetzgebungsrecht Gebrauch zu machen. Er konnte das um so mehr tun, als das in dieser Frage angerufene Bundesverfassungsgericht mehrfach erklärt hat, daß die Beurteilung, ob ein Bedürfnis vorliege, sich richterlicher Erkenntnis entzöge. Entsprechendes gilt für das Recht des Bundes, in bestimmten Bereichen Rahmenvor-

schriften zu erlassen, die durch Detailgesetze der Länder, etwa im Hochschulwesen, weiter auszufüllen sind (vgl. Art. 75 GG). Auf diese Weise ist die Landesgesetzgebung im wesentlichen auf die Gebiete der Kultur und Polizei, des Verwaltungsaufbaus und des Gemeinderechts beschränkt worden.

7. Während das Grundgesetz bei der Verteilung der Gesetzgebungszuständigkeiten der unitarischen Tradition huldigt, folgt es im Bereich der Verwaltung und Gesetzesausführung der überkommenen partikularen Praxis (vgl. Art. 83ff.). Nur in wenigen Fällen besitzt der Bund eine eigene Verwaltung, z.B. im Post- und Eisenbahnwesen. In allen anderen führen die Länder nicht nur ihre eigenen Gesetze, sondern auch die des Bundes aus. Allerdings tun sie dies – in einigen Fällen – im Auftrag des Bundes, d.h. an dessen Weisungen gebunden. Doch auch sonst kann der Bund das Verwaltungsverfahren für die Ausführung seiner Gesetze regeln und dafür allgemeine Verwaltungsvorschriften erlassen (vgl. Art. 84 GG).

8. Darüber hinaus ist der Bund der Herr der Finanzen geblieben. Zwar ist nach längerem Kampf im Parlamentarischen Rat die Verwaltung der Steuern überwiegend zur Ländersache erklärt worden (vgl. Art. 108 GG), doch folgt das Grundgesetz darin der Weimarer Reichsverfassung, daß praktisch alle Steuern, gleichgültig wem sie zufließen, vom Bund gesetzlich festgelegt werden (Art. 105 GG). Verteilt werden die Steuern auf den Haushalt von Bund, Ländern und Gemeinden nach Arten (sog. Trennprinzip, vgl. Art. 106 GG). Dabei hatte jedoch der Verfassungsgeber dem Bund von vornherein die Möglichkeit eingeräumt, einen Teil der den Ländern zustehenden Einkommen- und Körperschaftsteuer in Anspruch zu nehmen. Zu einer endgültigen Regelung hierfür kam es 1955/56. Seitdem wurde das beträchtliche Aufkommen der Einkommen- und Körperschaftsteuer nach immer wieder veränderten Vonhundertsätzen zwischen Bund und Ländern aufgeteilt; die Gemeinden erhielten die Erträge der Grund- und Gewerbesteuer zugesichert (sog. Realsteuergarantie).

9. Wieder anders, aber ebenfalls traditionell, ist das Verhältnis von Bund und Ländern im Bereich der Rechtsprechung geregelt (vgl. Art. 92ff.). Die Gerichte gehören meist den Ländern, ihre Organisation und der Aufbau der Gerichtsbarkeit überhaupt erfolgt indessen durch den Bund. Das von ihnen angewandte Recht ist im wesentlichen Bundesrecht. Die obersten Instanzen der einzelnen Rechtsprechungszweige der ordentlichen, Ar-

beits-, Sozial-, Verwaltungs- und Finanz-Gerichtsbarkeit, die als Revisionsinstanzen für die Einheitlichkeit der Rechtsprechung im Bundesgebiet zu sorgen haben, sind Bundesgerichte.

10. Der stark unitarische Akzent, den der wieder entstandene Föderalismus in der Bundesrepublik besitzt, macht das Organ zur Vertretung der Länderinteressen auf Bundesebene, den Bundesrat, zu einem wichtigen Teil der Verfassung. Im Parlamentarischen Rat war es umstritten, ob man die Vertretung der Länderinteressen auf Bundesebene durch das seinerzeit von Bismarck eingeführte Organ eines Bundesrats oder nicht besser nach US-Vorbild durch einen Senat, z.B. gewählt von den Landtagen, wahrnehmen lassen sollte. Für den Bundesrat, also für die Vertretung der Länder durch ihre Regierungen, sprach seine möglicherweise größere Sachbezogenheit und Distanziertheit von Parteiinteressen, während man den Senat für eine bloße Verdoppelung des in der Volksvertretung vorhandenen Parteienforums hielt. Für die Bundesratslösung spricht auch, daß nach der deutschen föderativen Tradition die Gesetze des Bundes von den Ländern, d.h. ihren Regierungen und ihrem Verwaltungsapparat, auszuführen sind. Es lag daher nahe, deren Sachverstand schon im Gesetzgebungsverfahren zu nutzen und ihnen auch beim Erlaß von Verwaltungsvorschriften durch die Bundesregierung Mitsprache zu gewähren (Art. 50 GG, vgl. auch Art. 84, Abs. 2–4 GG).

11. Wie früher ist die Zahl der Mitglieder, die ein Land in den Bundesrat entsendet, nach der Größe der Länder gestaffelt, allerdings nicht mehr in dem Ausmaß, in dem dies noch im Bismarckreich der Fall war. Vielmehr verfügt jedes Land mindestens über drei einheitlich abzugebende Stimmen. Länder mit mehr als 2 Millionen Einwohnern haben vier, Länder mit mehr als 6 Millionen Einwohnern fünf Stimmen (Art. 51 GG). Deutlich macht sich in dieser nivellierenden Lösung der Wegfall der Hegemonialmacht Preußens bemerkbar. Selbst Nordrhein-Westfalen, mit 17 Millionen das weitaus größte Bundesland, verfügt im Bundesrat über nicht mehr als fünf Stimmen.

12. Ebenso wie die Frage, ob man überhaupt auf den Bundesrat zurückgreifen sollte, war die seines Verhältnisses zur Volksvertretung, zum Bundestag, umstritten. Hier fand der Parlamentarische Rat eine vermittelnde Lösung zwischen dem in der alten Reichsverfassung geltenden Konzept der Gleichberechtigung und dem von der Weimarer Verfassung bevorzugten einer Beschränkung der föderativen Kammer auf ein suspensives Ein-

spruchsrecht. Der Bundesrat darf zum einen gegen Gesetze des Bundestags Einspruch einlegen, den der Bundestag jedoch zurückweisen kann (vgl. Art. 77, Abs. 3 u. 4 GG). Es gibt aber auch Gesetze, bei denen die Zustimmung des Bundesrats unumgänglich ist, so z.B. bei der Verteilung der Finanzen. In diesen, im Grundgesetz genannten Fällen besitzt der Bundesrat also ein absolutes Vetorecht. Da Zustimmungsgesetze heute überwiegen, weil in ihnen meist auch das Verwaltungsverfahren für ihre Ausführung geregelt ist (vgl. Art. 84, Abs. 1 GG), besitzt der Bundesrat tatsächlich eine starke Position. Um so erstrebenswerter ist daher für die Bundesregierung seine mit der Mehrheit des Bundestags übereinstimmende Zusammensetzung geworden. Landtagswahlkämpfe werden deshalb häufig auch im Hinblick auf dieses Ziel geführt.

13. Meinungsverschiedenheiten zwischen Bundestag und Bundesrat bei der Gesetzgebung können durch ein dem amerikanischen Verfassungsrecht entlehntes Vermittlungsverfahren bereinigt werden (vgl. Art. 77, Abs. 2 GG). Das ist eine Reminiszenz an die streitschlichtende Zuständigkeit des alten Bundesrats, die auch bei der Beilegung von Streitigkeiten zwischen Bund und Ländern anläßlich der Ausführung von Bundesgesetzen wieder auflebt (vgl. Art. 84, Abs. 46 GG) und noch bei der Anwendung des Bundeszwangs gegen renitente Länder nach Art. 37 GG eine Rolle spielt. Im allgemeinen ist die Schlichtung von Verfassungsstreitigkeiten jedoch dem Bundesverfassungsgericht überantwortet worden.

14. Neben dem Bundesrat verfügt der Bund über die herkömmlichen Bundesorgane: einen Bundespräsidenten, ein Bundesparlament, den Bundestag, und eine Bundesregierung. Neu hinzugekommen ist die Einrichtung eines Bundesverfassungsgerichtes. Es fällt auf, daß der Bundespräsident, der Nachfolger des Reichspräsidenten der Weimarer Republik, auf im wesentlichen repräsentative Funktionen beschränkt wurde (vgl. Art. 54ff.). Der Parlamentarische Rat stand dabei unter dem Eindruck der unheilvollen Rolle, die der Reichspräsident von Hindenburg beim Übergang der Weimarer Republik zur nationalsozialistischen Diktatur gespielt hatte. Man hielt daher die dualistische Konstruktion der Weimarer Verfassung für verfehlt und entschied sich für eine dezidiert parlamentarische Demokratie. Es wird der Bundespräsident deshalb auch nicht mehr vom Volk, sondern von einer Bundesversammlung, bestehend aus den Mitgliedern des Bundestags und einer gleichen Anzahl

von Mitgliedern aus den Volksvertretungen der Länder, gewählt. Darin kommt zum Ausdruck, daß er der Repräsentant der ganzen Bundesrepublik ist; zugleich ist er auf diese Weise, was seine demokratische Legitimation anlangt, dem Bundestag gegenüber deutlich zurückgestuft worden. Bedeutsame Rechte, in denen er möglicherweise eigene Ansichten geltend machen kann, besitzt der Bundespräsident nur noch in der Ernennung von Bundesrichtern und Bundesbeamten sowie bei der Ernennung von Bundesministern und beim Vorschlag eines Kandidaten für das Amt des Bundeskanzlers. Außerdem wird angenommen, daß er bei der Ausfertigung und Verkündung der Bundesgesetze nach Art. 82, Abs. 1 GG ihr verfassungsmäßiges Zustandekommen nachzuprüfen hat.

15. Entschiedener noch als die Weimarer Verfassung stellt das Grundgesetz die Volksvertretung, den Bundestag, in den Mittelpunkt des Staatsaufbaus. Der Bundestag ist der eigentliche Gesetzgeber des Bundes (Art. 77, Abs. 1 GG). Er stellt den Haushaltsplan fest, wählt den Bundeskanzler und kontrolliert Regierung und Verwaltung mit den üblichen parlamentarischen Mitteln, u. a. der Interpellation und der Einsetzung von Untersuchungsausschüssen (vgl. Art. 38ff.). Vom Votum seiner Mehrheit ist die Bundesregierung abhängig. Nur in wenigen Fällen, so insbesondere bei der Gesetzgebung durch den Bundesrat, wird die Macht des Bundestags durch Mitspracherechte anderer Institutionen beschränkt. Im Gegensatz zu vielen Landesverfassungen hat das Grundgesetz darauf verzichtet, der Gesetzgebungstätigkeit des Bundestages den Volksentscheid gegenüberzustellen – vom Fall des Art. 29 GG, der Neugliederung des Bundesgebiets, einmal abgesehen. Auch das hängt mit den Lehren zusammen, die man aus der Weimarer Republik und der nationalsozialistischen Zeit mit ihren hochemotionalisierten, appellativen Plebisziten glaubte ziehen zu müssen. Die Bundesrepublik ist daher eine entschieden repräsentative Demokratie. Zwar gilt auch für sie, daß alle Gewalt vom Volk ausgeht (vgl. Art. 20, Abs. 2 GG), aber dieser Grundsatz der Volkssouveränität dient in erster Linie der Legitimation der entscheidungsberechtigten und handlungsbefugten Organe durch Wahlen, berechtigt nach herrschender Meinung nicht unmittelbar zu Volksabstimmungen. Das Grundgesetz steht damit deutlich in der mit dem Verfassungsstaat entstandenen Tradition des Repräsentativsystems (vgl. Titel III, Art. 2 der Französischen Verfassung von 1791). Sie wird von ihm auch im Hin-

blick auf die Stellung der Abgeordneten, die ein freies Mandat und Immunität besitzen, fortgesetzt (vgl. Art. 38, 46–48 GG).

16. Nach den Erfahrungen mit dem Reichstag in der Weimarer Republik überrascht es, das Parlament derart in den Mittelpunkt des politischen Geschehens gerückt zu sehen, doch hat der Verfassungsgeber auch für ein Parlaments- und Parteienversagen Vorsorge zu treffen versucht. Eine wesentliche Rolle spielt dabei das Wahlrecht. 1949 war es ganz selbstverständlich, daß die Wahl der 518 Abgeordneten des Bundestages (inklusive 22 Berliner Abgeordnete, für die bislang eine besondere Regelung galt) künftig wieder allgemein, gleich, unmittelbar, geheim und frei sein würden. Stark umstritten war jedoch das Wahlverfahren, um so mehr, als man nie daran dachte, wie in der DDR ein Blocksystem einzuführen, sondern ganz selbstverständlich von der Idee der Parteienkonkurrenz um die Macht ausging. Nun hatte jedoch die Wahl von Parteien nach dem Proporz-Prinzip in der Weimarer Republik zu einem stark zerrissenen Parlament und zu außerordentlichen Schwierigkeiten bei der Mehrheitsbildung geführt; schwache, kurzlebige Regierungen waren, wie wir sahen, die Folge. Aus diesem Grunde gab es 1949 eine heftige Propaganda für das englische relative Mehrheitswahlrecht in der Annahme, daß dieses Wahlverfahren zur Repräsentanz nur zweier großer Parteien, einer Mehrheit und einer Opposition, im Parlament führen würde und damit zu einer klaren und stabilen Regierungsbildung, wie das in Großbritannien in der Tat oft der Fall ist. Da jedoch dieses Wahlverfahren mit erheblichen Verzerrungen des Wählerwillens verbunden ist und unter Umständen auch beachtlichen Minderheiten die Möglichkeit nimmt, im Parlament mitwirken zu können, hat man sich im Parlamentarischen Rat am Ende zu einem Kompromiß, zum sog. personalisierten Verhältniswahlrecht entschlossen. Demnach wählt jeder Wähler mit einer ersten Stimme einen Wahlkreiskandidaten nach den Grundsätzen der Mehrheitswahl und mit einer zweiten Stimme eine Partei nach dem Proporz-System. Da die abgegebenen Zweitstimmen darüber entscheiden, wieviel Abgeordnete einer Partei in den Bundestag einziehen und die von ihr gewonnenen Wahlkreise darauf angerechnet werden, handelt es sich auch bei diesem Verfahren im Ergebnis um eine Verhältniswahl. Deren befürchteten Folgen suchte man dadurch zu entgehen, daß man von einer Partei verlangt, mindestens 5 Prozent der Wählerstimmen oder drei Direktmandate zu erringen, um überhaupt im Sitzvertei-

lungsverfahren berücksichtigt zu werden. Außerdem hat man das 1949 selbstverständliche Bekenntnis zur freien Parteigründung und zur Mitwirkung der Parteien bei der politischen Willensbildung mit einem Verbotsverfahren für nichtdemokratische Parteien verbunden (vgl. Art. 21 GG). Die hatte man zwar schon in der Weimarer Republik verbieten können, doch indem das Grundgesetz eine spezielle Vorkehrung dafür schuf und die Feststellung der Verfassungswidrigkeit dem Bundesverfassungsgericht überantwortete, wies es nachdrücklich auf die Verfassungsmäßigkeit des Verbotsverfahrens hin und regte seine Anwendung an.

17. Weitere Vorkehrungen zur Stabilisierung der parlamentarischen Demokratie wurden bei der Einrichtung der Bundesregierung getroffen. Ihre Organisation richtet sich nach dem Vorbild der Weimarer Republik. Auch in der Bundesrepublik bestimmt der Bundeskanzler als Vorsitzender des Regierungskollegiums die Richtlinien der Politik, leitet jeder Bundesminister sein Ressort in dem dadurch vorgegebenen Rahmen selbständig und entscheidet bei Meinungsverschiedenheiten, aber auch in vielen anderen im Grundgesetz geregelten Fragen (z.B. über Gesetzesvorlagen an das Parlament) das ganze Kabinett (vgl. Art. 65 GG). Anders als in der Weimarer Verfassung wird jedoch die dem parlamentarischen Regierungssystem entsprechende Abhängigkeit der Regierung von der Volksvertretung dadurch akzentuiert, daß der Kanzler nunmehr – auf Vorschlag des Bundespräsidenten – vom Bundestag zu wählen ist (vgl. Art. 63 GG). Zwar werden er – und auf seinen Vorschlag hin die Bundesminister – auch nach dem Grundgesetz vom Bundespräsidenten ernannt und entlassen, dennoch ist die Bildung eines Präsidialkabinetts aufgrund der unabdingbaren Wahl des Bundeskanzlers durch das Parlament unmöglich geworden. Das Grundgesetz kennt mithin nur parlamentarische Regierungen. Tatsächlich sind die Bundesregierungen bisher allesamt Koalitionsregierungen gewesen.

Auf der anderen Seite ist es für das Parlament jedoch nicht mehr so leicht wie in Weimar, eine Regierung zu stürzen. Der dem Verhältnis von Volkskammer und Ministerrat in der DDR zugrundeliegende Gedanke, daß die Regierung nur ein jederzeit abberufbarer Ausschuß eines Parlamentes sei, das selbst die Richtlinien der Regierung und Verwaltung aufstellt, ist dem Grundgesetz fremd. Auch im Verhältnis dieser beiden Gremien zueinander herrscht das Prinzip der Gewaltenteilung (vgl.

Art. 20, Abs. 2, Satz 2 GG). Es wird u.a. dadurch gewahrt, daß der Bundestag Minister nicht beliebig durch ein Mißtrauensvotum stürzen kann, sondern nur die Regierung insgesamt, indem er mit der Mehrheit seiner Mitglieder zugleich einen neuen Kanzler wählt (Art. 67 GG). Mit diesem sog. konstruktiven Mißtrauensvotum, das sich auch in Landesverfassungen findet, soll eine Abwahl der Regierung durch eine parlamentarische Mehrheit verhindert werden, die selber sich nicht in der Lage sieht, eine andere Regierung zu bilden, weil sie sich nur im Negativen, im gemeinschaftlichen Vorgehen gegen die amtierende Regierung, einig ist. Dazu war es ja am Ende der Weimarer Republik gekommen. Anders als damals bleibt heute in einem solchen Fall die Regierung, wenn auch als Minderheitskabinett, im Amt.

Das Grundgesetz gibt ihr als Aushilfsmittel gegen ein versagendes Parlament, das weder eine neue Regierung bilden kann, noch die amtierende unterstützt, die Möglichkeit seiner Auflösung an die Hand (Art. 68 GG). Allerdings ist das ein zweischneidiges Schwert; denn es könnte der in die Minderheit geratenen Regierung bei Neuwahlen der parlamentarische Boden völlig unter den Füßen weggezogen werden, ohne daß es zu einer neuen Mehrheitsbildung im Bundestag kommen müßte; das Wahlrecht garantiert einen solchen Erfolg ja nicht. Sollte ein solcher Ausgang zu befürchten sein, könnte die Regierung versuchen, mit Hilfe des Bundespräsidenten und des Bundesrats auf dem komplizierten Weg des Gesetzgebungsnotstands weiterzukommen (vgl. Art. 81 GG). Diese Regelung ist an die Stelle des Notverordnungsrechts des Reichspräsidenten nach Art. 48, Abs. 2 WV getreten. Ob sie im Notfall praktikabel wäre, läßt sich so ohne weiteres nicht sagen. Ganz offensichtlich geht das Grundgesetz in erster Linie von der Funktionsfähigkeit der Volksvertretung aus. Ja, es zwingt sie geradezu, ihre Aufgaben wahrzunehmen, indem sie ihr die Möglichkeit, sich durch Ermächtigungsgesetz von der lästigen Verpflichtung zum gesetzgeberischen Handeln zu befreien, aufs äußerste beschnitten hat (vgl. Art. 80, Abs. 1 GG). Oberstes Gebot bleibt, daß das Parlament sich seiner Verantwortung nicht entledigen darf.

18. Ein Parlament kann seine Verantwortung auf zweierlei Weise verfehlen: indem es seine Aufgaben nicht erfüllt, so daß die Regierung einspringen muß, oder indem es übermäßig tätig wird und zu einer Mehrheitsdiktatur ausartet. In diesem Fall bildet die von einer solchen Mehrheit gestellte Regierung offen-

bar kein denkbares Gegengewicht. Auch der Präsident oder die in Minderheit befindliche Opposition vermögen dies nicht zu tun. Deshalb bringt das Grundgesetz an dieser Stelle das Bundesverfassungsgericht ins Spiel. Der Verfassungsgeber hat damit eine alte deutsche Tradition, die im Kaiserreich unterbrochen worden war, wieder zum Leben erweckt. Auch die Länder haben sie mit ihren Landesverfassungsgerichten wieder aufgegriffen. Man kann sagen, daß in gewisser Weise in der Bundesrepublik die rechtsprechende Gewalt im allgemeinen und die Verfassungsgerichtsbarkeit im besonderen zum Balancefaktor in einem Gewaltenteilungssystem geworden ist, das zwischen Regierung und Parlament(smehrheit) nur noch bedingt funktioniert. Am stärksten ist diese Funktion beim Bundesverfassungsgericht ausgebildet, mit seinen umfassenden Zuständigkeiten für Streitigkeiten zwischen Bundesorganen, zwischen Ländern und Bund, für die Erklärung der Verfassungswidrigkeit von Parteien und Gesetzen und bei der Verletzung verfassungsmäßiger Rechte überhaupt durch die Verfassungsbeschwerde, die jeder Bürger erheben kann (vgl. Art. 93 GG). Nirgends kommt deutlicher zum Ausdruck als hier, daß der Verfassungsgeber den neuen Staat als einen Rechtsstaat wollte, als einen Staat, dessen politische Entscheidungen, auch die des Gesetzgebers, an Recht und Verfassung gebunden sind. Eingedenk der Volksmassen, die dem nationalsozialistischen Diktator huldigten, hat der Verfassungsschöpfer 1949 das Rechtsstaatsprinzip höher gestellt als das Bekenntnis zur Mehrheitsdemokratie. Das zeigt auch der Schutz, den die neue Verfassung den Grundrechten angedeihen läßt.

19. Im Grundgesetz werden die Grundrechte schon dadurch betont, daß sie am Anfang der Verfassung stehen (Art. 1–19). Auffällig ist, daß es sich im deutlichen Gegensatz zur Weimarer Verfassung nur um wenige Rechte handelt, außer dem Gleichheitssatz um die klassischen Freiheitsrechte, zu denen die gerichtlichen, schutzspendenden judiziellen Grundrechte im IX. Abschnitt der Verfassung (Art. 101–104 GG) hinzukommen. Diese Auswahl wurde vom Verfassungsgeber mit Bedacht getroffen; sie ist auf den Druck der Verbände hin nur im Hinblick auf einige Bestimmungen, so im Bereich von Ehe und Familie oder des Schulwesens durch Vorhaltungen der Kirche erweitert worden. Auch die Garantie der wohlerworbenen Rechte des Berufsbeamtentums (Art. 33, Abs. 5 GG) gehört hierhin. Der Sinn dieser Beschränkung auf die klassischen Grundrechte liegt,

abgesehen von dem nach der Diktatur verständlichen Bekenntnis zur individuellen Freiheit, darin, daß sie gegen staatliche Übergriffe unmittelbar geltend gemacht und durchgesetzt werden können. Sie fallen daher unter die allgemeine Garantie des gerichtlichen Rechtsschutzes, den Art. 19, Abs. 4 GG bietet. Zwar können Grundrechte auch nach dem Grundgesetz durch Gesetze eingeschränkt werden – die Freiheit des einen Bürgers läßt sich von der des anderen im Konfliktfall kaum anders als durch eine gesetzliche Regelung abgrenzen, ebenso bedarf die Wahrung von Kollektivgütern gesetzlicher Eingriffe –, aber diese Einschränkungen dürfen nicht den Wesensgehalt der Grundrechte antasten, dürfen sie nicht praktisch gegenstandslos machen, mehr noch: Nach der Rechtsprechungspraxis dürfen Einschränkungen sogar nur so weit gehen, wie es unbedingt erforderlich ist.

20. In Kauf genommen hat man bei dieser Ausgestaltung der Grundrechte als unmittelbar anwendbares Recht den Verzicht auf die sozialen Grundrechte und die vielen Institutionsgarantien und Gemeinschaftsordnungen, die die Weimarer Verfassung kannte. Ein programmatisches Bekenntnis zu ihnen fehlt im Grundgesetz. Was der Grundrechtekatalog des Grundgesetzes durch seine Betonung der Jurisdiktion an Intensität gewonnen hat, hat er an programmatischer Reichweite verloren. Das heißt indessen nicht, daß dem Grundgesetz jeder soziale Einschlag fehlt. Er findet sich – außer in der Sozialbindung des Eigentums nach Art. 14, Abs. 2 GG und dem die Sozialisierung von Grund und Boden, Naturschätzen und Produktionsmitteln ermöglichenden Art. 15 GG – in der sog. Sozialstaatsklausel des Art. 20, Abs. 1 und des Art. 28, Abs. 1, Satz 1 GG, wonach die Bundesrepublik ein »sozialer Bundesstaat« bzw. ein »sozialer Rechtsstaat« ist. Das Bekenntnis dazu eröffnet dem Gesetzgeber die Möglichkeit zu einer sozialen Gesetzgebung, verpflichtet ihn sogar dazu. Er bleibt dabei allerdings an die Beachtung der Grundrechte gebunden, und das führt zu einem der heikelsten Probleme der bundesrepublikanischen Staatsorganisation:

Individuelle Freiheit und soziale Verpflichtung sind vom Gesetzgeber miteinander in Einklang zu bringen; aber ob er es in einer verfassungsmäßig vertretbaren Weise getan hat, ist durch das Verfassungsgericht, wenn es angerufen wird, zu überprüfen. Es kann dabei zu einer anderen Ansicht als der Gesetzgeber kommen; das wird von ihm um der individuellen Freiheit und der Freiheit von Minderheiten willen erwartet. Sie genießen auf diese Weise Schutz gegenüber dem gesetzgeberischen Zugriff. Verfährt das Verfassungsgericht indessen so, d.h. stellt es sich gegen die Entscheidung des demokratisch gewählten, das Volk repräsentierenden Parlaments, dann geraten das durch die Volksvertretung verkörperte demokratische Prinzip und das vom Gericht repräsentierte Rechtsstaatsprinzip, besser: der als demokratisch geltende Mehrheitswille und der ebenfalls demokratische Schutz von Minderheiten, in Widerspruch zueinander – eine Situation, die auch durch die Wahl der Richter des Verfassungsgerichtes und der anderen Obersten Gerichte (vgl. Art. 94f. GG) nicht vermieden, allenfalls erträglicher wird.

21. Folgt man der Idee der Verfassung, dann soll offenbar der gerichtliche Minderheitsschutz gegenüber dem parlamentarischen Mehrheitswillen, jedenfalls unter bestimmten Umständen, den Vorrang genießen. Auch das ist eine Lehre, die man aus dem Untergang der Weimarer Republik gezogen hat. Aus ebendiesem Grunde hat der Verfassungsgeber in Art. 79, Abs. 3 GG einige Grundsatzregelungen der Verfassung, welche die Menschenrechte und die Grundsätze der demokratischen Staatsorganisation, insbesondere auch die föderative Ordnung, betreffen – wiederum in deutlichem Gegensatz zur Weimarer Regelung – jeglicher Verfassungsänderung entzogen. Die Bonner Demokratie soll nicht wie die Weimarer auf »legale« Weise in eine Diktatur umgewandelt werden können. Diesem Schutz der »freiheitlichen demokratischen Grundordnung« dienen auch die Möglichkeiten des Parteiverbots nach Art. 21, Abs. 2 GG und die, ebenfalls vom Bundesverfassungsgericht auszusprechende Verwirkung von Grundrechten durch Personen, die gegen Freiheit und Demokratie agieren, nach Art. 18 GG. Im Gegensatz zur Weimarer gilt die Bonner Republik daher als eine »wehrhafte« oder »streitbare Demokratie«.

IV.

Die Funktionsfähigkeit des Grundgesetzes, das sich trotz 35, allerdings meist unbedeutenderen technischen Änderungen bis 1983 im großen und ganzen bewährt hat, ist nicht nur auf die komplizierten Verfahrensanordnungen des Verfassungsgebers zurückzuführen, sondern Folge einer bemerkenswert stabilen politischen und gesellschaftlichen Entwicklung der Bundesrepublik. Von entscheidender Bedeutung war dabei die Regierungszeit des ersten Bundeskanzlers, die sog. »Ära Adenauer«. In dieser Zeit wurde die Bundesrepublik zum gleichberechtigten Partner in der Staatenwelt. Die Staatsgründung in Westdeutschland hatte die Besatzungsherrschaft ja keineswegs beendet. Sie ist 1949 vielmehr in einem Besatzungsstatut schriftlich fixiert worden, das eine Fülle von alliierten Kontrollen, u.a. der auswärtigen Beziehungen und des Außenhandels, der Produktion und Verteilung von Kohle und Stahl an der Ruhr und künftiger Änderungen des Grundgesetzes, vorsah. An die Stelle der Militärgouverneure traten zivile Hohe Kommissare. Erst 1954 wurden die Beziehungen zwischen der Bundesrepublik und den Besatzungsmächten im schon 1952 abgefaßten sog. General- oder Deutschlandvertrag auf eine neue vertragliche Grundlage gestellt. Auch jetzt behielten sich die westlichen Vertragspartner, die USA, Großbritannien und Frankreich, einige aus der Besatzungszeit stammende Rechte, z.B. im Hinblick auf Berlin und »Deutschland als Ganzes« vor. Die Bundesrepublik trat zur gleichen Zeit der NATO, der North Atlantic Treaty Organization, bei; das Grundgesetz erhielt eine Ergänzung, um die Bundeswehr einrichten zu können. Schon vorher, 1952, war die Bundesrepublik im Gegenzug zur Aufhebung der internationalen Kontrolle an der Ruhr mit ihrer Montanindustrie der westeuropäischen Montanunion beigetreten. Mit dem Abschluß der Verträge über die Europäische Wirtschaftsgemeinschaft und die Europäische Atomgemeinschaft im Jahre 1957 gliederte sie sich noch intensiver in die supranationalen Strukturen Westeuropas ein.

Durch die Westintegration wurde die gern mit den Stichworten »Wirtschaftswunder« und »Wahlwunder« charakterisierte innere Entwicklung gefördert. Die nach dem Wegfall des Lizensierungszwanges befürchtete Aufsplitterung des Parteiwesens blieb aus. Zwar bildeten sich einige neue Parteien, die zum Teil eine Zeitlang sogar eine bedeutendere Rolle in Bund und Ländern spielten, wie der Bund der Heimatvertriebenen und Entrechteten (BHE), auch zogen 1949 gleich in den ersten Bundestag zehn Parteien ein, doch schon im zweiten, 1953, waren es nur noch sechs. Allmählich konzentrierten sich die Wähler auf die beiden großen Parteien, die CDU und die SPD. Von beiden wies die CDU zunächst die weitaus größeren Zuwachsraten auf. Sie zog 1957 sogar mit absoluter Mehrheit in den dritten Bundestag ein. Die anderen Parteien fielen bis auf die FDP dieser Entwicklung zum Opfer. Entweder lösten sie sich auf und wurden von der CDU aufgesogen oder sie sanken unter die Fünfprozentgrenze. Die neu auf der Bildfläche erschienene rechtsextremistische Sozialistische Reichspartei (SRP) wurde 1952, die ebenfalls zur Splitterpartei abgesunkene KPD 1956 als verfassungswidrig verboten. Im Bundestag und in den Landtagen entwickelte sich das sog. Zweieinhalbparteiensystem, bestehend aus der CDU/CSU, der SPD und FDP. Dabei überwog zunächst die »bürgerliche Koalition« zwischen CDU und FDP. Erst später wurde die FDP zum »Zünglein an der Waage«.

Die Gründe für diese außerordentliche und nach allen Erfahrungen mit dem deutschen Parteiensystem nicht vorhersehbare Stabilisierung des politischen Systems mit klaren und dauerhaften Regierungsbildungen und einer Übernahme der Führungsrolle durch die Regierung, auch gegenüber der sie tragenden Parlamentsmehrheit, wird man nicht nur im Wahlrecht, in der Fünfprozentklausel sehen dürfen, durch die die kleineren Parteien behindert werden, sondern eher dem Erfolg der CDU mit ihrem Konzept der sozialen Marktwirtschaft zuschreiben müssen. Dieses, u.a. durch Kartellverbote gesteuerte System der Konkurrenzwirtschaft mit beachtlichen sozialen Implikationen wie der Einführung der dynamischen Altersrente 1957 hat nicht nur zu einem spektakulären wirtschaftlichen Wiederaufbau Westdeutschlands geführt, sondern auch zu einer Re-Etablierung älterer Strukturen, u.a. zur Rückkehr der Interessenverbände in die Politik, deren wachsende Einflußnahme auf Regierung und Parlament, auf Parteien und Abgeordnete zunächst mit einigem Argwohn betrachtet wurde. Diese Einflußnahme erfuhr in den späten fünfziger Jahren durch die vor allem in den USA entwickelte Theorie der »pluralistischen Gesellschaft« mit der Vorstellung vom Gemeinwohl als einer Resultante, die sich aus dem Kampf und der Abgleichung divergierender Partei- und Verbandsinteressen ergibt, ihre Rechtfertigung (Ernst Fraenkel; Neopluralismus)

Die Kritik hat den restaurativen Charakter der Bundesrepublik in jener Zeit ebenso wie die Vernachlässigung nicht durchsetzungsfähiger Interessen, etwa der Verbraucher oder der Armen, gerügt. Restaurative Züge gab es in Wirtschaft und Gesellschaft, in Bürokratie und Politik zweifellos – neben vielem Neueren, das die rheinisch-westdeutsche Republik mit ihrer Orientierung an den westlichen Demokratie- und Gesellschaftsvorstellungen aufwies. Dem Erfolg dieser Politik vermochte sich am Ende auch die einzige große Oppositionspartei, die SPD, nicht zu entziehen. Mit dem Godesberger Parteiprogramm von 1959 schickte sie sich an, die Rolle einer zweiten großen »Volkspartei« in einer in den Westen integrierten und marktwirtschaftlich ausgerichteten Bundesrepublik zu übernehmen. Doch endete gerade in jenen Jahren die erste große Erfolgsperiode des neuen Staates.

Mit dem Ende der Wiederaufbauphase kamen all die chronischen Probleme einer modernen Industriegesellschaft, Strukturkrisen in einer sich verändernden Wirtschaft, zuerst im Bergbau, konjunkturelle Schwankungen (Rezession 1967), Verteilungskämpfe und später auch Arbeitslosigkeit wieder auf. Der Mauerbau quer durch Berlin 1961 bereitete den Vorstellungen von einer raschen Wiedervereinigung, die man sich aufgrund der Überlegenheit und Anziehungskraft der westlichen Wirtschafts- und Gesellschaftsordnung erhofft hatte, ein jähes Ende. Extreme politische Gruppierungen, die Nationaldemokratische Partei Deutschlands (NPD) und die sich als Deutsche Kommunistische Partei (DKP) neu formierenden Kommunisten, meldeten sich zu Wort. Der Stil einer dezidiert repräsentativen Demokratie mit herrschenden Partei- und Verbandseliten stieß auf immer vehementere Kritik. Als sich CDU und SPD Ende der sechziger Jahre zu einer Großen Koalition zusammenfanden, formierte sich eine hauptsächlich von Studenten getragene Außerparlamentarische Opposition (APO), die eine stärkere Partizipation der Bürger, mehr unmittelbare Demokratie forderte und den Abbau überkommener autoritärer Strukturen in Staat und Gesellschaft vorantrieb. Waren die Konzepte der APO eher theoretischer Art, auf die Idee einer »partizipatorischen Demokratie« fixiert – auch rätedemokratische Vorstellungen wurden damals wieder diskutiert –, so praktizierten die in den siebziger Jahren sich allenthalben bildenden Bürgerinitiativen unmittelbare Bürgerbeteiligung am öffentlichen Geschehen in vielfältigen Formen. Ihr Erscheinen wies auf Defizite bei der zwar demokratisch legitimierten, aber weitgehend auf elitäre Gremien beschränkten politischen Willensbildung in der Bundesrepublik hin. Das sog. Establishment reagierte irritiert. Gegen die neue Linke wurde der Schutz der freiheitlichen demokratischen Grundordnung betont; Beamtenanwärter wurden in zahllosen Verfahren auf ihre verfassungsmäßige Gesinnung hin überprüft. Der Ruf nach einer Revision, sogar nach einer Totalrevision des Grundgesetzes wurde laut. Der Basiskonsens, dessen auch eine pluralistische Gesellschaft bedarf, um zu tragfähigen Kompromissen zu kommen, schien sich aufzulösen. Man hat ihn in den siebziger Jahren durch eine Besinnung auf sog. »Grundwerte« der Verfassung wieder zu stabilisieren versucht.

V.

Einen ersten Anlauf, den offensichtlichen Problemstau zu überwinden, machte der Bundestag 1966 mit der Bildung der Großen Koalition, die über eine verfassungsändernde Mehrheit verfügte und daher grundsätzliche Reformen in Angriff nehmen konnte. Wieder wurde die Einführung des Mehrheitswahlrechts debattiert, um sich des lästigen Zwangs zur Koalitionsbildung mit dem kleineren Partner FDP zu entledigen. Mehr Erfolg hatte man allerdings mit einem vom Grundgesetz in Art. 21 geforderten Parteiengesetz, das 1967 endlich zustande kam und die innere Organisation der Parteien sowie die heikle, bis heute umstrittene Frage der Parteienfinanzierung regelte. In späteren Jahren dachte man auch an ein entsprechendes Gesetz für die Interessenverbände, doch blieb dies ebenso wie die Änderung des Wahlrechts unausgeführt.

Im Zentrum der Bemühungen stand in der Ära der Großen Koalition zweierlei: Zum einen wollte man die seit langem intendierte Notstandsgesetzgebung durch eine nunmehr möglich gewordene Verfassungsrevision unter Dach und Fach bringen. Die Rechte, die sich die Alliierten zum Schutz ihrer in der Bundesrepublik stationierten Truppen in Art. 5, Abs. 2 des Deutschlandvertrages vorbehalten hatten, sollten durch deutsche Sicherheitsmaßnahmen abgelöst werden. Das führte zu einer umfangreichen Ergänzung des Grundgesetzes für den sog. Verteidigungsfall, vor allem, aber nicht nur, im neuen Abschnitt Xa. (Art. 115a ff. GG). Die Vorkehrungen, die das Grundgesetz für den inneren Notstandsfall in Art. 91 vorgesehen hat, wonach ein Land oder die Bundesregierung auch die Polizeikräfte anderer Länder – aber kein Militär – einsetzen darf, um Gefährdungen des Bestandes oder der freiheitlichen demokratischen Grundordnung des Bundes zu begegnen, blieben dagegen weitgehend unverändert. Es wurden nur entsprechende Einsatzvorschriften für den Fall einer Naturkatastrophe bzw. eines atomaren Unglücksfalls in Art. 35 GG hinzugefügt – und zur Beschwichtigung der Gegner der Notstandsgesetzgebung ein in seiner Tragweite nicht sehr klar umrissenes Widerstandsrecht in Art. 20, Abs. 4 GG.

Die andere, sehr viel wirksamer gewordene Neuerung bestand in einer Reihe wirtschaftsbezogener Verfassungsänderungen. Durch eine Neufassung des Art. 109 GG schuf man die Rechtsgrundlage für eine neuartige Konjunkturpolitik, die, neokeynesianischen Theorien folgend, konjunkturelle Überhitzungen und Rezessionen mit einem gezielten Einsatz von Haushalts- und Steuermitteln des Bundes, der Länder und der Gemeinden sowie mit Absprachen eines konjunkturgerechten Verhaltens zwischen ihnen und der Wirtschaft in der sog. Konzertierten Aktion vermeiden sollte. Zu diesem Zweck wurde eine zwischen Bund und Ländern abgestimmte Finanz- und Haushaltsplanung verabredet sowie in einem speziellen Stabilitätsgesetz, dem ›Gesetz zur Förderung der Stabilität und des Wachstums der Wirtschaft‹ von 1967, der Bundesregierung die Befugnis zu einer Art wirtschaftlicher Notverordnungen, mit denen sie das finanzielle Verhalten der Länder steuern konnte, verliehen. Die Finanzreform von 1969 ergänzte das wirtschaftskonjunkturelle Programm der »Globalsteuerung« durch ein wirtschaftsstrukturelles. Durch zwei neue Artikel, 91a und b GG, wurden sog. Gemeinschaftsaufgaben in das Grundgesetz eingeführt. In ihnen erhielt der Bund das Recht, bei der Erfüllung bestimmter Aufgaben der Länder, wie der Verbesserung der regionalen Wirtschaftsstruktur oder dem Neubau von wissenschaftlichen Hochschulen, mitzuwirken. Die in Art. 91a und b GG genannten Aufgaben sollten von Bund und Ländern gemeinschaftlich geplant und finanziert werden. Darüber hinaus waren weitere Finanzhilfen des Bundes, insbesondere für die in eine prekäre Lage geratenen Gemeinden im neuen Art. 104a, Abs. 4 GG vorgesehen. Die Einkommen- und Körperschaftsteuer, dazu jetzt auch die Umsatzsteuer, wurden in neuer Form, an der auch die Gemeinden teilhaben, vergemeinschaftet. Ganz allgemein läßt sich sagen, daß die Planung der wirtschaftlichen Entwicklung und die Steuerung der Konjunkturverläufe in verstärktem Maße zum Ziel staatlicher Tätigkeit wurden – zu einem Ziel, das man im sog. »kooperativen Föderalismus« vorzugsweise durch eine Zusammenarbeit der staatlichen Ebenen, darüber hinaus aber auch durch Absprachen mit den Trägern der lokalen Selbstverwaltung und der Wirtschaft, mit Unternehmensverbänden und Gewerkschaften, zu erreichen versuchte. Mehr und mehr schien der Staat korporative Formen anzunehmen, wie die damals aufblühende Theorie des Neo-Korporatismus darlegte.

VI.

Die Reformen wurden auch nach der Großen Koalition fortgesetzt. So kam es in den siebziger Jahren zu einigen Verbesserungen des parlamentarischen Betriebs in Bund und Ländern. Den Hauptakzent legte die seit 1969 regierende sozialliberale Koalition allerdings auf die Ostpolitik, in den Versuch, durch vertragliche Abmachungen, insbesondere mit der Sowjetunion, Polen und der DDR, zu einem tragfähigen Modus vivendi zu kommen, ohne dabei die staatliche Existenz der DDR anzuerkennen. Deren Bürger sollten auch weiterhin nicht als Ausländer gelten. Auch vermied man es in diesen Verträgen peinlich, einer endgültigen friedensvertraglichen Regelung der deutschen Verhältnisse vorzugreifen. Das hat bis heute zu mancher Unklarheit über die Position der Bundesrepublik gegenüber ihren östlichen Nachbarn geführt.

Im Gegensatz zu den außenpolitischen Ansätzen erlahmten die Reformbemühungen im Innern bald. Wie schon ihr Weimarer Vorgänger 1928–1930 harmonierte die sozialliberale Koalition außenpolitisch, aber nicht wirtschaftspolitisch. Doch auch die »Wende« von 1982/83 brachte keine wesentlichen Impulse für eine Entwicklung der Verfassung, obwohl eine Reihe sich auf die Staatsorganisation der Bundesrepublik auswirkender Probleme schon damals zur Regelung anstanden: die militärische Abrüstung, die Frage einer europäischen und weltweiten Friedensordnung, das Verhältnis zu Osteuropa im Zeichen des grundlegenden gesellschaftlichen und politischen Wandels in den kommunistischen Staaten, die Weiterentwicklung der Europäischen Gemeinschaft und die neuartigen, immer gravierender werdenden Probleme der Ökologie. Das Aufkommen neuer Parteien, insbesondere der »Grünen«, machte deutlich, daß die Strukturen des politischen Systems der Bundesrepublik von den auf sie zukommenden politischen Herausforderungen nicht auf Dauer verschont bleiben werden.

Am sichtbarsten wird das zur Zeit an der Entwicklung der Europäischen Gemeinschaft. Immer stärker nimmt sie den Kurs auf eine politische Union, die mehr ist als eine reine Wirtschaftsgemeinschaft, sowohl was die Kompetenzen anbelangt, die sie an sich zieht, als auch was die Organisation der europäischen Entscheidungsträger anbelangt. Mit der Direktwahl des Europäischen Parlaments dürfte ein unwiderruflicher Schritt zum Europäischen Bundesstaat hin gemacht worden sein. Diese Entwicklung zieht schon heute die föderative Ordnung der Bundesrepublik erheblich in Mitleidenschaft. Die vom Bund aufgrund Art. 24, Abs. 1 GG übertragenen Hoheitsrechte auf die Institutionen der EG betreffen nicht nur seine Zuständigkeiten, sondern auch die der Länder. Beklagt wird eine allgemeine Auszehrung der Kompetenzen, die in vermehrtem Maße durch verbindliche Entscheidungen und Richtlinien der EG-Organe ausgefüllt werden. Für die Länder kommt hinzu, daß sie sich schon seit längerer Zeit am Gängelband des Bundes geführt sehen, angefangen mit den finanziellen Hilfen, die der Bund ihnen bereits in den fünfziger Jahren unter bestimmten Auflagen für die Erledigung ihrer Staatsaufgaben gab, über die seit 1969 verfassungsmäßig fixierten Gemeinschaftsaufgaben, die ihnen den Raum zur freien Entfaltung weiter beschnitten haben, bis hin zur heutigen Europapolitik, die in die Zuständigkeiten einzugreifen beginnt, die ihnen noch verblieben sind. Die Länder haben diese offenbar zwangsläufige Entwicklung zu größeren politischen Einheiten und überregionalen Entscheidungen durch eine freiwillige Abstimmung ihrer Politik und Gesetzesvorhaben, durch sog. Selbstkoordination, etwa auf den bekannten Kultusministerkonferenzen, nur unvollkommen zu parieren gewußt. Immer mehr werden sie einer vehement ausufernden Regelungstätigkeit der EG-Organe ausgesetzt, die das Europa der Wirtschaftsgemeinschaft mit einer neuen Ordnung überziehen möchten, ohne daß die Länder – im Gegensatz zum Bund, der im Ministerrat der EG immerhin Mitspracherechte besitzt – ihre Interessen direkt geltend machen können. Zudem hat sich mit den neuen Kooperationsformen zwischen Bund und Ländern sowie zwischen der Bundesrepublik und der EG der Schwerpunkt der Entscheidungen deutlich auf die Seite der Regierungen verschoben. Mehr und mehr sehen sich die Landtage im Rahmen des kooperativen Föderalismus und der Bundestag bei der EG-Politik der Bundesregierung an den Rand des Geschehens gedrängt. Ein neuer Gouvernementalismus macht sich breit, dem die Parlamente nur schwer Paroli bieten können, obwohl sie als Legitimationsbeschaffer für ihre Regierungen im parlamentarischen System nach wie vor unentbehrlich sind.

VII.

Es läßt sich schwer sagen, wohin die Systeme am Ende gravitieren werden. Die Herausbildung der supranationalen Europäischen Gemeinschaft fördert die in der europäischen Verfassungsgeschichte beobachtbare Tendenz zu größeren politischen Strukturen in einer ungeahnten Weise, so daß die europäische Verfassungsgeschichte vielleicht schon in absehbarer Zeit nicht mehr die Geschichte von Staaten und deren Strukturen, sondern die eines Staates und seiner supranationalen Struktur sein wird. Auf der anderen Seite beginnt sich ein gegensätzlicher Trend abzuzeichnen, der zu einem Aufbrechen der überkommenen Nationalstaaten, zu ihrer Regionalisierung, führt. Das Verlangen nach Mitbestimmung, nach Selbstbestimmung in kleineren Kreisen, läßt die Idee des Föderalismus erneut an Bedeutung gewinnen, auch außerhalb Deutschlands. Ob und inwieweit der in vielfältigen Formen entstehende europäische Regionalismus zu einem neuartig föderalisierten Europa führen wird, zu einer Stärkung auch der föderalen Strukturen der Bundesrepublik, und ob den Nationalstaaten in dieser neuen Ordnung die Stunde schlagen wird, alles das wird heute debattiert, läßt sich aber noch nicht absehen, ebensowenig wie anderes, z.B. welche rechtsstaatlichen Sicherungen und sozialen Standards ein künftiges Europa haben wird – nur daß dies alles die Verfassung der Bundesrepublik Deutschland erheblich in Mitleidenschaft ziehen wird, ist gewiß.

Die Verfassung der Bundesrepublik wird nicht nur durch diese europäische Entwicklung tangiert werden, sondern auch durch die Wiedervereinigung mit der DDR, selbst wenn sie nicht nach Art. 146 GG durch Erlaß einer neuen gesamtdeutschen Konstitution erfolgt, sondern durch Beitritt der DDR gemäß Art. 23, S. 2 GG und durch Übernahme des Grundgesetzes mit einer entsprechenden Angleichung der Rechtsordnung und der gesellschaftlichen Verhältnisse in einer Übergangszeit. Auch in diesem Fall wird es Veränderungen geben – allein schon deswegen, weil fünf neue Länder zu den bisherigen elf hinzutreten. Das verändert nicht nur die Abstimmungsverhältnisse im Bundesrat und bei den Gemeinschaftsaufgaben, sondern schafft neue Probleme bei der Selbstkoordination und vor allem – da es sich bei den hinzutretenden Ländern bis auf weiteres um arme handelt – für den Finanzausgleich. Die Vermutung liegt nahe, daß die neuen Länder aufgrund dieses Umstands ein besonderes Anlehnungsbedürfnis an den Bund entwickeln und damit die unitarischen Tendenzen im deutschen Föderalismus wieder stärken werden. Dieser Entwicklung könnte man letztlich nur durch Schaffung großer, aus eigener Kraft existenzfähiger Länder im Westen und Osten Deutschlands, also nur durch eine Verfassungsänderung größeren Ausmaßes, begegnen. Das gilt es, neben anderen Wünschen für eine Grundgesetzänderung, Überlegungen zur Einführung von Staatszielbestimmungen oder zur Stärkung der plebiszitären Komponente zu bedenken. Es könnte unter diesen Umständen sinnvoll sein, einer Grundgesetzrevision den Charakter einer prinzipiellen Erneuerung der Verfassung zu verleihen und diese – aus Gründen ihrer demokratischen Legitimation – als gesamtdeutsche vom gesamten deutschen Volk durch Abstimmung annehmen zu lassen.

Doch ist dies nicht das einzige Zukunftsproblem. Hinzu kommen andere, die in der allgemeinen gesellschaftlichen Entwicklung der Moderne begründet sind. So hat der Zusammenbruch der sozialistischen Systeme zwar die relative Überlegenheit »kapitalistischer«, auf privatem Eigentum und privater Initiative beruhender Ordnungen nachdrücklich demonstriert. Keineswegs sind dadurch aber die strukturellen Probleme dieser Gesellschaften wie Dauerarbeitslosigkeit oder die nationalen wie die globalen Disparitäten bei der Verteilung des Reichtums und die generellen selbstzerstörerischen Tendenzen dieser Gesellschaftsform beseitigt worden. Vielmehr werden die ökologische Probleme in Zukunft immer dringlicher werden und neue staatsorganisatorische Maßnahmen erfordern. Schon heute verlangt die Politik des Umweltschutzes großräumige Regelungen, wie sie nur im übernationalen Rahmen – europaweit, ja weltweit – getroffen werden können. Dadurch wird der Aufbau supranationaler Entscheidungsstrukturen begünstigt. Es scheint so, als ob die Ökologie mit ihrem Ziel menschlicher Existenzsicherung die Ökonomie mit ihrem Ziel materieller Wohlstandsmehrung als Legitimationsfaktor für übernationale Zusammenschlüsse und Entscheidungen allmählich verdrängen könnte. Das lenkt den Blick noch einmal zurück auf die Verfassungsgeschichte, auf die deutsche wie die europäische.

Die Herausbildung größerer und differenzierterer Verfassungsstrukturen in Deutschland und in Europa ist nicht, wie die Gründung kurzlebiger asiatischer Imperien in der Vergangenheit, einfach dem Machtstreben irgendwelcher Potentaten zu verdanken. Sie korrespondiert deutlich der Bevölkerungszunahme und dem zunehmenden Regelungsbedarf einer Gesellschaft, die sich immer stärker differenziert und immer weniger ihre wirtschaftliche Existenz und wirtschaftliches Wachstum ohne staatliche Hilfe abzusichern vermag. Das wird künftig um so mehr der Fall sein, je mehr das alte Problem der ökonomischen Wohlstandsmehrung in das neue der ökologischen Existenzsicherung umschlägt. Der Ruf nach einem alles ordnenden

Staat, nach einer Notstandsdiktatur, wird dann schnell erhoben, zumal die neuen Informationsverarbeitungstechniken staatlicher Gesellschaftslenkung ungeahnte Möglichkeiten eröffnen. Diese Entwicklung ist durchaus vergleichbar mit der Einführung des Akten- und Registraturbetriebes in der Verwaltung der frühen Neuzeit, durch die die moderne Bürokratie überhaupt erst ermöglicht wurde. Mit Datenschutzgesetzen und Datenschutzbeauftragten versucht man, rechtsstaatliche Sicherungen gegen den denkbar werdenden totalen staatlichen Zugriff einzubauen.

Bisher hat es zu den Vorzügen der deutschen und europäischen Verfassungsentwicklung gehört, daß der Aufbau staatlicher Organisationen und die Ausübung staatlicher Repressionsgewalt gepaart waren mit der Einräumung gesellschaftlicher Freiräume, mit Mitbestimmung und Kontrolle der staatlichen Gewalt, zum Teil auch Selbstverwaltungsmöglichkeiten auf lokaler Ebene und einem föderativen Aufbau des Staates. Darin hat nicht die Schwäche, sondern die Überlegenheit des europäischen Verfassungsstaats bestanden. Gerade die deutsche Entwicklung mit ihren Ausflügen in kurzlebige Diktaturen beweist das. Aber in dieser Überlegenheit liegt keine Versicherung, daß die modernen Demokratien künftigen Herausforderungen gewachsen sein werden. Man kann zur Zeit nur hoffen, daß sie über das Reformpotential verfügen, das notwendig ist, um die überkommenen Strukturen diesen Anforderungen anzupassen, ohne daß dabei die für den europäischen Verfassungsstaat konstitutiven Prinzipien aufgegeben werden.

Literaturhinweise

Deutschland nach 1945

Eine allgemeine Unterrichtung mit Literatur, Quellen und Überblick über den Forschungsstand bietet RUDOLF MORSEY, Die Bundesrepublik Deutschland. München 1987 (bezieht auch die Zeit zwischen 1945 und 1949 mit ein). Die klassische Darstellung der deutschen Entwicklung seit 1945 stammt von THILO VOGELSANG, Das geteilte Deutschland. 13. Aufl. München 1985. Eine gute Übersicht mit Dokumenten bieten HERBERT LILGE (Hrsg.), Deutschland 1945–1963. 11. Aufl. Hannover 1979; PETER BOROWSKY, Deutschland 1963–1969. Hannover 1983, und ders., Deutschland 1969–1982. 2. Aufl. Hannover 1989; vgl. auch RUDOLF STEININGER, Deutsche Geschichte 1945–1961. Darstellung und Dokumente. 2 Bde. 2. Aufl. Frankfurt a. M. 1984, und IRMGARD WILHARM (Hrsg.), Deutsche Geschichte 1962–1983. Dokumente in zwei Bänden. Frankfurt a. M. 1985.

Für die Besatzungszeit s. THEODOR ESCHENBURG, Jahre der Besatzung 1945–1949. Stuttgart 1983, und WOLFGANG BENZ, Von der Besatzungsherrschaft zur Bundesrepublik. Frankfurt a. M. 1984, sowie ders., Potsdam 1945. München 1986. Zur Reorganisation des Parteienwesens vgl. den allgemeinen Überblick bei DIETER STARITZ (Hrsg.), Das Parteiensystem der Bundesrepublik. Opladen 1976, sowie OSSIP K. FLECHTHEIM (Hrsg.), Dokumente zur parteipolitischen Entwicklung in Deutschland seit 1945. 9 Bde. Berlin 1962–1971. Zu den Ländern: BENGT BEUTLER, Das Staatsbild in den Länderverfassungen nach 1945. Berlin 1973; CHRISTIAN PESTALOZZA (Hrsg.), Verfassungen der deutschen Bundesländer mit Gesetzen über die Landesverfassungsgerichte. 2. Aufl. München 1981; GERHARD BRAAS, Die Entstehung der Länderverfassungen in der sowjetischen Besatzungszone Deutschlands 1946/47. Köln 1987. Zu Ansatz und Entwicklung föderativer Politik: M. E. FOELZ-SCHRÖTER, Föderalistische Politik und nationale Repräsentation 1945–1947. Westdeutsche Länderregierungen, zonale Bürokratien und politische Parteien im Widerstreit. Stuttgart 1974.

Zur Spaltung Deutschlands vgl. das grundlegende Werk von HANS-PETER SCHWARZ, Vom Reich zur Bundesrepublik. Deutschland im Widerstreit der außenpolitischen Konzeptionen in den Jahren der Besatzungsherrschaft 1945–1949. 2. Aufl. Stuttgart 1980, sowie ERNST NOLTE, Deutschland und der Kalte Krieg, 2. Aufl. Stuttgart 1985; HERMANN GRAML, Die Alliierten und die Teilung Deutschlands. Konflikte und Entscheidungen 1941–1948. Frankfurt a. M. 1981, und JOSEPH FOSCHEPOTH (Hrsg.), Kalter Krieg und Deutsche Frage. Deutschland im Widerstreit der Mächte 1945–1952. Göttingen 1985. Allgemein auch WERNER LINK, Der Ost-West-Konflikt. 2. Aufl. Stuttgart 1980, und ANNE und GERHARD WEISS, Geschichte der deutschen Spaltung 1945 bis 1955. Köln 1975.

Zur Deutschlandpolitik: Die einschlägigen Dokumente sind gesammelt von ERNST DEUERLEIN u. a. (Hrsg.), Dokumente zur Deutschlandpolitik, mehrere Bände in mehreren Reihen, Frankfurt a. M. 1961 ff.; knappere Auswahl bei INGO VON MÜNCH (Hrsg.), Dokumente des geteilten Deutschlands. Quellentexte zur Rechtslage des Deutschen Reichs, der Bundesrepublik Deutschland und der Deutschen Demokratischen Republik. 2 Bde. Stuttgart 1968 und 1975, und bei ECKART THURICH (Hrsg.), Die Teilung Deutschlands. Dokumente zur deutschen Frage. Frankfurt a. M., Berlin 1982. Darstellungen gibt es von WOLFGANG BENZ u. a., Einheit der Nation. Diskussionen und Konzeptionen zur Deutschlandpolitik der großen Parteien seit 1945. Stuttgart, Bad Cannstatt 1978; HANS BUCHHEIM, Deutschlandpolitik 1949–1972. Der politisch-diplomatische Prozeß. Stuttgart 1985; ERNST MARTIN, Zwischenbilanz: Deutschlandpolitik der achtziger Jahre.

Bonn 1986, und MARGIT ROTH, Zwei Staaten in Deutschland. Die sozialliberale Deutschlandpolitik und ihre Auswirkungen 1969–1978. Opladen 1981. PETER BENDER, Neue Ostpolitik. Vom Mauerbau zum Moskauer Vertrag. 2. Aufl. München 1989. Zum Verhältnis der Bundesrepublik zur DDR nach dem Grundvertrag vgl. THEODOR SCHRAMM, Das Verhältnis der Bundesrepublik zur DDR nach dem Grundvertrag. Eine Einführung in die staats- und völkerrechtlichen Problembereiche mit Dokumentensammlung. 2. erw. Aufl. Köln 1973. Zu den Ostverträgen: BENNO ZÜNDORF, Die Ostverträge. Die Verträge von Moskau, Warschau, Prag, das Berlin-Abkommen und die Verträge mit der DDR. München 1979. Zur Lage Berlins: WOLFGANG HEIDELMEYER (Hrsg.), Dokumente zur Berlin-Frage 1944–1966. 4. Aufl. München 1987, und HANS H. MAHNKE (Hrsg.), Dokumente zur Berlin-Frage 1967–1986. München 1987. Deutschlands Rechtslage erörtern u.a. DIETRICH RAUSCHNING (Hrsg.), Rechtsstellung Deutschlands. Völkerrechtliche Verträge und andere rechtsgestaltende Akte. München o.J. (1985) und JOCHEN FROWEIN, Die Lage Deutschlands und der Status Berlins, in: Handbuch des Verfassungsrechts, hrsg. v. ERNST BENDA u.a., Berlin, New York 1984, S. 29–58.

Deutsche Demokratische Republik

Aus der Vielzahl der Gesamtdarstellungen der DDR, die Staat, Gesellschaft, Wirtschaft und Kultur behandeln, seien genannt: GERT-JOACHIM GLAESSNER, Die andere Republik. Gesellschaft und Politik in der DDR. Opladen 1989; GÜNTER ERBE u.a., Politik, Wirtschaft und Gesellschaft in der DDR. 2. verb. u. erw. Aufl. 1980; KURT SONTHEIMER und WILHELM BLEEK, Die DDR. Politik. Gesellschaft. Wirtschaft. 5. Aufl. Hamburg 1980; EBERHARD SCHNEIDER, Die DDR. Geschichte. Politik. Wirtschaft. Gesellschaft. 5. Aufl. Stuttgart 1980; HEINZ RAUSCH und THEO STAMMEN (Hrsg.), DDR. Das politische, wirtschaftliche und soziale System. 5. Aufl. München 1981; RÜDIGER THOMAS, Modell DDR. Die kalkulierte Emanzipation. 8. Aufl. München 1982, und WALTER SPERLING, GERT J. GLAESSNER, GERD MEYER u.a., DDR. Stuttgart 1983. Aus östlicher Sicht liegt vor: GERHARD SCHÜSSLER, u.a., Staat, Recht und Politik im Sozialismus. Berlin 1984. Einen landeskundlichen Überblick bietet DIETMAR GOHL, Deutsche Demokratische Republik. Eine aktuelle Landeskunde. Frankfurt a.M. 1986.

Die historische Entwicklung beschreiben DIETER STARITZ, Die Gründung der DDR. Von der sowjetischen Besatzungsherrschaft zum sozialistischen Staat. 2. Aufl. München 1987, und ders., Geschichte der DDR 1949–1985. Frankfurt a.M. 1985. Umfassend ist HERMANN WEBER, Geschichte der DDR. 3. Aufl. München 1989, mit einem gesondert veröffentlichten Textband: Dokumente zur Geschichte der Deutschen Demokratischen Republik 1945–1985. 2. Aufl. München 1987. Aus östlicher Sicht schildern die Entwicklung der DDR RUDOLF BADSTÜBNER u.a., Geschichte der Deutschen Demokratischen Republik.

2. Aufl. Berlin 1984. Von der Humboldt-Universität zu Berlin wurde eine Staats- und Rechtsgeschichte der DDR im Grundriß. Berlin 1984, herausgegeben.

Staat und Verfassung, politisches System, Parteien
Einen neuen Überblick über das politische System bietet HORST DÄHN, Das politische System der DDR. Berlin 1986. Die klassische, schon etwas ältere Darstellung des Systems stammt von ERNST RICHERT, Macht ohne Mandat. Der Staatsapparat in der sowjetischen Besatzungszone Deutschlands. 2. Aufl. Köln, Opladen 1963. Die Verfassungen der DDR findet man in: Deutsche Verfassungen, hrsg. von RUDOLF SCHUSTER. 16. Aufl. München 1985, und mit Erläuterungen bei HERWIG ROGGEMANN (Hrsg.), Die DDR-Verfassungen. 3. Aufl. Berlin 1980. Die neue Verfassung wird ausführlich kommentiert von SIEGFRIED MAMPEL, Die sozialistische Verfassung der Deutschen Demokratischen Republik. Text und Kommentar. 2. Aufl. Frankfurt a. M. 1982. Die Rechtsordnung der DDR schildert GEORG BRUNNER, Einführung in das Recht der DDR. München 1975. Zur Rechtsauffassung vgl. ERNST-WOLFGANG BÖCKENFÖRDE, Die Rechtsauffassung im kommunistischen Staat. 2. Aufl. München 1967 und NORBERT REICH, Marxistische Rechtstheorie. Historische und aktuelle Diskussionen und Tendenzen. Tübingen 1973.

Über das Parteiensystem orientiert NORBERT MATTEDI, Gründung und Entwicklung der Parteien in der Sowjetischen Besatzungszone Deutschlands 1945–1949. Bonn, Berlin 1966. Besonderes Augenmerk wurde in der Literatur von Anfang an der SED geschenkt. Abrisse der Geschichte, Organisation und Funktion der SED finden sich in den großen Darstellungen zu Geschichte und System der DDR. Wichtige Anstöße für die Forschung gab PETER CHRISTIAN LUDZ, Parteielite im Wandel. Funktionsaufbau, Sozialstruktur und Ideologie der SED-Führung. 3. Aufl. Köln, Opladen 1970. Neuere Arbeiten sind: HERMANN WEBER, Die sozialistische Einheitspartei Deutschlands 1946–1971. Hannover 1971, und EBERHARD SCHNEIDER, Die SED der 80er Jahre. Das neue Programm und Statut der Partei. Köln 1977.

Systemvergleich
Einen breiten Raum in der Literatur nimmt der Vergleich der DDR mit der Bundesrepublik ein, ausgehend vom Bericht der Bundesregierung und Materialien zur Frage der Nation. 3 Bde. Bonn 1971–1974. Vgl. ECKEHARD JESSE (Hrsg.), Bundesrepublik Deutschland und Deutsche Demokratische Republik. Die beiden deutschen Staaten im Vergleich. 4. Aufl. Berlin 1985. Einen grundlegenden Vergleich der Verfassungsordnungen bietet GEORG BRUNNER, Kontrolle in Deutschland. Eine Untersuchung zur Verfassungsordnung in beiden Teilen Deutschlands. Köln 1972. Die Wirtschaftssysteme vergleicht HANNELORE HAMEL (Hrsg.), Bundesrepublik Deutschland – DDR. Die Wirtschaftssysteme:

Soziale Marktwirtschaft und sozialistische Planwirtschaft im Systemvergleich. 4. Aufl. München 1983.

Bundesrepublik

Deutsche Verwaltungsgeschichte, Bd. 5: Die Bundesrepublik Deutschland. Stuttgart 1987. Eine Verfassungsgeschichte für die Bundesrepublik gibt es bisher nicht. Für Baden-Württemberg s. PAUL FEUCHTE, Verfassungsgeschichte von Baden-Württemberg. Stuttgart 1983.

Allgemeine Geschichte, Wirtschafts- und Sozialgeschichte

Neben dem oben angegebenen Überblick von Rudolf Morsey vgl. die großangelegte, von KARL-DIETRICH BRACHER u.a. hrsg. Geschichte der Bundesrepublik in fünf Bänden. Bd. 1: THEODOR ESCHENBURG, Jahre der Besatzung 1945–1949. Stuttgart 1983; Bd. 2: HANS-PETER SCHWARZ, Die Ära Adenauer. Gründerjahre der Republik 1949–1957; Epochenwechsel 1957–1963. 2 Bde. Stuttgart 1981 und 1983; Bd. 3: KLAUS HILDEBRAND, Von Erhard zur Großen Koalition 1963–1969. Stuttgart 1984; Bd. 4: KARL-DIETRICH BRACHER, WOLFGANG JÄGER und WERNER LINK, Republik im Wandel 1969–1974. Die Ära Brandt. Stuttgart 1986; Bd. 5: KARL-DIETRICH BRACHER, Republik im Wandel 1974–1982. Die Ära Schmidt. Stuttgart 1987. Ferner: WOLFGANG BENZ (Hrsg.), Die Bundesrepublik Deutschland. Geschichte in drei Bänden. Frankfurt a.M. 1983, 2. Aufl. in vier Bänden 1989.

Bibliographien: DIETRICH THRÄNHARDT (Hrsg.), Bibliographie zur Bundesrepublik Deutschland. Göttingen 1980; Bibliographie zur Zeitgeschichte 1953–1980, hrsg. v. THILO VOGELSANG, HELLMUTH AUERBACH, 3 Bde. München 1982–83 (wird fortgesetzt); UDO BERMBACH (Hrsg.), Hamburger Bibliographie zum parlamentarischen System der Bundesrepublik Deutschland 1945–1970. Opladen 1973, 5. (bisher letzte) Erg.-Liefg. (1979–80) Opladen 1982.

Knappere Darstellungen geben: KURT DÜWELL, Entstehung und Entwicklung der Bundesrepublik Deutschland (1945–1961). Köln 1981; HANS KARL RUPP, Politische Geschichte der Bundesrepublik Deutschland. Eine Einführung. Stuttgart 1978; ANSELM DOERING-MANTEUFFEL, Die Bundesrepublik Deutschland in der Ära Adenauer. Darmstadt 1983; DIETRICH THRÄNHARDT, Geschichte der Bundesrepublik Deutschland. Frankfurt a.M. 1985.

Zur Wirtschaftsgeschichte vgl. WERNER ABELSHAUSER, Wirtschaftsgeschichte der Bundesrepublik Deutschland (1945–1980). 2. Aufl. Frankfurt a.M. 1983, und RAINER KLUMP, Wirtschaftsgeschichte der Bundesrepublik Deutschland. Wiesbaden 1985, sowie MARIANNE WELTEKE, Theorie und Praxis der Sozialen Marktwirtschaft. Einführung in die politische Ökonomie der Bundesrepublik Deutschland. Frankfurt a.M. 1976, und HEINZ LAMPERT, Die Wirtschafts- und Sozialordnung der Bundesrepublik Deutschland. 8. Aufl. München 1985.

Zur Sozialgeschichte bieten informative Beiträge WERNER CONZE und M. Reiner Lepsius (Hrsg.), Sozialgeschichte der Bundesrepublik Deutschland. Stuttgart 1983; s. auch Bernd Schäfers, Sozialstruktur und Wandel der Bundesrepublik Deutschland. Ein Studienbuch zu ihrer Soziologie und Sozialgeschichte. 5. neubearb. und erw. Aufl. Stuttgart 1990, und Dieter Claessens, Arno Klönne und Armin Tschoepe, Sozialkunde der Bundesrepublik Deutschland. Aktualisierte Ausg. Reinbek 1985. Zur Sozialpolitik: Volker Hentschel, Geschichte der deutschen Sozialpolitik 1880–1980. Frankfurt a.M. 1983; Hans-Hermann Hartwich, Sozialstaatspostulat und gesellschaftlicher Status quo. 3. Aufl. Opladen 1980; Hans F. Zacher, Sozialpolitik und Verfassung im ersten Jahrzehnt der Bundesrepublik Deutschland. Berlin 1980; Norbert Blüm und Hans F. Zacher (Hrsg.), 40 Jahre Sozialstaat Bundesrepublik Deutschland. Baden-Baden 1989.

Einzelne Perioden

Zur Vorgeschichte vgl. Akten zur Vorgeschichte der Bundesrepublik Deutschland 1945–1949. 5 Bde. München 1976–1981. Einzelne Darstellungen: Westdeutschlands Weg zur Bundesrepublik 1945–1949. Beiträge von Mitarbeitern des Instituts für Zeitgeschichte. München 1976; Josef Becker u.a. (Hrsg.), Vorgeschichte der Bundesrepublik Deutschland. Zwischen Kapitulation und Grundgesetz. München 1979; Wolfgang Benz, Die Gründung der Bundesrepublik Deutschland. Von der Bizone zum souveränen Staat. 3. Aufl. München 1989. Zur Ära Adenauer vgl. Jost Küpper, Die Kanzlerdemokratie. Voraussetzungen, Strukturen und Änderungen des Regierungsstiles in der Ära Adenauer. Frankfurt a.M. 1985. Speziell zum Deutschlandvertrag Karl Döhring u.a., Deutschlandvertrag, westliches Bündnis und Wiedervereinigung. Berlin 1985. Zur Großen Koalition Alois Rummel (Hrsg.), Die Große Koalition 1966–1969. Freudenstadt 1969; Thomas Ellwein, Krisen und Reformen. Die Bundesrepublik seit den sechziger Jahren. München 1989; speziell zur Protestbewegung: Gerd Langguth, Die Protestbewegung in der Bundesrepublik Deutschland 1968–1976. 2. Aufl. Köln 1978; zur sozialliberalen Koalition Arnulf Baring, Machtwechsel. Die Ära Brandt-Scheel. Stuttgart 1986.

Entstehung des Grundgesetzes der Bundesrepublik

Wolfgang Benz (Hrsg.), Bewegt von der Hoffnung aller Deutschen. Zur Geschichte des Grundgesetzes. Entwürfe und Diskussion 1941 bis 1949. München 1979; Klaus-Berto von Doemming, Rudolf Werner Füsslein und Werner Matz, Entstehungsgeschichte der Artikel des Grundgesetzes, in: Jahrbuch des öffentlichen Rechts der Gegenwart. NF Bd. 1. Tübingen 1951; Der Parlamentarische Rat 1948–1949. Akten und Protokolle, hrsg. v. Kurt G. Wernicke und Hans Booms (bisher 3 Bde. Boppard 1975 ff.); Friedrich Karl Fromme, Von der Weimarer Verfassung zum Bonner Grundgesetz. 2. Aufl. Tübingen 1962; Volker Otto, Das Staatsverständnis des Parlamentarischen Rates.

Düsseldorf 1971; Werner Sörgel, Konsensus und Interessen. Eine Studie zur Entstehung des Grundgesetzes für die Bundesrepublik Deutschland. 2. Aufl. Opladen 1985; Karlheinz Niclauss, Demokratiegründung in Westdeutschland. Die Entstehung der Bundesrepublik von 1945–1949. München 1974.

Text des Grundgesetzes s. Grundgesetz mit Grundvertrag usw. 23. Aufl. München 1987; Zur Textgeschichte des Grundgesetzes vgl. Jürgen Seifert (Hrsg.), Das Grundgesetz und seine Veränderung. Neuwied, Darmstadt 1983; s. auch Albrecht Randelzhofer (Hrsg.), Konsens und Konflikt. 35 Jahre Grundgesetz. Berlin 1986.

Das Grundgesetz ist vielfach kommentiert worden. Die führenden Kommentare sind der Bonner Kommentar, Hamburg 1950 ff., und Theodor Maunz, Günter Dürig und Rudolf Herzog, Grundgesetz. Kommentar. München 1971 ff. Die repräsentative Darstellung des Verfassungsrechts der Bundesrepublik bietet Ernst Benda u.a. (Hrsg.), Handbuch des Verfassungsrechts der Bundesrepublik Deutschland. Berlin, New York 1983. Aus der Vielzahl Lehrbücher seien hier genannt: Konrad Hesse, Grundzüge des Verfassungsrechts der Bundesrepublik Deutschland. 16. Aufl. Heidelberg 1988, und Erhard Denninger, Staatsrecht: Einführung in die Grundprobleme des Verfassungsrechts der Bundesrepublik Deutschland. 2 Bde. Reinbek 1973 und 1979.

Politisches System, politische Theorie

Das führende Lehrbuch des politischen Systems der Bundesrepublik stammt von Thomas Ellwein, Das Regierungssystem der Bundesrepublik Deutschland. 6. Aufl. Opladen 1987. Vgl. auch den informativen Überblick von Wolfgang Rudzio, Das politische System der Bundesrepublik. 2. Aufl. Opladen 1987, und Klaus von Beyme, Das politische System der Bundesrepublik Deutschland. Überarb. Neuausg. München 1985, sowie Kurt Sontheimer und Hans H. Röhring (Hrsg.), Handbuch des politischen Systems der Bundesrepublik Deutschland. München 1977.

Zur Pluralismustheorie der modernen Demokratie vgl. Franz Nuscheler und Winfried Steffani (Hrsg.), Pluralismus. Konzeptionen und Kontroversen. München 1972, sowie Heinz Oberreuter (Hrsg.), Pluralismus. Opladen 1980. Zur Korporatismustheorie vgl. Ulrich von Alemann (Hrsg.), Neokorporatismus. Frankfurt a.M. 1981. Zur Regierungsproblematik in modernen Demokratien s. Wilhelm Hennis u.a. (Hrsg.), Regierbarkeit. 2 Bde. Stuttgart 1977 und 1979, und Franz Lehner, Grenzen des Regierens. Eine Studie zur Regierungsproblematik hochindustrialisierter Demokratien. Königstein/Ts. 1979.

Verfassungsinstitutionen, politische Institutionen

Grundlegend zur Geschichte der Staatsorganisation der Bundesrepublik ist Udo Wengst, Staatsaufbau und Regierungspraxis 1948–1953.

Zur Geschichte der Verfassungsorgane der Bundesrepublik Deutschland. Düsseldorf 1984. Speziell zur Entwicklung des Bundesverfassungsgerichts vgl. Reinhard Schiffers (Bearb.), Grundlegung der Verfassungsgerichtsbarkeit. Das Gesetz über das Bundesverfassungsgericht vom 12. März 1951. Düsseldorf 1984. Die grundlegende Darstellung des Parlamentarismus in der Bundesrepublik stammt von Gerhard Löwenberg, Parlamentarismus im politischen System der Bundesrepublik Deutschland. Tübingen 1969 (amerik. Ausg. 1967); vgl. auch Heinz Rausch, Parlament und Regierung in der Bundesrepublik Deutschland. 6. Aufl. München 1981. Zu den Wahlen s. Bernhard Vogel, Dieter Nohlen und Rainer-Olaf Schultze, Wahlen in Deutschland. Berlin 1971; Erhard H. Lange, Wahlrecht und Innenpolitik. Entstehungsgeschichte und Analyse der Wahlgesetzgebung und Wahlrechtsdiskussion im westlichen Nachkriegsdeutschland 1945–1956. Meisenheim 1975, und Ekkehart Jesse, Wahlrecht zwischen Kontinuität und Reform. Eine Analyse der Wahlsystemsdiskussion und der Wahlrechtsänderungen in der Bundesrepublik Deutschland 1949–1983. Düsseldorf 1985.

Parteien: Einen handbuchartigen Überblick vermittelt Heino Kaack, Geschichte und Struktur des deutschen Parteiensystems. Opladen 1971; vgl. jetzt auch Richard Stöss (Hrsg.), Parteien-Handbuch. Die Parteien in der Bundesrepublik Deutschland 1945–1980. 2 Bde. Opladen 1983/84. Einen knappen Überblick bietet Dieter Staritz (Hrsg.), Das Parteiensystem der Bundesrepublik. 2. Aufl. Opladen 1980; vgl. auch Werner Kaltefleiter, Parteien im Umbruch. Ein Beitrag zur politischen Geschichte der Bundesrepublik Deutschland. Düsseldorf 1984, und die Wiedergabe von Programmen bei Rainer Kunz, Hans Maier und Theo Stammen (Hrsg.), Programme der politischen Parteien in der Bundesrepublik Deutschland. München 1975.

Bürgerinitiativen: Peter Cornelius Mayer-Tasch, Bürgerinitiativbewegung. Der aktive Bürger als rechts- und politikwissenschaftliches Problem. Reinbek 1976; Karl Werner Brand, Detlev Büssen und Dieter Rucht, Aufbruch in eine andere Gesellschaft. Frankfurt a. M., New York 1986.

Verbände: Wolfgang Rudzio, Die organisierte Demokratie. Parteien und Verbände in der Bundesrepublik Deutschland. 2. Aufl. Stuttgart 1982; Rudolf Steinberg (Hrsg.), Staat und Verbände. Zur Theorie der Interessenverbände in der Industriegesellschaft. Darmstadt 1985.

Länder und Föderalismus: Bengt Beutler, Das Staatsbild der Länderverfassungen nach 1945. Berlin 1973, und ders., Die Länderverfassungen in der gegenwärtigen Verfassungsdiskussion, in: Jahrbuch des öffentlichen Rechts der Gegenwart NF 26 (1977), S. 1–38; Manfred Friedrich, Landesparlamente in der Bundesrepublik. Opladen 1975; Herbert Schneider, Länderparlamentarismus in der Bundesrepublik. Opladen 1979; Heinz Laufer, Das föderative System der Bundesrepublik Deutschland. 3. Aufl. München 1977; HANS-GEORG WEHLING, Verwaltung und Politik in der Bundesrepublik Deutschland. Stuttgart 1986. Zur Entwicklung des Staatsrechts in den Ländern vgl. das Jahrbuch des Öffentlichen Rechts der Gegenwart. NF 1951 ff.

Grundrechte, Gewaltenteilung, Verfassungsgerichtsbarkeit
HANS H. KLEIN, Die Grundrechte im demokratischen Staat. Stuttgart u.a. 1974, und ders., Gefährdungen des Prinzips der Gewaltenteilung in der Bundesrepublik Deutschland. Beilage zur Zeitschrift Das Parlament B 50 (1974), S. 3–18; HEINZ LAUFER, Verfassungsgerichtsbarkeit und politischer Prozeß. Studien zum Bundesverfassungsgericht der Bundesrepublik Deutschland. Tübingen 1968, und Bundesverfassungsgericht und Grundgesetz, hrsg. v. CHRISTIAN STARCK. 2 Bde. Tübingen 1976.

Zu den Institutionen vgl. auch die im 7. Kapitel angegebene Literatur.

Europa
Einen Überblick über die Europapolitik der Bundesregierung vermittelt HERBERT MÜLLER-ROSCHACH, Die deutsche Europapolitik 1949 bis 1977. Eine politische Chronik. 2. Aufl. Bonn 1980. Eine ausführliche Einführung in die EG bietet WOLFGANG HARBRECHT, Die Europäische Gemeinschaft. 2. Aufl. Stuttgart 1984, sowie BENGT BEUTLER u.a., Die Europäische Gemeinschaft, Rechtsordnung und Politik. 3. Aufl. Baden-Baden 1987; vgl. auch RUDOLF HRBEK und WOLFGANG WESSELS (Hrsg.), EG-Mitgliedschaft – ein vitales Interesse der Bundesrepublik Deutschland. Bonn 1984.

Daten zur deutschen Verfassungsgeschichte von 1806 bis zur Gegenwart

Vom Rheinbund zum Deutschen Bund

1806	Gründung des Rheinbunds, einer Vereinigung von 16 süddeutschen Staaten unter dem Protektorat Napoleons (am 12. 7.). In den folgenden Jahren treten alle deutschen Staaten außer Österreich und Preußen dem Bund bei. (K 28)* Am 6. 8. legt daraufhin Franz II. die Kaiserkrone nieder. Ende des Heiligen Römischen Reichs deutscher Nation. Beginn von Reformen in den selbständig gewordenen deutschen Territorien im Zeichen des »bürokratischen Absolutismus«.
1806/07	Vierter Koalitionskrieg gegen Frankreich, der mit einer Niederlage Preußens und dem Verlust seiner westelbischen sowie der meisten polnischen Besitzungen im Frieden von Tilsit endet. Auferlegung von Kriegskontributionen, französische Besatzung in Preußen. Kontinentalsperre gegen England.
1807	Gründung des Königreichs Westfalen mit einer ersten modernen Verfassung, der 1808 die erste Verfassung Bayerns folgt. Preußische Reformen durch den Freiherrn vom Stein und – ab 1810 – durch Hardenberg. 1807: Oktoberedikt mit Aufhebung der bäuerlichen Erbuntertänigkeit und der ständischen Schranken, Freigabe des Güterverkehrs. 1811: Zuweisung des Bauernlandes zu vollem Eigentum gegen Ablösung der feudalen Lasten durch Landabtretung im Regulierungsedikt vom 14. 9. Einschränkung der Regelung auf spannfähige Güter 1816, Aufteilung der Allmende 1821. 1808: Städteordnung mit Selbstverwaltung durch die Stadtbürger. Zugleich Reform von Regierung und Staatsverwaltung. Aufhebung des Kabinettsystems und Einführung des Fachministerprinzips, Gliederung des Staates in Provinzen mit Oberpräsidenten und Regierungsbezirken. 1810: Einführung des Kanzlersystems anstelle des kollegialen Ministeriums (bis 1822) und Verschärfung der

* Diese Angaben verweisen mit Seitenzahlen auf die Karten des dtv-Atlas zur Weltgeschichte. Karten und Chronologischer Abriß. Von Hermann Kinder und Werner Hilgemann. Band 2: Von der Französischen Revolution bis zur Gegenwart. 23. Auflage München 1989.

Reformen. Einführung moderner Steuern und der Gewerbefreiheit (Aufhebung des Zunftwesens) im Gewerbesteuer-Edikt.
1811: Einberufung einer Notabeln-Versammlung zur Durchführung der Steuerreform, 1812 ersetzt durch eine interimistische Nationalrepräsentation (bis 1815).
1812: staatsbürgerliche Gleichstellung der Juden. Gendarmerie-Edikt zur Aufhebung der gutsherrlichen Polizei und Einführung der Staatsverwaltung auch auf Kreisebene im Lande. Zugleich Bildungsreform (Wilhelm von Humboldt, Gründung der Berliner Universität, 1810) und Heeresreform (Scharnhorst, Einführung der allgemeinen Wehrpflicht 1813, Wehrgesetz 1814 mit Landwehr und Landsturm).
1815: Revision der Staatsorganisation aufgrund des Rück- und Neugewinns von Territorien, endgültige Einführung des Amtes des Oberpräsidenten, Erfolge der konservativen Opposition, Rückkehr des (adligen) Landrats in den Landkreisen, Aussetzung des Gendarmerie-Edikts. Keine unmittelbare Einsetzung einer (endgültigen) Nationalrepräsentation, aber (sog. zweites) Verfassungsversprechen des Königs.
1817: Einberufung des Staatsrats. Vereinigung der reformierten und lutherischen Kirche zur Evangelischen Union. Verfassungspläne (Humboldt, Hardenberg).
1818: bringt das Zollgesetz die Aufhebung der innerstaatlichen Zollgrenzen und Handelsfreiheit.
1820: Weiterführung der Steuerreform. Staatsschuldenedikt mit Bindung der Neuaufnahme von Krediten an die Zustimmung einer »reichsständischen Versammlung«.
1823: Einführung von Provinzialständen. Scheitern der Pläne zur Bildung einer Nationalrepräsentation.

1809 Fünfter Koalitionskrieg gegen Frankreich. Erhebung in Norddeutschland. Niederlage Österreichs. Formierung einer antifranzösisch-nationalen Bewegung in Deutschland.

1810 Annexion der Niederlande und des nordwestdeutschen Küstengebiets durch Frankreich (zusätzlich zum seit 1794 besetzten linken Rheinufer).

1812 Rußlandfeldzug Napoleons.

1813/14 Befreiungskriege nach der Niederlage Napoleons in Rußland. Auflösung des Rheinbunds. Zusicherung der Souveränität der Rheinbundstaaten in den Verträgen von Ried, Fulda und Frankfurt am Main. 30. 5. 1814: 1. Frieden von Paris. In Art. 6, Abs. 2 des Friedensvertrages heißt es: »Les États de l'Allemagne seront indépendants et unis par un lien fédératif.« 1815 Rückkehr Napoleons von Elba. Erneuter Kriegsausbruch. 2. Frieden von Paris am 20. 11.

1814/15 Wiener Kongreß zur Neuordnung Europas und Deutschlands. Territoriale Veränderungen in Deutschland (K 38).

1815 Am 8. 6. Abschluß des Wiener Kongresses: Wiener Kongreßakte und Gründung des Deutschen Bundes mit der Deutschen Bundesakte. Die Bundesverfassung wird 1820 durch die Wiener Schlußakte ergänzt, das monarchische Prinzip ist in Art. 57 fixiert. (K 46)

1816 Eröffnung des Bundestags des Deutschen Bundes in Frankfurt am Main.

Restauration und Vormärz

Im Zusammenhang mit der erneuten politischen Einigung Deutschlands im Deutschen Bund und der Feststellung der Bundesakte in Art. 13, »In allen Bundesstaaten wird eine landständische Verfassung stattfinden«, kommt es bis 1824 zur Einführung neuständischer bzw. konstitutioneller Verfassungen in 15 deutschen Staaten, u.a. in Nassau (1814), Sachsen-Weimar (1816), Bayern und Baden (1818), Württemberg und Hannover (1819), Hessen-Darmstadt (1820) und Sachsen-Meiningen (1824). Auf nationaler Ebene gibt es Verfassungsbestrebungen, die über die Einrichtung eines Staatenbundes hinausgehen, vor allem in Universitätskreisen (1815: Gründung der Deutschen Burschenschaft in Jena mit den Farben des Lützowschen Freikorps Schwarz-Rot-Gold. 1817: Wartburgfest in Erinnerung an die Völkerschlacht von Leipzig).

1819 Karlsbader Beschlüsse, gerichtet gegen die Universitäten und die Pressefreiheit, veranlaßt aufgrund der Ermordung Kotzebues durch den Burschenschaftler Sand, am 20. 9. zum Bundesbeschluß erhoben. Beginn der Restaurationsphase in Deutschland und Europa (Gründung der Heiligen Allianz schon am 26. 9. 1815. Installierung des »Metternichschen Systems« der Interventionen gegen revolutionäre Umtriebe auch im internationalen Rahmen in den folgenden Jahren).

ab 1819 Erste Konflikte zwischen Regierung und Landtagsopposition in den süddeutschen Staaten (Streit um die parlamentarische Gesetzesinitiative, um den Verfassungseid des Heeres, eine freiheitliche Preßgesetzgebung und die Modernisierung des Gerichtsverfahrens.

Extensiver Gebrauch des Steuerbewilligungsrechts durch die Stände).

1824 Erstes Maßregeln-Gesetz des deutschen Bundes »zur Erhaltung und Befestigung der inneren Ruhe und Ordnung in Deutschland« zum Schutz des monarchischen Prinzips.

1830 Julirevolution in Frankreich. Unruhen in Deutschland. In der Folge Einführung konstitutioneller Verfassungen in Kurhessen und Sachsen (1831), Braunschweig (1832) und Hannover (1833).

ab 1832 Massenkundgebung des radikalen süddeutschen Liberalismus auf dem Hambacher Schloß (1832). Frankfurter Wachensturm (1833), von Studenten und Handwerkern als Signal für eine allgemeine Erhebung in Deutschland gedacht. Daraufhin weitere Repressionsmaßnahmen des Deutschen Bundes 1832–1834 gegen die Preß-, Vereinigungs- und Versammlungsfreiheit. Das Vereinsverbot von 1832 führt zur Gründung von Geheimbünden: Bund der Geächteten (1834), Bund der Gerechten (1837). Die Gegensätze verschärfen sich.

1837 Aufhebung der Hannoveranischen Verfassung, dagegen Protest der »Göttinger Sieben«. Zugleich erste Konflikte zwischen Staat und Kirche. Kölner Kirchenstreit mit der Verhaftung des Kölner Erzbischofs. So schwierig sich die politische Entwicklung im Vormärz gestaltet (z. B. vergebliche Forderung nach Einrichtung einer deutschen Nationalrepräsentation), so zügig kommt die wirtschaftliche Einigung voran.

1834 Deutscher Zollverein als Endpunkt einer insbesondere von Preußen vorangetriebenen Zolleinheitsbewegung, die seit 1828 zu mehreren, teilweise gegeneinander operierenden Zollvereinigungen in Deutschland geführt hat. (K 46)

1835 Eröffnung der ersten deutschen Eisenbahnlinie von Nürnberg nach Fürth. Auch in Deutschland beginnt die Industrielle Revolution Fuß zu fassen. Zur gleichen Zeit wird die »soziale Frage« akut (Pauperismus).

1839 Erstes preußisches Arbeitsschutz-Regulativ gegen Kinderarbeit und zur Regelung der Fabrikarbeit von Jugendlichen. Kirchliche Maßnahmen wie Gründung der Inneren Mission (1842), Kolpings Gesellenverein (1847).

1840 Rheinkrise. Nationale Massenbegeisterung gegen das Wiederaufflackern französischer Forderungen nach der Rheingrenze. Hoffmann von Fallersleben dichtet 1841 die spätere deutsche Nationalhymne ›Deutschland, Deutschland über alles‹.

1844	Aufstand der Weber in Schlesien. 1846/47 tragen Mißernten und Hungerkrisen zur allgemeinen Unruhe im »Vormärz« bei.
1847	Versammlung der radikalen Liberalen (Demokraten) in Offenburg (Offenburger Programm), die gemäßigten Liberalen tagen in Heppenheim. In London wird der Bund der Kommunisten gegründet. Karl Marx und Friedrich Engels verfassen für ihn das ›Kommunistische Manifest‹. Die politische Landschaft wird vielgestaltiger. Neben die Liberalen und Konservativen der Reformzeit und Restauration treten seit den dreißiger Jahren die Radikalen (Demokraten) sowie die Sozialisten mit den extremen Richtungen der Kommunisten (Marx) und Anarchisten (Proudhon). In der Revolutionszeit beginnt sich auch der politische Katholizismus zu formieren (Gründung der Pius-Vereine 1848).

Die Revolution von 1848

1848 März	Nach Aufständen in Italien seit Beginn des Jahres und dem Ausbruch der Februarrevolution in Frankreich kommt es im März auch zu Unruhen in Deutschland. Allenthalben werden die »Märzforderungen« u. a. nach Pressefreiheit, Schwurgerichten, Vereinsfreiheit, Volksbewaffnung und der Einberufung einer Nationalrepräsentation erhoben (zuerst am 27. 2. in Mannheim). Rücktritt Metternichs (15. 3.). Bildung liberaler Märzministerien. Der Bundestag veranlaßt die Aufhebung der Freiheitsbeschränkungen und Ausnahmegesetze des Bundes.
März/April	Am 5. 3. versammeln sich liberale und demokratische Politiker in Heidelberg, um die Einberufung einer deutschen Nationalversammlung zu erreichen. Bildung eines Vorparlaments aus Abgeordneten der Landtage zur Vorbereitung der Nationalversammlung (31. 3. bis 3. 4.). Der Bundestag beschließt daraufhin, Wahlen zur Nationalversammlung nach demokratischen Prinzipien durchführen zu lassen. Er setzt außerdem einen 17er-Ausschuß ein, der einen ersten Verfassungsentwurf vorbereitet (26. 4.).
April/Mai	Unruhen unter der Landbevölkerung vor allem in Südwestdeutschland. Die Radikalen versuchen im sog. Hecker-Putsch in Deutschland die Republik einzuführen. Der Oktroi einer Verfassung in Wien am 23. 4. führt dort zum Aufstand und zur Einberufung einer verfassunggebenden Volksrepräsentation.

18. 5.	Die Frankfurter Nationalversammlung tritt zusammen. Sie erhebt den Anspruch, souverän über die politische Gestaltung Deutschlands entscheiden zu können und setzt am 28. 6. eine provisorische Zentralgewalt ein. Ernennung des Erzherzogs Johann zum Reichsverweser (29. 6.). Der Bundestag überträgt seine Zuständigkeiten auf den Reichsverweser (12. 7.). Bildung einer 1. Reichsregierung unter dem Fürsten Leiningen (15. 7.). Schon am 24. 5. ist ein Verfassungsausschuß in der Nationalversammlung gebildet worden, der am 19. 6. den Grundrechtsteil der künftigen Reichsverfassung dem Plenum zur Beratung vorlegt.
22. 5.	In Berlin tritt die preußische verfassunggebende Versammlung zusammen. Die Eröffnung des österreichischen Reichstags erfolgt dagegen erst am 22. 7. In anderen Staaten werden neue Landtage zum Teil erst im Herbst gebildet.
Sommer/ Herbst	Kongreßtagungen der sich formierenden politischen Strömungen und gesellschaftlichen Vereinigungen: Demokraten, Konservative, Handwerker, Arbeiter, Katholiken usw. Allgemeine Politisierung der Bevölkerung.
26. 8.	Waffenstillstand von Malmö zwischen Preußen und Dänemark im Kampf um Schleswig-Holstein auf britisch-russischen Druck hin. Ein Eingreifen preußischer Truppen in Schleswig-Holstein hatte der Bundestag im April noch vor dem Zusammentritt der Nationalversammlung verfügt. Der militärische Mißerfolg beschwört die 1. Regierungskrise in der Nationalversammlung herauf. Rücktritt des Ministeriums Leiningen (5. 9.). Bildung der großdeutsch gesinnten Regierung Schmerling (5. 9.).
September/ Oktober	Unruhen in Frankfurt, gefolgt vom 2. republikanischen Aufstandsversuch, dem sog. Struve-Putsch (18. 9.). Ausbruch der von radikalen Kräften getragenen Oktoberrevolution in Wien am 6. 10., die am 31. 10. mit der Erstürmung der Stadt durch kaisertreue Truppen ihr Ende findet. Beginn der Reaktion in Österreich und Preußen, während in den kleineren Staaten die Reformen weitergehen, zum Teil erst jetzt einsetzen. Im Oktober erhält Anhalt-Dessau eine demokratische Verfassung.
5. 12.	Verfassungsoktroi in Preußen. Auflösung der preußischen Nationalversammlung. Wie in Preußen wird auch in Österreich im November ein konservatives Ministerium berufen und das Parlament aus der Hauptstadt verlegt. Eine neue Verfassung wird am 4. 3. 1849 oktroiert.

15. 12. Rücktritt der 2. Reichsregierung Schmerling, deren großdeutsches Programm auf den Widerstand der österreichischen Regierung stößt, die ihrerseits an der Einheit der Habsburgermonarchie festhält. Am 18. 12. folgt die 3. Reichsregierung Gagern mit kleindeutschem Programm.

28. 12. Verkündung der von der Frankfurter Nationalversammlung beschlossenen Grundrechte als Reichsgesetz.

1849
28. 3. Verkündung der Reichsverfassung, auf die sich die Nationalversammlung nach einem Kompromiß zwischen der liberalen Mitte und der Linken (sog. Simon-Gagern-Pakt) einigen konnte. Wahl des preußischen Königs zum Kaiser der Deutschen. Anerkennung der Reichsverfassung am 14. 4. durch 28 deutsche Staaten.

28. 4. Endgültige Ablehnung der Kaiserkrone durch Friedrich Wilhelm IV. Die nach der neuen preußischen Verfassung gewählte 2. Kammer wird aufgelöst, das Dreiklassenwahlrecht am 30. 5. eingeführt.

Mai/Juni Reichsverfassungskampagne. Erfolglose Aufstände zur Durchsetzung der Reichsverfassung. Die Nationalversammlung beginnt sich aufzulösen. Das »Rumpfparlament« tagt bis zum 18. 6. in Stuttgart. Am 23. 7. kapituliert die Festung Rastatt als letzte Bastion der Aufständischen vor preußischen Truppen. Rücktritt des Reichsverwesers am 20. 12.

Obwohl Preußen die Frühjahrsaufstände in Deutschland mit dem Einsatz von Militär erstickt, verfolgt es den Plan der Gründung eines kleindeutschen Reiches unter seiner Führung weiter.

28. 5. Verabschiedung einer revidierten Reichsverfassung nach Abschluß eines Bündnisses mit Sachsen und Hannover. Ihr stimmen die im Juni in Gotha versammelten Anhänger der kleindeutschen-erbkaiserlichen Richtung zu. Bis zum Jahresende treten 26 Staaten der neuen Union bei. In den Einzelstaaten geht die Verfassungsentwicklung weiter.

28. 11. Nachdem es im August der österreichischen Regierung mit russischer Hilfe gelungen ist, einen Aufstand in Ungarn niederzuschlagen, protestiert sie offiziell gegen die preußischen Bundespläne.

1850
31. 1. Mit den Kammern vereinbarte Revision der preußischen Verfassung. Wahl zum Erfurter Unionsparlament zur Revision und Vereinbarung der preußischen Unionsverfassung.

20. 3.–29. 4. Tagung des Unionsparlaments in Erfurt. Annahme der »Erfurter Unionsverfassung«. Ein Anfang Mai nach

Berlin einberufener Fürstenkongreß kann sich dennoch nicht entschließen, die Union in Kraft treten zu lassen. Einberufung eines Gegenkongresses durch Österreich nach Frankfurt. Wiederherstellung des Bundestags des Deutschen Bundes ohne die Staaten der Union am 1. 9. Die Union löst sich auf.

29. 11. Olmützer Punktation. Preußen verzichtet auf russischen Druck hin gegenüber Österreich auf seine Unionspläne.

1851 Die Unionsstaaten kehren in den Bundestag zurück.

12. 5. Wiederaufleben des Deutschen Bundes.

23. 8. Aufhebung der Reichsgrundrechte durch Bundesbeschluß.

Reaktion und Neue Ära

Der Rückkehr zum Deutschen Bund folgt eine Welle der Reaktion in Deutschland. Durch Bundesreaktionsbeschluß vom 23. 8. 1851 wird die Überprüfung des neu geschaffenen Rechts auf seine Vereinbarkeit mit dem alten Bundesrecht angeordnet. Revisionen der Verfassungen und Wahlgesetze der 48er Zeit. Österreich hebt am 31. 12. 1851 seine Verfassung in toto auf (neue Verfassung erst 1861). 1852 erhält Kurhessen nach einem seit 1850 schwelenden Verfassungsstreit eine neue Verfassung oktroiert. 1854 wird die Presse- und Vereinsfreiheit durch Bundesbeschlüsse erneut eingeschränkt, die preußische 1. Kammer in ein »Herrenhaus« umgewandelt.

1853–1856 Krimkrieg. Ende der Heiligen Allianz.

1858 Regentschaft des Prinzen Wilhelm in Preußen (ab 1861: König Wilhelm I.). Beginn der »Neuen Ära« mit Hoffnungen auf Reformen im Zuge der wirtschaftlichen und sozialen Entwicklung in Deutschland. 1861 Verabschiedung eines Allgemeinen Deutschen Handelsgesetzbuches für Deutschland.

1859 Nationale Einigung Italiens im Krieg gegen Österreich. Gründung des Deutschen Nationalvereins, der für eine preußisch-kleindeutsche Lösung der deutschen Frage eintritt. 1861 Deutsche Fortschrittspartei (Vereinigung von Liberalen und Demokraten). Dagegen 1862 Deutscher Reformverein mit großdeutscher Option. Nationale Massenveranstaltungen (Sänger- und Turnerfeste). Triaspolitik der Mittelstaaten.

Auch die Frage der inneren Verfassung der Staaten bleibt prekär. 1859–1862 Verfassungskonflikt in Hessen um die Wiedereinführung der Verfassung von 1831, ab 1860 zeitweiser Übergang zu einer parlamentarischen Regierung in Baden.

1860–1866 Verfassungskonflikt in Preußen. Streit um die Heeresreform. 1862 verweigert das preußische Abgeordnetenhaus die Bewilligung des Staatshaushalts. Ernennung Bismarcks zum preußischen Ministerpräsidenten.

1863 Frankfurter Fürstentag. Der großdeutsche Bundesreformplan Österreichs (mit einem aus Landtagsabgeordneten zusammengesetzten Bundesparlament) scheitert am Widerstand Preußens.

1864 Krieg Österreichs und Preußens gegen Dänemark, das Schleswig von Holstein trennen und sich einverleiben will. Dänemark muß im Frieden von Wien die Herzogtümer Schleswig, Holstein und Lauenburg abtreten.

1866 Der Streit um die Zukunft Schleswig-Holsteins führt zur Besetzung des von Österreich verwalteten Holsteins durch Preußen. Das eigenmächtige Vorgehen Preußens wird vom Bundestag verurteilt. Daraufhin erklärt Preußen den Deutschen Bund für aufgehoben. Die militärische Intervention des Bundes gegen Preußen führt zu seiner und Österreichs Niederlage. Ende des Deutschen Bundes. Preußen annektiert Hannover, Kurhessen, Nassau und Frankfurt am Main. Beendigung des preußischen Verfassungskonflikts durch Indemnitätserklärung für die Regierung am 3. 9. Bündnisverträge Preußens mit den süddeutschen Staaten (August/September).

1866/67 Gründung des Norddeutschen Bundes. Bundesvereinbarung Preußens mit den norddeutschen Staaten (18. 8.). Entwurf einer Bundesverfassung durch die preußische Regierung (Putbuser Diktate Bismarcks im November). Beratung des Verfassungsentwurfs im preußischen Kronrat (13. 12.) und mit den verbündeten Regierungen (15. 12.). Am 12. 2. 1867 Wahl eines konstituierenden Norddeutschen Reichstages, der am 24. 2. zusammentritt und nach längeren Beratungen am 16. 4. die Verfassung annimmt. Sie tritt am 1. 7. 1867 in Kraft.

1868 Zollparlament des Deutschen Zollvereins, der sich nunmehr aus dem Norddeutschen Bund und den süddeutschen Staaten Bayern, Württemberg, Baden und Hessen-Darmstadt zusammensetzt.

1870/71 Deutsch-französischer Krieg. Durchsetzung der Reichseinigung. Novemberverträge zwischen dem Norddeutschen Bund und den süddeutschen Staaten zur Gründung eines neuen Deutschen Bundes und zur

Feststellung seiner Verfassung. Die Neugründung erhält im Dezember die Bezeichnung »Deutsches Reich«. 18. 12. Annahme der Kaiserwürde durch den preußischen König Wilhelm I. Am 1. 1. 1871 tritt die vom Norddeutschen Bund übernommene Verfassung des Deutschen Reichs nach Ratifikation der Novemberverträge durch das norddeutsche sowie die süddeutschen Parlamente in Kraft. Am 18. 1. Proklamation Wilhelms I. zum »Deutschen Kaiser« in Versailles. (K 76)

Das Deutsche Reich 1871–1818

1871 Nach einer Revision durch den 1. Deutschen Reichstag wird die Reichsverfassung am 16. 4. endgültig ausgefertigt. Das Deutsche Reich ist ein Bundesstaat mit umfangreicher Gesetzgebungszuständigkeit der Zentrale, einem Bundesrat als föderativem Organ und einer Dominanz der Länder bei der Ausführung der Reichsgesetze. Das Reich besteht, abgesehen von den Stadtstaaten, aus Monarchien, unter denen Preußen jetzt eine unbestrittene hegemoniale Stellung besitzt. Der preußische König ist zugleich Deutscher Kaiser. Ihm steht neben dem Bundesrat, zusammengesetzt aus den Regierungen der Gliedstaaten, eine demokratisch gewählte Volksvertretung, der Reichstag, gegenüber. Das Reich besitzt nur einen Minister, den Reichskanzler. Doch erweist sich sehr bald die Einrichtung neuer Reichsämter als notwendig, deren Amtschefs, die Reichsstaatssekretäre, zu Stellvertretern des Reichskanzlers ernannt werden, um selbständig handeln zu können (Stellvertretergesetz vom 17. 3. 1878). Der Reichskanzler ist zwar verantwortlicher Minister, aber nicht vom Reichstag abhängig. Bis in seine letzten Tage wird das Kaiserreich »konstitutionell« regiert, findet ein Übergang zum parlamentarischen Regierungssystem nicht statt.

Ungeachtet dessen nahm die Bedeutung des Reichstages und der in ihm versammelten Parteien, die sich seit den sechziger Jahren formierten, zu. 1863 wird der Allgemeine Deutsche Arbeiterverein von Lassalle gegründet, 1869 die Sozialdemokratische Arbeiterpartei (Bebel, Liebknecht). Beide vereinen sich 1875 zur Sozialdemokratischen Arbeiterpartei Deutschlands (seit 1890: Sozialdemokratische Partei Deutschlands). 1866 spalten sich von den preußischen Altkonservativen die Freikonservativen ab, die als Deutsche Reichspartei

Bismarcks Reichsgründung unterstützen. 1876 tritt im Zusammenhang mit dem innenpolitischen Kurswechsel die für staatliche Interventionen eintretende Deutschkonservative Partei hinzu. 1867 finden sich die Bismarcks Politik unterstützenden Liberalen in der Nationalliberalen Partei zusammen. Der oppositionelle Linksliberalismus bleibt dagegen gespalten. Die Reichsgründung führt ferner zur überregionalen Formierung des politischen Katholizismus im Zentrum. Neben den großen Parteien bilden sich kleinere Gruppen, u.a. die Vertreter nationaler Minderheiten, z.B. Polen und Dänen. Neben den Parteien konstituieren sich Interessenverbände, die Richtungsgewerkschaften nach Aufhebung des Koalitionsverbotes durch die Gewerbeordnung von 1869 und 1876 der Centralverband der deutschen Industrie.

1867–1878 »Ära Delbrück«, gekennzeichnet durch eine liberale Reichsgesetzgebung: 1869 Gewerbeordnung, 1870 Reichsstrafgesetzbuch, 1874 Reichsmünzgesetz und Reichspreßgesetz, 1877 Reichsjustizgesetze: Gerichtsverfassungsgesetz, Zivilprozeßordnung, Strafprozeßordnung, Konkursordnung. 1900 folgt das Bürgerliche Gesetzbuch als Nachzügler. 1879 wird das Reichsgericht in Leipzig eingerichtet. In Preußen kommt es seit 1871 zu Auseinandersetzungen mit der katholischen Kirche (»Kulturkampf«).

1873 Beginn einer wirtschaftlichen Depressionsphase. Forderungen nach staatlichem Schutz der Wirtschaft.

1878 Innenpolitischer Kurswechsel. Bruch Bismarcks mit den Nationalliberalen. Ein agrarisch-industriell-katholisches Bündnis unterstützt Bismarck: Einführung von Schutzzöllen und Tabaksteuererhöhung 1879 (Franckensteinsche Klausel). Scharfe konservative Personalpolitik in Preußen (System Puttkamer). Verbot sozialistischer Vereine, Druckschriften und Versammlungen im Sozialistengesetz (1878–1890). Gründung einer Christlich-sozialen Arbeiterpartei.

1881 Ankündigung der Sozialversicherung (1883 Krankenversicherung, 1884 Unfallversicherung, 1887 Alters- und Invalidenversicherung).

1884 Übergang zur Kolonialpolitik.

1888 Tod Kaiser Wilhelms I. (9. 3.). „90-Tage"-Regierung Kaiser Friedrichs III. Wilhelm II. wird am 15. 6. Kaiser.

1890 Entlassung Bismarcks. Wilhelminische Ära. Deutschland wird führender Industriestaat neben den USA und Großbritannien. Imperialistische Politik und vermehrte Gründung von Interessenverbänden: Bund der Landwirte (1893), Alldeutscher Verband (1894), Deutscher Flottenverein (1898).

1904–1909 Reichsfinanzreform. Einführung direkter Reichssteuern. Gründung des antimonopolistischen Hansabundes für Gewerbe, Handel und Industrie.

1908 Daily-Telegraph-Affäre. Kritik am »persönlichen Regiment« Wilhelms II.

1910 Liberale Sammlung in der Fortschrittlichen Volkspartei bewirkt Öffnung nach links.

1912 Die SPD zieht als stärkste Fraktion in den Reichstag ein.

1914–1918 Erster Weltkrieg. Nach dem Attentat auf den österreichischen Erzherzog Franz Ferdinand in Sarajewo am 28. 6. folgt am 28. 7. die Kriegserklärung Österreichs an Serbien, am 1. 8. die Deutschlands an Rußland. Innenpolitisch herrscht zwischen den Parteien ein »Burgfrieden«. Auch die SPD bewilligt die Kriegskredite. Über ganz Deutschland wird der Ausnahmezustand (Belagerungszustand) verhängt. Marneschlacht (Sept.). Scheitern des deutschen Kriegsplans. Übergang zum Stellungskrieg.

1916 Vergeblicher Versuch der deutschen Kriegsleitung, den Stellungskrieg durch die Eroberung der Festung Verdun zu überwinden (Februar–Juli). 3. Oberste Heeresleitung unter Hindenburg und Ludendorff (29. 8.). Hindenburg-Programm zur Mobilisierung der Wirtschaft. Vaterländisches Hilfsdienstgesetz mit Arbeitsverpflichtungen für die Rüstungsindustrie und Arbeitnehmermitbestimmung in paritätisch besetzten Schlichtungsausschüssen (5. 12.).

1917 Vergeblicher deutscher Versuch, den Kampf durch Übergang zum uneingeschränkten U-Bootkrieg zu gewinnen (1. 2.). Kriegseintritt der USA (6. 4.). Abspaltung der gegen die Gewährung weiterer Kriegskredite eintretenden USPD von der SPD. Im Reichstag wird ein Verfassungsausschuß zur Reform der Reichsverfassung eingerichtet. Ankündigung der Aufhebung des preußischen Dreiklassenwahlrechts (»Osterbotschaft«) durch Wilhelm II. (7. 4.). Bildung eines Interfraktionellen Ausschusses im Reichstag zur Koordination der Politik der großen Parteien (6. 7.). Sturz des Reichskanzlers Bethmann Hollweg als Folge der Opposition von Oberster Heeresleitung und Reichstag (14. 7.). Friedensresolution des Reichstags (19. 7.). Dagegen am 2. 9. Gründung der Deutschen Vaterlandspartei. Im November »Oktoberrevolution« in Rußland.

1918 Frieden von Brest-Litowsk mit Rußland (3. 3.). Vergebliche deutsche Offensiven im Westen. Am 14. 8. gibt die Oberste Heeresleitung den Krieg verloren und fordert am 29. 9. unverzüglich Waffenstillstand sowie eine neue Reichsregierung auf breiter Grundlage. Bildung der Regierung Max von Baden mit Vertretern der Mehrheitsparteien als Reichsstaatssekretären (3. 10.).

28. 10. Änderung der Reichsverfassung, Parlamentarisierung der Reichsregierung. Im November Meuterei in der Hochseeflotte. Ein Matrosenaufstand in Kiel breitet sich über das ganze Reich aus. Bildung von Arbeiter- und Soldatenräten. Zusammenbruch der alten Staatsgewalt. (K 130)

9. 11. Der Reichskanzler Prinz Max von Baden erklärt die Abdankung des Kaisers und überträgt die Wahrnehmung seiner Amtsgeschäfte auf den Sozialdemokraten Friedrich Ebert. Philipp Scheidemann (SPD) ruft die Republik aus. Ende der Monarchie. Formeller Thronverzicht Wilhelms II. am 28. 11.

Die Weimarer Republik

1918
9. 11. Bildung einer neuen Reichsregierung, des »Rats der Volksbeauftragten« aus je drei Mitgliedern der SPD und der USPD. Ähnliche Regierungsbildungen in den Ländern. Der Rat der Volksbeauftragten hebt den Ausnahmezustand auf (12. 11.) und betraut bürgerliche Fachleute mit der Leitung der Ministerien. Politisch stützt er sich auf den Großberliner Arbeiter- und Soldatenrat, nachdem die Arbeiter- und Soldatenräte im ganzen Reich die Kontrolle der öffentlichen Gewalt übernommen haben. Rivalitäten zwischen dem Vollzugsausschuß des Großberliner Arbeiter- und Soldatenrats und dem Rat der Volksbeauftragten finden einen vorübergehenden Ausgleich in der Vereinbarung vom 23. 11.

10. 11. Absprache zwischen Friedrich Ebert, dem Vorsitzenden des Rats der Volksbeauftragten, und General Groener von der Obersten Heeresleitung zur Sicherung der Loyalität des Heeres.

15. 11. Gründung einer Zentralarbeitsgemeinschaft zwischen Arbeitgebern und Gewerkschaften (Abkommen Stinnes-Legien: gegenseitige Anerkennung als Tarifpartner, kollektiver Arbeitsvertrag, Achtstundentag).

16.–20. 12. Reichskongreß der Arbeiter- und Soldatenräte in Berlin. Entscheidung gegen die sozialistische Räterepublik und für die Einberufung einer verfassunggebenden Nationalversammlung.

Unruhen in Berlin. Die USPD scheidet am 29. 12. aus der Reichsregierung aus. Gründung der Kommunistischen Partei Deutschlands am Jahresende. Im Januar 1919 sog. Spartakusaufstand in Berlin.

1919 19. 1. Wahlen zur verfassunggebenden Nationalversammlung nach neuem Wahlrecht, das erstmals auch die Frauen ausüben. Übergang zur Verhältniswahl. Zum Teil Neubildung der Parteien, aber weitgehende Kontinuität des Parteiensystems: Neben der SPD und dem Zentrum, von dem sich die Bayerische Volkspartei (BVP) abspaltet, etablieren sich vor allem die nationalkonservative Deutschnationale Volkspartei (DNVP), die rechtsliberale Deutsche Volkspartei (DVP), die linksliberale Deutsche Demokratische Partei (DDP) und neben der USPD die von ihr abgefallene KPD. Wahlsieg von Zentrum, DDP und SPD, die zusammen über drei Viertel der Mandate erringen.

6. 2. Zusammentritt der Nationalversammlung in Weimar. Bildung einer provisorischen Regierung durch Zentrum, DDP und SPD unter Scheidemann (SPD) als sog. Weimarer Koalition. Am 11. 2. Wahl Friedrich Eberts zum Reichspräsidenten. Die Reichsregierung legt am 21. 2. einen vom Reichsinnenminister Hugo Preuß (DDP) erarbeiteten und von einem Staatenausschuß der Länder im föderativen Sinne revidierten Entwurf für eine neue Reichsverfassung vor. Er wird vom 4. 3. bis 18. 6. vom Verfassungsausschuß der Nationalversammlung beraten.

Frühjahr Erneute Unruhen. Bildung von Räterepubliken in verschiedenen Ländern, u. a. in München.

28. 6. Unterzeichnung des Versailler Friedensvertrags, in dem von den Siegermächten zahlreiche Gebietsabtretungen und Reparationen gefordert werden. Die DDP verläßt aus Protest dagegen die Regierung. (K 132)

11. 8. Ausfertigung der am 31. 7. von der Nationalversammlung mehrheitlich angenommenen Verfassung. Die neue sog. Weimarer Verfassung führt das parlamentarische System ein, ergänzt durch direktdemokratische Elemente und einen starken Reichspräsidenten als Gegengewicht zum »Parlamentsabsolutismus«. Der klassische Grundrechtskatatalog ist durch zahlreiche, zum Teil umstrittene Regelungen zur Ordnung des gesellschaftlichen Lebens beträchtlich ausgeweitet worden. Das unitarische Prinzip wird betont und anschließend 1919/20 in der Erzbergerschen Reichsfinanzreform

durch den Aufbau einer einheitlichen Reichsfinanzverwaltung und die Übertragung der direkten Steuern auf das Reich verstärkt. Am 30. 4. 1920 wird aus den thüringischen Kleinstaaten das Land Thüringen gebildet. Eine durchgreifende Reichsreform wird in den folgenden Jahren intendiert, aber nicht durchgesetzt. (K 148, 150, 192)

1919–1923 Kriegsfolgelasten, insbesondere die Entwertung des Geldes durch Kriegsfinanzierung per Anleihen, stürzen die Republik in wirtschaftliche und finanzielle Schwierigkeiten. Zu den Aufstandsversuchen der Linken (Frühjahr 1920 im Ruhrgebiet, März 1921 in Mitteldeutschland und Hamburg, Oktober 1923 in Hamburg) kommen Putschversuche von rechts (März 1920 Kapp-Putsch, November 1923 Hitler-Putsch der rechtsextremistischen Nationalsozialistischen Deutschen Arbeiterpartei (NSDAP) in München). Die Unruhen werden durch Verhängung des Ausnahmezustandes und den Einsatz von Polizei und Militär niedergeschlagen. Die Ermordung republikanischer Politiker (1919 Kurt Eisner, 1921 Matthias Erzberger, 1922 Walter Rathenau) führt am 21. 7. 1922 zur Verabschiedung eines Republikschutzgesetzes. Der wirtschaftlichen und finanziellen Notlage versucht man mit Notverordnungen aufgrund Art. 48 der Weimarer Reichsverfassung und dem Erlaß von Ermächtigungsgesetzen Herr zu werden. Im Januar 1923 besetzen die Franzosen zur Sicherung der Reparationsleistungen das Ruhrgebiet. Der passive Widerstand dagegen heizt die Inflation an, die erst am Ende des Jahres durch die Einführung einer neuen Reichsmark überwunden werden kann. Im Oktober 1923 Konflikte zwischen der Reichsregierung und der sächsischen und bayerischen Landesregierung.

8. 9. 1926 Eintritt des Deutschen Reichs in den Völkerbund. Nach den schwierigen Anfangsjahren normalisiert sich die Lage in Deutschland wieder. Regelung der Reparationsfrage (Dawes-Plan 1924, Young-Plan 1929, Konferenz von Lausanne 1932), militärische Räumung des Rheinlands durch die Alliierten (1926–1930). Fortschritte in der Sozialpolitik: 1920 Betriebsrätegesetz, 1927 Ergänzung der Sozialversicherung durch eine Arbeitslosenversicherung. Die deutsche Wirtschaft bleibt stark von Krediten des Auslands abhängig, was sich in der Ende 1929 beginnenden Weltwirtschaftskrise nachteilig bemerkbar macht.

1930 Die Große Koalition (Kabinett Müller) bricht am 27. 3. auseinander. Die Bildung von parlamentarischen Koalitionsregierungen, meist Minderheitskabinetten, ist in der Weimarer Republik immer schwierig gewesen. An ihre Stelle treten ab 1930 Präsidialkabinette, zuerst am 30. 3. das Präsidialkabinett Brüning. Erlaß einer Notverordnung zur »Sicherung von Wirtschaft und Finanzen« (16. 7.). Auflösung des Reichstags (18. 7.), der die Aufhebung der Notverordnung verlangt. Am 14. 9. Neuwahlen mit starkem Stimmenanstieg für die extremistischen Parteien (NSDAP 107 Mandate) statt der erhofften Stabilisierung der Mitte. Die Wirtschaftskrise weitet sich aus und führt im Januar 1932 zu über 6 Millionen Arbeitslosen. Das Kabinett Brüning wird von der SPD toleriert und dadurch vor einem parlamentarischen Mißtrauensvotum geschützt.

1932 Hindenburg als Reichspräsident wiedergewählt (10. 4., Erstwahl am 26. 4. 1925), entläßt am 30. 5. Brüning, mit dessen von der SPD unterstützten Regierungskurs er unzufrieden ist, und ernennt von Papen zum Reichskanzler, in der Hoffnung auf eine Öffnung der Regierung nach rechts. Die Amtsenthebung der von der SPD geführten preußischen Regierung durch die Reichsregierung am 20. 7. und die Einsetzung eines Reichskommissars sichert dem Reich das Machtpotential seines größten Gliedstaates. In den neu ausgeschriebenen Reichstagswahlen vom 31. 7. wird die NSDAP die stärkste Partei, haben NSDAP und KPD zusammen die Mehrheit. Die Hoffnung der Reichsregierung, in der NSDAP einen parlamentarischen Rückhalt zu erreichen, erfüllt sich nicht. Eine erneute Auflösung des Reichstags am 12. 9. bringt in den Wahlen vom 6. 11., trotz Rückgang der Stimmen für die NSDAP, keine wesentliche Veränderung. Reichskanzler von Papen wird durch General von Schleicher ersetzt, dessen Konzept, eine Querverbindung von den Gewerkschaften bis zum linken Flügel der NSDAP auszubauen, scheitert. Reichspräsident Hindenburg verweigert Schleicher seine Unterstützung beim Versuch, mit Hilfe des Ausnahmezustands unter Auflösung des Reichstags weiterzuregieren, und akzeptiert statt dessen eine von Papen zusammengebrachte nationale Koalition aus NSDAP, DNVP und dem nationalen Wehrverband »Stahlhelm«.

30. 1. 1933 Ernennung Hitlers zum Reichskanzler. Regierung der »nationalen Konzentration«. Faktisches Ende der Weimarer Republik.

1933
30. 1. Die Übernahme des Reichskanzleramts durch Hitler wird von den Nationalsozialisten als »Machtergreifung« gefeiert. Trotz formeller Beibehaltung der Weimarer Reichsverfassung wird zielgerichtet der Aufbau einer Diktatur betrieben.

1. 2. Auflösung des Reichstages. Im anschließenden Wahlkampf gehen die Nationalsozialisten gegen ihre Gegner rigoros mit Hilfe außerordentlicher, der Reichsregierung vom Reichspräsidenten gewährter Vollmachten vor: Notverordnung zum Schutz des deutschen Volkes (4. 2.), gerichtet gegen die Presse- und Versammlungsfreiheit. Notverordnung zur Wiederherstellung geordneter Regierungsverhältnisse in Preußen (6. 2.). Göring wird preußischer Innenminister und erhält damit die Befehlsgewalt über die preußische Polizei. Infiltration der Polizei durch SA und SS.

28. 2. Nach dem Brand des Reichstages werden durch die Notverordnung »zum Schutz von Volk und Staat« die Grundrechte außer Kraft gesetzt. Verfolgung vor allem von Kommunisten; Einrichtung von Konzentrationslagern. Die später nicht mehr aufgehobene Notverordnung bildet mit dem Ermächtigungsgesetz vom 24. 3. die »Rechtsgrundlage« der nationalsozialistischen Diktatur.

5. 3. Reichstagswahlen. Die Nationalsozialisten erhalten 43,9 Prozent der Stimmen, mit DNVP und Stahlhelm zusammen 51,9 Prozent. Einsetzung von Reichskommissaren in den Ländern. Terror auf lokaler Ebene (»Revolution von unten«).

21. 3. »Tag von Potsdam«. Symbolischer Akt der Vereinigung des nationalkonservativen mit dem nationalsozialistischen Deutschland.

24. 3. Die Reichsregierung erhält vom Reichstag mit verfassungsändernder Mehrheit ein Ermächtigungsgesetz »zur Behebung der Not von Volk und Reich«, das eine weitgehende Umgestaltung der Verfassung ermöglicht und zunächst auf vier Jahre befristet ist. Daraufhin am 31. 3. und 7. 4. Gleichschaltung der Länder; Einsetzung von Reichsstatthaltern. Gesetz zur Wiederherstellung des Berufsbeamtentums, d.h. zu seiner Säuberung im nationalsozialistischen Sinne (7. 4.). Aufhebung der Freien Gewerkschaften (2. 5.). Im Juni Auflösung der Christlichen Gewerkschaften und nach dem Verbot der SPD am 22. 6. (Selbst-)Auflösung auch der

	anderen Parteien. Gesetz gegen die Neubildung von Parteien. Einparteienherrschaft der NSDAP (14. 7.).
September	Nach der Errichtung von Reichsständen für das Handwerk und den Handel im Mai und der Gründung einer Rundfunkkammer und einer Filmkammer im Juni Zusammenschluß der Bauern im Reichsnährstand und Einrichtung einer Reichskulturkammer. Reglementierung von Wirtschaft und Kultur. Am 4. 10. Schriftleitergesetz zur Gleichschaltung der Presse. Beginn des Kirchenkampfes mit der evangelischen Kirche; vorübergehende Entschärfung des Verhältnisses zur katholischen Kirche durch Abschluß des Reichskonkordats vom 20. 7.
12. 11.	Wahl eines neuen Reichstags, verbunden mit einer Volksabstimmung über den Austritt aus dem Völkerbund. Anschließend Erlaß des ›Gesetzes zur Sicherung der Einheit von Partei und Staat‹ (1. 12.).
1934 30. 1.	›Gesetz über den Neuaufbau des Reichs‹, das 2. Ermächtigungsgesetz, erlassen von einem rein nationalsozialistisch zusammengesetzten Reichstag. Aufhebung des Reichsrats (14. 2.). ›Gesetz zur Vorbereitung des organischen Aufbaus der deutschen Wirtschaft‹ (27. 2.).
30. 6.	»Röhm-Putsch«. Hitler entledigt sich mit Hilfe der Reichswehr seiner Gegner in der SA. Verselbständigung der SS, der Kerntruppe der Nationalsozialisten. Sie erhält später eigene militärische Formationen (Waffen-SS).
2. 8.	Tod des Reichspräsidenten von Hindenburg. Hitler vereinigt als »Führer und Reichskanzler« in seiner Hand das Amt des Regierungschefs mit dem des Reichspräsidenten, inklusive des Oberbefehls über die Reichswehr. Vereidigung der Reichswehr auf seinen Namen. Abschluß des diktatorischen Staatsaufbaus.
1935	Wiedereinführung der allgemeinen Wehrpflicht (16. 3.).
15. 9.	Nürnberger Rassegesetze.
1936 7. 3.	Besetzung des entmilitarisierten Rheinlands. Bestätigung des Vorgehens durch eine Volksabstimmung am 29. 3.
9. 9.	Verkündigung des Vierjahresplans, Ankurbelung der Rüstungsindustrie, Übergang zur Kommandowirtschaft.
1937	Anweisung der Wehrmacht zur Vorbereitung des Krieges. Am 5. 11. umreißt Hitler seine Kriegsziele vor der Wehrmachtführung (Hoßbachprotokoll). Die sich dagegen erhebende Opposition wird im folgenden Jahr aus der Wehrmachtsführung entfernt.

1938 12. 3.	Angliederung Österreichs mit Volksabstimmung (24. 4.). Beginn des Aufbaus eines großdeutschen, imperialistischen Reichs. (K 194, 196)
29. 9.	Münchener Abkommen über das Sudentenland.
9. 11.	Zerstörung von Synagogen und jüdischen Geschäften (»Reichskristallnacht«).
1939 15. 3.	Errichtung eines Reichsprotektorats über Böhmen und Mähren. Wenig später Angliederung des Memellandes.
1. 9.	Angriff auf Polen nach Abschluß eines Nichtangriffspaktes mit der Sowjetunion. Beginn des Zweiten Weltkriegs. Errichtung eines »Generalgouvernements« im besetzten Polen. Im Oktober erste Judendeportationen. Die »Endlösung« zeichnet sich ab. (K 204)
1940	Westfeldzug gegen Frankreich.
1941	Beginn des Rußlandfeldzugs (22. 6.).
1942	Kriegswende im Kampf um Stalingrad am Jahresende.
1943	Roosevelt und Churchill fordern auf der Konferenz von Casablanca die bedingungslose Kapitulation des Deutschen Reichs (24. 1.).
1944	Invasion der Westalliierten in der Normandie (6. 6.). Zusammenbruch der Ostfront (Heeresgruppe Mitte). Mißglücktes Attentat des Oberst von Stauffenberg auf Hitler (20. 7.).
1945	Konferenz der Alliierten in Jalta (4.–11. 2.). Erörterung der Zukunft des Deutschen Reichs. (Gebiets-, Besatzungs- und Reparationsfragen). Am 30. 4. begeht Hitler Selbstmord und bestimmt den Großadmiral Dönitz testamentarisch zum Reichspräsidenten.
7./8./9. 5.	Kapitulation der Wehrmacht in Reims und Karlshorst. 23. 5. Inhaftierung der letzten Reichsregierung unter Dönitz.

Deutschland nach 1945

1945 5. 6.	Junideklaration der Besatzungsmächte zur Übernahme der Regierungsgewalt im Deutschen Reich sowie über die Einteilung des Reichs in Besatzungszonen und die Einsetzung einer Militärregierung (Alliierter Kontrollrat in Berlin). Zu den drei ursprünglich in Aussicht genommenen Besatzungszonen Großbritanniens, der Sowjetunion und der USA kommt am 12. 7. als vierte die französische Zone hinzu. Berlin wird in vier Besatzungssektoren aufgeteilt. (K 248, 252)
10. 6.	Zulassung von Parteien und Gewerkschaften in der Sowjetischen Besatzungszone, anschließend auch in den

westlichen Zonen. Zunächst werden vier Parteien (wieder-)gegründet, SPD, KPD, CDU und LDPD. (In den Westzonen schließen sich die Liberaldemokraten 1948 zur FDP zusammen).

9. 7. In der SBZ werden fünf Länder gebildet: Mecklenburg, Sachsen und Thüringen sowie (bis 1947 als Provinzen) Brandenburg und Sachsen-Anhalt. Die US-Zone zieht im September mit drei Ländern Bayern, Württemberg-Baden und Hessen, neben dem Nachschubhafen Bremen, nach. In der britischen Zone kommt es erst in der zweiten Hälfte 1946 zur Länderbildung, neben Hamburg entstehen Nordrhein-Westfalen, Niedersachsen und Schleswig-Holstein. In der französischen Zone werden Württemberg-Hohenzollern, (Süd-)Baden und Rheinland-Pfalz gebildet. Das Saarland wird wirtschaftlich Frankreich angeschlossen. Am 25. 2. 1947 wird das Land Preußen durch Kontrollratbeschluß auch formell aufgehoben. Die zum Teil willkürliche Länderneubildung durch die Besatzungsmächte hat im Westen Bestand. Hier schließen sich nach einer Volksabstimmung am 9. 12. 1951 nur die Länder Württemberg-Baden, Württemberg-Hohenzollern und Baden am 25. 4. 1952 zu einem neuen Land, Baden-Württemberg, zusammen.

25. 7. Bildung von Zentralverwaltungsstellen in der SBZ. In der US-Zone treten die Landesregierungen ab Oktober 1945 zu einem Länderrat zusammen. In der britischen Zone wird im Februar 1946 ein Zonenbeirat bei der Militärregierung gebildet.

17. 7.–2. 8. Potsdamer Konferenz der drei Siegermächte ohne Frankreich. Festlegung der Besatzungsziele: Entmilitarisierung, Entnazifizierung und Demokratisierung Deutschlands, Beschränkung des deutschen Wirtschaftspotentials und Entnahme von Reparationen, über deren Höhe keine Einigung erzielt wird. Die im Potsdamer Abkommen vorgesehenen deutschen Zentralverwaltungsstellen werden nicht eingerichtet. Das Gebiet östlich der Oder und Neiße kommt unter polnische bzw. sowjetische Verwaltung und wird unter Vertreibung der noch nicht geflohenen deutschen Bevölkerung Polen bzw. der Sowjetunion eingegliedert.

1946/1947 Wahlen in Deutschland zum Aufbau einer demokratisch legitimierten Verwaltung. Im Januar 1946 Gemeindewahlen in der US-Zone, am 30. 6. dort auch Wahlen zu verfassunggebenden Versammlungen in den Ländern. Die anderen Zonen folgen mit Gemeindewahlen im Herbst. In der SBZ und in der US-Zone werden 1946 auch Landtagswahlen durchgeführt, in den beiden anderen Zonen finden sie im Frühjahr 1947 statt. Eine provisorische (Provinzial-)Verfassung hat Brandenburg schon am 26. 4. erhalten, der Stadtstaat Hamburg am 15. 5. Die meisten Länder geben sich 1947 Verfassungen, die der Länder der britischen Zone werden erst nach Verabschiedung des Grundgesetzes verkündet. Baden-Württemberg erhält seine Verfassung am 11. 11. 1953.

1947

1. 1. Vereinigung der amerikanischen und der britischen Zone zur Bizone. Eine gemeinsame Verwaltung aller Zonen kommt aufgrund der unterschiedlichen Interessen der Besatzungsmächte im beginnenden Kalten Krieg nicht zustande.

12. 3. Truman-Doktrin. Hilfeversprechen für die von der Sowjetunion bedrohten Staaten. Die USA wenden sich gegen das weitere Ausgreifen der Sowjetunion, nachdem Osteuropa im Zuge des Zweiten Weltkrieges unter kommunistische Herrschaft geraten ist. Angesichts des zunehmenden Ost-West-Konflikts scheitert eine letzte gesamtdeutsche Ministerpräsidentenkonferenz in München am 5.–7. 6.

12. 7.–22. 9. Europäische Wirtschaftskonferenz in Paris zur Gründung einer Organization of European Economic Cooperation (OEEC), unterstützt durch das im gleichen Jahr anlaufende amerikanische European Recovery Program (ERP), die Marshallplan-Hilfe. Auch die Westzonen sind von Anfang an der am 26. 4. 1948 errichteten OEEC angeschlossen. In Osteuropa wird am 25. 1. 1949 der Rat für gegenseitige Wirtschaftshilfe (RGW oder COMECON: Council for Mutual Economic Assistance) gegründet.

1948

23. 2.–6. 6. Londoner Sechsmächte-Konferenz (USA, Großbritannien, Frankreich und die Benelux-Staaten) über die Zukunft (West-)Deutschlands. In den Londoner Empfehlungen vom 7. 6. wird der Zusammenschluß der Westzonen mit eigener Verfassung und unter wirtschaftlicher Verflechtung mit Westeuropa vorgeschlagen. Die Kontrolle Westdeutschlands durch die Besatzungsmächte soll aufrechterhalten und eine internationale Behörde zur Kontrolle des Ruhrgebiets gebildet werden.

20. 3. Letzte Sitzung des Alliierten Kontrollrats. Die Sowjetunion versucht vergeblich, die Entwicklung durch die Blockade Berlins vom 24. 6. 1948–12. 5. 1949 aufzuhalten.

21. 6.	Währungsreform in den Westzonen. Die SBZ zieht am 23. 6. mit einer eigenen Währungsreform nach.
1949	Bildung zweier deutscher Staaten bis September/Oktober: der Bundesrepublik Deutschland (BRD) und der Deutschen Demokratischen Republik (DDR). Der Zusammenschluß des Westens schreitet voran. Gründung der NATO (North Atlantic Treaty Organization) zur gemeinsamen Verteidigung sowie zur wirtschaftlichen und kulturellen Zusammenarbeit (4. 4.). Gründung des Europarats zur Förderung des wirtschaftlichen und sozialen Fortschritts in Europa (8. 8.). Die Bundesrepublik wird 1951 Mitglied des Europarats und 1955 der NATO. In Osteuropa wird daraufhin ebenfalls 1955 ein militärischer Beistandspakt mit der DDR als Mitglied gegründet (sog. Warschauer Pakt).
1952 10. 3.	Stalin-Noten. Vorschlag der Sowjetunion zur Wiedervereinigung Deutschlands, um die sich abzeichnende militärische Aufrüstung der Bundesrepublik und ihre Inkorporierung in eine Europäische Verteidigungsgemeinschaft zu verhindern. In der folgenden Zeit gibt es noch mehrere Konferenzen und Pläne über die Zukunft Deutschlands (so am 25. 1.–28. 2. 1954 die Genfer Außenministerkonferenz mit dem Eden- und dem Molotowplan und am 17.–22. 7. 1955 die Genfer Gipfelkonferenz). Am 27. 7. 1957 legt die DDR einen Konföderationsplan im Rahmen der von ihr vertretenen »Zwei-Staaten-Theorie« vor. Abbruch der diplomatischen Beziehungen der Bundesrepublik zu Jugoslawien, das mit der DDR Beziehungen aufgenommen hat, aufgrund des Alleinvertretungsanspruchs (»Hallstein-Doktrin«) der BRD (19. 10. 1957).
1961	Die DDR errichtet quer durch Berlin eine Mauer (13. 8.).
1970–1972	Übergang zu Verhandlungen und Verträgen mit dem Osten in der Ära der sozialliberalen Koalition. Moskauer Vertrag über Gewaltverzicht zwischen der Bundesrepublik und der Sowjetunion (12. 7. 1970). Warschauer Vertrag über Grenzfragen und Gewaltverzicht mit Polen (7. 12. 1970). Viermächte-Abkommen über Berlin (3. 9. 1971). Unterzeichnung des Grundlagenvertrags zwischen der Bundesrepublik und der DDR (21. 12. 1972). Anerkennung und Interpretation des Grundlagenvertrags durch das Bundesverfassungsgericht (31. 7. 1973). Ausgehend von diesem Vertrag werden mit der DDR weitere Abkommen geschlossen und Verhandlungen geführt.
ab 1985	Die Wende in der Sowjetunion seit der Wahl Gorba-

tschows zum Generalsekretär der KPdSU führt zur Auflockerung des Ostblocks. Nicht-kommunistische Regierungen in Polen, Ungarn und der Tschechoslowakei.

9. 11. 1989 Revolution in der DDR. Ende des kommunistischen Regimes.

18. 3. 1990 Freie Wahlen in der DDR bereiten die Wiedervereinigung der beiden deutschen Staaten vor.

Die Bundesrepublik Deutschland

1948
1. 7. Übergabe der Frankfurter Dokumente an die Ministerpräsidenten der westzonalen Länder. Die alliierten Militärgouverneure fordern gemäß den Londoner Empfehlungen die Einberufung einer verfassunggebenden Versammlung für Westdeutschland sowie eine Überprüfung der Ländergrenzen und kündigen den Erlaß eines Besatzungsstatuts an. Einwilligung der Ministerpräsidenten nach längerem Sträuben, einen Parlamentarischen Rat, gewählt aus Mitgliedern der Landtage, zur Erarbeitung eines Grundgesetzes für eine provisorische westdeutsche Staatsbildung zu bilden.

10.–23. 8. Tagung des von den Ministerpräsidenten einberufenen Herrenchiemseer Verfassungskonvents von Sachverständigen zur Erarbeitung eines Vorentwurfs für das Grundgesetz.

1. 9. Konstituierung des Parlamentarischen Rats in Bonn. Strittige Fragen sind der Umfang der Grundrechte und vor allem der Grad der Föderalisierung des westdeutschen Staates. Eingriffe der Alliierten zur Wahrung des von ihnen gewünschten demokratisch-föderalistischen Charakters des neuen Staatswesens.

1949
23. 5. Verkündung des Grundgesetzes für die Bundesrepublik Deutschland nach seiner Verabschiedung im Parlamentarischen Rat am 8. 5. und seiner Annahme durch die Parlamente der westdeutschen Länder außer Bayern am 16.–20. 5. (K 250)

7. 9. Konstituierung des 1. Deutschen Bundestags nach Wahlen am 14. 8. Am 12. 9. Wahl des 1. Bundespräsidenten Theodor Heuß. Wahl Konrad Adenauers zum Bundeskanzler (15. 9.). Bildung der 1. Bundesregierung, basierend auf einer CDU/FDP-Koalition (20. 9.). Die Koalition tritt für einen Ausbau der von Ludwig Erhard im Anschluß an die Währungsreform 1948 eingeführten sozialen Marktwirtschaft ein. »Wirtschaftswunder«: Die Bundesrepublik wird binnen weniger

	Jahre zu einer der führenden Industrienationen der Welt mit beachtlichen sozialen Leistungen wie der Mitbestimmung in der Montanindustrie 1951 und der Einführung der dynamischen Altersgrenze 1957. Zunächst bleiben die Wirtschafts- und Handelsrestriktionen unter alliierter Oberaufsicht allerdings noch bestehen.
21. 9.	Inkrafttreten des Besatzungsstatuts, das die alliierte Oberhoheit schriftlich fixiert und die Militärregierung ablöst. An ihre Stelle treten zivile Hohe Kommissare. Eine besondere internationale Kontrolle gilt dem Ruhrgebiet (Ruhrstatut vom 28. 12. 1948). Die umfangreichen politischen und wirtschaftlichen Restriktionen für die Bundesrepublik werden allmählich gelockert.
1950	Aufhebung des Lizenzierungszwangs für Parteien (14. 1.).
1951	Konstituierung des Bundesverfassungsgerichts als oberster verfassungsrechtlicher Kontrollgewalt in der Bundesrepublik (28. 9.).
1950–1953	Koreakrieg. Diskussion über einen westdeutschen Wehrbeitrag im sich zuspitzenden Ost-West-Konflikt. Pläne für eine Europäische Verteidigungsgemeinschaft (EVG), eine Europäische Gemeinschaft für Kohle und Stahl (EGKS) und eine Europäische Politische Union.
1953	Die 1952 vereinbarte Montanunion (EGKS) tritt in Kraft (10. 2.). Bildung der ersten supranationalen europäischen (Hohen) Behörde.
1953	2. Bundestagswahl (6. 9.). »Wahlwunder«: Die befürchteten Weimarer Verhältnisse kehren nicht wieder. Nur noch sieben Parteien ziehen in den Bundestag ein. Entwicklung zum sog. Zweieinhalb-Parteiensystem (CDU/CSU, SPD und FDP).
1954	Pariser Verträge (19.–23. 10.). Ende des Besatzungsregimes in der Bundesrepublik. Die Beziehung zu den alliierten Mächten werden im sog. Deutschland- oder Generalvertrag auf eine vertragliche Grundlage gestellt. Vorbehalte der Alliierten für Deutschland als Ganzes. Besonderes Statut für die Saar.
1955	Proklamation der Souveränität der Bundesrepublik (5. 5.). Am 9. 5. tritt die Bundesrepublik der NATO bei. Aufbau der Bundeswehr. Grundgesetzergänzung am 26. 3. 1954 und 19. 3. 1956.
1956	Verbot der KPD (17. 8.), nachdem schon am 23. 10. 1952 die rechtsextremistische Sozialistische Reichspartei (SRP) vom Bundesverfassungsgericht für verfassungswidrig erklärt wurde.
1957	Beitritt des Saarlandes zur Bundesrepublik (1. 1.) auf

Wunsch der saarländischen Bevölkerung (Abstimmung am 23. 10. 1955 über das Saarstatut).

1957 Das Gesetz gegen Wettbewerbsbeschränkungen (27. 7.) soll als »Grundgesetz der Marktwirtschaft« diese gegen Monopolisierung und Kartellabsprachen schützen. Errichtung des Bundeskartellamts. Bereits am 26. 7. 1956 ist die Errichtung einer Deutschen Bundesbank als unabhängiger Hüterin der Währung durch Gesetz beschlossen worden.

1957 3. Bundestagswahl (15. 9.). Absolute Mehrheit für die CDU/CSU.

1958 Inkrafttreten der am 25. 3. 1957 geschlossenen Römischen Verträge (1. 1.) über eine Europäische Wirtschaftsgemeinschaft (EWG) und eine Europäische Atomgemeinschaft (Euratom), die 1967 zusammen mit der Montanunion fusionieren (Europäische Gemeinschaften = EG).

1959 Die SPD stellt sich in ihrem neuen Godesberger Grundsatzprogramm als »Volkspartei« auf die neuen politischen und sozialen Verhältnisse ein und gibt ihre grundsätzliche Opposition gegen die von der CDU verfolgte Politik auf (15. 11.).

ab 1960 Erste Anzeichen struktureller Wirtschaftsprobleme in der Textilbranche, im Kohlebergbau und später in der Stahlindustrie führen, verstärkt durch eine erste konjunkturelle Wirtschaftskrise 1966/67 und durch das Scheitern der Wiedervereinigungspolitik (13. 8. 1961 Mauerbau der DDR quer durch Berlin) sowie durch ein Stagnieren in der Entwicklung Europas (Scheitern des Fouchet-Plans für eine europäische politische Union, »Europa der Vaterländer« de Gaulles, Abbruch der Beitrittsverhandlungen Großbritanniens zur EG 1963) zu einer Krise auch im politischen System der Bundesrepublik. Stimmenverluste der CDU bei der 4. Bundestagswahl am 17. 9. 1961. Wechsel von Adenauer zu Erhard als Bundeskanzler im Oktober 1963. Gründung der Nationaldemokratischen Partei Deutschlands (NPD) am 28. 11. 1964, der Deutschen Kommunistischen Partei (DKP) am 27. 10. 1968. Angesichts der Großen Koalition und der sich abzeichnenden Notstandsgesetzgebung bildet sich 1968 eine Außerparlamentarische Opposition (APO). Seit 1970 Bildung von Bürgerinitiativen. Seit 1977 Aufkommen der »Grünen« im Zuge der neuen Ökologie- und Friedensbewegung.

1966 Nach dem Sturz Ludwig Erhards (1. 12.) Bildung einer großen Koalition von CDU und SPD unter Georg Kiesinger (CDU). Verfassungsreformen.

1967 Änderung von Art. 109 des Grundgesetzes (8. 6.) und Erlaß des ›Gesetzes zur Förderung der Stabilität und des Wachstums der Wirtschaft‹ (Stabilitätsgesetz), um eine auf wirtschaftliche Ziele abgestimmte Haushaltspolitik von Bund und Ländern zur Überwindung der Rezession zu erreichen. Konzertierte Aktion.
Parteiengesetz über den Aufbau und die Finanzierung der Parteien (24. 7.). Eine in Aussicht genommene Reform des Wahlrechts (Übergang zum Mehrheitswahlrecht) scheitert. In den folgenden Jahren »kleine Parlamentsreformen« in Bund und Ländern zur Stärkung der parlamentarischen Kontrolltätigkeit. Ein in den 70er Jahren diskutiertes Verbändegesetz kommt nicht zustande.

1969 Finanz- und Haushaltsreform (12. 5.). Einführung der »Gemeinschaftsaufgaben« in das Grundgesetz (Art. 91 a und b). Versuche, die wirtschaftsstrukturellen Probleme in der Bundesrepublik mit Hilfe des »kooperativen Föderalismus« zu lösen.

1969 Nach der 6. Bundestagswahl Bildung einer sozialliberalen Koalition unter Willi Brandt (22. 10.). Die CDU im Bundestag erstmals in der Opposition. Ostpolitik der Annäherung mit vertraglichen Abmachungen (»Wandel durch Annäherung«). Verbesserung der Mitbestimmung der Arbeitnehmer im Betriebsverfassungsgesetz vom 19. 1. 1972. Am 28. 1. 1972 verabschieden der Bundeskanzler und die Ministerpräsidenten der Länder ›Grundsätze über die Mitgliedschaft von Beamten in extremen Organisationen‹ (sog. Radikalenerlaß), um dem zunehmenden Extremismus in der Studentenschaft zu begegnen.

1972 Gescheitertes Mißtrauensvotum der CDU gegen Bundeskanzler Brandt. Neuwahlen zum Bundestag. Die Opposition vereinigt die Mehrheit der Stimmen im Bundesrat auf sich.

1973 Nach dem Ausgleich mit der DDR im Grundlagenvertrag Beitritt der Bundesrepublik in die UNO (18. 9.)

1982 Sturz des seit 1974 amtierenden Bundeskanzlers Helmut Schmidt durch konstruktives Mißtrauensvotum nach dem Auseinanderfallen der sozialliberalen Koalition über wirtschaftspolitische Fragen (1. 10.). Rückkehr zur CDU/CSU-FDP-Koalition unter Helmut Kohl.

1983 Die neue Koalition läßt sich die »Wende« vom Wähler in einer Bundestagswahl bestätigen (6. 3.). Ein konjunktureller Aufschwung in den folgenden Jahren überdeckt die sich auch in anderen Staaten ausbreitende ökologische Krise.

1986 Verabschiedung der Einheitlichen Europäischen Akte durch den Rat der EG (28. 2.). Nach dem Erreichen der Zollunion 1968 wird die Vollendung des europäischen Binnenmarkts bis Ende 1992 ins Auge gefaßt. Auch die politische Vereinigung in der EG (seit Juni 1979 Direktwahl des europäischen Parlaments) schreitet voran und wirft erhebliche Probleme für die Beibehaltung und Weiterentwicklung der föderativen Ordnung in der Bundesrepublik auf.

1989/90 Der Zusammenbruch des kommunistischen Systems in der DDR führt zur Wiedervereinigung der beiden deutschen Staaten und wirft weitere Fragen für die föderalistische Verfassungsordnung der Bundesrepublik auf.

Die Deutsche Demokratische Republik

1945 Die sowjetische Militäradministration genehmigt die Bildung antifaschistischer Parteien in der SBZ (10. 6.). Es konstituieren sich KPD, SPD, CDU und LDPD. Am 22. 4. 1946 erfolgt die Zwangsvereinigung von KPD und SPD zur Sozialistischen Einheitspartei Deutschlands (SED), in der die Kommunisten die Führung übernehmen. Die SED wird am 28. 1. 1949 in eine bolschewistische Kaderpartei umgewandelt. Im Frühjahr 1948 treten zu den älteren Parteien die Demokratische Bauernpartei Deutschlands (DBD) und die Nationaldemokratische Partei Deutschland (NDPD) hinzu. 1949 Wahlblock der Nationalen Front von Parteien und Verbänden.

Juli Bildung von Ländern und einer Zentralverwaltung in der SBZ.

September Bodenreform. Enteignung des Großgrundbesitzes. 1946 folgt die Enteignung von Großbetrieben, nachdem bereits im Juli 1945 Banken und Sparkassen verstaatlicht wurden. 1949 Bildung staatlicher Handelsorganisationen (HO).

1946 Gemeinde- und Landtagswahlen. Verfassungsentwurf der SED, nach denen sich die Verfassungen in den Ländern richten.

1948 Währungsreform in der SBZ (23. 6.). Einführung der DM-Ost. Im Mai 1949 finden Einheitswahlen zum 3. Volkskongreß statt. Annahme einer eigenen Staatsverfassung.

1949 Gründung der DDR. Konstituierung der Volkskam-
7. 10. mer und Inkrafttreten der DDR-Verfassung. Am 1. 10.

	Wahl Wilhelm Piecks zum Staatspräsidenten. 12. 10. Bildung der ersten Regierung unter Otto Grotewohl. (K 254)
1950	Beitritt der DDR zum Rat für gegenseitige Wirtschaftshilfe (29. 9.).
1952	Proklamation des »planmäßigen Aufbaus des Sozialismus« (Juli). Anschließend Auflösung der Länder (Auflösung der Länderkammer am 8. 12. 1958). Beginn der Kollektivierung der Landwirtschaft. Bildung von Landwirtschaftlichen Produktionsgenossenschaften (LPGs) in den folgenden Jahren.
1953 17. 6.	Massenstreiks und Arbeiterunruhen anläßlich der Erhöhung der Arbeitsnormen, niedergeschlagen durch sowjetisches Militär. In Westdeutschland wird der 17. 6. zum »Tag der deutschen Einheit« erklärt.
1954	Anerkennung der Souveränität der DDR durch die Regierung der Sowjetunion (25. 3.). Bestätigung am 20. 9. 1955.
1955	Beitritt der DDR zum Warschauer Pakt (14. 5.). Aufbau der Nationalen Volksarmee. Bildung eines Nationalen Verteidigungsrats (10. 2. 1960).
1960	Ersetzung des Staatspräsidenten-Amtes durch einen kollektiven Staatsrat (12. 9.).
1961 13. 8.	Mauerbau quer durch Berlin. Abstoppen des Flüchtlingsstroms aus der DDR. Vorübergehende Konsolidierung des Systems.
1963 Juli	Neues ökonomisches System der Planung und Leitung der Volkswirtschaft (NÖSPL).
1967	Eigene Staatsbürgerschaft für die DDR (9. 3.).
1968	Neue sozialistische Verfassung der DDR (8. 4.), angenommen am 6. 4. durch Volksabstimmung.
1971	Erich Honecker wird anstelle Walter Ulbrichts 1. Sekretär der SED (3. 5.).
1973	Aufnahme der DDR in die UNO nach internationaler Anerkennung auch im Westen (18. 9.).
1974	Verfassungsänderung (7. 10.). Die DDR geht von zwei deutschen Nationen aus.
1985	Mit Beginn der Reformen in der Sowjetunion werden die Herrschaftsverhältnisse in der DDR wie in den anderen Ostblockstaaten unhaltbar.
1989	Gemeindewahlen mit Fälschung der Ergebnisse (7. 5.).
1989	Revolution. Ende der kommunistischen Herrschaft (9. 11.).
1990 18. 3.	Freie Wahlen zur Volkskammer. Sieg der CDU-Ost. Klares Votum für die Wiedervereinigung.
1. 7.	Währungs-, Wirtschafts- und Sozialunion mit der Bundesrepublik.

22. 7.	Verfassungsgesetz zur Bildung von Ländern in der DDR (Ländereinführungsgesetz).
3. 10.	Beitritt der DDR zur Bundesrepublik Deutschland.
14. 10.	Landtagswahlen in den fünf neugebildeten Ländern der ehemaligen DDR.
2. 12.	Wahlen zum ersten gesamtdeutschen Bundestag.

Ergebnisse der Reichstags- und Bundestagswahlen

Wahlbeteiligung	1. Reichstag 1871 v.H. 50,7				2. Reichstag 1874 v.H. 60,8				3. Reichstag 1877 v.H. 60,3				4. Reichstag 1878 v.H. 63,1				5. Reichstag 1881 v.H. 56,1				6. Reichstag 1884 v.H. 60,3				7. Reichstag 1887 v.H. 77,2			
a) Stimmenzahl b) Stimmenanteil c) Mandatszahl d) Mandatsanteil	a Mio.	b v.H.	c	d v.H.	a Mio.	b v.H.	c	d v.H.	a Mio.	b v.H.	c	d v.H.	a Mio.	b v.H.	c	d v.H.	a Mio.	b v.H.	c	d v.H.	a Mio.	b v.H.	c	d v.H.	a Mio.	b v.H.	c	d v.H.
Altkonservative*	0,549	14,1	57	15,0	0,360	6,9	22	5,5	0,526	9,7	40	10,0	0,750	13,0	59	14,9	0,831	16,3	50	12,6	0,861	15,2	78	19,6	1,147	15,2	80	20,1
Freikonservative	0,346	8,9	37	9,7	0,376	7,2	33	8,3	0,427	8,0	38	9,5	0,786	13,6	57	14,3	0,379	7,4	28	7,1	0,388	6,8	28	7,1	0,736	9,8	41	10,3
Nationalliberale	1,171	30,0	125	32,9	1,543	29,7	155	38,8	1,470	27,2	128	32,0	1,331	23,1	99	24,9	0,747	14,6	47	11,8	0,997	17,6	51	12,8	1,678	22,3	99	24,9
Liberale**	0,643	16,5	77	20,3	0,524	10,0	53	13,4	0,598	11,0	52	13,1	0,607	10,5	39	9,6	1,181	23,1	115	29,0	1,093	19,3	74	18,7	1,062	14,1	32	8,1
Zentrum	0,742	18,6	63	16,6	1,446	27,8	91	22,8	1,341	24,8	93	23,3	1,328	23,1	94	23,5	1,183	23,2	100	25,2	1,282	22,6	99	24,9	1,516	22,1	98	24,6
Sozialdemokraten	0,124	3,2	2	0,5	0,352	6,8	9	2,3	0,493	9,1	12	3,0	0,437	7,5	9	2,3	0,312	6,1	12	3,0	0,550	9,7	24	6,0	0,763	7,1	11	2,8
Sonstige	0,331	8,6	21	5,3	0,591	11,4	34	8,6	0,547	10,1	34	8,6	0,522	9,0	40	10,1	0,464	9,1	45	11,3	0,492	8,7	43	10,9	0,639	8,4	36	9,2
Insgesamt	3,906	–	382	–	5,192	–	397	–	5,402	–	397	–	5,761	–	397	–	5,097	–	397	–	5,663	–	397	–	7,540	–	397	–

* seit 1876 Deutschkonservative Partei

** linksliberale Gruppen, seit 1910 Fortschrittliche Volkspartei

Wahlbeteiligung	8. Reichstag 1890 v. H. 71,2				9. Reichstag 1893 v. H. 72,2				10. Reichstag 1898 v. H. 67,7				11. Reichstag 1903 v. H. 75,8				12. Reichstag 1907 v. H. 84,3				13. Reichstag 1912 v. H. 84,5			
a) Stimmenzahl b) Stimmenanteil c) Mandatszahl d) Mandatsanteil	a Mio.	b v. H.	c	d v. H.	a Mio.	b v. H.	c	d v. H.	a Mio.	b v. H.	c	d v. H.	a Mio.	b v. H.	c	d v. H.	a Mio.	b v. H.	c	d v. H.	a Mio.	b v. H.	c	d v. H.
Altkonservative*	0,895	12,4	73	18,4	1,038	13,5	72	18,1	0,859	11,0	56	14,1	0,949	10,0	54	13,6	1,060	9,4	60	15,1	1,126	9,2	43	10,8
Freikonservative	0,482	6,7	20	5,0	0,438	5,7	28	7,1	0,344	4,4	23	5,8	0,333	3,5	21	5,3	0,472	4,2	24	6,0	0,367	3,0	14	3,5
Nationalliberale	1,178	16,3	42	10,6	0,997	13,0	53	13,4	0,971	12,5	46	11,6	1,317	13,9	51	12,8	1,631	14,4	54	13,6	1,663	13,7	45	11,3
Liberale**	1,308	18,0	76	19,1	1,092	14,8	48	12,1	0,863	11,1	49	12,4	0,872	9,3	36	9,1	1,234	10,9	49	12,4	1,497	12,3	42	10,6
Zentrum	1,342	18,6	106	26,7	1,469	19,0	96	24,2	1,455	18,9	102	25,7	1,875	19,7	100	25,2	2,180	19,4	105	26,4	1,997	16,4	91	22,8
Sozialdemokraten	1,427	19,7	35	8,8	1,787	23,3	44	11,1	2,107	27,2	56	14,1	3,011	31,7	81	20,4	3,259	29,0	43	10,8	4,250	34,8	110	27,7
Sonstige	0,598	8,3	45	11,4	0,854	11,1	56	14,3	1,152	14,9	65	16,4	1,140	12,1	54	13,7	1,428	12,6	62	15,7	1,308	10,6	52	13,2
Insgesamt	7,230	–	397	–	7,675	–	397	–	7,752	–	397	–	9,497	–	397	–	11,264	–	397	–	12,208	–	397	–

* Seit 1876 Deutschkonservative Partei

** linksliberale Gruppen, seit 1910 Fortschrittliche Volkspartei

Wahlbeteiligung	Nationalversammlung 19. Januar 1919 v. H. 83,0			1. Reichstag 6. Juni 1920 v. H. 79,1			2. Reichstag 4. Mai 1924 v. H. 77,4			3. Reichstag 7. Dezember 1924 v. H. 78,8			4. Reichstag 20. Mai 1928 v. H. 75,6		
a) Stimmenzahl b) Stimmenanteil c) Mandate	a Mio.	b v. H.	c	a Mio.	b v. H.	c	a Mio.	b v. H.	c	a Mio.	b v. H.	c	a Mio.	b v. H.	c
DNVP	3,121	10,3	44	4,249	15,1	71	5,696	19,5	95	6,206	20,5	103	4,382	14,2	73
DVP	1,346	4,4	19	3,919	14,0	65	2,694	9,2	45	3,049	10,1	51	2,680	8,7	45
BVP	–	–	–	1,239	4,2	21	0,947	3,2	16	1,134	3,7	19	0,946	3,1	16
Zentrum	5,980	19,7	91	3,845	13,6	64	3,914	13,4	65	4,119	13,6	69	3,712	12,1	62
DDP	5,642	18,6	75	2,334	8,4	39	1,655	5,7	28	1,920	6,3	32	1,506	4,9	25
SPD	11,509	37,9	163	6,104	21,6	102	6,009	20,5	100	7,881	26,0	131	9,153	29,8	153
USPD	2,317	7,6	22	5,047	18,0	84	0,235	0,8	–	0,099	0,3	–	0,021	0,1	–
KPD	–	–	–	0,590	2,0	4	3,693	12,6	62	2,709	9,0	45	3,265	10,6	54
NSDAP	–	–	–	–	–	–	1,918	6,6	32	0,907	3,0	14	0,810	2,6	12
Sonstige	0,484	1,3	7	0,870	3,1	9	2,520	8,5	29	2,266	7,5	29	4,280	13,9	51
Insgesamt	30,400	–	421	28,197	–	459	29,281	–	472	30,290	–	493	30,755	–	491

Wahlbeteiligung	5. Reichstag 14. September 1930 v. H. 82,0			6. Reichstag 31. Juli 1932 v. H. 84,0			7. Reichstag 6. November 1932 v. H. 80,6			8. Reichstag 5. März 1933 v. H. 88,7		
a) Stimmenzahl b) Stimmenanteil c) Mandate	a Mio.	b v. H.	c	a Mio.	b v. H.	c	a Mio.	b v. H.	c	a Mio.	b v. H.	c
DNVP	2,458	7,0	41	2,177	5,9	37	2,959	8,8	52	3,137	8,0	52
DVP	1,578	4,5	30	0,436	1,2	7	0,662	1,9	11	0,432	1,1	2
BVP	1,059	3,0	19	1,193	3,2	22	1,095	3,1	20	1,074	2,7	18
Zentrum	4,128	11,8	68	4,589	12,5	75	4,231	11,9	70	4,425	11,2	74
DDP	1,322	3,8	20	0,372	1,0	4	0,337	1,0	2	0,334	0,9	5
SPD	8,578	24,5	143	7,960	21,6	133	7,248	20,4	121	7,182	18,3	120
USPD	0,012	–	–	–	–	–	–	–	–	–	–	–
KPD	4,592	13,1	77	5,283	14,6	89	5,980	16,9	100	4,848	12,3	81
NSDAP	6,410	18,3	107	13,746	37,4	230	11,737	33,1	196	17,277	43,9	288
Sonstige	4,836	14,0	72	1,127	2,6	11	1,223	3,5	12	0,635	1,6	7
Insgesamt	34,973	–	577	36,883	–	608	35,472	–	584	39,344	–	647

Wahlbeteiligung	1. Bundestag 14. 8. 1949 v.H. 78,5			2. Bundestag 6. 9. 1953 v.H. 86,0			3. Bundestag 15. 9. 1957 v.H. 87,8			4. Bundestag 17. 9. 1961 v.H. 87,7			5. Bundestag 19. 9. 1965 v.H. 88,6			6. Bundestag 28. 9. 1969 v.H. 86,7		
a) Stimmenzahl b) Stimmenanteil c) Mandate (+ Berliner Abgeordnete)	a Mio.	b v.H.	c	a Mio.	b v.H.	c	a Mio.	b v.H.	c	a Mio.	b v.H.	c	a Mio.	b v.H.	c	a Mio.	b v.H.	c
CDU/CSU	7,359	31,0	139 (+2)	12,444	45,2	243 (+6)	15,009	50,2	270 (+8)	14,298	45,3	242 (+9)	15,524	47,6	245 (+6)	15,195	46,1	242 (+8)
SPD	6,935	29,2	131 (+5)	7,945	28,8	151 (+11)	9,495	31,8	169 (+12)	11,427	36,2	190 (+13)	12,813	39,3	202 (+15)	14,066	42,7	227 (+13)
FDP*	2,830	11,9	52 (+1)	2,629	9,5	48 (+5)	2,307	7,7	41 (+2)	4,028	12,8	67 –	3,097	9,5	49 (+1)	1,903	5,8	30 (+1)
DP	0,940	4,0	17 –	0,896	3,3	15 –	1,007	3,4	17 –	–	–	– –	–	–	– –	–	–	– –
GB/BHE	–	–	– –	1,617	5,9	27 –	1,374	4,6	– –	–	–	– –	–	–	– –	–	–	– –
KPD	1,362	5,7	15 –	0,608	2,2	– –	–	–	– –	–	–	– –	–	–	– –	–	–	– –
NPD	–	–	– –	–	–	– –	–	–	– –	–	–	– –	0,664	2,0	– –	1,422	4,3	– –
GRÜNE	–	–	– –	–	–	– –	–	–	– –	–	–	– –	–	–	– –	–	–	– –
Sonstige	32,746	18,2	48 –	2,432	5,3	3 –	6,047	2,5	– –	1,795	5,7	– –	0,52	1,6	– –	0,378	1,1	– –

* bis 1953 auch DVP

Wahlbeteiligung	7. Bundestag 19. 11. 1972 v.H. 91,1				8. Bundestag 3. 10. 1976 v.H. 90,7				9. Bundestag 5. 10. 1980 v.H. 88,6				10. Bundestag 6. 3. 1983 v.H. 88,4				11. Bundestag 25. 1. 1987 v.H. 83,1			
a) Stimmenzahl b) Stimmenanteil c) Mandate (+ Berliner Abgeordnete)	a Mio.	b v.H.	c		a Mio.	b v.H.	c		a Mio.	b v.H.	c		a Mio.	b v.H.	c		a Mio.	b v.H.	c	
CDU/CSU	16,806	44,9	225	(+9)	18,394	48,6	243	(+11)	16,898	44,5	226	(+11)	18,998	48,8	244	(+11)	16,761	44,3	223	(+11)
SPD	17,175	45,8	230	(+12)	16,099	42,6	214	(+10)	16,260	42,9	218	(+10)	14,866	38,2	193	(+9)	14,026	37,0	186	(+7)
FDP*	3,129	8,4	41	(+1)	2,995	7,9	39	(+1)	4,030	10,6	53	(+1)	2,707	7,0	34	(+1)	3,440	9,1	46	(+2)
DP	–	–	–	–	–	–	–	–	–	–	–	–	–	–	–	–	–	–	–	–
GB/BHE	–	–	–	–	–	–	–	–	–	–	–	–	–	–	–	–	–	–	–	–
KPD	–	–	–	–	0,022	0,1	–	–	–	–	–	–	0,003	0,0	–	–	–	–	–	–
NPD	0,207	0,6	–	–	0,122	0,3	–	–	0,068	0,2	–	–	0,091	0,2	–	–	0,227	0,6	–	–
GRÜNE	–	–	–	–	–	–	–	–	0,569	1,5	–	–	2,167	5,6	27	(+1)	3,126	8,3	42	(+2)
Sonstige	0,141	0,4	–	–	0,183	0,5	–	–	0,11	0,2	–	–	0,105	0,2	–	–	0,283	0,9	–	–

* bis 1953 auch DVP

Parteienglossar

Bayerische Volkspartei
Abspaltung des bayerischen Zentrums von der Mutterpartei 1918. Trotz Spannungen zum Zentrum arbeitete die BVP im Reichstag mit der Zentrumsfraktion zusammen. Darüber hinaus suchte sie den Anschluß nach rechts zur DVP. Nach der Gleichschaltung Bayerns im Frühjahr 1933 löste sich die BVP am 3. Juli 1933 selbst auf.

Christlich Demokratische Union Deutschlands
1945 von Katholiken und Protestanten zur Überwindung der alten konfessionellen Gegensätze gegründet, sprach die CDU als neue »Volkspartei« bald auch Teile des neuen Mittelstandes, der Selbständigen und der Arbeiter an. Nach anfänglicher Neigung zu einem christlichen Sozialismus (Ahlener Programm 1947) bekannte sich die Partei seit 1948 konsequent zur sozialen Marktwirtschaft (Düsseldorfer Leitsätze 1949). Unter der Führung Konrad Adenauers erlebte sie einen in der deutschen Parteiengeschichte beispiellosen Aufstieg, der ihr bei der Bundestagswahl 1957 zusammen mit der CSU mit 50,2 Prozent der Stimmen die absolute Mehrheit brachte. 1966–1969 bildete sie angesichts zunehmender innenpolitischer Schwierigkeiten mit der SPD eine Große Koalition. 1982 gelang der Partei unter Helmut Kohl aufgrund eines Koalitionswechsels der FDP die Rückkehr in die Regierung (sog. »Wende«).

Christlich-Soziale Union
Wie die CDU im Bundesgebiet, war die Gründung der CSU in Bayern der Versuch, eine christliche Partei auf interkonfessioneller Basis zu etablieren. Dabei gelang es der Partei seit Mitte der fünfziger Jahre von einer Honoratioren- zu einer Mitgliederpartei zu werden und über den bäuerlich-handwerklichen Mittelstand hinaus neue soziale Gruppierungen (Angestellte, Beamte) anzusprechen. Nach Ausschaltung ihrer größten Konkurrentin, der Bayernpartei, ist die CSU seit 1966 alleinige Regierungspartei in Bayern mit spektakulären Wahlerfolgen unter ihrem Vorsitzenden (bis 1988) Franz Josef Strauß. Im Bundestag bildet sie seit 1949 eine Fraktionsgemeinschaft mit der CDU.

Deutsche Demokratische Partei
Entstanden im November 1918 durch Zusammenschluß von Mitgliedern der FVP und der Nationalliberalen Partei. In der Nationalversammlung bildete die DDP mit der SPD und dem Zentrum die erste Weimarer Regierung. Ihre Mitglieder (Hugo Preuß, Friedrich Naumann) sind zum Teil maßgeblich an der Formulierung der Weimarer Verfassung beteiligt gewesen. Schon bald verlor jedoch der von ihr repräsentierte Linksliberalismus in der Weimarer Republik an Boden.

1930 fusionierte die DDP mit dem Jungdeutschen Orden zur Deutschen Staatspartei, dem letzten Versuch einer bürgerlichen Sammlung gegen den Extremismus von links und rechts. Die Erfolglosigkeit dieses Versuches führte am 28. Juni 1933 zur endgültigen Selbstauflösung.

Deutsche Partei
Föderalistische und antisozialistisch-konservative Partei, die nach dem 2. Weltkrieg vor allem in Niedersachsen Bedeutung erlangte. 1949 entsandte die DP 17 Abgeordnete in den ersten deutschen Bundestag und beteiligte sich an der Koalitionsregierung unter Adenauer. Nachdem sich 1960 die Fraktion durch Übertritt von neun Abgeordneten zur CDU gespalten hatte, fusionierte die Partei vor den Wahlen 1961 mit dem BHE. Der für sie enttäuschende Wahlausgang (2,8 Prozent) veranlaßte viele Mitglieder, zur CDU zu wechseln. Die DP hat heute nur noch lokale Bedeutung in Niedersachsen.

Deutsche Volkspartei
Gegründet 1918 als neue rechtsliberale Partei in der Nachfolge des Nationalliberalismus. Die DVP wurde vor allem von der Schwerindustrie getragen. Nach ihrem Wahlerfolg 1920 (62 Reichstagssitze) gab sie ihre anfängliche Oppositionshaltung auf und beteiligte sich an der Reichsregierung. Unter ihrem Vorsitzenden Gustav Stresemann, dem langjährigen Außenminister der Republik, war die DVP bis 1930 an allen Regierungen im Reich beteiligt. Nach Stresemanns Tod und dem Ausbruch der Weltwirtschaftskrise setzte eine rapide Abwanderung der Wählerschaft ein, die die Partei bedeutungslos werden ließ. Im Juli 1933 löste sie sich auf.

Deutschkonservative Partei
Gegründet 1876, im Zuge des späten Einschwenkens der preußischen Altkonservativen auf die Politik Bismarcks und ihrer Aussöhnung mit der Reichsgründung. Die Deutschkonservativen traten für ein starkes Preußen und den Schutz der Landwirtschaft ein. In den neunziger Jahren wurden sie vom agrarischen Interessenverband des Bundes der Landwirte stark abhängig. Dank des sie begünstigenden Dreiklassenwahlrechts besaß die Partei eine Schlüselstellung im preußischen Landtag, während sie im Reichstag zuletzt bei den Wahlen 1912 nur noch 9,2 Prozent der Stimmen erhielt. Im Ersten Weltkrieg propagierte sie annexionistische Kriegsziele besonders im Osten. Nach der Revolution 1918 löste sich die Partei auf. Viele ihrer ehemaligen Mitglieder fanden den Weg zur DNVP.

Deutschnationale Volkspartei
1918 gegründete nationalkonservative Partei als Sammelbecken für Monarchisten und Gegner der Republik. Während der zwanziger Jahre war die DNVP die stärkste bürgerliche Partei in Deutschland. Die Frage der Mitarbeit in der Republik stürzte die Partei in schwere innere

Kämpfe, bis im Oktober 1928 mit der Übernahme des Parteivorsitzes durch Alfred Hugenberg die gemäßigte Richtung unterlag. Hugenberg führte die Partei 1933 in die Koalition mit der NSDAP. Die DNVP löste sich im Juli 1933 auf.

Fortschrittliche Volkspartei
Entstanden im März 1910 als Sammlung des bis dahin immer wieder in verschiedene Gruppierungen aufgespaltenen Linksliberalismus. Die FVP trat für eine konsequente Demokratisierung und eine stärkere sozialstaatliche Orientierung ein. Finanziell war sie auf die Unterstützung durch ihr nahestehende Kreise des Handels, der Banken und der Export- und Leichtindustrie angewiesen. Bei den Reichstagswahlen von 1912, bei denen ihr Stichwahlbündnis mit der SPD für Aufsehen sorgte, erreichte sie 12,3 Prozent der Stimmen und 43 Mandate. Während des Ersten Weltkriegs schloß sie sich im Bestreben, Reformen durchzusetzen und einen Verständigungsfrieden zu erreichen, enger an die SPD und das Zentrum an. Nach der Revolution und dem Scheitern einer Wiedervereinigung des Liberalismus ging aus der FVP die DDP hervor, die das Bündnis mit der SPD und dem Zentrum fortsetzte.

Freie Demokratische Partei
Die FDP wurde 1948 von bereits in der Weimarer Republik tätigen liberalen Politikern gegründet. Nach den Wahlen von 1949 ging sie eine Koalition mit der CDU ein. Theodor Heuß wurde erster Bundespräsident. Bis zur innerparteilichen Wende von 1968/69 war die FDP stark mittelständisch und national orientiert. In der ungewohnten Oppositionsrolle seit 1966 nahm die Partei einen Kurswechsel in außen- und innenpolitischen Fragen vor (Sozialliberalismus, Freiburger Thesen). Unter Walter Scheel bildete sie mit der SPD 1969 die sozialliberale Koalition. Divergenzen vor allem in der Wirtschaftspolitik führten die FDP 1982 wieder zur CDU zurück.

Freikonservative Partei
Sammlung konservativer Abgeordneter, die ab 1866 im Gegensatz zu den preußischen Altkonservativen die deutsche Einigungspolitik Bismarcks unterstützten. Mit der Reichsgründung nahm die neue Partei den Namen »Deutsche Reichspartei« an. Die DRP war eine typische Honoratiorenpartei, die durch die Mitgliedschaft vieler bedeutender Persönlichkeiten aus dem Hochadel, der Diplomatie und der Industrie einen erheblichen Einfluß ausüben konnte. Ihre wichtigste Aufgabe sah die Partei in der Unterstützung der Reichsregierung. 1878 errang sie 57 Mandate (14,3 Prozent der Stimmen). Im Jahre 1912 stellte sie nur noch 14 Reichstagsabgeordnete. Im Dezember 1918 löste sich die Partei auf. Die meisten ihrer Anhänger gingen zur DNVP.

Deutsche Reichspartei s. Freikonservative Partei

Gesamtdeutscher Block/Bund der Heimatvertriebenen und Entrechteten

Politische Sammlungspartei der Flüchtlinge, 1950 in Kiel als Block der Heimatvertriebenen gegründet, 1952 Umbenennung in Gesamtdeutscher Block/BHE. Die Partei setzte sich vor allem für die sozialen Belange der Heimatvertriebenen und Flüchtlinge ein (Lastenausgleich). Bei den Wahlen von 1953 entfielen auf den BHE 5,9 Prozent der Stimmen. Im 2. Kabinett Adenauer war der BHE mit zwei Ministern vertreten. 1957 scheiterte die Partei an der 5-Prozent-Hürde. Durch die fortschreitende Integration der Flüchtlinge in die deutsche Gesellschaft während der fünfziger Jahre gingen dem BHE immer mehr Mitglieder verloren. Auch die Fusion mit der Deutschen Partei 1961 zur Gesamtdeutschen Partei konnte den Niedergang nicht aufhalten.

Die Grünen

Entstanden aus den Bürgerinitiativen, der Friedens- und Umweltbewegung der siebziger Jahre, deren Anliegen bei den großen Parteien unzureichend berücksichtigt wurde. Die erste grüne Verbindung formierte sich 1977 in Niedersachsen im Zusammenhang mit den Protesten gegen die atomare Wiederaufbereitungsanlage in Gorleben. 1979 gelang in Bremen erstmals der Einzug einer grünen Partei in ein Landesparlament. Im Januar 1980 wurden die Grünen auf Bundesebene gegründet. 1983 zog die Partei mit 5,6 Prozent der Stimmen in den Bundestag ein. 1987 erreichte sie 8,3 Prozent und 42 Mandate. Spannungen zwischen einem realpolitisch orientierten und einem fundamentalistischen Flügel machen es der Partei schwer, als Koalitionspartner in den Ländern oder als grundsätzliche Oppositionspartei ein klares Profil zu gewinnen.

Kommunistische Partei Deutschlands

Gegründet zum Jahresende 1918, als sich der sog. Spartakusbund (Rosa Luxemburg, Karl Liebknecht) von der USPD nach einer Auseinandersetzung über den einzuschlagenden Weg – Revolution oder Beteiligung an den Wahlen zur Nationalversammlung – trennte. Die KPD verstand sich als eine marxistisch-revolutionäre Arbeiterpartei. In den zwanziger Jahren geriet sie immer stärker unter den Einfluß der stalinistischen KPdSU. Bei den Wahlen im Juli 1932 wurde die Partei mit 100 Mandaten (16,9 Prozent der Stimmen) die drittstärkste Fraktion im Reichstag. Nach der Machtergreifung der NSDAP wurden ihre Organisationen zerschlagen und die Mitglieder verfolgt. Viele Kommunisten gingen ins Exil oder in den Untergrund. Nach 1945 übernahm die KPD, seit 1946 mit der SPD zur SED vereinigt, die Regierungsgewalt in der Sowjetischen Besatzungszone, die sie später auch in der DDR in diktatorischer Weise ausübte. In der Bundesrepublik wurde sie 1956 verboten. 1968 wurde sie unter der Bezeichnung »Deutsche Kommunistische Partei« (DKP) neu gegründet.

Nationaldemokratische Partei Deutschlands
Rechtsradikale Splitterpartei, die 1964 in Hannover durch Zusammenschluß zweier kleinerer Rechtsparteien entstanden ist. Ihr Ziel war vor allem die deutsche Wiedervereinigung und die Rückgewinnung der ehemaligen Ostgebiete bei »nationaler Neutralität« zwischen Ost und West. Die NPD erreicht in kurzer Zeit beachtliche Mitgliederzahlen (1967: 34000), die sich insbesondere aus mittelständischen Gruppen, Bauern und Berufssoldaten, vielfach auch aus ehemaligen Mitgliedern der NSDAP speisten. In den sechziger Jahren gelang der NPD durch starken Zulauf von Protestwählern der Einzug in sieben Länderparlamente. Auf Bundesebene scheiterte die Partei 1969 mit 4,3 Prozent der Stimmen an der Fünf-Prozent-Klausel. Auch die Landtagsmandate hat die NPD seit 1972 wieder verloren; sie wurde seitdem bedeutungslos.

Nationalliberale Partei
Gegründet 1867 von dem zur Aussöhnung mit Bismarck bereiten Teil des deutschen Liberalismus. Getragen vom Großbürgertum und der Industrie verband die NLP in ihrer Programmatik nationale Politik und liberal-rechtsstaatliche Ziele. Zur Zeit der Reichsgründung war sie die bedeutendste deutsche Partei mit einem Stimmenanteil von 30 Prozent bei der Reichstagswahl von 1871. Nach Bismarcks Kurswechsel von 1878 verlor sie zunehmend an Bedeutung; im Weltkrieg vertrat sie annexionistische Kriegsziele; im November 1918 löste sie sich auf. Der größere Teil ihrer Mitglieder fand sich mit ihrem bedeutendsten Vertreter, Gustav Stresemann, in der DVP wieder.

Nationalsozialistische Deutsche Arbeiterpartei
1919 als »Deutsche Arbeiterpartei« gegründet, 1920 in NSDAP umbenannt. 1921 wurde Adolf Hitler Parteivorsitzender. Die NSDAP begriff sich im Gegensatz zu den anderen Parteien als eine »Bewegung« zur nationalen Erneuerung mit paramilitärischen Elementen (SA). 1923 ging von ihr ein erster Putschversuch in München – nach dem Vorbild des italienischen Faschismus – aus. Danach zunächst verboten, wurde sie 1925 neu gegründet und nach dem strikten Führerprinzip organisiert. Größere Wahlerfolge erzielte sie in der Weltwirtschaftskrise, weniger in Großstädten als in Kleinstädten und ländlichen Regionen. Bei den Juliwahlen 1932 erreichte sie 37,4 Prozent der Stimmen und wurde damit stärkste Partei im Reichstag. Seit dem 30. Januar 1933 bildete sie eine Regierungskoalition mit der DNVP. Doch gelang es ihr auch in den Wahlen vom 5. März 1933 trotz Wahlterrors und der Ausschaltung der KPD nicht, die absolute Mehrheit zu erreichen. Am 14. Juli 1933 wurde nach der Auflösung aller anderen Parteien die NSDAP zur einzigen politischen Partei erklärt. Bis zum Kriegsende übte sie eine Parteidiktatur in Deutschland aus. Am 10. Oktober 1945 ist sie von den Alliierten aufgelöst und verboten worden.

Reichspartei des deutschen Mittelstandes (Wirtschaftspartei)
1920 entstanden als Zusammenschluß von Handwerkern, Haus- und Grundeigentümern und Kleinhändlern. Die Wirtschaftspartei stellte im deutschen Parteiensystem eine ausgesprochene Interessenpartei dar, die sich für wirtschafts- und steuerpolitische Maßnahmen zur Förderung des selbständigen Mittelstandes einsetzte. Ihr Stimmenanteil blieb stets unter 5 Prozent, doch konnte sie z. B. bei den Reichstagswahlen 1928 23 Mandate erringen – ein Zeichen für die Bedeutung, die den Splitterparteien in der Weimarer Republik zukam. Während der Weltwirtschaftskrise verlor sie fast alle ihre Wähler und Mitglieder an die NSDAP. Am 13. April 1933 löste sie sich auf.

Sozialdemokratische Partei Deutschlands
Entstanden 1875 als Vereinigung des Allgemeinen Deutschen Arbeitervereins Lassalles (1863) und der Sozialdemokratischen Deutschen Arbeiterpartei von Bebel und Wilhelm Liebknecht (1869) unter der Bezeichnung »Sozialistische Arbeiterpartei Deutschlands«. Nach Aufhebung des Sozialistengesetzes mit seinem Verbot sozialistischer Vereine (1878–1890) nahm die Partei den Namen »Sozialdemokratische Partei Deutschlands« an. Obwohl programmatisch dem Marxismus verpflichtet, gewann in der SPD bald eine revisionistische Richtung an Bedeutung, die sich unter dem Einfluß der Gewerkschaften sozialreformerische Forderungen (u. a. verbesserte Arbeiterschutzgesetzgebung, Achtstundentag) zu eigen machte. Seit der Reichstagswahl von 1890 wies die SPD den höchsten Stimmenanteil auf, seit 1912 verfügte sie auch über die meisten Mandate (110) im Reichstag. Im Ersten Weltkrieg trat sie mit FVP und Zentrum für einen Verständigungsfrieden und Reformen ein. Nach Ausrufung der Republik am 9. November 1918 durch Scheidemann übernahm sie zusammen mit der USPD die Regierung im Reich. Nach den Wahlen zur Nationalversammlung ging sie mit der DDP und dem Zentrum eine Koalition (»Weimarer Koalition«) ein, die sich jedoch nur bis 1920 hielt. 1928 war die SPD noch einmal für zwei Jahre an der Regierung beteiligt. Mit Friedrich Ebert stellte sie den ersten Reichspräsidenten. Am 22. Juni 1933 wurde die SPD verboten, nachdem sie als einzige Partei im März gegen das Ermächtigungsgesetz für die nationalsozialistische Regierung gestimmt hatte. Die Parteileitung emigrierte und kehrte nach 1945 nach Deutschland zurück. 1946 wurde die SPD in der Sowjetischen Besatzungszone mit der KPD zur SED zwangsvereinigt. In der Bundesrepublik entwickelte sie sich zur zweiten großen Volkspartei neben der CDU (Godesberger Programm von 1959). Die SPD ist die einzige unter den heute existierenden deutschen Parteien, deren Anfänge in die Zeit der Entstehung des deutschen Parteiensystems im 19. Jahrhundert zurückreichen.

Unabhängige Sozialdemokratische Partei Deutschlands
Entstanden durch Abspaltung aus der SPD im April 1917. In der USPD sammelten sich die Gegner einer weiteren Bewilligung der

Kriegskredite. Nach dem Krieg bildete die USPD mit der SPD die erste Regierung in der neuen Republik. Mit ihrer betont sozialistischen Zielsetzung und ihrem Zögern gegenüber der Einberufung einer verfassunggebenden Nationalversammlung hatte sie indessen keinen Erfolg. Ende 1918 schied sie wieder aus der Regierung aus. Bei den Wahlen zur Nationalversammlung im Januar 1919 erhielt sie 7,6 Prozent der Stimmen. 1920 spaltete sich die USPD. Der linke Flügel trat zur KPD über, der rechte vereinigte sich 1922 wieder mit der SPD. Ein bedeutungsloser Rest ging 1931 in der kurzlebigen Sozialistischen Arbeiterpartei auf.

Zentrum
Gegründet im Dezember 1870 als politische Organisation des deutschen Katholizismus. Dem Zentrum ging es vor allem um die Vertretung der Interessen der katholischen Bevölkerung und der Positionen der katholischen Kirche im überwiegend protestantischen Deutschen Reich. Organisatorisch im Klerus und im katholischen Vereinsleben fest verankert, stützte es sich nicht auf eine bestimmte Gesellschaftsschicht. Vielmehr bildeten sich unterschiedliche Flügel mit wechselnder politischer Bedeutung heraus. Nach Beendigung des Kulturkampfes in den 1870er Jahren, in dem es zu einer erbitterten Auseinandersetzung zwischen dem Zentrum und dem preußischen Staat gekommen war, verlor es seinen grundsätzlichen oppositionellen Charakter. Als in der Regel stärkste Reichstagsfraktion zwischen 1881 und 1912 mit konstant um die hundert Mandate gewann die Partei eine parlamentarische Schlüsselstellung, die sie für die Reichsregierung unentbehrlich machte. Unter der Führung Erzbergers näherte sich das Zentrum im Ersten Weltkrieg der FVP und der SPD. Mit DDP und SPD bildete es nach dem Krieg die sog. Weimarer Koalition. Auch in der Weimarer Republik blieb das Zentrum ein entscheidender Faktor in der Politik. Es war an allen parlamentarischen Regierungen in jener Zeit beteiligt. Reichskanzler Brüning, der 1930 das erste Präsidialkabinett bildete, gehörte dem Zentrum an. Am 5. Juli 1933 löste sich die Partei auf. Nach dem Zweiten Weltkrieg wiedergegründet, gelang es ihr – trotz vorübergehender Regierungsbeteiligung in Nordrhein-Westfalen – nicht mehr, aus dem Schatten der neugegründeten überkonfessionellen CDU herauszutreten.

Abkürzungen

AfS	Archiv für Sozialgeschichte
HZ	Historische Zeitschrift
JuS	Juristische Schulung
ZHF	Zeitschrift für Historische Forschung
BA	Bundes-Akte
GG	Grundgesetz
RV	Reichsverfassung (von 1871)
WSA	Wiener Schlußakte
WV	Weimarer Reichsverfassung
EG	Europäische Gemeinschaft
OEEC	Organization of European Economic Cooperation
RGW	Rat für gegenseitige Wirtschaftshilfe

Abkürzungen von Parteinamen s. Parteienglossar

Register*

* s. auch Parteienglossar